Die subjektiven Grenzen der Rechtskraft
US-amerikanischer Urteile

Studien zum vergleichenden und internationalen Recht -
Comparative and International Law Studies

Herausgeber: Bernd von Hoffmann, Erik Jayme
und Heinz-Peter Mansel

Band 116

PETER LANG
Frankfurt am Main · Berlin · Bern · Bruxelles · New York · Oxford · Wien

Jürgen Görtz

Die subjektiven Grenzen der Rechtskraft US-amerikanischer Urteile

PETER LANG
Europäischer Verlag der Wissenschaften

Bibliografische Information Der Deutschen Bibliothek
Die Deutsche Bibliothek verzeichnet diese Publikation in der Deutschen Nationalbibliografie; detaillierte bibliografische Daten sind im Internet über <http://dnb.ddb.de> abrufbar.

Zugl.: Köln, Univ., Diss., 2005

D 38
ISSN 0930-4746
ISBN 3-631-54703-X

www.peterlang.de

Meinen Großeltern

Hans und Irene

sowie meiner Mutter

Vorwort

Die Idee zur vorliegenden Untersuchung reicht zurück in das Jahr 1999. In der Zwischenzeit bis zur Annahme der Endfassung der Arbeit als Dissertation durch die Rechtswissenschaftliche Fakultät der Universität zu Köln im Sommersemester 2005 habe ich auf vielfältige Weise die Unterstützung meines Doktorvaters, Herrn Professor Dr. Heinz-Peter Mansel, erfahren, für die ich mich nicht zuletzt an dieser Stelle von ganzem Herzen bedanken möchte.

Herrn Prof. Dr. Christian Katzenmeier bin für die kurzfristige Erstattung des Zweitgutachtens zum Dank verpflichtet. Mein Dank geht auch an die Studienstiftung des Deutschen Volkes, welche mein universitäres Studium durch finanzielle und akademische Zuwendungen gefördert hat.

Mein ganz besonderer Dank gilt jedoch Anne-Katrin Heidt, die mich in jeder erdenklichen Weise beim Entstehen dieser Arbeit als kompetente Gesprächspartnerin und unermüdliche Leserin meiner Entwürfe begleitet hat.

Ettlingen, im August 2005 — Jürgen Görtz

Inhalt

Abkürzungen

A.(2d)	Atlantic Reporter (Second Series) (zitiert nach Band, Seite und Jahrgang)
a.a.O.	am angegebenen Ort
A.D.(2d)	(New York) Appellate Division Reports (Second Series) (zitiert nach Band, Seite und Jahrgang)
A.L.R.(2d)(3d)	American Law Reports (Second Series) (Third Series) (zitiert nach Band, Seite und Jahrgang)
A.M.C.	American Maritime Cases (zitiert nach Jahrgang und Seite)
Abs.	Absatz
AJTA	American Journal of Trial Advocacy (zitiert nach Band, Seite und Jahrgang)
Art.	Article, Artikel
B.R.	Bankruptcy Reporter (zitiert nach Band, Seite und Jahrgang)
Bd.	Band
BGHZ	Entscheidungen des Bundesgerichtshofes in Zivilsachen (zitiert nach Band und Seite)
BVerfGE	Entscheidungen des Bundesverfassungsgerichts (zitiert nach Band und Seite)
Brook.L.Rev.	Brooklyn Law Review (zitiert nach Band, Seite und Jahrgang)
C.A.D.C.	United States Court of Appeals, District of Columbia Circuit
Cal. Ct. App.	California Court of Appeal
Cal.	Supreme Court of California

Cal.(2d)(3d)(4th)	California Reporter (Second Series) (Third Series) (Fourth Series) (zitiert nach Band, Seite und Jahrgang)
Cal.App.(2d)(3d)(4th)	California Appellate Reports (Second Series) (Third Series) (Fourth Series) (zitiert nach Band, Seite und Jahrgang)
Cal.Rptr.	California Reporter (zitiert nach Band, Seite und Jahrgang)
(1st-11th) Cir.	United States Court of Appeals, (1st-11th) Circuit
Colum.L.Rev.	Columbia Law Review (zitiert nach Band, Seite und Jahrgang)
CPLR	(New York) Civil Procedure Law and Rules
D.Me.	United States District Court, District Maine
D.Nev.	United States District Court, District Nevada
Del. Superior Ct.	Superior Court of Delaware
Ders.	Derselbe
Dies.	Dieselben
F.(2d)(3d)	Federal Reporter (Second Series) (Third Series) (zitiert nach Band, Seite und Jahrgang)
F.Supp.	Federal Supplement (zitiert nach Band, Seite und Jahrgang)
Fed.Appx.	Federal Appendix (zitiert nach Band, Seite und Jahrgang)
Fed.Cl.	Federal Claims Reporter (zitiert nach Band, Seite und Jahrgang)
Fed.Cl.Ct.	United States Court of Federal Claims
Fn.	Fußnote
Ford.L.Rev.	Fordham Law Review (zitiert nach Band, Seite und Jahrgang)
FRCP	Federal Rules of Civil Procedure
Ga. Ct. App.	Court of Appeals of Georgia

Ga.L.Rev.	Georgia Law Review (zitiert nach Band, Seite und Jahrgang)
Harv.L.Rev.	Harvard Law Review (zitiert nach Band, Seite und Jahrgang)
Hast.L.J.	The Hastings Law Journal (zitiert nach Band, Seite und Jahrgang)
Hrsg.	Herausgeber
Ill. App. Ct.	Appellate Court of Illinois
Iowa L.Rev.	Iowa Law Review (zitiert nach Band, Seite und Jahrgang)
JR	Juristische Rundschau (zitiert nach Jahrgang und Seite)
JZ	Juristenzeitung (zitiert nach Jahrgang und Seite)
Kan.	Supreme Court of Kansas
m.w.N.	mit weiteren Nachweisen
Mass.	Supreme Judicial Court of Massachusetts
Minn. Ct. App.	Court of Appeals of Minnesota
Minn.	Minnesota
N.C.	North Carolina
N.D.	Supreme Court of North Dakota
N.D.Ill.	United States District Court, Northern District Illinois
N.E.(2d)	Northeastern Reporter (Second Series) (zitiert nach Band, Seite und Jahrgang)
N.J.	Court of Chancery of New Jersey
N.W.(2d)	North Western Reporter (Second Series) (zitiert nach Band, Seite und Jahrgang)
N.Y. Sup. Ct.	New York Supreme Court
N.Y.	Court of Appeals of New York
N.Y.(2d)	New York Reports (Second Series) (zitiert nach Band, Seite und Jahrgang)

N.Y.A.D.	New York Supreme Court, Appellate Division
N.Y.S.(2d)	New York Supplement (Second Series) (zitiert nach Band, Seite und Jahrgang)
N.Y.U. L.Rev.	New York University Law Review (zitiert nach Band, Seite und Jahrgang)
Neb.L.Rev.	Nebraska Law Review (zitiert nach Band, Seite und Jahrgang)
NJW	Neue Juristische Wochenschrift (zitiert nach Jahrgang und Seite)
Okla.	Supreme Court of Oklahoma
Or.	Supreme Court of Oregon
P.(2d)	Pacific Reporter (Second Series) (zitiert nach Band, Seite und Jahrgang)
Qu.L.Rev.	Quinnipiac Law Review (zitiert nach Band, Seite und Jahrgang)
Rn.	Randnummer
S.	Seite
S.Ct.	Supreme Court Reporter (zitiert nach Band, Seite und Jahrgang)
S.D.N.Y.	United States District Court, Southern District New York
S.D.W.V.	United States District Court, Southern District West Virginia
S.E.(2d)	South Eastern Reporter (Second Series) (zitiert nach Band, Seite und Jahrgang)
San Diego L.Rev.	San Diego Law Review (zitiert nach Band, Seite und Jahrgang)
Sec.	Section
Teilbd.	Teilband
Tex.L.Rev.	Texas Law Review (zitiert nach Band, Seite und Jahrgang)

U.Chi.L.Rev.	University of Chicago Law Review (zitiert nach Band, Seite und Jahrgang)
U.Pa.L.Rev.	University of Pennsylvania Law Review (zitiert nach Band, Seite und Jahrgang)
U.S.	United States Supreme Court Reports (zitiert nach Band, Seite und Jahrgang)
U.S.C.	United States Code
v.	versus
Val.U.L.Rev.	Valparaiso University Law Review (zitiert nach Band, Seite und Jahrgang)
Vgl.	Vergleiche
Wash.L.Rev.	Washington Law Review (zitiert nach Band, Seite und Jahrgang)
Wis.	Supreme Court of Wisconsin
WL	Elektronische Datenbank Westlaw (zitiert nach Jahrgang und Dokumentennummer)
Yale L.J.	Yale Law Journal (zitiert nach Band, Seite und Jahrgang)
zit.	zitiert
ZVglRWiss	Zeitschrift für vergleichende Rechtswissenschaft (zitiert nach Band, Jahrgang und Seite)
ZZP	Zeitschrift für Zivilprozeß, zitiert nach Band (Jahrgang und Seite)

1. Kapitel: Einleitung

I. Gegenstand der Arbeit

Die Rechtskraftwirkungen US-amerikanischer[1] Urteile waren in der Vergangenheit bereits mehrfach Gegenstand rechtswissenschaftlicher Untersuchung und Auseinandersetzung.[2] Dabei wurde in der Regel entweder Wert auf eine möglichst umfassende Darstellung dieser Wirkungen gelegt[3] oder aber versucht, allgemeine Grundsätze zur Lösung von Problemen bei der Urteilsanerkennung zu erarbeiten.[4] Die vorliegende Arbeit fügt sich in die Tradition der darstellenden Untersuchungen der ersten Gruppe, indem sie das Ziel verfolgt, in einem begrenzten Bereich, der durch die subjektiven Grenzen der Rechtskraft bezeichnet wird, die derzeitige amerikanische Rechtslage möglichst genau zu beschreiben sowie in einer Form darzustellen, aus der sich die allgemeinen Grundsätze des fremden Rechts in ihrer Systematik herauslesen lassen.

Dieses Vorgehen stellt einen Balanceakt dar. Wie viele meiner Vorgänger bereits ausführlich darlegten, entzieht sich das amerikanische Zivilprozessrecht in der Regel jeder schematisierenden Darstellung, da es sich als

---

1 Im folgenden werden „amerikanisch" und „US-amerikanisch" synonym verwendet.

2 Vgl. *Engelmann-Pilger*, Die Grenzen der Rechtskraft des Zivilurteils im Recht der Vereinigten Staaten (1974); *Krause*, Urteilswirkungen gegenüber Dritten im US-amerikanischen Zivilprozessrecht (1994); *Koch*, Streitverkündung und Drittklage im amerikanisch-deutschen Prozeß, in: ZVglRWiss 85 (1986), S. 11-62; *Koshiyama*, Rechtskraftwirkungen und Urteilsanerkennung nach amerikanischem, deutschen und japanischem Recht (1996); *Mansel*, Streitverkündung (vouching in) und Drittklage (third party complaint) im US-Zivilprozeß und die Urteilsanerkennung in Deutschland, in: *Heldrich/Kono*, Herausforderungen des internationalen Zivilverfahrensrechts (1994), S. 63 - 84.

3 So *Engelmann-Pilger*, a.a.O., und *Krause*, a.a.O.

4 So *Koch*, a.a.O., *Koshiyama*, a.a.O. und *Mansel*, a.a.O.

Werkzeug der Rechtspraxis mehr an den Notwendigkeiten des Einzelfalles als an dogmatischen Überlegungen ausrichtet. Dennoch sind bei seiner Anwendung bestimmte Grundregeln auszumachen, welche im einzelnen vorgestellt werden sollen. Die hierbei zugrunde gelegte Gliederung soll jedoch nicht als starres Gerüst, sondern als bloßes Hilfsmittel zur Verdeutlichung der Grundwertungen verstanden werden. Da Fragen der Rechtskraft fast ausschließlich dem *common law* und somit nicht der gesetzlichen Regelung unterliegen, soll es den Leser nicht verwundern, wenn er bei seiner eigenen Recherche auf Urteile stößt, die sich nicht passgenau in den vorgestellten Aufbau einfügen lassen. Ein universell gültiges Schema, welches geeignet ist, jeder Fallprüfung zugrunde gelegt zu werden, kann nicht erzielt werden. Vielmehr sollen durch die Analyse zahlreicher Urteile die Grundzüge des fremden Rechtskraftverständnisses möglichst umfassend herausgearbeitet werden, welche den Blick für bereits Bekanntes schärfen und bisher Unbekanntes begreifbar machen sollen.

Dabei soll nicht verhehlt werden, dass dieses Vorhaben die große Gefahr in sich birgt, aufgrund der Darstellung eines begrenzten Rechtsbereichs einen unvollständigen und damit missverständlichen Eindruck der US-amerikanischen Rechtslage zu vermitteln. Der Leser sollte es daher bei der Lektüre der vorliegenden Schrift vermeiden, die dargestellten Probleme und Lösungen des US-Prozessrechts ohne Berücksichtigung der wirtschaftlichen sowie materiell-rechtlichen Besonderheiten des fremden Recht mit scheinbar entsprechenden, vertrauten Phänomenen des eigenen Rechts gleichzusetzen. Nur allzu leicht erliegt man der Versuchung, die Lebensumstände in den Vereinigten Staaten aufgrund der oberflächlichen zivilisatorischen Ähnlichkeit mit den deutschen Verhältnissen gleichzusetzen.[5] Diese *presumptio similitudinis* erweist sich jedoch gerade aufgrund der geographischen Größe und der erheblichen sozialen Unterschiede innerhalb der U.S.A. häufig als falsch. Wie es *Grossfeld* zutref-

---

[5] Hierzu sehr ausführlich die Ausführung von *Grossfeld*, Macht und Ohnmacht der Rechtsvergleichung, S. 104 ff.

fend formulierte: „Amerika ist anders. Anders als wir es uns vorstellen."[6] Dieser Umstand sollte bei den folgenden Ausführungen stets beachtet werden.

Eine weitere Gefahr ergibt sich daraus, dass der gesamte amerikanischen Rechtsraum als eine Einheit angesehen wird. Insbesondere im Bereich Rechtskraftlehre als Teil des Zivilprozessrechts ist dies aber gerade nicht der Fall. Vielmehr stellt sich dieses Rechtsgebiet als „patchwork aus 50 Flicken"[7] dar. Neben das Prozessrecht der Bundesgerichte treten nämlich aufgrund der föderalen Struktur der Vereinigten Staaten die zahlreichen, teilweise sehr unterschiedlichen Prozessordnungen der einzelnen Bundesstaaten, so dass von einheitlichen Rechtskraftkraftwirkungen US-amerikanischer Urteile ohnehin nicht die Rede sein kann. Trotz aller Verschiedenheiten lassen sich jedoch wie unter der großen Anzahl unterschiedlicher Urteile von Gerichten einer Prozessordnung auch im Verhältnis der zahlreichen *jurisdictions* untereinander gemeinsame Grundzüge ausmachen. An diesen richtet sich die vorliegende Arbeit aus. Da die Darstellung aller US-amerikanischen Einzelrechtsordnungen den Umfang dieser Schrift sprengen würde, sollen am Beispiel der *federal courts,* die unter bestimmten Voraussetzungen auch erstinstanzlich zuständig sind und deren Rechtsprechung sich über das gesamte Gebiet der Vereinigten Staaten erstreckt, stellvertretend die wesentlichen Grundlagen der amerikanischen Rechtskraftlehre dargestellt und veranschaulicht werden. Um daneben auch einen Einblick in staatengerichtliche Besonderheiten zu gewähren, werden anhand der Rechtslage in New York und Kalifornien einige wesentliche Unterschiede zur *federal jurisdiction* aufgezeigt sowie erläutert. Diese Bundesstaaten wurden bewusst gewählt, da sie sich in mehrerer Hinsicht von den übrigen Bundesstaaten abheben. Zunächst zählen sie zusammen mit Texas zu den drei bevölkerungsreichsten Bundesstaaten der U.S.A.,[8] so dass dem Recht, das ihre

6 *Grossfeld,* a.a.O., S. 96.

7 So *Junker,* ZZP 101 (1988), S. 243, sowie *Grossfeld,* a.a.O., S. 97.

8 Kalifornien hat circa 33 Millionen, Texas etwa 20 Millionen und New York etwa 18 Millionen Einwohner.

Gerichte anwenden, eine erhebliche Bedeutung zukommt. Des weiteren haben beide Staaten bereits frühzeitig zivilprozessrechtliche Kodifikationen auf den Weg gebracht, die das US-amerikanische Recht bis heute prägen. Dabei ist der New Yorker *Code of Procedure* von 1848, der so genannte *Field Code,* hervorzuheben, der zwar heute nicht mehr in New York, aber in fortentwickelter Form im kalifornischen *Code of Civil Procedure* von 1872 nach wie vor fortlebt. In New York selbst gelten seit 1962 die *Civil Procedure Law and Rules (CPLR),* die eine im amerikanischen Vergleich sehr moderne Regelung des Zivilprozesses vorsehen.[9] Schließlich weisen New York und Kalifornien in geographischer Hinsicht überaus bedeutende Wirtschaftszentren auf,[10] so dass das Recht dieser Bundesstaaten auch außerhalb Amerikas eine hervorgehobene Stellung für sich beansprucht. Die Darstellung der Rechtslage in diesen beiden *jurisdictions* erfolgt jedoch nicht umfassend. Vielmehr werden an ihrem Beispiel nur Parallelen oder bemerkenswerte Abweichungen zur *federal jurisdiction* dargelegt. Verweise auf die Rechtslage in anderen Bundesstaaten erfolgen, soweit dies zum besseren Verständnis bestimmter Besonderheiten hilfreich erscheint. Der Vergleich zeigt mögliche Lösungsalternativen auf und eröffnet dadurch in besonderer Weise die Möglichkeit einer kritischen Stellungnahme.

Der Gegenstand dieser Arbeit, die subjektiven Grenzen der Rechtskraft amerikanischer Urteile, wurde in den Schriften, welche sich bisher mit diesem Themenbereich beschäftigt haben, in der Regel als Problem der *Rechtskrafterstreckung* im Recht der Vereinigten Staaten bezeichnet. Dieser Kennzeichnung liegt aber bereits eine gewisse Wertung zugrunde, welche sich aus dem deutschen Rechtskraftverständnis ableitet und insofern das Risiko in sich birgt, den unverfälschten Blick auf das amerikanische Rechtskraftverständnis zu verstellen. Der Begriff geht nämlich von bestimmten subjektiven Grenzziehungen der Rechtskraft aus, die unser Recht vorgibt, und suggeriert, dass die bezeichneten Phänomene Aus-

---

[9] Vgl. zum vorstehenden ausführlich: *Junker*, ZZP 101 (1988), S. 265-289.

[10] Zu nennen sind vor allem die Großräume New York City und Los Angeles sowie das Silicon Valley.

nahmeerscheinungen sind, welche sich darüber hinaus *erstrecken*. Die vorliegend dargestellten subjektiven Grenzen stellen dagegen nach amerikanischer Auffassung keine Ausnahmen, sondern die allgemeinen Grenzen eines Grundprinzips dar, welches bereits von seinen Prämissen her weitaus breiter angelegt ist als unser Rechtskraftdenken. Dies wird in der folgenden Arbeit dadurch verdeutlicht, dass bewusst so weit wie möglich auf die deutsche Nomenklatur verzichtet und die amerikanische, durch Kursivdruck hervorgehoben, beibehalten wird. Hierdurch soll das „Aufdecken" nur scheinbarer Parallelen zum deutschen Verständnis möglichst vermieden werden. Soweit im folgenden dennoch von Rechtskrafterstreckung die Rede ist, so geschieht das aus Gründen der Vereinfachung zur Bezeichnung der Fälle, in denen verfahrensunbeteiligte Dritte durch die Rechtskraftwirkungen gebunden oder berechtigt werden. Es soll nicht bedeuten, dass es sich dabei um Ausnahmeerscheinungen handelte, deren es im amerikanischen Recht besonderer Rechtfertigung bedürfe.

Bevor jedoch die subjektiven Grenzen der Rechtskraft im Recht der U.S.A. umfassend erläutert werden können, muss der Blick zunächst auf die Grundlagen und die objektiven Grenzen des fremden Rechtskraftverständnisses gerichtet werden. Hierdurch soll zum einen dargelegt werden, welche fremden Rechtsinstitute auf ihre subjektiven Wirkungsgrenzen hin zu untersuchen und welche Rechtsphänomene hierbei auszulassen sind, weil sie nicht als Teil des Komplexes Rechtskraft angesehen werden. Zum anderen soll aber auch dem Umstand Rechnung getragen werden, dass sich die objektiven und subjektiven Grenzen der Rechtskraft in erheblicher Weise gegenseitig beeinflussen, so dass viele subjektive Grenzziehungen durch objektive Begriffsbestimmungen bedingt werden. Restriktionen in der einen Richtung sind häufig auf eine fehlende Beschränkung in der anderen zurückzuführen und umgekehrt. Deshalb kann bei der Analyse der subjektiven Rechtskraftgrenzen nicht auf eine kurze Übersicht über die Voraussetzungen und allgemeinen Wirkungen der untersuchten Rechtsinstitute verzichtet werden.

Der entsprechende Überblick kann im gegebenen Rahmen jedoch nur komprimiert und umrisshaft erfolgen.

Gegenstand der Arbeit sind weder Fragen der Anerkennung der beschriebenen Wirkungen in Deutschland noch entsprechende Wirkungen im deutschen Recht. Soweit an einigen Stellen Parallelen zum deutschen Recht gezogen werden, sollen diese nicht der umfassenden Gegenüberstellung beider Rechtsordnungen, sondern lediglich der Illustration und dem besseren Verständnis der US-Regelungen im punktuellen Vergleich dienen.

II. Gang der Darstellung

Die Arbeit gliedert sich in drei Teile.

Der erste Teil (2. Kapitel) befasst sich mit der Darstellung der Urteilswirkungen, die unter dem Begriff der Rechtskraft zusammengefasst werden. Diese werden zunächst vorgestellt, von ähnlichen Rechtsinstituten abgegrenzt sowie in ihren wesentlichen Voraussetzungen und Wirkungen erläutert. Dabei wird auch ein Blick auf die grenzübergreifende Geltung dieser Wirkungen innerhalb des föderalen Systems der Vereinigten Staaten geworfen.

Im Anschluss an diese Einführung in die Grundlagen werden in den beiden folgenden Teilen (3. und 4. Kapitel) die subjektiven Grenzen der bezeichneten Urteilswirkungen umrissen, wobei hinsichtlich des betroffenen Personenkreises danach unterschieden wird, wer durch die dargestellten Wirkungen gebunden und wer durch sie berechtigt wird. Die Zweiteilung deutet bereits an, dass hier keine Deckungsgleichheit besteht.

Zunächst erfolgt im zweiten Teil (3. Kapitel) die Beschreibung des durch die Rechtskraftwirkungen gebundenen Personenkreises, wobei hier zunächst die Parteien und anschließend prozessunbeteiligte, aber dennoch gebundene Personen im Mittelpunkt stehen.

Schließlich wird im dritten Teil (4. Kapitel) der durch die Rechtskraftwirkungen berechtigte Personenkreis behandelt. Dabei werden erst im Rückblick die klassischen Grundsätze vorgestellt, die in der Vergangenheit für die entsprechende Grenzziehung maßgeblich waren. Im Mittelpunkt des Teils steht sodann die revolutionäre Umwälzung dieser Grundsätze, die sich in diesem Bereich innerhalb der letzten sechs Jahrzehnten zugetragen hat und die am Beispiel der ausgewählten *jurisdictions* entwickelt wird.

Die Arbeit endet mit der Zusammenfassung ihrer Ergebnisse sowie einer eigenen Stellungnahme hierzu.

2. Kapitel: Überblick über die Rechtskraftwirkungen US-amerikanischer Urteile

I. Grundlagen

1. Terminologie

Die amerikanische Rechtskraftlehre, die *doctrine of former adjudication*,[1] verwendet zur Kennzeichnung der verschiedenen Rechtsinstitute, welche Gerichtsurteilen besondere rechtliche Verbindlichkeit für Folgeverfahren verleihen, eine Terminologie, die im Lauf der Zeit nicht einheitlich gehandhabt wurde. Die Änderungen sind insbesondere deshalb beachtlich und vorab darzustellen, da sie dazu führten, dass demselben Terminus zu verschiedenen Zeiten unterschiedliche Bedeutung beigemessen wurde.

Nach traditionellem Verständnis untergliedern sich die Rechtskraftwirkungen von Urteilen in zwei verschiedene Rechtskonzepte, wovon das eine mit *res judicata* und das andere mit *estoppel by judgment* bezeichnet wird.[2] Unter dem Begriff *res judicata* werden dabei all diejenigen Urteilswirkungen zusammengefasst, welche es dem Kläger zum einen verwehren, einen *claim* erneut einzuklagen, über den bereits abschließend gerichtlich entschieden wurde, die ihn zum anderen aber auch davor schützen, dass der Beklagte noch nach dem der Klage stattgebenden Urteilsspruch wirksam Einwendungen gegen den *claim* er-

---

[1] Überbegriff, der keine Allgemeinverbindlichkeit für sich beansprucht, jedoch breite Verwendung findet; gewöhnlich ist auch von der *doctrine of res judicata* die Rede, was dem neueren Sprachgebrauch entspricht, traditionell aber für aber als Oberbegriff für einen Teilbereich der amerikanischen Rechtskraftlehre verwendet wird; vgl. hierzu *Weinstein/Korn/Miller*, CPLR Manual, Vol. 2, § 25.01.

[2] *Friedenthal/Kane/Miller*, § 14.1.

heben kann.[3] Was unter einem *claim* zu verstehen ist, wird im amerikanischen Recht kontrovers diskutiert. Der Begriff gehört zu einem der schillerndsten des amerikanischen Zivilprozessrechts und soll an dieser Stelle zur besseren Verständlichkeit als „Streitgegenstand nach amerikanischem Recht" wiedergegeben werden.[4] Die *res-judicata*-Wirkungen eines amerikanischen Urteils sind damit den Rechtskraftwirkungen eines deutschen Urteils am ähnlichsten. *Estoppel by judgment* ist dagegen ein für den deutschen Betrachter fremd anmutendes Rechtskraftkonzept, das eine erneute gerichtliche Entscheidung über tatsächliche oder rechtliche Feststellungen verhindert, welche ein Gericht bei der Entscheidungsfindung im Ausgangsprozess getroffen hat.[5] Dabei ist es für die Bindungswirkung der Feststellungen unerheblich, ob es sich im Folgeprozess um denselben *claim* handelt wie im Ausgangsprozess oder nicht.[6] Die *estoppel*-Wirkungen sind dadurch für die Parteien weitaus unvorhersehbarer und für den Unterlegenen des Ausgangsverfahrens gefährlicher als die *res-judicata*-Wirkungen, da sie bei Folgeprozessen eingreifen können, die bei Führung des Ausgangsverfahrens noch gar nicht vorhersehbar waren. Die beiden Rechtskonzepte *res judicata* und *estoppel by judgment* haben verschiedene, ursprüngliche voneinander unabhängige geschichtliche Wurzeln. Dieser historische Unterschied sollte traditionell in der Verwendung der lateinischen und die englischen Bezeichnung der Komplexe ihren Ausdruck finden.

In der Gegenwart hat sich vermehrt die Überzeugung durchgesetzt, dass es sich bei den beiden Konzepten trotz des unterschiedlichem rechtsgeschichtlichen Hintergrunds nicht um verschiedene Rechtsinstitute, sondern lediglich um zwei Ausprägungen eines einheitlichen Grundgedankens handelt. Dementsprechend wurde der Begriff *res judicata* vom 1982 veröffentlichten *„Restatement of the Law Second, Judgments 2d"* als Ober-

3 *Friedenthal/Kane/Miller*, § 14.1.

4 Zur näheren Erläuterung des *claim*-Begriffes siehe 2. Kapitel II. 2.

5 *Friedenthal/Kane/Miller*, § 14.1.

6 *Cromwell v. County of Sac*, 94 U.S. 351, 352 (1876).

begriff für beide Kategorien eingeführt.[7] Der bisher mit *res judicata* gekennzeichnete Bereich wurde durch das *Restatement (Second)* erstmals in *claim preclusion* umbenannt. Der antiquierte Begriff des *estoppel by judgment* wurde durch die Bezeichnung *issue preclusion* ersetzt.[8] Die doppelte Verwendung des Wortes *preclusion* demonstrierte das neue Verständnis von der Einheitlichkeit des Gesamtkonzepts in besonderer Weise. Wenngleich sich immer noch zahlreiche Entscheidungen finden lassen, welche dem traditionellen Ansatz folgen, hat sich die Nomenklatur des *Restatement (Second)* heute weitgehend durchgesetzt.[9] Sie findet daher auch in der vorliegenden Arbeit Anwendung.

Die beiden Komplexe *claim* und *issue preclusion* untergliedern sich selbst wiederum in jeweils zwei Unterkategorien.

Im Rahmen der *claim preclusion* unterscheidet man je nach dem Ergebnis des Ausgangsverfahrens gemeinhin zwischen *merger* und *bar*. Obsiegt der Kläger im Ausgangsverfahren, geht sein zur Entscheidung gestellter *claim* in dem stattgebenden Urteil auf. Durch diesen *merger* erlöscht der *claim* und steht dem Kläger für eventuelle Folgeverfahren nicht mehr zur Verfügung.[10] Unterliegt der Kläger dagegen im Ausgangsverfahren, wird die Verfolgung desselben *claim* in weiteren Verfahren durch die abweisende Entscheidung gesperrt. Das klageabweisende Urteil bildet eine *bar* für jegliche spätere gerichtliche Geltendmachung desselben *claim*.[11] Unabhängig vom Ergebnis des Ausgangsverfahrens ist somit eine Weiterverfolgung desselben *claim* in Folgeverfahren ausgeschlossen. Eine erneute Klage ist in jedem Fall abzuweisen.

---

[7] *Restatement (Second)*, Chapter 3, Introductory Note.

[8] Das *Restatement (Second)* folgte damit in der Wahl der Begriffwahl dem Vorschlag von *Vestal*, 62 Mich. L. Rev. 33 f. (1963).

[9] Vgl. statt aller die Entscheidung des *U.S. Supreme Court: New Hampshire v. Maine*, 121 S.Ct. 1808, 1814 (2001).

[10] *Friedenthal/Kane/Miller*, § 14.1; *Restatement (Second)*, § 17 (2) („If the judgment is in favor for the plaintiff, the claim is extinguished and merged in the judgment [...]").

[11] Siehe bereits: *Cromwell v. County of Sac*, 94 U.S. 351, 352 (1876); *Restatement (Second)*, §§ 17 (3), 19.

Die Wirkungen der *issue preclusion* untergliedert man ebenfalls in zwei Untergruppen, *direct estoppel* und *collateral estoppel,* wobei der zweiten weitaus mehr Bedeutung zukommt als der erstgenannten. *Direct estoppel* umfasst die Fälle der *issue preclusion,* in welchen das Folgeverfahren denselben *claim* zum Gegenstand hat wie das Ausgangsverfahren. Da in diesen Fällen aber zumeist bereits das strengere Konzept der *claim preclusion* eingreift, verbleibt für die Anwendung des *direct estoppel* lediglich ein kleiner Teilbereich, in welchem die Voraussetzungen der *claim preclusion* nicht erfüllt sind, die verfahrensbeendende Entscheidung des Ausgangsverfahrens aber dennoch den Erfordernissen der *issue preclusion* genügt.[12] Dies ist in der Regel dann der Fall, wenn die gerichtliche Ausgangsentscheidung zwar *not on the merits* ist, d.h. frei übersetzt keine Entscheidung in der Sache selbst darstellt, aber dennoch eine abschließende Auseinandersetzung mit bestimmten Streitfragen des Ausgangsverfahrens beinhaltet.[13] *Collateral estoppel* greift dagegen dann ein, wenn sich das Folgeverfahren mit einem anderen *claim* auseinandersetzt als das Ausgangsverfahren.[14] Da es in diesen Fällen nicht möglich ist, dass sich *claim* und *issue preclusion* überschneiden, erfassen die Fälle des *collateral estoppel* den absolut überwiegenden Teil des tatsächlichen Anwendungsbereichs der *issue preclusion.*[15] Das führt sogar dazu, dass die

---

12 *Restatement (Second),* § 17 Comment c; *Friedenthal/Kane/Miller,* § 14.1; zu den Voraussetzungen der *issue preclusion* siehe 2. Kapitel III. 3.

13 Vgl. hierzu z.B. *City Capital Resources, Inc. v. White,* 29 F. Supp. 2d 334 (S.D.W.V. 1998) (Die präkludierende Vorentscheidung war eine verweisende *court order,* welche auf der Feststellung basierte, dass die Kläger des zu entscheidenden Verfahrens kalifornische Staatenangehörige waren; im zu entscheidenden Fall, der denselben claim zum Gegenstand hatte wie das Verfahren, in dem die *court order* erging, kamen die Richter zu einer Klageabweisung aufgrund fehlender *subject matter jurisdiction.* Das Fehlen der sachlichen Zuständigkeit wurde mit der kalifornischen Staatenangehörigkeit der Kläger begründet; die Richter sprachen sich für eine Bindung an die Feststellung der *court order* im Wege des *direct estoppel* aus; für eine Klageabweisung nach den Regeln der *claim preclusion* war kein Raum, da die fragliche *court order* nicht über den *claim* selbst, sondern lediglich über prozessuale Fragen abschließend entschied.)

14 *Cromwell v. County of Sac,* 94 U.S. 351, 352 (1876); *Restatement (Second),* § 17 Comment c.

15 *Friedenthal/Kane/Miller,* § 14.1.

Begriffe *claim preclusion* und *collateral estoppel* teilweise synonym benutzt werden.[16]

2. Historischer Hintergrund

Wie bereits angedeutet haben die beiden Zweige der *res judicata doctrine* unterschiedliche geschichtliche Wurzeln.

Das Konzept der *claim preclusion* geht ursprünglich auf das römische Zivilprozessrecht zurück. Hieraus erklärt sich auch seine ursprünglich lateinische Bezeichnung als *res judicata* im traditionellen Sprachgebrauch. Das römische Recht sah vor, dass bei zwei aufeinander folgenden Prozessen zwischen denselben Beteiligten[17] das erste Verfahren dem zweiten entgegensteht, wenn es in der zweiten Klage *de eadem re*, also um dieselbe Sache geht.[18] Im altrömischrechtlichen Verfahren des Legisaktionenprozesses und im Formularprozess der klassischen Periode wurde diese Wirkung bereits an die *litis contestatio*, also die Unterwerfung der Parteien unter den künftigen Entscheid des Urteilsgerichts im ersten Verfahren geknüpft.[19] Erst das spätere Kognitionsverfahren der Kaiserzeit verband die Ausschlusswirkung nicht mehr mit der *litis contestatio*, sondern nur noch mit dem Urteil.[20] Dieses römischrechtliche Prinzip, welches auf der besonderen Achtung vor der richterlichen Ent-

---

[16] Vgl. *Weinstein/Korn/Miller*, CPLR Manual, § 25.01.

[17] In besonderen Fällen wurde sogar bei Personenverschiedenheit die Ausschlusswirkung anerkannt; siehe *Kaser*, Römisches Privatrecht, § 82 III.2.b).

[18] *Gaius*, Institutiones, IV 106-108; *Corpus Iuris Civilis*, Inst. 4.13.5 (dabei ist zu beachten, dass nach altem römischen Recht die *litis contestatio* des ersten Verfahrens das materiellrechtliche Klagerecht verbrauchte, so dass nachfolgende Klagen in derselben Sache *ipso iure* abzuweisen waren; später setzte sich jedoch die Überzeugung durch, dass ein vorheriges Verfahren keinen Einfluss auf das Klagerecht hat, sondern dem Beklagten im Folgeprozess lediglich eine Einrede, die *exceptio rei iudicatae (vel in iudicium deductae)*, gewährt).

[19] Siehe hierzu: *Kaser*, Römisches Privatrecht, § 82 III.1.f., § 84 II.4.b).

[20] *Kaser*, Römisches Privatrecht, § 87 II.7.a).

scheidung beruht, wurde sehr früh vom englischen Recht übernommen und auf diesem Weg auch Bestandteil des amerikanischen Rechts.[21]

Die bindende Wirkung von Feststellungen, welche im Rahmen eines gerichtlichen Verfahrens getroffen wurden, war dem römischen Recht bis auf wenige Ausnahmefälle (wie z.B. den Feststellungsprozess) dagegen fremd.[22] Die Wurzeln der *issue preclusion* sind daher nicht im römischen Recht, sondern im germanischen Recht zu finden, welches in England bereits vor der Rezeption des römischen Rechts Geltung beanspruchte.[23] Im germanischen Klageverfahren lag der Schwerpunkt nicht auf einem das Verfahren abschließenden Urteil, sondern vielmehr auf den Äußerungen der Parteien, welche im Prozess abgegeben wurden.[24] Die Prozesse wurden nämlich nicht durch die Feststellungen des Gerichtes, sondern durch die feierlichen Erklärungen der Parteien entschieden, welche bereits mit ihrer Abgabe die Rechtslage veränderten und an denen sich die Beteiligten festhalten lassen mussten.[25] In Folgeverfahren wurden die Parteien dementsprechend mit einem abweichenden Vortrag von vornherein nicht mehr gehört. Diese germanische Rechtspraxis unterlag bis zur Gegenwart intensiven Veränderungen und Entwicklungen. In der Form des *estoppel by record* wandelte sie sich in eine unwiderlegliche Tatsachenvermutung hinsichtlich der Umstände, die sich aus den *records*, den gerichtlichen Aufzeichnungen während des Prozesses, ergaben.[26] Damit wurde der *estoppel* nicht mehr unmittelbar an den Parteivortrag, sondern an die gerichtliche Prozessdokumentation geknüpft.

---

[21] *Note,* 65 Harv.L.Rev. 818, 820 (1952).

[22] Vgl. *Kaser,* Römisches Privatrecht, § 84 II. 4.b) (Wie im deutschen Recht war „(d)ie Autorität, die der Urteilsinhalt für spätere Prozesse genoß, nur eine ‚faktische', indem die größere oder geringere Wahrscheinlichkeit dafür spricht, daß der Richter richtig entschieden hat.").

[23] *Note,* 65 Harv.L.Rev. 818, 820 (1952).

[24] *Hattenhauer,* Europäische Rechtsgeschichte, Rn. 187.

[25] *Hattenhauer,* a.a.O.

[26] *Friedenthal/Kane/Miller,* § 14.2.

Als weiteres Erfordernis war nun ein *final judgment*, ein abschließendes Endurteil, Voraussetzung für den Eintritt der *estoppel*-Wirkungen.[27]

In dieser Form koexistierten das germanische und das römische Rechtskraftkonzept über Jahrhunderte hinweg unabhängig voneinander. Erst nachdem die Form, in der die Rechtsfolgen der beiden Rechtsprinzipien im Prozess geltend gemacht werden mussten, vereinheitlicht wurde und der Eintritt der *estoppel*-Wirkungen nicht mehr ausschließlich vom Beweis durch die *court records* abhängig war, erkannte man in den Konzepten zwei Arme einer einheitlichen Prozessdoktrin.[28] Da beide von einem *final judgment* abhängig waren, sah man sie seither als Verbürgungen des abschließenden Charakters und damit der Autorität der gerichtlichen Entscheidung an. Ihnen wurde damit eine einheitliche Ratio zu Grunde gelegt.[29]

Trotz ihrer besonderen Bedeutung wurde die *res judicata doctrine* weder durch den Gesetzgeber noch die akademische Lehre umfassend behandelt.[30] Dies änderte sich erst im Jahre 1942, als das *American Law Institute* das *„Restatement of the Law, Judgments"* veröffentlichte, welches sich trotz seines allgemeinen Titels nahezu ausschließlich mit Fragen der Rechtskraft auseinandersetzte und erstmals eine einheitliche Terminologie ausarbeitete. Im Jahre 1982 wurde die Darstellung mit dem *„Restatement of the Law Second, Judgments Second"* umfassend überarbeitet und auf den allgemeinen Stand der Diskussion in Literatur und Rechtsprechung gebracht. Eine gesetzliche Regelung der *res-judicata-Wirkungen* erfolgte jedoch zu keiner Zeit, obwohl es seit dem New Yorker *Code of Procedure* von 1848, dem so genannten *Field Code*, nicht an zahlreichen legislativen Akten im Bereich des Zivilprozesses sowohl auf Staaten- wie auf

[27] *Note*, 65 Harv.L.Rev. 818, 821 (1952).

[28] *Note*, 65 Harv.L.Rev. 818, 821 (1952).

[29] *Friedenthal/Kane/Miller*, § 14.2.

[30] *Note*, 65 Harv.L.Rev. 818, 821 (1952).

Bundesebene fehlte. So bleibt das Recht der *res judicata* damals wie heute nahezu ausschließlich dem *common law* vorbehalten.[31]

3. Abgrenzung zu anderen Rechtsinstituten

a) *Law of the case*

Von der *res judicata doctrine* ist die Lehre vom *law of the case* zu unterscheiden, nach deren Maßgabe es einen Gericht verwehrt ist, Rechtsfragen, welche im selben Verfahren bereits gerichtlich entschieden wurden, ein weiteres Mal aufzugreifen und neu zu entscheiden.[32] Der wesentliche Anwendungsbereich dieser Regel sind die Fälle, in denen das Tatsachengericht nach erfolgreichem Rechtsmittel erneut zur Entscheidung berufen ist[33] oder in denen sich ein Rechtsmittelgericht nach bereits erfolgter Zurückverweisung zum wiederholten Male mit einem Rechtsmittel in derselben Sache befassen muss.[34] Die Hauptunterschiede des *law of the case* zum Prinzip der *res judicata* bestehen darin, dass es ausschließlich Rechtsfragen erfasst und sich seine Wirkungen nur auf das laufende Verfahren beschränken.[35] Seine Anwendung ist auch insofern weitaus weniger streng als die *res judicata doctrine,* als ein Gericht von Vorentscheidungen, welche im selben Verfahren getroffen wurden, dann abgehen kann, wenn es davon überzeugt ist, dass diese offensichtlich falsch sind und im Falle ihrer Bindung als „Manifestierung des Unrechts" wirken würden.[36] Der *U.S. Supreme Court* sieht im *law of the case* daher weniger eine Schranke der gerichtlichen Entscheidungsfreiheit als vielmehr den bloßen Spiegel einer rechtlichen Praxis, nach der Gerichte

---

[31] *Restatement (Second),* Chapter 1, Introduction (S. 5 f.); *Engelmann-Pilger,* S. 20.

[32] *Agostini v. Felton,* 521 U.S. 203, 236 (1997).

[33] *Note,* 65 Harv.L.Rev. 818, 822 (1952).

[34] *Friedenthal/Kane/Miller,* § 14.1.

[35] *Note,* 65 Harv.L.Rev. 818, 822 (1952).

[36] *Agostini v. Felton,* 521 U.S. 203, 236 (1997):

„The doctrine does not apply if the court is convinced that [its prior decision] is clearly erroneous and would work a manifest injustice".

in der Regel nicht bereit sind, Streitfragen, über die im laufenden Verfahren bereits abschließend befunden wurde, wiederholt zu erörtern und zu entscheiden.[37]

b) *Stare decisis*

Das Prinzip des *stare decisis* ist einer der tragenden Pfeiler des angloamerikanischen Rechtssystems, indem es bei der gerichtlichen Beantwortung von Rechtsfragen Vorentscheidungen verbindliche Wirkung zuerkennt.[38] Es gebietet den Gerichten, vergleichbare Fälle stets in der gleichen Weise zu entscheiden. Diese Präjudizienwirkung, welche auch unter der Bezeichnung *doctrine of precedent* bekannt ist,[39] soll in einem Rechtsraum, der weniger von Gesetzes- als primär von Richterrecht geprägt ist, die notwendige Rechtsstabilität und -klarheit verschaffen, welche für die Gewährleistung rechtsstaatlicher Verhältnisse unerlässlich ist. Sie unterscheidet sich in mehrerlei Hinsicht von der *res judicata*-Lehre. Zum einen bezieht sie sich allein auf Rechtsfragen.[40] Des weiteren findet sie ohne jede Rücksicht darauf Anwendung, ob die Parteien des zu entscheidenden Rechtsstreits in irgendeiner Weise mit der präjudiziellen Entscheidung in Verbindung stehen oder nicht. Schließlich ist die Wirkung eines Urteils als Präjudiz im Gegensatz zu seinen Rechtskraftwirkungen zeitlichen Veränderungen unterworfen. Ein *final judgment* sorgt als *res judicata* zwischen den Parteien für eine endgültige Beilegung des entschiedenen Rechtsstreits. Die Gerichte sind bei jeder Folgeentscheidung, die denselben *claim* oder ein bereits entschiedenes *issue* zum Gegenstand hat, an die Ergebnisse des abgeschlossenen Verfahrens streng gebunden. Die Bindung der Gerichte an Präjudizien ist dagegen insofern weniger streng, als das geltende *case law* aufgrund der Möglich-

---

[37] *Messinger v. Anderson*, 225 U.S. 436, 444 (1912).

[38] Vgl. hierzu *Engelmann-Pilger*, S. 21 f.; zu den Einzelheiten *Hay*, US-amerikanisches Recht, Rn. 16 ff.

[39] *Friedenthal/Kane/Miller*, § 14.1.

[40] *Engelmann-Pilger*, S. 21.

keit des *overruling* dauernder Veränderung unterworfen ist.[41] Zusammenfassend ist zu konstatieren, dass die *res judicata*-Wirkungen einen bestimmten Rechtsstreit zwischen bestimmten Personen zum Ende bringen, während das *stare decisis* ein generelles Rechtskonzept, welches einer bestimmten Gerichtsentscheidung entnommen werden kann, für alle Angehörigen des Rechtskreises für verbindlich erklärt und auf diese Weise neues Recht schafft.[42]

c) *Double jeopardy*

Double jeopardy ist ein Grundsatz des anglo-amerikanischen Strafprozesses und wird an dieser Stelle nur der Vollständigkeit halber erwähnt, da es in seinem Anwendungsbereich weitgehend die Aufgaben der aus dem Zivilprozessrecht entstammenden *res judicata*-Lehre übernimmt. *Double jeopardy* verbietet dem Grundsatz *ne bis in idem* folgend die mehrfache Strafverfolgung einer Person in derselben Sache.[43] Es handelt sich dabei um einen in der Verfassung verankerten Grundsatz,[44] der auf dem Gebiet des Strafprozesses in seinen Wirkungen der *claim preclusion* entspricht, jedoch hiervon abweichende Voraussetzungen aufweist. *Double jeopardy* greift ab dem Zeitpunkt ein, in welchem der Angeklagte in die Gefahr einer nahe bevorstehenden Verurteilung gerät.[45] Dies wird z.B. dann angenommen, sobald die *jury* eingeschworen wird. Das Prinzip ist jedoch dann nicht anwendbar, wenn die Anklage bereits vor Vereidigung der *jury* aufgrund von Verjährung abgewiesen wird. Nach der Rechtsprechung des *U.S. Supreme Court* kann in solchen Fällen bei strafrechtlichen Folgeverfahren in derselben Sache ausnahmsweise auch auf die an sich zivilprozessualen Grundsätze der *res judicata* zurückgegriffen

---

41 Zu den Möglichkeiten des *overruling: Hay,* US-amerikanisches Recht, Rn. 18.

42 *Friedenthal/Kane/Miller,* § 14.1.

43 *Justices of Boston Municipal Court v. Lydon,* 466 U.S. 294, 307 f. (1984).

44 *U.S. Constitution, Amendment V:*

„[...] nor shall any person be subject for the same offense to be twice put in jeopardy of life or limb; [...]"

45 *Friedenthal/Kane/Miller,* § 14.1.

werden, da aufgrund der verfassungsmäßig gewährleisteten Verfahrensrechte ein Angeklagter strafrechtlich nicht strenger verfolgt werden kann als im Rahmen eines Zivilprozesses.[46]

d) *Judicial estoppel*

Von der *issue preclusion* ist schließlich auch die Lehre des *judicial estoppel* abzugrenzen.[47] Die Unterscheidung ist insofern schwierig, als beide Konzepte bisweilen lediglich als *estoppel* bezeichnet werden. Des weiteren bewirken beide, dass die einem Urteil zugrunde liegenden gerichtlichen Tatsachenfeststellungen auch in späteren Verfahren zwischen den Parteien Bindungswirkung beanspruchen. Ihr wesentlicher Unterschied besteht darin, dass die *issue preclusion* darauf abzielt, dass sich die im ersten Verfahren unterlegene Partei in allen folgenden Verfahren an der gerichtlichen Feststellung der von ihr bestrittenen Tatsachen festhalten lassen muss, während der *judicial estoppel* ähnlich dem Grundsatz des *venire contra factum proprium* bezweckt, dass eine Prozesspartei, welche sich in einem Verfahren erfolgreich auf eine Tatsachenbehauptung gestützt hat, auch in einem späteren Verfahren an diesen Vortrag gebunden ist und nicht mehr wirksam das Gegenteil behaupten kann.[48] Die *issue preclusion* führt somit zur Bindung an Feststellungen, welche entgegen dem eigenen Vortrag getroffen wurden, der *judicial estoppel* dagegen zur Bindung an Feststellungen, welche gerade aufgrund des eigenen Vortrages getroffen wurden. Der *judicial estoppel* wird in der vorliegenden Arbeit jedoch nicht als Rechtskraftwirkung behandelt, da er nicht auf die Verbindlichkeit gerichtlich getroffener Feststellungen, sondern vielmehr auf die Verbürgung redlichen Prozessverhaltens der Parteien

---

[46] *United States v. Oppenheimer*, 242 U.S. 85, 87 (1916).

[47] Die Darstellung folgt der Rechtsprechung des *U.S. Supreme Court*, die diesbezüglich nicht verallgemeinerungsfähig ist, da die Lehre vor den Gerichten der verschiedenen Bundesstaaten höchst unterschiedlich angewandt wird und teilweise sogar gar keine Beachtung findet; vgl. *Yeazell*, Civil Procedure, S. 868.

[48] *New Hampshire v. Maine*, 121 S.Ct. 1808, 1814 (2001); *All Terrain Properties, Inc. v. Hoy*, 705 N.Y.S.2d 350, 355 (N.Y.A.D. 2000).

gerichtet ist.[49] Durch ihn sollen die Gerichte vor bewusster Irreführung durch die Parteien, nicht vor mehrfacher Inanspruchnahme in denselben Angelegenheiten geschützt werden.[50]

4. Die Unterscheidung von *claim preclusion* und *issue preclusion*

Wie bereits erwähnt sind *claim* und *issue preclusion* zwei Teile einer einheitlichen Rechtskraftdoktrin. Obwohl sie damit dasselbe Ziel verfolgen, nämlich die Schonung der gerichtlichen Ressourcen und den endgültigen Abschluss bereits entschiedener Rechtsstreitigkeiten,[51] weisen sie doch markante Unterschiede auf.

Die *claim preclusion* beendet die Streitigkeit über einen *claim,* d.h. den weit zu verstehenden Streitgegenstand amerikanischen Rechts, die *issue preclusion* dagegen nur den Streit über das Vorliegen eines bestimmten *issue,* d.h. eine ganz besondere Tatsachen- oder Rechtsfrage.[52]

Die Grundsätze der *claim preclusion* greifen insofern nur dann ein, wenn es in späteren Verfahren um denselben *claim* geht wie im bereits entschiedenen Prozess. Die *issue preclusion* kann dagegen in jedem späteren Rechtsstreit – unabhängig davon, um welchen *claim* es sich dabei handelt – relevant werden, wenn dessen Entscheidung nur von einem *issue* abhängt, dessen Feststellung bereits bei der Entscheidungsfindung eines abgeschlossenen Prozess erforderlich war.[53]

---

[49] Manche Gerichte haben sogar gänzlich darauf verzichtet, für die Anwendung der Grundsätze des *judicial estoppel* zu fordern, dass sich das Gericht des ersten Verfahrens den Tatsachenvortrag der unredlich handelnden Prozesspartei zu eigen gemacht haben muss; vgl. *Note,* 65 Harv.L.Rev. 818, 823 f. (1952).

[50] *New Hampshire v. Maine,* 121 S.Ct. 1808, 1815 (2001); die Lehre wird insofern auch *preclusion of inconsistent positions* genannt, vgl. *Yeazell,* Civil Procedure, a.a.O.

[51] *Weinstein/Korn/Miller,* CPLR Manual, § 25.01.

[52] *Friedenthal/Kane/Miller,* § 14.1.

[53] *Cromwell v. County of Sac,* 94 U.S. 351, 353 (1876).

Der tatsächliche Anwendungsbereich der *issue preclusion* ist daher sehr viel weiter und für die Parteien weniger vorhersehbar, da bei Abschluss eines Prozesses für die Parteien häufig noch gar nicht erkennbar ist, inwiefern die im gerade abgeschlossenen Gerichtsverfahren getroffenen richterlichen Feststellungen für eventuelle zukünftige Verfahren wieder bedeutsam werden können.

Aufgrund der Gefahren, welche sich aus dieser mangelnden Vorhersehbarkeit für die unterlegene Partei ergeben, ist die *issue preclusion* nur dann anwendbar, wenn das fragliche *issue* im abgeschlossenen Verfahren Gegenstand streitiger Erörterung war.[54] Unter den Voraussetzungen der *claim preclusion* findet sich zu diesem Erfordernis kein Pendant. Vielmehr erfasst die *claim preclusion* auch diejenigen Teile eines grundsätzlich zur Entscheidung gestellten *claim*, die zwar zum Gegenstand gerichtlicher Erörterung und Entscheidung hätten gemacht werden können, die der Kläger aber bewusst oder unbewusst nicht in das Verfahren einbezogen hat.[55]

Auf die einzelnen Voraussetzungen und Rechtsfolgen von *claim* und *issue preclusion* wird später noch ausführlicher eingegangen. Die vorgenannten Aspekte sollen lediglich dazu dienen, beide Konzepte im folgenden besser voneinander unterscheiden zu können.

5. Rechtskraftwirkungen im föderalen Rechtssystem der Vereinigten Staaten

In den Vereinigten Staaten herrscht kein einheitliches Sachrecht. Insofern ist es missverständlich, wenn man von dem Recht der Vereinigten Staaten spricht, da in den USA genau genommen ebenso viele verschiedene Rechtsordnungen bestehen, wie es einzelne Bundesstaaten gibt. Hinzu kommt in bestimmten Regelungsmaterien bundesweit einheitlich gel-

[54] *Cromwell v. County of Sac*, a.a.O.

[55] *Weinstein/Korn/Miller*, CPLR Manual, § 25.01.

tendes Sachrecht, welches das Recht der einzelnen Bundesstaaten zum Teil verdrängt, zum Teil aber auch lediglich parallel dazu Geltung beansprucht. Aufgrund dieser Umstände bedarf es bei der Lösung nahezu jeden Falles einer vorangehenden kollisionsrechtlichen Klärung des anwendbaren Rechts. Auch bei der Ermittlung der Rechtskraftwirkungen eines Urteils kann es fraglich sein, welches Sachrecht im konkreten Fall zu Rate gezogen werden muss. Diese Frage wird insbesondere dann virulent, wenn sich die Parteien eines Rechtsstreits auf die Bindungswirkung eines Urteils berufen, das in einem vorangegangenem Prozess von dem Gericht eines anderen Bundesstaates oder einem anderen Bundesgericht gefällt worden ist.

a) Gesetzliche Vorgaben und die *Erie doctrine*

Für die Anerkennung von Urteilswirkungen im inneramerikanischen Rechtsverkehr sind insbesondere zwei Rechtsnormen maßgeblich. Dies ist zum einen die verfassungsrechtliche Vorschrift des *article IV sec. 1* der *U.S. Constitution*, der die sog. *full faith and credit clause* enthält. Diese Verfassungsklausel ordnet unter anderem an, dass eine Gerichtsentscheidung, welche von einem *state court* erlassen wurde, von den *state courts* aller anderen Bundesstaaten umfassend anerkannt werden muss.[56] Zum anderen ist die einfachgesetzliche Regelung in *28 United States Code sec. 1738* zu beachten, die das verfassungsrechtliche *full faith and credit*-Gebot näher ausformuliert und insofern erweitert, als sie die Pflicht zur Anerkennung von Entscheidungen, welche durch *state courts* getroffen wurden, auch auf die *federal courts* erstreckt.[57]

Neben diesen verfassungsrechtlichen bzw. einfachgesetzlichen Vorgaben spielt in der Diskussion um das anwendbare Sachrecht insbesondere die

[56] *Art. IV Sec. 1 U.S. Constitution:* „Full faith and credit shall be given in each state to the public acts, records, and judicial proceedings of every other state."

[57] *28 U.S.C. sec. 1738:* „Such Acts, records and judicial proceedings or copies thereof, so authenticated, shall have the same full faith and credit in every court within the United States and its Territories and Possessions as they have by the law or usage in the courts of such State, Territory or Possession from which they are taken."

so genannte *Erie doctrine* des *U.S. Supreme Court* eine besondere Rolle, welche ihren Namen dem Umstand verdankt, dass sie im Rahmen des 1938 entschiedenen Rechtsstreits *Erie Railroad Company v. Tompkins*[58] entwickelt wurde. Diese Lehre, die für das US-amerikanische Recht von ganz zentraler Bedeutung ist, verbietet den *federal courts,* in Fällen, die keine bundeseinheitlich geregelte Rechtsmaterie zum Gegenstand haben, bundesrechtliches *common law* zu schöpfen bzw. entgegen diesem Verbot bereits geschöpftes *federal common law* anzuwenden.[59] Anerkannt ist, dass sich die *Erie doctrine* nur auf das *substantive law,* d.h. das materielle Recht bezieht und sich nicht auf das reine Prozessrecht erstreckt. Dem Bundesgesetzgeber und den *federal courts* steht damit frei, das vor den *federal courts* geltende *procedural law* selbst zu gestalten.[60] Umstritten ist die Frage, inwieweit die *Erie doctrine* bei der Bestimmung der Rechtskraftwirkungen von *federal court judgments* Geltung beansprucht, da die Regeln der *res judicata doctrine* nach überwiegender Meinung in den Grenzbereich zwischen *substantive* und *procedural law* fallen.[61]

Vor dem Hintergrund dieser rechtlichen Vorgaben ist das für die Rechtskraftwirkungen eines Urteils maßgebliche Recht wie folgt zu bestimmen.

b) Wirkungen eines *state court judgment*

Bei der kollisionsrechtlichen Betrachtung der Rechtskraftwirkungen eines *state court judgments* ist zunächst danach zu unterscheiden, ob das Urteil in einem Folgeprozess vor dem *state court* eines anderen Bundesstaates oder einem *federal court* Bindungswirkung beansprucht.

---

[58] 304 U.S. 64 (1938).

[59] *Erie R.R. v. Tompkins,* a.a.O., 78 (1938) („[...] There is no federal general common law.")

[60] *Hay,* US-amerikanisches Recht, Rn. 208.

[61] Vgl. *Krause,* Urteilswirkungen gegenüber Dritten, S. 22.

aa) Bei Folgeverfahren vor dem *state court* eines anderen Bundesstaates

Wird der Folgeprozess vor dem *state court* eines anderen Bundesstaates geführt, ergibt sich aus der *full faith and credit clause* der Verfassung für das zu Entscheidung berufene Gericht die Verpflichtung, dem vorliegenden Urteil dieselben Wirkungen beizumessen, wie ihm nach dem Recht des Bundesstaates zukommen, in dem es ausgesprochen wurde.[62] Es ist damit allein das Recht des Urteilsstaates maßgeblich.

bb) Bei Folgeverfahren vor einem *federal court*

Wird das Folgeverfahren dagegen vor einem *federal court* angestrengt, ergibt sich die gleiche Rechtsfolge aus der allgemeiner gefassten Regelung in *28 U.S.C. sec. 1738*. Die Bundesgerichte sind somit ebenfalls verpflichtet, einem *state court judgment* dieselben Wirkungen zuzuerkennen, die ihm in dem Bundesstaat beigemessen werden, in dem es erlassen wurde. Dies entspricht auch der inzwischen gefestigten Rechtsprechung des *U.S. Supreme Court*.[63] Eine Ausnahme vom Gebot der umfassenden Wirkungserstreckung hat das Gericht lediglich für den Fall anerkannt, dass ein *state court* nicht bereit oder fähig ist, die bundesrechtlich verbrieften Rechte der unterlegenen Prozesspartei hinreichend zu schützen.[64] Dies ist insbesondere dann der Fall, wenn der *state court* kein faires Verfahren zur gerichtlichen Geltendmachung von Verfassungsrechten bereit hält.[65] Diese Einschränkung wird jedoch sehr restriktiv gehandhabt. Sie eröffnet einem Kläger, der es versäumt hat, seine bundesrechtlich gewährleisteten Rechte bereits im Verfahren vor den *state courts*

---

[62] *All Terrain Properties, Inc. v. Hoy*, 705 N.Y.S.2d 350, 353 m.w.N. (N.Y.A.D. 2000); *Yeazell*, Civil Procedure, S. 872.

[63] *Parsons Steel, Inc. v. First Alabama Bank*, 474 U.S. 518, 523 (1986); *Migra v. Warren City School District Board of Education*, 465 U.S. 75, 81 (1984); *Allen v. McCurry*, 449 U.S. 90, 95 f. (1980); *Matsushita Electric Industrial Co., Ltd. v. Epstein*, 516 U.S. 367, 369 (1996).

[64] *Leber*, in: Federal Civil Practice, S. 751 (mit Verweis auf *Allen v. McCurry*, 449 U.S. 90 (1980)).

[65] *Allen v. McCurry*, 449 U.S. 90, 101 (1980).

geltend zu machen, nicht die Möglichkeit, diese durch einem späteren Prozess vor einem *federal court* separat zu verfolgen.[66]

c) Wirkungen eines *federal court judgment*

Die Frage, welches Recht für die Beurteilung der Rechtskraftwirkungen eines *federal court judgments* maßgebend ist, wenn ein Folgeverfahren vor einem anderen *federal court* oder einem *state court* in die Wege geleitet wird, kann durch Rückgriff auf gesetzliche Normen nicht beantwortet werden. Aus diesem Regelungsdefizit ergeben sich erhebliche Meinungsverschiedenheiten, welche erst seit dem Urteil des *U.S. Supreme Court* in Sachen *Semtek International v. Lockheed Martin* aus dem Jahre 2001[67] als geklärt erscheinen.

aa) Bei Folgeverfahren vor einem anderen *federal court*

Wird das Folgeverfahren vor einem *federal court* durchgeführt, so entsprach es bisher der überwiegenden Meinung, dass sich die Beurteilung der Rechtskraftwirkungen des vorangegangenen *federal court judgment* grundsätzlich nach dem Sachrecht des Bundes bemisst.[68] Dieser Grundsatz galt bisher unbestritten dann, wenn der *federal court* des abgeschlossenen Erstverfahrens über einen *federal-question case*[69] zu entscheiden hatte.[70] Diese Rechtslage wird durch die neue Rechtsprechung des *U.S. Supreme Court* in keiner Weise berührt, was nicht weiter verwunderlich ist, da in diesen Fällen im ersten Verfahren sowohl für das Verfahren als auch für die Sachentscheidung Bundesrecht maßgebend war.

---

[66] *Migra v. Warren City School District Board of Education*, 465 U.S. 75, 84 f. (1984).

[67] 531 U.S. 497.

[68] Vgl. *Krause*, Urteilswirkungen gegenüber Dritten, S. 23 m.w.N.

[69] Ein *federal-question case* liegt vor, wenn der streitgegenständliche Anspruch auf Bundesrecht beruht; vgl. *Hay*, US-amerikanisches Recht, Rn. 100.

[70] *Heiser v. Woodruff*, 327 U.S. 726, 733 (1946).

Für den Fall, dass der erstentscheidende *federal court* seine Zuständigkeit auf *diversity jurisdiction*[71] gestützt hatte, war der Grundsatz im Hinblick auf die *Erie doctrine* dagegen bereits vor *Semtek* streitig und in der Folge reich an Ausnahmen.[72] Ein Konflikt mit der *Erie doctrine* lag nahe, da in diesen Fällen zur Beantwortung der Sachfragen *state law* herangezogen wurde, die Rechtskraftwirkung des abschließenden Urteils dann aber doch davon abhängig war, ob ein *federal* oder ein *state court* zunächst entschieden hatte. Dieser Kritik folgend entschied der *U.S. Supreme Court* nunmehr in *Semtek* für den Komplex der *claim preclusion*, dass zwar Bundesrecht die Frage regele, nach welchem Sachrecht sich die Rechtskraftwirkungen einer Entscheidung richten, die von einem *federal court* in einem *diversity case* erlassen wurde. Dies bedeute jedoch nicht gleichzeitig, dass die Rechtskraftwirkungen auch nach dem Sachrecht des Bundes zu beurteilen wären. Vielmehr bestimme das maßgebliche Bundesrecht, dass der Entscheidung eines *federal court* in diesen Fällen dieselben Rechtskraftwirkungen zukommen solle wie der vergleichbaren Entscheidung eines *state court* des Bundesstaates, in dem der *federal court* seinen Sitz hat.[73] Der oberste Gerichtshof der Vereinigten Staaten suchte durch diese Entscheidung zum einen den Vorgaben der *Erie doctrine* Genüge zu tun, zum anderen aber auch dem *forum shopping* entgegenzuwirken, welches durch die Bestätigung des bisherigen Grundsatzes gefördert worden wäre. Eine Ausnahme von dieser Referenz an das Recht der einzelnen Bundesstaaten erscheint jedoch nach Ansicht des *Supreme Court* in den Situationen angebracht, in denen das berufene einzelstaatliche Recht den mit der Entscheidung des *federal court* verfolgten Bundesinteressen widerspricht.[74]

---

[71] *Diversity jurisdiction* ist für die Entscheidung eines *federal court* erforderlich, wenn es sich um keinen *federal-question case* handelt (s.o.); sie ist dann gegeben, wenn die Prozessparteien die Staatsangehörigkeit verschiedener Bundesstaaten besitzen, der Streitwert 75.000 USD übersteigt und der Fall nicht der ausschließlichen Zuständigkeit der *state courts* unterfällt; *Hay*, a.a.O.

[72] Vgl. zum damaligen Stand der Diskussion: *Krause*, Urteilswirkungen gegenüber Dritten, S. 23 f. m.w.N.

[73] *Semtek International v. Lockheed Martin*, 531 U.S. 497, 508 (2001).

[74] *Semtek International v. Lockheed Martin*, 531 U.S. 497, 509 (2001); der *Supreme Court* sieht einen solchen Ausnahmefall z.B. dann als gegeben an, wenn das berufene

Die *Semtek*-Entscheidung beschäftigte sich wie bereits erwähnt lediglich mit der Reichweite des *claim-preclusive effect* eines *federal court judgment* in *diversity cases*. Der Gerichtshof hatte bisher noch keine Gelegenheit, zur Frage der Reichweite der *issue preclusion* bei Urteilen dieser Art Stellung zu nehmen. Es ist jedoch davon auszugehen, dass die im Rahmen der *claim preclusion* aufgestellten Regeln auch auf den Bereich der *issue preclusion* zu übertragen sind, da die der *Semtek*-Entscheidung zugrunde liegenden Prinzipien des Föderalismus für beide Ausformungen der *res judicata*-Lehre in gleicher Weise gelten und keine Anhaltspunkte dafür ersichtlich sind, dass die einzelnen aus demselben Urteil erwachsenden Rechtskraftwirkungen kollisionsrechtlich unterschiedlich zu behandeln wären.[75]

bb) Bei Folgeverfahren vor einem *state court*

Für die *state courts* beurteilen sich die Rechtskraftwirkungen eines *federal court judgment* nach denselben Grundsätzen, wie sie für Folgeverfahren vor einem anderen *federal court* gelten. Zwar gilt im Verhältnis der *state courts* zu den Entscheidungen der *federal courts* nicht die Regelung des *28 U.S.C. sec. 1738*, jedoch ist allgemein anerkannt, dass das *full faith and credit*-Gebot auch hier einschlägig ist.[76] In *federal question cases* sind daher die *res judicata*-Wirkungen dem Sachrecht des Bundes zu entnehmen,[77] während sich die Rechtskraftwirkungen in *federal diversity cases* nach dem Recht des Bundesstaates richten, in dem der erstentscheidende *federal court* seinen Sitz hatte.[78]

Recht einer Klageabweisung, welche auf einer vorsätzlichen Verletzung von *discovery orders* des *federal court* beruht, die Wirkungen der *claim preclusion* nicht zuerkennt.

[75] So auch der *Court of Appeals of Minnesota* in *Marshall v. The Inn on Madeline Island*, 631 N.W.2d 113, 120 f. (Minn. Ct. App. 2001).

[76] Statt aller: *Friedenthal/Kane/Miller*, § 14.15.

[77] Der *state court* kann in diesen Fällen dem *federal court judgment* auch keine weiteren Rechtskraftwirkungen beimessen, als diesem durch das Bundesrecht zuerkannt werden, vgl. *Semtek International v. Lockheed Martin*, 531 U.S. 497, 507 (2001).

[78] Siehe oben aa).

II. Die Grundsätze der *claim preclusion*

1. Sinn und Zweck / Risiken

Claim preclusion bewirkt, dass ein Anspruch, der Gegenstand eines durch Urteil abgeschlossenen Zivilprozesses war, nicht erneut geltend gemacht werden kann. Das Rechtsinstitut verleiht Gerichtsurteilen damit eine gewisse Endgültigkeit, die grundsätzlich verhindern soll, dass das Ergebnis, welches in dem hierfür vorgesehenen Erkenntnisverfahren einmal gefunden wurde, der wiederholten Überprüfung durch die Gerichte oder andere Träger hoheitlicher Gewalt unterzogen werden kann.[79] Sinn und Zweck dieser Regelung ergeben sich aus zwei verschiedenen Erwägungen.

Zum einen verlangt das private Interesse der am Rechtsstreit beteiligten Parteien, dass niemand mit mehreren Zivilprozessen in derselben Sache belästigt werden soll.[80] Die siegreiche Partei soll sich auf das Ergebnis des abgeschlossenen Verfahrens verlassen können und nicht befürchten müssen, die Früchte dieses Verfahrens in einem späteren Prozess wieder einbüßen zu müssen.[81] Das Urteil hätte ansonsten nur geringen Nutzen, wenn die Parteien das Ergebnis des vorangegangenen ignorieren und die Sache immer wieder erneut richterlicher Klärung zuführen könnten. Des weiteren könnte die unterlegene Partei durch wiederholte Klage die obsiegende Partei in immer neue Kosten treiben und ihr damit in einem Rechtssystem, das für die siegreiche Partei keine Erstattung der Prozesskosten vorsieht, erheblichen wirtschaftlichen Schaden zufügen, ohne in der Sache selbst Recht zu erhalten. Bei erheblichem finanziellen Ungleichgewicht könnte die vermögendere Partei die Gegenseite in den wirtschaftlichen Ruin treiben und dadurch rein faktisch zu einem Einlenken zwingen.

---

[79] *Restatement (Second)*, Chapter 1, Introduction (S. 10).

[80] *Friedenthal/Kane/Miller*, § 14.3 („[...] no person should be twice vexed by the same claim").

[81] *Engelmann-Pilger*, S. 37.

Claim preclusion schützt die Parteien somit auch vor der Kostenlast sich wiederholender Zivilverfahren.[82]

Zum anderen besteht ein anerkennenswertes öffentliches Interesse daran, dass ein Rechtsstreit mit dem richterlichen Urteil sein endgültiges Ende findet. Die Gerichte sollen davor bewahrt werden, möglicherweise widersprechende Urteile fällen zu müssen.[83] Auch die Allgemeinheit soll dadurch in ihrem Vertrauen auf den Ausgang eines abgeschlossenen Zivilverfahrens geschützt werden.[84] *Claim preclusion* ist damit ein wichtiges Instrument der Rechtsicherheit. Des weiteren sollen die knappen Ressourcen der Justiz vor mehrfacher Inanspruchnahme bewahrt und gleichzeitig die Effizienz der Rechtsprechung erhöht werden.[85] Dieser Gesichtspunkt der Verfahrensökonomie gewinnt in der heutigen Zeit, in der die Gerichte aufgrund steigender Streitbereitschaft bis an ihre Belastungsgrenzen mit der Entscheidung über stets neue Fälle in Anspruch genommen werden, zunehmend an Bedeutung.[86]

Trotz dieser nicht von der Hand zu weisenden Vorteile birgt die *claim preclusion* auch erhebliche Gefahren in sich. Zum einen besteht das Risiko der Manifestation fehlerhafter Rechtsfindung. Diesem Bedenken kann jedoch mit der Erwägung entgegengetreten werden, dass auch ein wiederholtes Verfahren in derselben Sache keine größere Gewähr für ein richtiges Urteil bietet. Gewichtiger sind dagegen die Gefahren, welche daraus erwachsen, dass ein Urteil den Rechtsstreit nicht nur hinsichtlich der Klagegründe beendet, die im abgeschlossenen Verfahren erörtert wurden, sondern auch hinsichtlich aller anderen Gründe, die zulässigerweise mit der erhobenen Klage hätten geltend gemacht werden

---

82 *Weinstein/Korn/Miller*, CPLR Manual, § 25.01.

83 *Engelmann-Pilger*, S. 37.

84 *Friedenthal/Kane/Miller*, § 14.3.

85 *Heiser*, 35 San Diego L.Rev. 559, 560 f. (1998).

86 Vgl. hierzu: *Carlisle*, 20 Q.L.Rev. 75, 88 (2000).

können.[87] Die *claim preclusion* beschränkt sich nämlich nicht auf den Streitgegenstand im Sinne des deutschen Zivilprozessrechts, sondern geht weit über diesen hinaus. Dieses weite Verständnis findet in der Definition des *claim*-Begriffes seinen Ausdruck, auf den später näher einzugehen ist.[88] Die Reichweite der *claim preclusion* wird nicht durch das konkrete Klagebegehren begrenzt, sondern entspricht vielmehr dem Umfang des *claim*, welcher durch das Klagebegehren eventuell nur teilweise erfasst wird. Ein einheitlicher *claim* kann durch den Kläger nicht willkürlich aufgespalten und in separaten Zivilverfahren eingeklagt werden.[89] Dies führt zu einem Verdikt der Teilklage, der sog. *rule against splitting a claim*,[90] wobei nicht danach unterscheiden wird, ob es sich um eine verdeckte oder offene Teilklage handelt. Der Kläger ist somit gezwungen, im laufenden Verfahren alle Klagegründe vorzutragen, die im Rahmen des zur Entscheidung gestellten *claim* relevant sein könnten. Unterlässt er dies, läuft er Gefahr, mit diesen Ansprüchen in späteren Verfahren endgültig ausgeschlossen zu sein. Dem Kläger eröffnen sich hierdurch eine ganze Reihe von Risiken.

Zunächst ist für ihn während eines laufenden Zivilprozesses – gerade aufgrund der Unschärfen des *claim*-Begriffes – nicht immer zweifelsfrei

---

[87] Vgl. insb. die grundlegende Entscheidung des *U.S. Supreme Court* in *Cromwell v. County of Sac*, 94 U.S. 351, 352 (1876):

„ It is a finality as to the claim or demand in controversy [...] not only as to every matter which was offered and received to sustian or defeat the claim in demand, but as to any other admissible matter which might have been offered for that purpose."

[88] Siehe anschließend II.2.

[89] So der *U.S. Supreme Court* in einem weiteren *leading case* aus dem Jahre 1876 *Stark v. Starr*, 94 U.S. 477, 485 (1876); *Justice Field* formulierte die Regel wie folgt:

„It is undoubtedly a settled principle that a party seeking to enforce a claim, legal or equitable, must present to the court, either by the pleadings or proofs, or both, all the grounds upon which he expects a judgment in his favor. He is not at liberty to split up his demand and prosecute it by piecemeal, or present only a portion of the grounds upon which special relief is sought, and leave the rest to be presented in a second suit, if the first fail. There would be no end to litigation if such a practice were permissible."

[90] *Weinstein/Korn/Miller*, CPLR Manual, § 25.02.

erkennbar, welche Klagegründe zulässigerweise noch vorgetragen werden können und müssen, um diese nicht durch das prozessbeendende Urteil endgültig zu verlieren.[91] Darüber hinaus besteht stets die Möglichkeit, dass dem Kläger materiell-rechtliche Ansprüche, die durch den zur Entscheidung gestellten *claim* erfasst werden, während des laufenden Verfahrens rein faktisch noch gar nicht bekannt waren.[92] Ein solcher Fall lag beispielsweise der Entscheidung des *U.S. Supreme Court* in Sachen *Baltimore Steamship Company v. Phillips*[93] aus dem Jahre 1927 zugrunde. Der achtzehnjährige Kläger dieses Verfahrens war auf einem Schiff der beklagten Schifffahrtsgesellschaft beschäftigt gewesen. Während seiner Arbeitszeit an Bord wurde er durch das Herabfallen einer Schiffslukenabdeckung derart stark verletzt, dass ihm ein Bein amputiert werden musste. Er klagte in einem ersten Verfahren gegen die Beklagte auf Zahlung von Schadensersatz mit der Begründung, dass diese es fahrlässigerweise versäumt habe, einen sicheren Arbeitsplatz und seetaugliche Arbeitsmittel zur Verfügung zu stellen. Während dieses Verfahrens stellte sich heraus, dass der Unfall weder auf Mängel am Arbeitsplatz noch auf fehlerhafte Arbeitsmittel zurückzuführen war, sondern auf das fahrlässige Verhalten der Schiffsoffiziere. Der Kläger machte sich den Vortrag dieses fahrlässigen Verhaltens im ersten Verfahren nicht zu eigen, da sowohl sein Prozessvertreter als auch das angerufene Gericht fehlerhaft davon ausgingen, dass dieses fahrlässige Verhalten der Beklagten nach dem anwendbaren Seerecht nicht zuzurechnen sei. Die Klage wurde aufgrund des geschilderten Beweisergebnisses abgewiesen. Nachdem er seinen Irrtum erkannt hatte, strengte der Kläger eine neue Klage gegen die Beklagte unter Berufung auf die der Beklagten zuzurechnende Fahrlässigkeit ihrer Offiziere an, welcher in erster und zweiter Instanz stattgegeben wurde. Der *Supreme Court* hob in der zitierten Entscheidung die Entscheidungen der Vorinstanzen auf und entschied, dass die erneute Klage nach den Grundsätzen der *claim*

[91] Vgl. *Restatement (Second)*, § 24 Comment h.

[92] *Friedenthal/Kane/Miller*, § 14.3.

[93] 274 U.S. 316 (1927).

preclusion ohne Sachprüfung abzuweisen war, da sie trotz Berufung auf verschiedene fahrlässige Verhaltensweisen denselben *claim* betraf wie das bereits abgeschlossene erste Verfahren.[94] Unabhängig vom Verschulden des Klägers verhindert die *claim preclusion* somit eine spätere gerichtliche Geltendmachung von übersehenen Klagegründen. Den Aspekten der Verfahrensökonomie wird gegenüber den Belangen der materiellen Gerechtigkeit der Vorzug eingeräumt.

Ein weiteres Risiko, welches die *claim preclusion* in sich birgt, besteht darin, dass ihre Beschränkungen mitunter sogar dem Beklagten eines abgeschlossenen Prozesses auferlegt werden. Dies ist stets dann der Fall, wenn der Beklagte im Rahmen des beendeten Verfahrens eine Widerklage erhoben hat, über die durch das gefällte Urteil abschließend befunden wurde.[95] Darüber hinaus greifen die Grundsätze der *claim preclusion* aber auch dann ein, wenn ein Beklagter es im abgeschlossenen Verfahren versäumt hat, eine mögliche Widerklage zu erheben, obwohl sich diese auf denselben Lebenssachverhalt stützt wie die bereits durch Urteil entschiedene Klage und die im Vorprozess anwendbaren Vorschriften in einem solchen Fall dem Beklagten die Obliegenheit zur Widerklage auferlegen[96] oder die spätere Geltendmachung der Widerklage in einem gesonderten Prozess die Ergebnisse des bereits abgeschlossenen Verfahrens konterkarieren würde.[97] Der damit auf dem Beklagten lastende faktische Zwang, zur Vermeidung von Unklarheiten und Risiken in eventuellen Folgeprozessen alle nur denkbaren Verteidigungsmöglichkeiten in einem einzigen Prozess geltend zu machen, soll der weiteren Konzentration des Zivilverfahrens dienen.

---

94 *Baltimore Steamship Company v. Phillips*, a.a.O., 321 f.

95 *Casad/Clermont*, Res judicata, S. 106; von dieser Regel sind insbesondere dann Ausnahmen zu machen, wenn das entscheidende Gericht nur über eine beschränkte *jurisdiction* verfügt oder die prozessualen Möglichkeiten des Beklagten im Vergleich zum Kläger eingeschränkt sind.

96 Z.B. die bei Verfahren vor den *federal courts* zu beachtende *Federal Rule of Civil Procedure* 13 (a).

97 Diese Ausnahmebestimmung des *common law* ist sehr eng auszulegen; vgl. *Casad/Clermont*, Res judicata, S. 108 ff.

2. Die objektiven Grenzen des *claim preclusion* (Reichweite des *claim*-Begriffes)

Wie sich aus den vorangegangenen Erläuterungen ergibt, kommt dem Inhalt des Begriffes *claim* oder der synonym benutzten Bezeichnung *cause of action*[98] für die *res judicata*-Lehre eine zentrale Bedeutung zu. Angesichts dieser Tatsache erscheint es umso verwunderlicher, dass man in der US-amerikanischen Rechtsprechung und Literatur nach einer eindeutigen und einheitlichen Definition vergeblich sucht. Vielmehr führte eine kaum mehr zu überschauende Diskussion zu einer Vielzahl von Definitionsversuchen und zur Entwicklung von Abgrenzungstests,[99] die an dieser Stelle in ihrer Vollständigkeit nicht wiedergegeben werden können. Bereits 1952 stellte ein Kommentator fest, dass die Präzedenzfälle auf diesem Rechtsgebiet willkürlich erscheinen, die verschiedenen Regeln bei einem vorgegebenen Sachverhalt nahezu jedes Ergebnis stützen können und der gleiche Test je nach Anwendung zu gegensätzlichen Resultaten führen kann.[100] In dem seit diesem Befund verstrichenen Zeitraum führte die Rechtsentwicklung und nicht zuletzt die Veröffentlichung des *Restatement (Second)* zu größerer Rechtsklarheit. Eine einfach handhabbare „Faustformel" ist jedoch nach wie vor nicht auszumachen.

Das Problem der Begriffsbestimmung liegt weniger darin, dass über die Bedeutung des Begriffes Uneinigkeit bestünde. Unstreitig bezeichnet nämlich ein *claim* die Summe all derjenigen materiellen Ansprüche, die vom Kläger in einem einzigen Prozess zusammenzufassen sind, will er sie nicht durch Geltendmachung lediglich eines Teils von ihnen endgültig verlieren.[101] Dagegen streitet man bis heute darum, wie weit der *claim*-Begriff in objektiver Hinsicht zu fassen ist, d.h. welche materiellen

[98] Vgl. statt aller: *Engelmann-Pilger*, S. 44.

[99] *Engelmann-Pilger*, S. 45.

[100] *Note*, 65 Harv.L.Rev. 818, 825 (1952): „Precedent is haphazard in this field; on a given set of facts there seems to be at least one rule to buttress any result, and the same test often can sustain opposite positions."

[101] Vgl. *Engelmann-Pilger*, S. 44.

Ansprüche und deren zugrunde liegenden Tatsachen zu einen *claim* zusammenzufassen sind. Bei der Bestimmung dieser Grenzen sind zwei Faktoren von wesentlichem Einfluss. Zum einen sind dies die prozessualen Vorschriften, welche die objektive Klagehäufung, die gerichtliche Zuständigkeit und das *pleading* betreffen, da diese die äußeren Grenzen beschreiben, in welchen von den Parteien vernünftigerweise verlangt werden kann, dass sie ihre Ansprüche und eventuellen Gegenrechte in einem einzigen Prozess geltend machen.[102] Zum anderen ist zu berücksichtigen, inwieweit sich die Gerichte zur Förderung der Verfahrensökonomie gezwungen sehen. In Zeiten steigender Prozessbereitschaft und überquellender *court dockets* ist die Rechtsprechung zunehmend bestrebt, Streitigkeiten der Prozessparteien, welche aus einem einheitlichen Lebenssachverhalt resultieren, möglichst in einem einzigen Verfahren abschließend zu entscheiden.[103] Dabei wird das Spannungsverhältnis zwischen Verfahrenseffizienz und materieller Gerechtigkeit im Einzelfall besonders deutlich.

Ursprünglich wurde von den Gerichten mit verschiedenen *tests* zur Beantwortung der Frage gearbeitet, ob ein neu angestrengter Prozess denselben *claim* zum Gegenstand hat wie ein bereits abgeschlossenes Gerichtsverfahren zwischen den gleichen Parteien. So seien an dieser Stelle insbesondere der *destruction-of-prior-judgment test* sowie der *same-evidence test* genannt. Nach dem *destruction-of-prior-judgment test* betrifft ein späteres Verfahren denselben *claim* wie ein bereits abgeschlossenes, wenn ein hypothetisches Urteil, welches das zweite Verfahren zugunsten der im ersten Prozess unterlegenen Partei beendet, Rechte oder schützenswerte Interessen beeinträchtigen oder zerstören würde, welche durch das im ersten Prozess ergangene Urteil begründet wurden.[104] Dagegen ist dem

---

102 *Friedenthal/Kane/Miller*, § 14.4.

103 *Friedenthal/Kane/Miller*, a.a.O.

104 Der legendäre *Judge Cardozo* formulierte dies in der für *New York* bedeutenden Entscheidung *Schuykill Fuel Corporation v. B. & C. Realty Corporation*, 250 N.Y. 304, 306 f. (N.Y. 1929) des *New York Court of Appeals* wie folgt: „A judgment in one action is conclusive in a later one, [...], when the two causes of action have such a

same-evidence test zufolge Identität der *causes of action* dann gegeben, wenn die Beweismittel, die zur Rechtsverfolgung im ersten Prozess notwendig waren, auch für das Folgeverfahren entscheidend sind.[105] Beide *tests* waren in der Vergangenheit von großer Bedeutung, wurden größtenteils alternativ, aber auch kumulativ angewandt, konnten sich jedoch aufgrund ihrer Konturlosigkeit und ihrer oft als zufällig empfundener Ergebnisse nicht durchsetzen. Heute werden in der überwiegenden Praxis nur noch zwei verschiedene Abgrenzungstheorien angewandt, welche in ihrem Ansatz einem jeweils unterschiedlichen Prozessrechtsverständnis folgen.

Dies ist zum einen die traditionelle *primary rights theory*, die bis heute unter anderem vor den *California state courts* Geltung beansprucht.[106] Diese Theorie, die im neunzehnten Jahrhundert von Professor *John Norton Pomeroy* entwickelt, vom *Supreme Court of California* in der Entscheidung *Hutchinson v. Ainsworth*[107] bereits im Jahre 1887 übernommen und zwischenzeitlich sogar vom *U.S. Supreme Court*[108] angewandt wurde, definiert die *cause of action* nicht als bloße Zusammenfassung von zusammengehörigen Fakten zu einer handhabbaren Prozesseinheit, sondern vielmehr als die widerrechtliche Verletzung eines *primary right* des Klägers, welche durch die vorgetragenen Fakten dargestellt wird.[109] Daher

---

measure of identity that a different judgment in the second would destroy or impair rights or interests established by the first."

[105] Diesem Ansatz folgte noch das *Restatement (First)* in seinem § 61.

[106] Vgl. hierzu insb. *Heiser*, 35 San Diego L.Rev. 559 (1998); zwar haben sich einige *Courts of Appeal* explizit dem moderneren *transactional standard* des *Restatement (Second)* angeschlossen, wie z.B. der *Court of Appeal, Second District*, in seiner Entscheidung, *Nakash v. Superior Court*, 241 Cal.Rptr. 578, 583 (Cal. Ct. App. 1987); andere lehnen angesichts der Tatsache, dass der *Supreme Court of California* seine Rechtsprechung nach wie vor nicht geändert hat, solche Alleingänge jedoch ab und folgen weiterhin der überkommenen *primary rights theory*; vgl. hierzu den *Court of Appeal, Third District*, in *Branson v. Sun-Diamond Growers*, 29 Cal.Rptr.2d 314, 321 (Cal. Ct. App. 1994), in ausdrücklicher Abweichung zur *Nakash*-Entscheidung.

[107] 73 Cal. 452, 455 (Cal. 1887).

[108] *Baltimore Steamship Company v. Phillips*, 274 U.S. 316, 321 (1927).

[109] *Baltimore Steamship Company v. Phillips*, a.a.O.

betreffen neu vorgetragene Tatsachen und erstmals geäußerte Klagebegehren insoweit keinen neuen *claim*, als sie sich auf die identische Verletzung des gleichen *primary right* beziehen wie ein bereits zuvor zur Entscheidung gestellter Sachverhalt.[110] Dagegen haben zwei Prozesse, denen der gleiche Sachverhalt zugrunde liegt, nicht notwendigerweise denselben *claim* zum Gegenstand, da in ihrem Rahmen unter Umständen die Verletzung verschiedener *primary rights* geltend gemacht wird.[111] Der Schlüssel zur Abgrenzung nach der *primary rights theory* ist mithin die Definition des Begriffes *primary right*. Hauptmerkmal eines *primary right* ist seine Unteilbarkeit.[112] Darüber hinaus lassen sich wenig verallgemeinerungsfähige Eigenschaften feststellen, da es selbst der *California Supreme Court* versäumt hat, für die ihm zugeordneten Untergerichte klare Richtlinien zur Qualifikation vorzugeben.[113] So wird die Frage, ob es sich in einem späteren Prozess um die gleiche Verletzung desselben *primary right* handelt wie in einem vorangegangenen, sehr einzelfallbezogen beantwortet, was die gerichtlichen Entscheidungen dem stetigen Vorwurf der Unvorhersehbarkeit aussetzt und das Prozessrisiko für den Kläger nicht unerheblich erhöht.[114]

Die wesentlich modernere und weiter verbreitete Abgrenzungsmethode stellt demgegenüber der *transactional test* dar, welcher durch das *Restatement (Second)* begründet und inzwischen unter anderem von den *federal courts*[115] und den *New York state courts*[116] übernommen wurde. Nach ihm

[110] *Branson v. Sun-Diamond Growers*, 29 Cal.Rptr. 2d 314, 321 (Cal. Ct. App. 1994)

[111] So der *Supreme Court of California* in der für Kalifornien sehr bedeutenden Entscheidung *Agarwal v. Johnson*, 160 Cal.Rptr. 141, 155 (Cal. 1979); die Entscheidung wurde zwar durch die neuere Entscheidung *White v. Ultramar*, Inc., 88 Cal.Rptr.2d 19 (Cal. 1999) weitgehend *overruled*, jedoch betraf das *overruling* lediglich Fragen des kalifornischen Arbeitsrechts und nicht der *res judicata*-Lehre, so dass die zitierte Entscheidung aus dem Jahre 1979 insoweit weiterhin als *precedent* Geltung beansprucht.

[112] *Heiser*, 35 San Diego L.Rev. 559, 566 (1998).

[113] *Heiser*, a.a.O., 578.

[114] *Heiser*, a.a.O., 602 f.

[115] Zwar fehlt es an einer entsprechenden Präzedenzentscheidung des *U.S. Supreme Court*, jedoch sind zahlreiche Entscheidungen der verschiedenen *Courts of Appeals*

umfasst ein *claim* alle Rechte des Klägers gegen den Beklagten, welche sich aus einer *transaction* oder einer als Einheit anzusehenden Serie von *transactions* ergeben, die dem konkreten Rechtsstreit zugrunde liegen.[117] Ein *claim* wird danach nicht durch die dem Klagebegehren zugrunde liegenden Rechte, sondern durch eine Einheit von Tatsachen gebildet, welche die Grundlagen für die begehrten Rechtsfolgen darstellen. Die Frage, welche Tatsachen dabei zu einer *transaction* zusammenzufassen sind, ist weniger dogmatisch als vielmehr pragmatisch zu beantworten.[118] Die Beantwortung wird durch mehrere Erwägungen beeinflusst, z.B. inwieweit die Tatsachen in Zeit, Ort und Ursache miteinander verknüpft sind, ob sie eine handhabbare Prozesseinheit darstellen und ob ihre Zusammenfassung durch die Parteien vorhersehbar ist und ihren Gebräuchen entspricht.[119] Kennzeichnendes Merkmal dieses *test* ist daher seine weniger juristische, als vielmehr natürliche Betrachtungsweise. Die Bestimmung des *claim*-Begriffes durch den *transactional test* ähnelt damit sehr der Methode zur Abgrenzung der prozessualen Tat im deutschen Strafprozessrecht.[120]

---

zu finden, die sich ausdrücklich zugunsten des *transactional test* aussprechen; vgl. statt aller: *Agrilectric Power Partners, Ltd. v. General Electric Co.*, 20 F.3d 663, 665 (5th Cir. 1994); *Maharaj v. Bankamerica Corp.*, 128 F.3d 94, 97 (2nd Cir. 1997).

116 Der *New York Court of Appeals*, der oberste *state court* im Staate New York, übernahm den *transactional test* bereits im Jahre 1978, als das *Restatement (Second)* lediglich in seiner Entwurfsfassung vorlag, durch die Entscheidung *Reilly v. Reid*, 45 N.Y.2d 24, 30 (N.Y. 1978); dieser frühe Wandel erfolgte in der Überzeugung, dass die bis zu diesem Zeitpunkt in New York geltenden *tests*, wie der aus der *Schuykill*-Entscheidung stammende *destruction-of-prior-judgment-test* (s. Fn. 104), nur in bestimmten Situationen angemessen erscheinen und in schwierig gelagerten Fällen zumeist versagen.

117 *Restatement (Second)*, § 24 Abs. 1.

118 *Restatement (Second)*, § 24 Comment b.

119 *Restatement (Second)*, § 24 Abs. 2.

120 Nach überwiegender Meinung bezeichnet der Begriff der prozessualen Tat den geschichtlichen Vorgang, auf welchem Anklage und Eröffnungsbeschluss hinweisen und innerhalb dessen der Angeklagte als Täter oder Teilnehmer einen Straftatbestand verwirklicht haben soll (Vgl. *BVerfG*, NJW 1978, 414). Geschichtlicher Vorgang in diesem Sinne ist nicht nur die einzelne im Eröffnungsbeschluss hervorgehobene Betätigung, sondern das „gesamte Verhalten des Angeklagten, soweit es mit dem durch den Eröffnungsbeschluss bezeichneten geschichtlichen

Trotz grundsätzlich verschiedener Ausgangspunkte führt die Anwendung der unterschiedlichen *tests* oftmals zum gleichen Ergebnis. Des weiteren sind viele Gerichte bereit, zugunsten eines in bestimmten Fällen als gerechter empfundenen Ergebnisses von ihrer grundsätzlich befolgten Grundhaltung abzuweichen. Vor diesem Hintergrund ist es zu verstehen, dass sowohl die *California*[121] als auch die *New York state courts*[122] Ansprüche wegen Personen- und Sachschäden, welche aus demselben Schadensereignis resultieren, verschiedenen *claims* zuordnen. Somit ist die Frage, ob in einem konkreten Fall derselbe *claim* betroffen ist wie in einem vorangegangenen Verfahren, doch stets nur unter Beachtung der umfangreichen fallgruppenbezogenen Präzedenzfälle zu beantworten und nicht allein unter Zuhilfenahme des vom jeweiligen Gerichts bevorzugten Abgrenzungstests.

3. Die Voraussetzungen der *claim preclusion*

Die Wirkungen der *claim preclusion* werden nicht jedem Urteil zuteil. Sie setzen vielmehr voraus, dass es sich bei der gerichtlichen Entscheidung um ein *valid and final judgment on the merits* handelt.[123] Was unter diesen Erfordernissen im einzelnen zu verstehen ist, soll im Folgenden kurz erläutert werden.

Vorkommnis nach der Auffassung des Lebens einen einheitlichen Vorgang bildet" (so der *BGH* in NStZ 1984, 469).

[121] Vgl. *Holmes v. David H. Brickner, Inc.*, 76 Cal.Rptr. 431, 433 (Cal. 1969); das kalifornische Recht macht hiervon jedoch eine Ausnahme für den Fall von vertraglichen Schadenersatzansprüchen.

[122] Grundlegend *Reilly v. Sicilian Paving Co.*, 170 N.Y. 40, 45 (N.Y. 1902); trotz Übernahme des *transactional standard* im Jahre 1978 bestätigt durch den *New York Court of Appeals* in *Velazquez v. Water Taxi, Inc.*, 49 N.Y.2d 762, 764 (N.Y. 1980).

[123] Vgl. statt aller: *Friedenthal/Kane/Miller*, § 14.7.

a) Das Erfordernis eines *valid judgment*

Zunächst muss es sich um ein *valid judgment* handeln, d.h. das Urteil muss von hinreichender Qualität sein, um einem Angriff des Unterlegenen in Form eines *request for relief*, einer Art Abhilfeantrag, standzuhalten. Ein solcher Angriff kann mittels einer *motion for relief* im Rahmen der Fortsetzung des ursprünglichen Verfahrens (sog. *direct attack*)[124] oder aber auch durch eine Einwendung des Unterlegenen (sog. *collateral attack*) im Rahmen der Vollstreckung des Urteils oder einer neuen Klage, in welcher sich die Gegenseite aufgrund des ergangenen Urteils auf *claim preclusion* beruft, vorgetragen werden.[125]

Nicht jeder Mangel des Urteils genügt, um es für einen *request for relief* angreifbar zu machen. Im wesentlichen lassen sich drei verschiedene Gründe ausmachen, aufgrund derer ein Urteil als *invalid* beurteilt werden kann. Es handelt sich dabei um das Fehlen der *subject-matter* oder der *territorial jurisdiction* des entscheidenden Gerichts sowie um die unzureichende Benachrichtigung des Beklagten von der gegen ihn anhängigen Klage (*failure to afford adequate notice*).

Bei der *subject-matter jurisdiction* handelt es sich – ähnlich der sachlichen Zuständigkeit deutschen Rechts – um die Befugnis des angerufenen Gerichtes, den ihm angetragenen Rechtsstreit seiner Art nach zu entscheiden.[126] Im wesentlichen geht es dabei um die Kompetenzabgrenzung zwischen den *federal* und *state courts*. Stützt ein Kläger z.B. eine wettbewerbsrechtliche Klage auf den *federal antitrust act*, so kann diese Klage ausschließlich von einem *federal court* entschieden werden.[127] Nur er

---

[124] Soweit eine *motion for relief* aufgrund prozessualer Beschränkungen, z.B. dem Ablauf einer Zeitbefristung, nicht zur Verfügung steht, wird teilweise eine weitere Angriffsmöglichkeit durch ein neues, selbständiges Klageverfahren zugelassen; *Casad/Clermont*, Res judicata, S. 248.

[125] *Casad/Clermont*, Res judicata, S. 248 f.

[126] *Casad/Clermont*, Res judicata, S. 250.

[127] *Friedenthal/Kane/Miller*, § 14.7.

weist in diesem Fall die erforderliche *subject-matter jurisdiction* auf. Überschreitet ein Gericht seine *subject-matter jurisdiction*, so bedeutet dies nicht, dass das in einem solchen Fall erlassene Urteil automatisch als *invalid* anzusehen wäre. Zwar kann die *subject-matter jurisdiction* nicht durch die rügelose Einlassung der Parteien begründet werden,[128] jedoch ist allgemein anerkannt, dass jedes angerufene Gericht grundsätzlich selbst die Entscheidungsgewalt darüber besitzt, ob es die erforderliche *jurisdiction*[129] innehat oder nicht (Lehre der *jurisdiction to determine jurisdiction*).[130] Die entsprechende Feststellung[131] kann durch Rechtsmittel angegriffen werden. Geschieht dies nicht, so sind die Parteien an die gerichtliche Bejahung der *jursdiction* grundsätzlich gebunden.[132] Eine folgende Sachentscheidung des an sich unzuständigen Gerichtes ist in diesem Fall trotz fehlender *subject-matter jurisdiction* aufgrund der Rechtskraftwirkung der Zuständigkeitsfeststellung als *valid judgment* anzusehen.

Des weiteren bedarf ein Gericht zum Erlass eines *valid judgment* der *territorial jurisdiction*[133] über die Parteien,[134] welche die deutschen Begriffe der internationalen und interlokalen Entscheidungszuständigkeit umfasst und nicht mit der örtlichen Zuständigkeit (*venue*) verwechselt werden darf, die kein Wirksamkeitserfordernis für eine Sachentscheidung dar-

[128] So der *U.S. Supreme Court* in *Thompson v. Whitman*, 85 U.S. 457, 468 f. (1873).

[129] Die Lehre erfasst nicht nur die *subject-matter jurisdiction*, sondern auch die *territorial jurisdiction* (s.u.).

[130] Grundlegend: *Durfee v. Duke*, 375 U.S. 106, 111 (1963).

[131] Manche Gerichte gehen sogar davon aus, dass in jeder Sachentscheidung eines Gerichtes die konkludente Feststellung der eigenen *jurisdiction* enthalten sei; vgl. *Note*, 65 Harv.L.Rev. 818, 853 (1952) m.w.N.

[132] Diese grundsätzliche Bindung entfällt jedoch ausnahmsweise dann, wenn der vom Gericht übertretenen Zuständigkeitsschranke größere Bedeutung beizumessen ist als der Unanfechtbarkeit der Zuständigkeitsbestimmung im konkreten Fall (insb. bei ausschließlichen Bundeszuständigkeiten) oder das Gebot des *fair trial* evident verletzt wurde (z.B. durch willkürliche Bejahung der eigenen *jurisdiction*); vgl. *Restatement (Second)*, § 12 sowie *Durfee v. Duke*, 375 U.S. 106, 114 (1963).

[133] Gemeinhin ist auch die Bezeichnung *personal juridiction* gebräuchlich.

[134] *Friedenthal/Kane/Miller*, § 14.7.

stellt. Anders als die *subject-matter jurisdiction* kann die *territorial jurisdiction* durch die rügelose Einlassung der Parteien begründet werden.[135] Wird sie dagegen durch eine der Parteien bestritten, so hat das Gericht nach der auch hier geltenden Lehre der *jurisdiction to determine jurisdiction* die Befugnis, über das Vorliegen der *territorial jurisdiction* selbst mit Bindungswirkung zu entscheiden.[136] Aufgrund dieser Umstände ist ein *judgment* in der Regel aufgrund Fehlen der *territorial jurisdiction* nur dann als *invalid* anzusehen, wenn die rügende Partei im abgeschlossenen Prozess vollständig säumig (*defaulted*) war.[137]

Schließlich kann ein Urteil vom Beklagten durch einen *request for relief* auch dann erfolgreich angegriffen werden, wenn er von der gegen ihn gerichteten Klage nicht ordnungsgemäß in Kenntnis gesetzt wurde.[138] Für ein solches *failure to afford adequate notice* genügt nicht jede Unregelmäßigkeit bei der Klagezustellung, solange dem Beklagten rein tatsächlich eine formelle und informative Mitteilung von der Klage zuging und ihm dadurch die Möglichkeit eröffnet wurde, sich angemessen zu verteidigen.[139] Der Beklagte verliert den Einwand der unzureichenden Benachrichtigung, wenn er zum Verfahren erscheint und den Zustellungsmangel nicht unverzüglich rügt, da man in diesem Fall von einem stillschweigenden Verzicht (*waiver*) auf eine ordnungsgemäße Zustellung ausgeht.[140] Über die rechtzeitig erhobene Rüge entscheidet das Prozessgericht und bei anschließender Einlegung eines Rechtsmittels das Rechtsmittelgericht abschließend.[141] Ein Sachurteil ist angesichts dessen in der Regel nur dann aufgrund mangelhafter Klagebenachrichtigung als

---

[135] *James/Hazard/Leubsdorf*, § 2.12.

[136] *Note*, 65 Harv.L.Rev. 818, 852 (1952) m.w.N.

[137] Nach überwiegender Meinung hat die gerichtliche Bejahung der eigenen *jurisdiction* keine Bindungswirkung gegenüber der säumigen Partei; vgl. *Note*, 65 Harv.L.Rev. 818, 852 f. (1952).

[138] Vgl. *Restatement (Second)*, § 65.

[139] *Mullane v. Central Hanover Bank & Trust Co.*, 339 U.S. 306, 314 (1950).

[140] *Casad/Clermont*, Res judicata, S. 266.

[141] *Casad/Clermont*, Res judicata, S. 267.

invalid zu beurteilen, wenn der Beklagte im gesamten Verfahren säumig war.

Ein *judgment* ist dagegen nicht als *invalid* anzusehen, wenn es von der obsiegenden Partei aufgrund betrügerischer Handlungen innerhalb oder außerhalb des Prozesses (*fraud*) erlangt wurde. Zwar ist das Urteil in einem solchen Falle unter bestimmten Voraussetzungen anfechtbar, jedoch nicht von vornherein unwirksam.[142] Wird es nicht angefochten,[143] werden ihm alle Rechtskraftwirkungen zuteil. Es kann daher in einem späteren Verfahren, in dem es von der unredlichen Partei im Rahmen der *claim preclusion* angeführt wird, durch einen *collateral attack* der Gegenseite nicht wirksam angegriffen werden.[144]

b) Das Erfordernis eines *final judgment*

Die Wirkungen der *claim preclusion* werden des weiteren nur an gerichtliche Entscheidungen geknüpft, die ein *final judgment* darstellen. *Finality* in diesem Sinne bedeutet, dass eine abschließende Entscheidung über den *claim* gefällt worden sein muss.[145] Dies ist der Fall, sobald das erkennende Gericht das reguläre Verfahren bis auf den Ausspruch über die Kosten und die Vollstreckung abgeschlossen hat.[146] Dem Richter darf nicht mehr verbleiben, als die Eintragung des *judgment* in das Urteilsregister anzuordnen.

Aufgrund dieser Anforderungen sind unter anderem vorläufige Unterlassungsverfügungen (*preliminar injunctions*) sowie einstweilige Anord-

---

142 *Casad/Clermont*, Res judicata, S. 253.

143 Diese „Anfechtung" erfolgt in der Regel in Form einer *motion for relief* gemäß *Federal Rule of Civil Procedure* 60 (b); vgl. *James/Hazard/Leubsdorf*, § 12.15.

144 Anders dagegen zur Rechtslage in New York: *Weinstein/Korn/Miller*, CPLR Manual, § 25.04 (b) (mit Verweis auf ein Urteil des *Supreme Court, Appelate Division*, in der Familiensache *Tamimi v. Tamimi*, 328 N.Y.S.2d 477, 484 (N.Y.A.D. 1972)).

145 *James/Hazard/Leubsdorf*, § 12.15.

146 *Casad/Clermont*, Res judicata, S. 51.

nungen im Rahmen eines laufenden Prozesses (*interlocutory orders*) von den Wirkungen der *claim preclusion* ausgenommen, da sie die endgültige Beantwortung von Streitfragen bzw. bestimmte Verfahrensschritte bis zur endgültigen Entscheidung über den *claim* dem folgenden Verfahren vorbehalten. Gleiches gilt für die dem deutschen Recht unbekannten Teilzwischenurteile, welche im Rahmen eines Schadensersatzprozesses lediglich die Haftung des in Anspruch Genommenen feststellen, die Frage des Bestehens eines Schadens jedoch noch offen lassen.[147]

Finality im dargestellten Sinne setzt nicht den Eintritt formeller Rechtskraft voraus. Die Wirkungen der *claim preclusion* kommen einem Urteil unabhängig davon zu, ob die Rechtsmittelfrist noch läuft oder ein Rechtsmittel (*appeal*) eingelegt wurde.[148] Kommt es zu einem erneuten Prozess zwischen den Parteien, so kann der Beklagte des neuen Verfahrens somit das bereits vorliegende Urteil selbst dann im Wege der *claim preclusion* einwenden, wenn dieses von der anderen Partei zeitgleich durch ein Rechtsmittel angegriffen wird.[149] Das Urteil verliert seine Rechtskraftwirkung erst in dem Zeitpunkt, in dem das Rechtsmittelgericht dem *appeal* stattgibt und die vorinstanzliche Entscheidung aufhebt. Diese Änderung hat aber nicht zu Folge, dass ein anderes Urteil, welches zwischenzeitlich auf Grundlage des erfolgreich angefochtenen Urteils ergangen ist, automatisch in seiner Wirksamkeit berührt werden würde.[150] Vielmehr kann dieses andere Urteil nur abgeändert werden, soweit die einschlägigen prozessualen Vorschriften eine solche Möglichkeit vorsehen.[151]

---

[147] Vgl. hierzu insbesondere *Friedenthal/Kane/Miller*, § 14.7 m.w.N.

[148] *Engelmann-Pilger*, S. 32

[149] Einige Gerichte behelfen sich in dieser misslichen Situation, indem sie das später in Gang gesetzte Verfahren bis zur Entscheidung über das Rechtsmittel aussetzen; *James/Hazard/Leubsdorf*, § 11.4.

[150] *Reed v. Allen*, 286 U.S. 191, 199 f. (1932).

[151] In der Regel sehen die amerikanischen Prozessrechte jedoch eine solche Abhilfemöglichkeit vor, wie z.B. die von den *federal courts* zu beachtende *Federal Rule of Civil Procedure* 60 (b) (5).

Zu erheblichen Problemen kann es führen, wenn trotz Vorliegens eines *final judgment* ein erneutes Verfahren in der gleichen Sache begonnen und – sei es aufgrund eines Versäumnisses des Beklagten oder einer Fehlbeurteilung des Gerichtes – ohne Rücksicht auf die Rechtskraft der bereits ergangenen Entscheidung zu Ende geführt wird. Kommt das später angerufene Gericht zu einem anderen Ergebnis als das ursprünglich mit dem *claim* befasste Gericht, so stellt sich die Frage, welcher der beiden Entscheidungen letztverbindliche Wirkung zukommt. Der *U.S. Supreme Court* hat sich in seiner Entscheidung *Parsons Steel v. First Alabama Bank*[152] dafür ausgesprochen, dass dem zuletzt ergangenen Urteil der Vorzug einzuräumen ist. Diese *last-in-time-rule* ist heute einhellig anerkannt und findet sich daher in § 15 des *Restatement (Second)* wieder.

c) Das Erfordernis eines *judgment on the merits*

Schließlich billigt die amerikanische Rechtsordnung einer gerichtlichen Entscheidung nur dann die Wirkungen der *claim preclusion* zu, wenn es sich dabei um ein *judgment on the merits* handelt. Dies ist nach der ursprünglichen Definition der Wendung *on the merits* der Fall, wenn das Urteil auf rechtlichen Erwägungen beruht, die sich mit der Frage des Bestehens des zur Entscheidung gestellten *claim* auseinandersetzen, und nicht lediglich aus rein formellen Gründen erlassen wurde.[153] Die vorstehende Begriffsumschreibung entspricht zwar der nach wie vor gängigen Praxis, jedoch erfasst sie nicht mehr alle Urteile, die heute als *judgments on the merits* anerkannt sind. Aufgrund zunehmender Tendenz zur Prozessrationalisierung und Verfahrensbeschleunigung zählen zahlreiche Gerichte zu dem Kreis der *judgments on the merits* auch einige Prozessurteile, die sich in keiner Weise mit der Substanz des zur Entscheidung gestellten *claim* auseinandersetzen.[154] Diesen Umstand haben die Verfasser des *Restatement (Second)* zum Anlass genommen, von der Ver-

---

[152] 474 U.S. 518, 525 (1986).

[153] Vgl. statt aller: *Engelmann-Pilger*, S. 35.

[154] Vgl. *Restatement (Second)*, § 19 Comment a.

wendung des zunehmend unschärferen Begriffes abzusehen und vielmehr im einzelnen die Urteilsarten zu bezeichnen, denen die Wirkungen von *merger* und *bar* nicht oder nur unter bestimmten Umständen zukommen.[155] Da die meisten Gerichte und *statutes* diesem Ansatz jedoch nicht folgen, soll das Abgrenzungskriterium *„on the merits"* in seiner aktuellen Reichweite dargestellt werden.

Zunächst sind alle klagestattgebenden Urteile als *on the merits* anzusehen, da sie nur dann ergehen, wenn sich aus dem vom Kläger behaupteten Sachverhalt die begehrten Rechtsfolgen ergeben.[156] Dagegen wirken klageabweisende Urteile in der Regel nur dann als *merger* oder *bar*, wenn sie aufgrund des Nichtbestehens des klägerischen *claim* ergehen.

Darüber hinaus werden jedoch – wie bereits erwähnt – heute auch einige klageabweisende Urteile als *on the merits* qualifiziert, deren Einordnung nach der hergebrachten Begriffsdefinition unklar ist oder die sogar keinerlei Auseinandersetzung mit dem klägerischen *claim* aufweisen.

So wird ein *dismissal for failure to state a claim*[157], eine Klageabweisung aufgrund fehlender Substantiierung oder Schlüssigkeit des klägerischen Vorbringens, klassischerweise differenziert beurteilt. Erfolgt der *dismissal* aufgrund unzureichenden Vortrages, so bildet er nach dieser Auffassung keinen *bar* für ein späteres Verfahren in derselben Sache.[158] Anders ist die Einordnung des *dismissal* jedoch, wenn die Klage abgewiesen wird, weil sich die vom Kläger begehrte Rechtsfolge nicht aus dessen Vortrag her-

---

[155] Vgl. *Restatement (Second)*, §§ 19, 20.

[156] *Casad/Clermont*, Res judicata, S. 85.

[157] Diese Art der Klageabweisung wurde früher auch als *dismissal on demurrer* bezeichnet; vgl. *Casad/Clermont*, Res judicata, S. 87.

[158] Dieser Rechtauffassung sind noch heute die *state courts* in New York und Kalifornien; vgl. für New York: *175 East 74th Street Corporation v. Hartford Accident & Indemnity Company*, 51 N.Y.2d 585, 590 (N.Y. 1980); für Kalifornien: *Goddard v. Security Title Ins. & Guarantee Co.*, 14 Cal.2d 47, 52 (Cal. 1939); zuletzt bestätigt durch ein Urteil des *California Court of Appeal, First District*, in Sachen *Koch v. Rodlin Enterprises*, Inc., 273 Cal.Rptr. 438, 442 (Cal. Ct. App. 1990).

leiten lässt, wenn sich der Mangel folglich nicht aus dem Vortrag, sondern aus der rechtlichen Bewertung des Vorgetragenen ergibt.[159] Die modernere und inzwischen insbesondere von den Bundesgerichten vertretene Auffassung sieht dagegen unter Berufung auf die *Federal Rule of Civil Procedure* 41 (b)[160] ein solches Urteil grundsätzlich unterschiedslos als *judgment on the merits* an, wenn das Gericht seiner Entscheidung nicht ausdrücklich hinzufügt, dass sie *„without prejudice"* ergehe.[161]

Als weiteres Beispiel stellt ein *dismissal for statute of limitations,* also eine Klageabweisung wegen Ablaufs der Verjährungsfrist, trotz prozessualer Qualifikation der Verjährung im US-amerikanischen Recht nach überwiegender Meinung ebenso ein *judgment on the merits* dar.[162]

Nach moderner Ansicht führt grundsätzlich auch ein *dismissal for failure of prosecution,* also eine Art Versäumnisurteil gegen den Kläger, aufgrund des Wortlautes der bereits zitierten *Federal Rule of Civil Procedure* 41 (b) zu einem Ausschluss eines erneuten Prozesses, obwohl das Gericht in diesem Falle den klägerischen Vortrag und somit auch den geltend gemachten *claim* nicht würdigt.[163] Schließlich kann sogar die Klagerücknahme, der *voluntary nonsuit,* dem Kläger die Möglichkeit eines späteren Prozesses verstellen, wenn sie erst in einem fortgeschrittenen Verfah-

---

[159] *Goddard v. Security Title Ins. & Guarantee Co.,* a.a.O.

[160] Wortlaut der Prozessnorm:

> „Unless the court in its order for dismissal otherwise specifies, a dismissal under this subdivision and any dismissal not provided for in this rule, other than a dismissal for lack of jurisdiction, for improper venue, or for failure to join a party under Rule 19, operates as an adjudication upon the merits."

[161] *Restatement (Second),* § 19 Comment d.

[162] Eine Ausnahme von dieser Regel ist jedoch dann zu machen, wenn das in der Entscheidung herangezogene *statute of limitations* nicht zu einer Einwendung gegen den Anspruch, sondern lediglich gegen den Rechtsbehelf des Klägers führt, und der Kläger einen neuen Prozess vor dem Gericht einer anderen *jurisdiction* anstrengt, welche ein anderes *statute of limitations* mit längerer Verjährungsfrist anwendet; vgl. *Warner v. Buffalo Drydock Co.,* 67 F.2d 540, 541 (2nd Cir. 1933).

[163] *Friedenthal/Kane/Miller,* § 14.7 m.w.N.; anders dagegen die *New York state courts,* in diesen Fällen nicht von einem *judgment on the merits* ausgehen, soweit das Gericht nicht ein anderes bestimmt; vgl. *Weinstein/Korn/Miller,* CPLR Manual, § 25.04 (c).

rensstadium[164] oder bereits zum wiederholten Male[165] erfolgt. Auch hier werden der folgenden gerichtlichen Entscheidung die Wirkungen der *claim preclusion* beigemessen, obwohl sich das Gericht in keiner Weise substanziell mit dem klägerischen *claim* auseinandersetzt. Grund hierfür ist die Erwägung, dass in den Fällen, in denen die Klageabweisung aus prozessualen Gründen auf ein Verhalten des Klägers zurückgeht, dem Schutz des Beklagten und der Gerichte vor mehrfacher Inanspruchnahme der Vorzug vor dem Interesse des Klägers an einem erneuten Verfahren einzuräumen ist.[166]

4. Berücksichtigung in Folgeprozessen

Ist entsprechend den vorangegangenen Erläuterungen ein *valid and final judgment on the merits* gegeben, so bedeutet dies noch nicht, dass das Urteil in einem späteren Prozess zwischen den gleichen Parteien grundsätzlich von Amts wegen zu beachten wäre. Obwohl die *claim preclusion* im wesentlichen auch dem öffentlichen Interesse dienen soll, ist es allgemein anerkannt, dass ihre Geltendmachung den Prozessparteien und nicht den Gerichten obliegt. Das hat zur Folge, dass die *res judicata*-Wirkungen eines Urteils in einem späteren Prozess nur dann berücksichtigt werden, wenn sie von einer Partei ausdrücklich als *affirmative defense* vorgetragen werden.[167] Der Einwand der *claim preclusion* soll

---

[164] *Friedenthal/Kane/Miller*, § 14.7

[165] Bei Verfahren vor Bundesgerichten genügt nach der *Federal Rule of Civil Procedure* 41 (a) (1) hierfür in der Regel bereits die zweite Klagerücknahme (sog. *two-dismissal-rule*).

[166] *Restatement (Second)*, § 19 Comment a.

[167] Vgl. statt aller *Schack*, Einführung, S. 72, sowie das Urteil des *U.S. Supreme Court* im Verfahren *Arizona v. California*, 530 U.S. 392, 410 und 412 (2000); das Gericht erkennt in dieser Entscheidung jedoch auch die Möglichkeit an, dass das zur Entscheidung berufene Gericht ein vorangegangenes Urteil zwischen den gleichen Parteien in besonderen Fällen – insbesondere wenn die vorangegangene Entscheidung vom dem Gericht selbst stammt – *sua sponte*, d.h. von Amts wegen berücksichtigen kann. Diese Ausnahme rechtfertigt der amerikanische oberste Gerichtshof damit, dass die *res judicata*-Lehre nicht ausschließlich auf den schützenswerten Interessen der Parteien, sondern auch denjenigen der mehrfach in Anspruch genommenen Gerichtsbarkeit fußt.

spätestens in der Klageerwiderung (*answer*) oder in einem zulässigen Nachtrag zur Klageerwiderung (*amendment*) erfolgen.[168] Versäumt der Beklagte diesen Zeitpunkt, so geht man von einem stillschweigenden Verzicht (*waiver*) auf die Einwendung aus.[169] Das Verfahren wird in diesen Fällen ohne Berücksichtigung des vorangegangenen Urteils zu Ende geführt.

Wird das Urteil vom Beklagten jedoch rechtzeitig in den Prozess eingeführt, so hat der Kläger zunächst die Möglichkeit, hierzu Stellung zu nehmen. Leugnet er wie im Regelfall den *claim preclusive effect* der Entscheidung aufgrund bestimmter Behauptungen, so hat grundsätzlich der Beklagte diejenigen Voraussetzungen der *claim preclusion* zu beweisen, die vom Kläger bestritten werden.[170] Basiert der Einwand des Klägers dagegen nicht auf einem Fehlen der dargestellten Voraussetzungen, sondern auf Umständen, die trotz Vorliegens eines *valid and final judgment on the merits* ausnahmsweise die Nichtberücksichtigung des angeführten Urteils als *merger* oder *bar* rechtfertigen würden, so sind diese Tatsachen vom Kläger zu beweisen.[171] Welche Tatsachen eine solche Ausnahme begründen können, soll im folgenden kurz erläutert werden.

5. Ausnahmen von der Anwendbarkeit der *claim preclusion*

Aufgrund der extensiven Interpretation des *claim*-Begriffes[172] und des erheblichen Eingriffes in die prozessualen Rechte des Klägers hat die *claim preclusion* zahlreiche Ausnahmen erfahren. Die wichtigsten sollen an dieser Stelle kurz vorgestellt werden.

---

[168] Vgl. *Federal Rule of Civil Procedure* 8 (c) und 15 (a).

[169] *Arizona v. California*, a.a.O.; (für New York:) *Weinstein/Korn/Miller*, CPLR Manual, § 25.04 (f).

[170] *Casad/Clermont*, Res judicata, S. 242.

[171] *Casad/Clermont*, a.a.O.

[172] Vgl. oben II.2.

a) Parteiabrede

Die Prozessparteien können vereinbaren, dass der Kläger nur einen Teil eines *claim* einklagt, ohne im übrigen von der gerichtlichen Geltendmachung des verbleibenden Teiles ausgeschlossen zu sein.[173] Es genügt sogar, dass der Beklagte einer solchen vom Kläger vorgenommenen Aufteilung des *claim* stillschweigend zustimmt.[174] Wie schon bei der Geltendmachung der *claim preclusion* ausgeführt[175] wird auch an der vorliegenden Ausnahme deutlich, dass der Parteiherrschaft im Rahmen der US-amerikanischen Rechtskraftlehre ein grundsätzlich höherer Stellenwert eingeräumt wird als dem öffentlichen Interesse, welches unabhängig vom Parteiwillen darauf gerichtet ist, eine mehrfache Inanspruchnahme der Gerichte in derselben Sache zu verhindern.

Diese Abwägung führt sogar dazu, dass dann, wenn ein Kläger zeitgleich mehrere Klagen gestützt auf verschiedene Teile desselben *claim* anstrengt und der Beklagte es versäumt, in zumindest einem dieser Verfahren einzuwenden, dass der Kläger ein unzulässiges *claim-splitting* betreibt, das Untätigbleiben des Beklagten als stillschweigendes Einverständnis in die Aufteilung des Klägers angesehen wird.[176] Wird daher in einem der besagten Verfahren ein Urteil gefällt, so kann es vom Beklagten in den anderen Prozessen nicht mehr wirksam im Rahmen der *claim preclusion* eingewandt werden.[177] Der Beklagte verliert aufgrund seiner bloßen Untätigkeit die Einwendung der *claim preclusion* noch vor ihrem Entstehen.

---

173 *Restatement (Second)*, § 26 (1) (a).

174 *Restatement (Second)*, a.a.O.

175 Siehe vorstehend II.4.

176 Vgl. hierzu die Entscheidung des *Supreme Court of Kansas* in *Todd v. Central Petroleum Co., Inc.*, 124 P.2d 704, 707 (Kan. 1942).

177 Siehe *Todd v. Central Petroleum Co., Inc.*, a.a.O.

b) Richterliche Erlaubnis

Der Kläger kann seinen einheitlichen *claim* auch dann zulässigerweise aufteilen und in zwei einzelnen Verfahren nacheinander geltend machen, falls das zunächst angerufene Gericht ihm dies ausdrücklich erlaubt.[178] Den Gerichten ist die Möglichkeit, dem Kläger einen weiteren Prozess zu eröffnen, grundsätzlich eröffnet, soweit ein Gesetz oder eine speziellere Prozessregel nicht das Gegenteil anordnet. Dennoch entschließen sie sich zu einem solchen Schritt nur in absoluten Ausnahmefällen. Eine solche Ausnahme erscheint z.B. dann angezeigt, wenn der Kläger Schadensersatz wegen Vertragsbruches begehrt, diese Klage jedoch wegen Unwirksamkeit des Vertrages abzuweisen ist. Soll dem Kläger nun die Möglichkeit bewahrt werden, das von ihm bisher im Rahmen des unwirksamen Vertrages Geleistete vom Vertragspartner zurückzufordern, so ist das klageabweisende Urteil mit der Formulierung „without prejudice" oder einer sinngleichen Anordnung zu versehen.[179]

c) Prozessrechtliche Beschränkungen im Vorprozess

Eine sehr wesentliche Ausnahme von den Grundsätzen der *claim preclusion* wird überwiegend dann befürwortet, wenn der Kläger im Verfahren vor dem zunächst angerufenen Gericht aufgrund prozessrechtlicher Beschränkungen nicht alle ihm zustehenden Rechte geltend machen bzw. seinen Vortrag nicht auf alle in Betracht kommenden rechtlichen Grundlagen stützen konnte.[180]

Dies ist insbesondere dann der Fall, wenn der Kläger zunächst vor einem *state court* klagt, sein Klagebegehren jedoch auch auf Rechtsgrundlagen beruht, die der *exclusive federal jurisdiction* unterliegen. Die letztgenannten Materien können von den *state courts* bei ihrer Prüfung der Klage

---

[178] *Restatement (Second)*, § 26 (1) (b).

[179] *Restatement (Second)*, § 26 Comment b.

[180] Vgl. *Restatement (Second)*, § 26 (1) (c).

aufgrund fehlender *subject matter jurisdiction* nicht berücksichtigt werden. Würde man die Grundsätze der *claim preclusion* in diesen Fällen rigide anwenden, so könnte der Kläger nach Abschluss des Verfahrens vor den *state courts* keine erneute Klage vor einem *federal court* erheben, um sein Begehren vor dem Hintergrund eventueller Ansprüche nach Bundesrecht prüfen zu lassen, da über seinen *claim* bereits abschließend durch den *state court* befunden wurde. Dieses Ergebnis wird jedoch aufgrund folgender Umstände überwiegend als ungerecht empfunden.[181]

Grundsätzlich stehen *state* und *federal courts* gleichberechtigt nebeneinander. Dem Kläger soll es bei Vorliegen der notwendigen Voraussetzungen frei stehen, sein Klagebegehren vor einem *state* oder einem *federal court* anhängig zu machen. Im dargestellten Fall würde die Wahl des *state court* jedoch dazu führen, dass sich der Kläger seiner nach Bundesgesetz bestehenden Rechte insoweit begibt, als diese der *exclusive federal jurisdiction* unterliegen. Macht der Kläger seine Klage dagegen von vornherein vor einem *federal court* anhängig, der im Falle seiner Zuständigkeit in der Regel auch befugt ist, über die Ansprüche des Klägers nach *state law* zu entscheiden, wäre das Risiko eines eventuellen Rechtsverlustes ausgeschaltet. Die Wahl des *state court* würde dem Kläger somit einen Nachteil verschaffen, der die Gleichrangigkeit der *federal* und *state courts* faktisch aufheben würde. Des weiteren würde die Entscheidung des *state court* die Erörterung einer bundesrechtlichen Frage verhindern, zu deren Beantwortung das Gericht keine *jurisdiction* besitzt. Das Urteil des *state courts* würde folglich so behandelt, wie wenn es auch eine Sachentscheidung hinsichtlich des *exclusive federal matter* enthielte, welches vom angerufenen Gericht gar nicht erörtert werden durfte.[182]

Aufgrund dieses Wertungswiderspruches ist es inzwischen nahezu herrschende, wenngleich nicht völlig unbestrittene Meinung, dass in der erläuterten Konstellation ein klageabweisendes *state court judgment* den

---

[181] *Restatement (Second)*, § 26 (1) Comment c.

[182] Vgl. statt aller: *Friedenthal/Kane/Miller*, § 14.7 m.w.N.

Kläger nicht daran hindert, seinen bereits abgeurteilten *claim* erneut einem *federal court* zur Überprüfung des Eingreifens von Rechtsgrundlagen vorzulegen, die der *exclusive federal jurisdiction* unterliegen.[183] Der nach wie vor bestehende Meinungsstreit in dieser Frage rührt daher, dass der Umfang der Rechtskraft eines *state court judgment* wie erörtert[184] nicht einheitlich durch Bundesrecht, sondern durch das jeweilige Recht des Bundesstaates festgelegt wird, in dem das Urteil gefällt wurde.[185] Die Frage, ob das *state court judgment* somit ein Verfahren vor einem Bundesgericht trotz Vorliegen der *exclusive federal jurisdiction* ausschließt oder nicht, kann somit nicht einheitlich, sondern nur unter Berücksichtigung des jeweils einschlägigen *state law* beantwortet werden.[186] Die dargestellte Ausnahme wird jedoch von der Mehrzahl der einzelstaatlichen Rechtsordnungen anerkannt.[187]

Diese Grundsätze, die für das Verhältnis der *federal courts* zu den *state courts* gelten, sind nicht auf das Verhältnis zwischen verschiedenen Gerichten innerhalb derselben *jurisdiction* übertragbar.[188] Stehen dem Kläger in einem Prozess nicht alle rechtlichen Möglichkeiten zur Verfügung, weil er seine Klage z.B. vor einem *small claims court* mit beschränkter Spruchgewalt anhängig gemacht hat, so kann er aufgrund dieser Beschränkung in der Regel nicht erneut vor einem *court of general jurisdiction* klagen. Begründet wird dieses Ergebnis damit, dass der Kläger inner-

---

[183] Vgl. *Eichman v. Fotomat Corporation*, 759 F.2d 1434, 1437 (9th Cir. 1985). Diese Ausnahme ist jedoch nicht auf die umgekehrte Situation übertragbar: Wendet sich der Kläger mit seinem Begehren zunächst an einen *federal court*, so hat er dort grundsätzlich alle seine Rechte in einem einzigen Verfahren geltend zu machen. Ein *federal court judgment* verwehrt ihm daher auch dann die Möglichkeit der erneuten Klage vor einem *state court*, wenn er sich im Verfahren vor den Bundesgerichten auf die Geltendmachung seiner durch *federal law* gewährleisteten Rechte beschränkt hat; vgl. *Boccardo v. Safeway Stores, Inc.*, 184 Cal.Rptr. 903, 914 (Cal. Ct. App. 1982).

[184] Siehe I.5.b).

[185] *Marrese v. American Academy of Orthopaedic Surgeons*, 470 U.S. 373, 380 (1985).

[186] *Marrese v. American Academy of Orthopaedic Surgeons*, a.a.O., 382.

[187] So: *James/Hazard/Leubsdorf*, § 12.14.

[188] *Marrese v. American Academy of Orthopaedic Surgeons*, a.a.O., 383 (dort Fn. 3).

halb desselben *system of courts* von vornherein vor einem Gericht klagen soll, das zur umfassenden Prüfung seines Klagebegehren und zur Zusprechung aller begehrten Rechtsfolgen befugt ist. Die Wahl eines Gerichtes mit eingeschränkter Zuständigkeit geht in diesem Fall daher zu Lasten des Klägers und rechtfertigt keine erneute Klageerhebung.[189]

d) Sonstige Ausnahmen

Im übrigen wurden von den Gerichten eine Reihe weiterer Ausnahmen anerkannt, die deshalb schwerlich zu kategorisieren sind, weil sie häufig nur einen singulären Einzelfall betrafen. Die Gerichte waren in der Vergangenheit bereits mehrfach bereit, die Wirkungen der *claim preclusion* dann einzuschränken, wenn die durch ein Urteil geschaffene Rechtslage als nicht hinnehmbar angesehen wurde. Dies war vor allem dann der Fall, wenn der Urteilsspruch die dem Rechtsstreit zugrunde liegenden Probleme faktisch nicht zu lösen vermochte oder kollidierenden Rechtsgütern im Einzelfall der Vorzug einzuräumen war.[190]

So wurde einem Beklagten beispielsweise die Berufung auf die Grundsätze der *claim preclusion* häufig dann verwehrt, wenn die Geltendmachung der klägerischen Ansprüche in mehreren Einzelverfahren erfolgte und der Beklagte für diese Aufteilung des *claim* auf mehrere Teilklagen selbst verantwortlich war.[191] In anderen Verfahren sah man von der

---

[189] *Marrese v. American Academy of Orthopaedic Surgeons*, a.a.O.

[190] Vgl. *Restatement (Second)*, § 26 (1) (d) bis (f).

[191] Vgl. hierzu die viel zitierte Entscheidung des *Supreme Court of North Dakota* in dem Verfahren *Hyyti v. Smith*, 272 N.W. 747 (N.D. 1937) (hinsichtlich einer nicht den Komplex der *claim preclusion* betreffenden Frage inzwischen *overruled* durch *Hopkins v. McBane*, 427 N.W.2d 85 (N.D. 1988)), in dem eine lediglich der finnischen Sprache mächtige Klägerin wegen schuldhafter Tötung ihrer Eltern Schadensersatz begehrte und ihre Klage zunächst aufgrund bewusster Fehlinformation durch einen Anwalt der Gegenseite auf Erstattung der Klinik- und Bestattungskosten beschränkte. Als nach einem Vergleich der Parteien die Täuschung offenbar wurde, klagte die Klägerin erneut, diesmal auf Ersatz des entgangenen Unterhaltes und *punitive damages*. Die Beklagten beriefen sich im Rahmen dieses zweiten Verfahrens auf die *rule against splitting a cause of action*. Sie fanden vor dem obersten Gerichtshof des Staates North Dakota mit ihrem Vorbringen jedoch kein Gehör, da

Sperrwirkung eines Urteils ab, welches auf der Grundlage von Rechtsnormen ergangen war, die zwischenzeitlich aufgehoben worden oder nach der Veränderung verfassungsrechtlicher Grundsätze als verfassungswidrig anzusehen waren.[192]

Entscheidend waren in diesem Sammelsurium von Fallgestaltungen stets die Umstände des Einzelfalles und die vom jeweiligen Gericht vorgenommene, nur in eingeschränktem Maße verallgemeinerungsfähige Abwägungsentscheidung.

III. Die Grundsätze der *issue preclusion*

1. Sinn und Zweck

Issue preclusion verhindert im Gegensatz zur *claim preclusion* nicht von vornherein, dass zwischen den Parteien eines Prozesses nach Urteilsfällung ein neuer Rechtsstreit entbrennt, sondern sorgt dafür, dass bestimmte gerichtliche Feststellungen, welche in einem abgeschlossenen Verfahren nach streitiger Verhandlung getroffen wurden, auch noch in späteren Prozessen verbindliche Wirkung entfalten.[193] Sie kann auf diese Weise weitere gerichtliche Auseinandersetzungen vereinfachen, indem sie bereits entschiedene Teilfragen unabhängig vom konkret eingeklagten *claim* der weiteren streitigen Erörterung entzieht. Ihre Reichweite ist im Zeitpunkt der Urteilsfällung für die Parteien jedoch nur schwer abschätzbar. Nur sehr selten ist sich der Unterlegene bewusst, dass ihm die Feststellungen des Gerichts auch in einem künftigen Prozess zum Nachteil gereichen können, der von ihm möglicherweise noch nicht vorhergesehen wird und einen völlig anderen *claim* zum Gegenstand hat.

---

die Aufteilung des an sich einheitlichen *claim* durch die Klägerin allein auf das Verhalten der Beklagten zurückzuführen war.

[192] Für den Fall der Aufhebung der Rassentrennung: *Christian v. Jemison*, 303 F.2d 52, 54 f. (5th Cir. 1962).

[193] Vgl. statt aller die vielzitierte Entscheidung des *U.S. Supreme Court* in dem Verfahren *Cromwell v. County of Sac*, 94 U.S. 351, 352 f. (1876).

Issue preclusion stellt das komplementäre Gegenstück zur *claim preclusion* dar,[194] indem beide Rechtsinstitute durch ihr Zusammenwirken eine homogene Rechtskraftlehre formen, ohne sich in ihrem jeweiligen Anwendungsbereich zu überschneiden. Die *issue preclusion* ist gegenüber ihrer Schwesterdoktrin streng subsidiär.[195] Dies hat zur Folge, dass sie nur dann Bedeutung erlangt, wenn eine Berufung auf die Grundsätze der *claim preclusion* im konkreten Fall ausscheidet.[196] Angesichts dessen sieht man die *issue preclusion* im Vergleich zur *claim preclusion* als den schmaleren, wenngleich tieferen Einschnitt in die Rechte des Unterlegenen an.[197] Trotz ihres damit bestehenden Ausschließlichkeitsverhältnisses ergänzen sich beide Lehren zu einem einheitlichen Bild. Dies wird insbesondere dann deutlich, wenn die *claim preclusion* trotz Vorliegens ihrer regulären Voraussetzungen ausnahmsweise nicht eingreift und dadurch den Weg für die Anwendung der *issue preclusion* eröffnet.

Scheitert beispielsweise eine wettbewerbsrechtliche Klage vor einem *state court*, so hindert dies den Kläger grundsätzlich nicht, in derselben Sache ein erneutes Verfahren vor einem *federal court* anzustrengen, soweit er sich dabei auf bundesrechtliche Rechtsvorschriften berufen kann, die der *exclusive federal jurisdiction* unterliegen.[198] Das *state court judgment* stellt für die neue Klage kein *bar*, d.h. kein Hindernis dar.[199] Dies bedeutet jedoch noch nicht, dass in dem zweiten Verfahren alle Streitfragen, welche bereits im ersten Verfahren von Belang waren, von neuem zu erörtern wären. Sind in dem Urteil des *state court* nämlich Feststellungen erhalten, die auch in dem Verfahren vor dem *federal court* entscheidungserheblich sind, so beanspruchen diese für sich insoweit bindende Wir-

---

[194] *Friedenthal/Kane/Miller*, § 14.9 (Fußnote 10).

[195] Vgl. *Restatement (Second)*, Chapter 3 Topic 2 Title E, Introductory Note.

[196] Dies ist insbesondere dann der Fall, wenn ein anderer *claim* den Gegenstand des späteren Prozesses bildet.

[197] *Yeazell*, Civil Procedure, S. 834: „Issue preclusion has a narrower but deeper bite than claim preclusion."

[198] Vgl. oben II.5.c).

[199] Vgl. hierzu: *Eichman v. Fotomat Corporation*, 759 F.2d 1434, 1437 (9th Cir. 1985).

kung, als die Voraussetzungen der *issue preclusion* erfüllt sind.[200] Durch das Ineinandergreifen von *claim* und *issue perclusion* erreicht man somit, dass dem Kläger nur insoweit ein neuer Rechtsweg eröffnet wird, als dies zur Überprüfung der bisher unberücksichtigten bundesrechtlichen Rechtsnormen zwingend erforderlich ist. Der zweite Prozess wird von der oft zeit- und kostenintensiven Ermittlung wesentlicher Fakten befreit, welche in dem vorangegangenen Verfahren bereits ausgiebig erörtert und schließlich abschließend richterlich bestimmt wurden. Das Risiko, dass der Unterlegene dauerhaft an die möglicherweise fehlerhaften Ergebnisse des vorangegangenen Verfahrens gebunden wird, sieht man demgegenüber nicht als ernst zu nehmende Gefahr für die Verwirklichung materieller Gerechtigkeit an, da auch spätere Verfahren ohne die Bindungen der *issue preclusion* keine erhöhte Gewähr dafür böten, dass das zur Entscheidung berufene Gericht zutreffendere Feststellungen als im vorangegangenen Verfahren trifft.[201]

Die *issue preclusion* verfolgt in ihrem Anwendungsbereich grundsätzlich die gleichen Ziele wie die *claim preclusion*. Zum einen soll die obsiegende Partei vor der Gefahr geschützt werden, sich immer wieder mit denselben Behauptungen der Gegenseite vor Gericht auseinandersetzen zu müssen und dadurch sogar eventuell der Früchte des vorangegangenen Prozesses beraubt zu werden. Zum anderen sollen die Ressourcen der Justiz bewahrt und verhindert werden, dass das öffentliche Vertrauen in die Gerichte durch eventuell einander widersprechende Feststellungen erschüttert wird.[202]

Zu diesem Zweck reicht der Anwendungsbereich der *issue preclusion* über die Grenzen der verschiedenen Rechtsgebiete hinweg. So kann sich

---

[200] *Eichman v. Fotomat Corporation*, a.a.O.

[201] So zu diesem sich auch im Rahmen der *claim preclusion* stellenden Problem ausdrücklich: *Friedenthal/Kane/Miller*, § 14.3.

[202] Sehr ausführlich hierzu der *Supreme Court of California* in seiner Entscheidung *Lucido v. Superior Court*, 272 Cal.Rptr. 767, 773 und 776 (Cal. 1990) sowie *Brownewell*, 37 Val.U.L.Rev. 879, 888 f. (2003).

z.B. ein Geschädigter in einem Schadensersatzprozess gegen seinen Schädiger auf die für ihn günstigen richterlichen Feststellungen berufen, welche ein Gericht im Rahmen der strafrechtlichen Verurteilung des Schädigers wegen der Schädigung getroffen hat.[203] Die Rechtsprechung geht sogar soweit, den tatsächlichen Feststellungen von *administrative agencies* die Wirkungen der *issue preclusion* zuzubilligen, falls die Verwaltungsbehörden im konkreten Fall in gerichtlicher Funktion tätig waren, die Feststellungen in einem ordnungsgemäßen Verfahren getroffen wurden und das rechtliche Gehör der Verfahrensbeteiligten im Verwaltungsverfahren in hinreichender Weise gewährleistet war.[204]

Angesichts dieser erheblichen Tragweite der *issue preclusion* kommt der Frage besondere Bedeutung zu, welche gerichtlichen Feststellungen Bindungswirkungen entfalten können und welche Dimension dem Begriff „*issue*" innewohnt.

2. Die objektiven Grenzen der *issue preclusion* (Dimension des *issue*-Begriffes)

Obwohl der *issue*-Begriff anders als der *claim*-Begriff nicht mit historisch bedingten Doppeldeutigkeiten belegt ist,[205] stellt seine Begrenzung eines der schwierigsten Probleme auf dem Gebiet der *issue preclusion* dar. Eine allgemeingültige Definition dessen, was als *issue* anzusehen ist, findet sich weder in der Literatur noch in der Rechtssprechung. Es ist jedoch festzustellen, dass die Reichweite eines *issue* in der Praxis zumeist in Abhängigkeit von dem jeweils anzuwendenden *claim*-Begriff bestimmt wird.[206] Gerichte, die einen engeren *claim*-Begriff befürworten, neigen im allgemeinen eher dazu, den Umfang des *issue*-Begriffes auszudehnen, um auf diese Weise eine wiederholte Klageerhebung in den Fällen zu

[203] Siehe *Restatement (Second)*, § 85.

[204] So unter anderem der *U.S. Supreme Court* in seiner Entscheidung *United States v. Utah Construction & Mining Co.*, 384 U.S. 394, 421 f. (1966).

[205] So *Friedenthal/Kane/Miller*, § 14.10.

[206] Vgl. *Restatement (Second)*, Chapter 3 Topic 2 Title E, Introductory Note.

verhindern, in denen es sich im Grundsatz um die gleiche Auseinandersetzung handelt.[207] Dagegen tendieren die Verfechter des *transactional standard* auf dem Gebiet der *claim preclusion* vermehrt dazu, den Umfang der gerichtlichen Feststellungen, welche für sich in späteren Prozessen Bindungswirkung beanspruchen, eng zu fassen, da angesichts der nach ihrer Ansicht weiterreichenden *claim preclusion* keine Veranlassung besteht, das Recht des Unterlegenen auf rechtliches Gehör erheblich weiter zu beschränken.[208]

Im übrigen entzieht sich die Begriffsbestimmung klaren Regeln. Zumeist stehen bei Beantwortung der Frage, welchen gerichtlichen Feststellungen die Wirkungen der *issue preclusion* beizumessen sind, allgemeine Interessenabwägungen und die Umstände des jeweils zu entscheidenden Einzelfalles im Vordergrund. Die obersten Bundesgerichte haben in der Vergangenheit bereits mehrfach versucht, der damit verbundenen Unbestimmtheit des *issue*-Begriffes Grenzen zu setzen. Obwohl den dabei vorgenommenen Abgrenzungen weitgehend keine Bedeutung mehr zukommt, leben die ihnen zugrunde liegenden Erwägungen in veränderter Gestalt bis heute fort.

Einen dieser Begrenzungsversuche unternahm der *U.S. Supreme Court* in seiner steuerrechtlichen Entscheidung *Commissioner of Internal Revenue v. Sunnen,*[209] der folgender Sachverhalt zugrunde lag.

Der Kläger des Verfahrens übertrug durch mehrere inhaltlich identische Verträge seiner Ehefrau das Recht, die Lizenzgebühren für verschiedene Patentrechte einzufordern, die der Kläger selbst innehatte. Die Eheleute waren der Ansicht, dass aufgrund dieses Vorgehens die Lizenzeinnahmen nun nicht mehr als steuerrechtlich relevantes Einkommen des

---

[207] Diese Neigung ist unter anderem in der Rechtsprechung der *California state courts* festzustellen, die im Rahmen der *claim preclusion* auf die *primary rights theory* abstellen (s.o. II.2.); vgl. *Heiser*, 35 San Diego L.Rev. 509, 512 (1998).

[208] *Restatement (Second)*, a.a.O.

[209] 333 U.S. 591 (1948).

Klägers, sondern vielmehr seiner Ehefrau anzusehen sind. Diese Auffassung wurde durch eine Gerichtsentscheidung gestützt, welche die steuerrechtliche Qualifikation eines dieser Verträge während eines bestimmten Besteuerungszeitraums betraf. Trotz dieser Entscheidung waren die Steuerbehörden bei der steuerrechtlichen Beurteilung der Verträge hinsichtlich späterer Zeiträume nicht mehr bereit, die Lizenzgebühren als Einkommen der Ehefrau anzusehen, und rechneten die Einkünfte dementsprechend der Bemessungsgrundlage des Klägers zu. Sie begründeten diese Veränderung mit einer erheblichen Entwicklung in der steuerrechtlichen Rechtsprechung, welche eine abweichende Bewertung der Umstände rechtfertige. Der Kläger lehnte die neue Qualifikation seiner Verträge ab, da er der Meinung war, dass die Steuerbehörden aus Gründen der *issue preclusion* nach wie vor an die Feststellungen des gerichtlichen Urteils gebunden seien.

Der *U.S. Supreme Court* wies die klägerische Ansicht insbesondere für die Verträge zurück, die nicht Gegenstand der vorherigen gerichtlichen Beurteilung waren. Das Gericht führte dabei aus, dass die Grundsätze der *issue preclusion* hinsichtlich der richterlichen Beantwortung von Rechtsfragen, welche sich in zwei zeitlich aufeinander folgenden Verfahren in identischer Weise stellten, keine Anwendung fänden, wenn sich die entscheidungserheblichen Tatsachen der Verfahren voneinander unterscheiden ließen. Dabei sei gleichgültig, inwiefern sich diese Tatsachen ähnelten oder ob sie gar inhaltlich übereinstimmten.[210] Da es im fraglichen Fall in der Hauptsache um Verträge ging, die bisher noch nicht richterlich beurteilt worden waren, wurde trotz der Parallelen in der inhaltlichen Gestaltung eine Bindungswirkung der Vorentscheidung von vornherein abgelehnt.[211] Der *Supreme Court* folgte damit im wesentlichen der von ihm im Vorfeld bereits angedeuteten sehr viel allgemeineren Regel, dass *pure issues of law*, also rein rechtliche Ausführungen eines Gerichtes, nicht Gegenstand der *issue preclusion* sein können.[212]

---

[210] *Commissioner of Internal Revenue v. Sunnen*, a.a.O., 601.

[211] *Commissioner of Internal Revenue v. Sunnen*, a.a.O., 602.

[212] Vgl. hierzu insbesondere *United States v. Moser*, 266 U.S. 236, 241 (1924).

Der höchste amerikanische Gerichtshof begründete die von ihm vorgenommene Einschränkung in der *Sunnen*-Entscheidung damit, dass die Grundsätze der *issue preclusion* geschaffen worden seien, um sich wiederholende Prozesse über Belange zu vermeiden, die bereits gerichtlich beantwortet wurden und ihrer Natur entsprechend grundsätzlich unveränderlich sind.[213] Dies sei bei reinen Rechtsregeln nicht der Fall. Würde man der gerichtlichen Ermittlung dieser Regeln Bindungswirkung zuerkennen, so würde sich insbesondere in Bereichen wie dem Steuerrecht die einmal obsiegende Prozesspartei für alle Zukunft eine günstige Behandlung sichern, die keiner anderen Person ihres Rechtskreises zuteil würde. Das Resultat wäre eine Diskriminierung der am Prozess unbeteiligten Steuerzahler und eine nicht mehr zu überschauende Rechtslage.[214] Das Vertrauen der obsiegenden Prozesspartei in die Unveränderlichkeit der Rechtsprechung sei angesichts dieser Gefahren durch das flexiblere Prinzip der *stare decisis*[215] bereits hinreichend geschützt.[216]

Der Ausschluss der *pure issues of law* von den Wirkungen der *issue preclusion* hat sich trotz dieser Erwägungen nicht durchsetzen können.[217] Nach dem *Restatement (Second)* können auch *issues of law* Gegenstand der *issue preclusion* sein.[218] Eine Ausnahme hiervon sieht das *Restatement* jedoch für die Fälle vor, in denen der *claim* des späteren Verfahrens mit dem des bereits beendeten Verfahrens in keinerlei Verbindung steht oder eine neue Ermittlung der einschlägigen Rechtssätze erforderlich erscheint, um einem zwischenzeitlichen Wandel des materiellen Rechts Rechnung

---

[213] *Commissioner of Internal Revenue v. Sunnen*, a.a.O., 599 f.

[214] *Commissioner of Internal Revenue v. Sunnen*, a.a.O., 599.

[215] Vgl. I.3.b).

[216] *Commissioner of Internal Revenue v. Sunnen*, a.a.O., 601.

[217] Anders dagegen die Rechtslage in New York; vgl. *Weinstein/Korn/Miller*, CPLR Manual, § 25.03 [e].

[218] *Restatement (Second)*, § 27.

zu tragen sowie eine unbillige Rechtsanwendung zu vermeiden.[219] Die Begründung der obergerichtlichen Entscheidung findet damit – wenngleich in zurückhaltender Form – nach wie vor Berücksichtigung.[220]

Eine weitere, heute nicht mehr aktuelle Begrenzung des Kreises der möglichen *issues* mit Bindungswirkung unternahm der *Federal Court of Appeals for the Second Circuit* in seiner Entscheidung *The Evergreens v. Nunan*[221] aus dem Jahre 1944. Der berühmte *Judge Learned Hand* griff dabei eine Unterscheidung auf, welche im Vorfeld des Verfahrens von den *state courts* einiger Bundesstaaten aufgebracht worden war. Danach waren die Feststellungen, welche ein Gericht zum Zwecke der Urteilsfällung zu treffen hat, in *ultimate facts* und *mediate data* zu trennen. *Ultimate facts* bezeichneten dabei die gerichtlich festgestellten Umstände, an welche das Recht unmittelbar das Bestehen der Berechtigung oder Verpflichtung knüpft, die Gegenstand des zu entscheidenden Rechtsstreits war. *Mediate data* bezeichnete dagegen die Fakten, von deren Bestehen auf das Vorliegen eines *ultimate fact* geschlossen werden konnte.[222]

Auf Grundlage dieser Klassifizierung vertrat das Bundesgericht in der bezeichneten Entscheidung die Auffassung, dass gerichtliche Feststellungen unabhängig davon, ob sie *mediate data* oder *ultimate facts* des abgeschlossenen Verfahrens betrafen, Bindungswirkung nur hinsichtlich der Fragen entfalten, die sich in einem späteren Prozess auf der Ebene der *ultimate facts* stellen. Ein Umstand, der im Laufe eines späteren Ver-

---

[219] *Restatement (Second)*, § 28 (2); hierzu ausführlich: *Hazard*, 70 Iowa L.Rev. 81, 86 (1984).

[220] So sehr deutlich *Hazard*, a.a.O., 91 f.:

„[...] under the logic of an unqualified issue preclusion rule, the decision of a legal issue at any level of an adjudicative system would preempt reconsideration of that issue by any other tribunal in litigation by either of the parties. Such a restriction on the authority of higher courts in development of the law is a serious matter of institutional arrangement. It is especially serious with regard to legal issues of general public importance."

[221] 141 F.2d 927 (2nd Cir. 1944).

[222] *The Evergreens v. Nunan*, a.a.O., 928.

fahrens dagegen als *mediate datum* Bedeutung erlange, könne dementsprechend in keinem Falle vom Vorgericht bindend festgestellt werden.[223]

Das Gericht begründete seine Auffassung damit, dass es für die Prozessparteien während eines laufenden Verfahrens oft unmöglich vorherzusehen sei, inwiefern Streitfragen eines gegenwärtigen Verfahrens in völlig anderem Zusammenhang später erneut von Belang werden könnten. Eine an sich unwesentliche Streitigkeit könne auf diese Weise für eine unterlegene Partei, die es aufgrund der geringen Bedeutung des eingeklagten *claim* unterlässt, alle Streitfragen bis zum Ende auszufechten, verheerende Folgen nach sich ziehen. Sei dieses Risiko in Bezug auf die *ultimate facts* künftiger Prozesse im Interesse der Prozessökonomie noch gerechtfertigt, könne es hinsichtlich der *mediate data* solcher Verfahren nicht hingenommen werden. Die Bedeutung der gerichtlich festgestellten Tatsachen, die in anderem Zusammenhang die Voraussetzungen einer Anspruchsgrundlage erfüllten, könne noch umrisshaft abgeschätzt werden. Inwieweit sich gerichtliche Feststellungen jedoch auch dazu eigneten, die Voraussetzungen eines anderen Tatbestands erst noch zu ermitteln, sei selbst für eine höchst sorgfältig handelnde Prozesspartei oft nicht annäherungsweise zu erahnen.[224]

Die dargestellte Unterscheidung zwischen *ultimate facts* und *mediate data* hat sich in der Folge nicht durchsetzen können, da sie sich als zu schwierig und damit unpraktikabel erwies. Das *Restatement (Second)* lehnt die Differenzierung dementsprechend ab.[225] Die vom Bundesgericht ehemals erkannten Risiken werden jedoch nach wie vor ernst genommen und durch eine Ausnahmeregelung zu mildern versucht, nach welcher von der Bindungswirkung der *issue preclusion* abzusehen ist, wenn während des ersten Verfahrens nicht hinreichend vorhergesehen werden konnte,

[223] *The Evergreens v. Nunan*, a.a.O., 930 f.

[224] *The Evergreens v. Nunan*, a.a.O., 929.

[225] *Restatement (Second)*, § 27 Comment c.

dass ein umstrittenes *issue* auch in einem späteren Prozess Entscheidungserheblichkeit erlangt.[226]

Aus den vorstehenden Erläuterungen ergibt sich, dass grundsätzlich jede gerichtliche Feststellung eines Umstandes, sei er tatsächlicher oder rein rechtlicher Natur, ein *issue* im Sinne der *issue preclusion* begründen kann. Der aufgrund dieser begrifflichen Weite drohenden Uferlosigkeit der Doktrin wirkt die amerikanische Judikatur durch die Bildung bestimmter Fallgruppen entgegen, bei deren Vorliegen von der Anwendung der *issue preclusion* ausnahmsweise abzusehen ist.

Um die tatsächliche Dimension des damit sehr weiten *issue*-Begriffes zu erfassen, ist des weiteren zu klären, welcher Abstraktionsgrad dem Begriff „*issue*" innewohnt. Die Bedeutsamkeit dieser Frage soll an folgendem Beispiel veranschaulicht werden.

Der Kläger ist Geschädigter eines Unfalls, den der Beklagte mit seinem Kraftfahrzeug dadurch verursachte, dass er unachtsam in die Fahrbahn des Klägers einbog. In einem ersten Prozess begehrt der Kläger vom Beklagten Ersatz seines Sachschadens. Der Beklagte beschränkt seine Verteidigung in diesem Verfahren auf die Behauptung, dass er sich vor und während dem Abbiegevorgang entgegen den Angaben des Klägers gehörig umgesehen hätte. Das Gericht gibt nach intensiver Erörterung dieser Streitfrage der Klage statt.

Klagt nun der Kläger erneut gegen den Beklagten, um auch Ersatz seiner körperlichen Schäden zu erlangen,[227] so stellt sich die Frage, ob durch die vorangegangene Verurteilung des Beklagten für das neue Verfahren lediglich verbindlich festgestellt wurde, dass der Beklagte es versäumt hat,

---

[226] *Restatement (Second)*, § 28 (5) (b).

[227] Einem solchen Vorgehen stehen die Grundsätze der *claim preclusion* nur dann nicht entgegen, wenn die erste Klage vor dem Gericht einer *jurisdiction* erhoben wird, in deren Geltungsbereich Personen- und Sachschäden als verschiedene *claims* angesehen werden; vgl. oben II.2.

sich gehörig umzusehen, oder ob darüber hinaus allgemein das Vorliegen von *negligence* seitens des Beklagten unbestreitbar feststeht.

Folgt man der engeren, konkreteren Sicht, so steht es dem Beklagten im neuen Verfahren offen, weitere Verteidigungsmittel, z.B. ein mitwirkendes Verschulden des Klägers vorzutragen,[228] welche den Vorwurf seiner *negligence* entfallen lassen oder schmälern würden. Befürwortet man dagegen das weitere, abstraktere Verständnis, ist der Beklagte mit dem Vortrag der geschilderten Einwände von vornherein ausgeschlossen.

Welche Auffassung die richtige ist, richtet sich nach dem Abstraktionsgrad, der einem *issue* innewohnt. Ein allgemeingültige Regel zur Bestimmung des richtigen Maßes an Abstraktion findet sich weder in der Rechtssprechung noch in der Literatur. Als grobe Richtlinie kann es angesehen werden, dass die Gerichte in späteren Verfahren häufig den Abstraktionsgrad übernehmen, welchen die Parteien durch ihre *pleadings* im Vorprozess selbst gewählt haben.[229] Ging es dabei wie in unserem Beispiel nur um die Frage des unachtsamen Einbiegens, so verhindert die *issue preclusion* in einem folgenden Verfahren gewöhnlich nicht, dass über die Frage des mitwirkenden Verschuldens des Verletzten aus neu vorgetragenen Gründen erneut gestritten wird. Setzten sich die Parteien im Rahmen der *pleadings* dagegen über die Frage der *negligence* auf abstrakter Ebene auseinander, so gilt mit der Verurteilung des Beklagten das Vorliegen seiner *negligence* in der Regel als abschließend festgestellt.

Die Gerichte setzen sich jedoch oft über die geschilderte Faustformel hinweg. In Zeiten zunehmender Klagebereitschaft lässt sich in der Rechtsprechung die allgemeine Tendenz erkennen, unabhängig von den konkreten *pleadings* der Parteien den Abstraktionsgrad des jeweils ent-

---

[228] Ein erhebliches mitwirkendes Verschulden führt in vielen *jurisdictions* bis heute zum Ausschluss des *negligence*-Vorwurfes durch den Verletzten; vgl. hierzu: *Hay*, US-amerikanisches Recht, Rn. 342-344.

[229] *Casad/Clermont*, Res judicata, S. 119.

scheidungserheblichen *issue* zu erhöhen.[230] Eine abstraktere Auslegung eines *issue* führt dazu, Belange, die zu keiner Zeit angesprochen oder richterlich festgestellt wurden, nur deshalb von der gerichtlichen Erörterung auszuschließen, weil sie in engem Zusammenhang mit Streitfragen stehen, welche im Rahmen eines abgeschlossenen Verfahrens hinreichend diskutiert wurden. Der angesprochene Trend zur Abstraktion ist daher insbesondere innerhalb der *jurisdictions* zu bemerken, welche den *claim*-Begriff im Rahmen der *claim preclusion* eher eng auslegen und dem dadurch vergrößerten Risiko der missbräuchlichen „Klagewiederholung" mittels eine schärferen *issue preclusion* entgegenwirken möchten.[231]

Im Grunde bleibt die Abgrenzung eines *issue* im Streitfall gleichwohl stets einem einzelfallbezogenen Abwägungsvorgang vorbehalten, der es dem angerufenen Gericht ermöglichen soll, die Rechtsgüter der Fairness gegenüber dem Unterlegenen sowie der Verfahrenseffizienz zu einem gerechten Ausgleich zu bringen.

3. Die Voraussetzungen der *issue preclusion*

Damit die Grundsätze der *issue preclusion* Anwendung finden können, müssen mehrere Voraussetzungen erfüllt sein. Zunächst wird gefordert, dass ein *issue*, welches im Rahmen des abgeschlossenen Verfahren auftauchte, vollkommen mit einem *issue* des neuen Verfahrens übereinstimmt. Ist dies der Fall, muss des weiteren gewährleistet sein, dass das fragliche *issue* im vorangegangenen Prozess Gegenstand streitiger Auseinandersetzung war und deshalb durch das angerufene Gericht bestimmt wurde. Schließlich muss das *issue* für die Urteilsfindung im abgeschlossenen Verfahren entscheidungserheblich gewesen sein.

---

[230] *Casad/Clermont*, Res judicata, a.a.O.

[231] Vgl. zur entsprechenden Rechtslage in Kalifornien die Ausführungen von *Heiser*, 35 San Diego L.Rev. 509(1998), der unter Hinweis auf die Entscheidung des *Supreme Court of California* in Sachen *Sutphin v. Speik*, 15 Cal.2d 195, 202 (Cal. 1940) die mit der zunehmenden Abstraktion einhergehende Unschärfe und mangelnde Handhabbarkeit des *issue*-Begriffes deutlich kritisiert.

Nur *issues*, die diesen Anforderungen genügen, können aufgrund eines bereits vorliegendes Urteil als abschließend entschieden gelten.[232]

Neben diesen Erfordernissen kommt bei der Ermittlung der Bindungswirkungen einzelner gerichtlicher Feststellungen auch den Voraussetzungen der *claim preclusion* Bedeutung zu. Sie werden jedoch zu Zwecken der *issue preclusion* teilweise leicht modifiziert.

a) Die Geltung der allgemeinen Voraussetzungen der *claim preclusion*

Bereits das *Restatement (Second)* stellt in seinem § 27 fest, dass eine gerichtliche Feststellung nur dann Bindungswirkung entfalten kann, wenn sie in einem *valid and final judgment* enthalten ist.

Was unter einem *valid judgment* in diesem Sinne zu verstehen ist, wurde bereits im Rahmen der *claim preclusion* hinreichend erörtert. Auf die dortigen Ausführungen kann umfassend verwiesen werden, da sich in diesem Zusammenhang keinerlei Abweichungen zwischen den beiden Ausprägungen der Rechtskraftlehre ergeben.[233]

Etwas anders ist dagegen die Frage zu beantworten, ab wann ein Urteil als *final* im Sinne der *issue preclusion* anzusehen ist. In der Leitentscheidung *Lummus Company v. Commonwealth Oil Refining Company*[234] vertrat der *Federal Court of Appeals for the Second Circuit* die Ansicht, dass *finality* im Sinne der *issue preclusion* maßgeblich von der Endgültigkeit der gerichtlichen Feststellung, von der Wahrung des rechtlichen Gehörs und von der Möglichkeit einer Überprüfung durch ein übergeordnetes Ge-

---

[232] Vgl. hierzu die grundlegende Entscheidung *Cromwell v. County of Sac*, 94 U.S. 351, 353 (1876), sowie das *Restatement (Second)*, § 27; eine übersichtliche Darlegung der Voraussetzungen findet sich auch in dem Urteil des *California Supreme Court* in Sachen *Lucido v. Superior Court*, 272 Cal.Rptr. 767, 769 (Cal. 1990).

[233] Vgl. die für beide Formen der *res judicata doctrine* geltenden Ausführungen über das Erfordernis eines *valid judgment* in *Casad/Clermont*, Res judicata, S. 49 f.

[234] 297 F.2d 80 (2nd Cir. 1961).

richt abhänge.[235] Danach sei ein *judgment* im Rahmen der *issue preclusion* bereits dann als *final* anzusehen, wenn der dem *judgment* zugrunde liegende Streit über ein *issue* im Zeitpunkt der Entscheidung ein solch fortgeschrittenes Stadium erreicht habe, dass ein später angerufenes Gericht keinen Grund für eine erneute Erörterung desselben *issue* erkennen könne.[236] Folgt man dieser Ansicht, so sind anders als im Bereich der *claim preclusion*[237] unter Umständen auch *interlocutory orders* oder *preliminary injunctions* trotz ihres nur vorläufigen Charakters als *final judgments* zu qualifizieren.[238] Auch gerichtlichen Feststellungen, die einer einstweiligen Anordnung als Grundlage dienen, kann auf diese Weise Bindungswirkung zuerkannt werden. Die Erweiterung des Kreises der *final judgments* ist jedoch nicht unproblematisch. Beispielsweise besteht die Möglichkeit, dass eine Partei, der im laufenden Verfahren eine *interlocutory order* gewährt wird, am Ende des Rechtsstreits in der Hauptsache unterliegt. Ein *issue*, das eventuell aufgrund der *interlocutory order* noch als bindend festgestellt galt, könnte sich in diesem Falle für die Hauptsacheentscheidung als nicht entscheidungserheblich herausstellen, was zum Ausschluss der Bindungswirkung führen würde.[239] Eine ähnliche Situation kann eintreten, wenn sich die Prozessparteien nach vorangegangener *preliminary injunction* im Hauptsacheverfahren vergleichen. Trotz dieses Risikos der inneren Unstimmigkeit hat sich das *Restatement (Second)* der weiten Sicht des Begriffes *finality* angeschlossen.[240]

Als dritte Voraussetzung der *claim preclusion* wird gemeinhin das Vorliegen eines *judgment on the merits* gefordert.[241] Diesem Erfordernis kommt

[235] *Lummus Company v. Commonwealth Oil Refining Company*, a.a.O., 89.

[236] *Lummus Company v. Commonwealth Oil Refining Company*, a.a.O., 89.

[237] Siehe oben II.3.b).

[238] *Friedenthal/Kane/Miller*, § 14.9.

[239] Vgl. unten III.3.d).

[240] *Restatement (Second)*, § 13.

[241] Vgl. hierzu oben II.3.c).

im Rahmen der *issue preclusion* nahezu keine Bedeutung zu,[242] da die Bindung an ein gerichtlich festgestelltes *issue* weniger von der Frage abhängt, ob sich das Gericht bei seiner Entscheidung mit dem eingeklagten *claim* hinreichend auseinandergesetzt hat, als vielmehr davon, ob das Gericht bei seiner Entscheidungsfindung das *issue,* welches mit Bindungswirkung ausgestattet werden soll, wirklich berücksichtigt und entschieden hat.[243]

b) Das Erfordernis der *identity of issues*

Ein in einem abgeschlossenen Verfahren entschiedenes *issue* kann nur dann Bindungswirkung für sich beanspruchen, wenn es mit einem *issue,* über welches in einem späteren Verfahren ein Streit entbrennt, vollständig übereinstimmt.[244] Dies ist nur dann der Fall, wenn die für die Bestimmung des *issue* bedeutsamen Tatsachen und Rechtsnormen seit der Urteilsfällung unverändert geblieben sind.[245] Liegen nur geringfügige Veränderungen vor, so liegt es an dem angerufenen Gerichts zu entschieden, ob die Unterschiede eine erneute Erörterung des *issue* erforderlich machen oder ob im jeweiligen Einzelfall nicht den Aspekten der Verfahrensökonomie der Vorzug einzuräumen ist.[246]

Wie bei der Abgrenzung des Begriffes *issue* kommt es auch bei der Frage der *identity of issues* weniger auf strikte Regeln als auf eine pragmatische

[242] Manche Quellen zählen das Erfordernis *on the merits* zwar zu den Voraussetzungen der *issue preclusion,* modifizieren es inhaltlich jedoch dahin, dass es bereits dann gegeben sei, wenn sich das *judgment* mit der Substanz des *issue* auseinandersetzt; vgl. z.B. *Weinstein/Korn/Miller,* CPLR Manual, § 25.04 [c]. Welchen Sinn eine derart reduzierte Anforderung angesichts der strengeren Voraussetzung, dass das *issue* entscheidungserheblich gewesen sein muss, noch macht, bleibt dabei offen.

[243] Mehrere Gerichte verzichten daher auf das Erfordernis eines *judgment on the merits* im Zusammenhang mit der *issue preclusion* ausdrücklich; vgl. z.B. *Napper v. Anderson, Henley, Shields, Bratford & Pritchard,* 500 F.2d 634, 636 (5th Cir. 1974).

[244] So ausdrücklich der *U.S. Supreme Court* in der bereits zitierten Entscheidung *Commissioner of Internal Revenue v. Sunnen,* 333 U.S. 591, 599 (1948).

[245] *Commissioner of Internal Revenue v. Sunnen,* a.a.O., 600.

[246] *Restatement (Second),* § 27 Comment c.

Abwägung an, deren Ergebnis im voraus oftmals nur schwerlich vorhergesehen werden kann.

Der Ablauf eines großen Zeitraumes begründet für sich genommen jedoch in keinem Fall die Erforderlichkeit einer erneuten Tatsachenfeststellung. Ein Urteil, welches von dem Bestehen eines bestimmten Zustandes ausgeht, begründet vielmehr die Vermutung, dass der einmal festgestellte Zustand nach wie vor unverändert gegeben ist. Beruft sich die der *issue preclusion* widersetzende Partei daher auf einen Wandel der maßgeblichen Umstände, so trifft sie hinsichtlich der behaupteten Veränderung die Darlegungs- und Beweislast.[247]

Unterschiede in der Beweislast hinsichtlich des fraglichen *issue* im abgeschlossenen und im neuen Prozess führen dagegen in der Regel zu einer Verneinung der *identity of issues*. Eine Änderung der Beweislastverteilung ist insbesondere im Verhältnis zwischen Straf- und Zivilverfahren zu beobachten. *Issues,* welche in einem Zivilverfahren zu Lasten einer Partei entschieden wurden, gelten demgemäß in der Regel in einem späteren Strafverfahren gegen die gleiche Partei nicht als bindend festgestellt, da das Maß richterlicher Überzeugung für eine strafrechtliche Verurteilung ungleich höher ist als im Falle einer zivilgerichtlichen Entscheidung.[248] Entsprechend kann sich der freigesprochene Angeklagte in einem späteren, gegen ihn gerichteten Zivilverfahren nicht erfolgreich darauf berufen, dass die Frage seines normwidrigen Verhaltens bereits durch das Strafgericht abschließend verneint worden sei.[249] Der Wechsel in der Beweislastverteilung führt jedoch dann nicht zu einem Ausschluss der *issue preclusion,* wenn ein *issue* im abgeschlossenen Verfahren unter Anwendung eines strengeren Maßstabes festgestellt wurde, als er im späteren Verfahren anzulegen wäre. Wird ein Angeklagter folglich in

---

[247] Vgl. hierzu *Napper v. Anderson, Henley, Shields, Bratford & Pritchard,* 500 F.2d 634, 636 (5th Cir. 1974).

[248] So z.B. in der Entscheidung *United States v. Casale Car Leasing, Inc.*, 385 F.2d 707, 712 (2nd Cir. 1967).

[249] Vgl. *United States v. One Assortement of 89 Firearms,* 465 U.S. 354, 361 (1984).

einem Strafverfahren schuldig gesprochen, so können ihm die seiner Verurteilung zugrunde liegenden gerichtlichen Feststellungen in einem späteren, durch das Opfer angestrengten Schadensersatzprozess trotz des Wandels in der Beweislast zum Nachteil gereichen.[250]

c) Das Erfordernis der streitigen Auseinandersetzung und Entscheidung über das *issue*

Die Grundsätze der *issue preclusion* erfassen nur solche gerichtlichen Feststellungen, die Gegenstand vorheriger streitiger Auseinandersetzung zwischen den Parteien waren. Das *issue* muss nach der amerikanischen Terminologie *actually litigated and determined* sein.[251] Das Erfordernis setzt eine zweistufige Prüfung voraus. Zunächst ist danach zu fragen, ob die Parteien um das Vorliegen eines *issue* tatsächlich stritten und es somit dem Gericht zur Entscheidung stellten.[252] Dabei muss der Streit nicht notwendigerweise in einem Verhandlungstermin stattgefunden haben. *Issues*, deren Vorliegen die Parteien in ihren schriftlichen Stellungnahmen oder Anträgen, beispielsweise einer *motion to dismiss*, bestreiten, gelten ebenso als *actually litigated*.[253] In einem zweiten Schritt ist alsdann zu prüfen, ob das Gericht im Rahmen seiner Rechtsfindung über das *issue* zumindest konkludent entschieden hat.

Die vorgenannte Voraussetzung soll in erster Linie die Möglichkeit einer gütlichen Einigung zwischen den Streitparteien fördern oder wenigstens nicht behindern. Müssten die Prozessparteien damit rechnen, dass durch ihr Entgegenkommen im laufenden Prozess *issues* festgeschrieben wer-

---

[250] Siehe *Restatement (Second)*, § 85.

[251] Vgl. *Note*, 65 Harv.L.Rev. 818, 840 (1952).

[252] Zu beachten ist in diesem Zusammenhang, dass Behauptungen einer Partei, die keiner besonderen Erwiderung durch die Gegenseite in einem *responsive pleading* bedürfen, wie z.B. *affirmative defenses* gemäß *Federal Rule of Civil Procedure 7 (a), 8 (d)*, bereits dann als bestritten gelten, wenn sie von der Gegenseite nicht ausdrücklich zugestanden werden; vgl. *Casad/Clermont*, Res judicata, S. 127 f.

[253] *Restatement (Second)*, § 27 Comment d.

den, die in einem späteren Prozess, der mit dem gegenwärtigen nicht in Verbindung steht, eventuell gegen sie verwendet werden könnten, würde sie das dazu anspornen, jeden einzelnen Streitpunkt trotz an sich vorhandener Vergleichsbereitschaft bis zum Ende, womöglich gar über mehrere Instanzen hinweg, auszufechten.[254] Ein solcher Anreiz widerspräche den Erwägungen der Prozessökonomie, deren Förderung gerade Zweck der *issue preclusion* sein soll.

Aufgrund dieser Umstände werden Versäumnisurteilen gegen den Beklagten (*default judgments*), Zugeständnissen der Parteien im Verlauf der *pretrial discovery* und Urteilen nach Vergleich der Parteien (*consent decrees* oder *stipulated judgments*)[255] überwiegend die Wirkungen der *issue preclusion* nicht zuerkannt.[256] Was in den übrigen Fällen Gegenstand gerichtlicher Auseinandersetzung und Entscheidung war, ergibt sich in der Regel aus den *pleadings* der Parteien und dem *judgment* selbst. Ist dies nicht der Fall, so muss die Partei, die sich auf *issue preclusion* beruft, darlegen und nötigenfalls beweisen, dass das von ihr vorgetragene *issue* im vorangegangenen Prozess bereits erörtert und gerichtlich entschieden wurde.[257] Hierbei kann sie sich der Gerichtsakte (*judgment record*) als *intrinsic evidence*, aber auch aller anderen, bei der Klärung sonstiger Streitfragen zulässigen Beweismittel als *extrinsic evidence* bedienen.[258] Kann sie bestehende Unklarheiten nicht ausräumen, so scheidet die Anwendung der *issue preclusion* aus.[259]

---

[254] *Restatement (Second)*, § 27 Comment e.

[255] *Kaspar Wire Works, Inc. v. Leco Engeneering and Machine, Inc.*, 575 F.2d 530, 538 f. m.w.N. (5th Cir. 1978); ausnahmsweise kommen aber auch einem Urteil nach Vergleich *issue preclusive effects* zu, wenn die Parteien durch ihren Vergleich ersichtlich bestimmte *issues* geklärt wissen wollten; vgl. *Green v. Ancora-Citronelle Corporation*, 577 F.2d 1380, 1383 (9th Cir. 1978).

[256] Vgl. statt aller: *James/Hazard/Leubsdorf*, § 11.18 sowie die Ausführungen des *U.S. Supreme Court* in der Entscheidung *Arizona v. California*, 530 U.S. 392, 414 (2000).

[257] *Restatement (Second)*, § 27 Comment f; *Spilman v. Harley*, 656 F. 2d 224, 229 (6th Cir. 1981).

[258] *Russell v. Place*, 94 U.S 606, 608 (1876).

[259] *Russell v. Place*, a.a.O.

d) Das Erfordernis der Entscheidungserheblichkeit im Vorprozess

Schließlich werden die Wirkungen der *issue preclusion* lediglich den gerichtlich bestimmten *issues* zugebilligt, welche für die Urteilsfindung des abgeschlossenen Prozesses *essential*, d.h. entscheidungserheblich waren. Dies bedeutet, dass Sach- und Rechtsfragen, die zwar gerichtlich erörtert und entschieden wurden, aber für das Gericht bei seiner abschließenden Entscheidung irrelevant waren, in einem späteren Verfahren erneut Gegenstand streitiger Erörterung sein können.[260]

Hintergrund dieser Einschränkung sind mehrere Erwägungen. Zum einen soll der Kreis der gerichtlichen Feststellungen mit Bindungswirkung für die Parteien in einem überschaubaren Rahmen bleiben. Des weiteren wird dem Umstand Rechnung getragen, dass sowohl die Prozessparteien als auch das erkennende Gericht im Laufe eines Prozesses ihre volle Aufmerksamkeit nur den Streitfragen widmen, die für die Entscheidung des Rechtsstreits von Bedeutung sind. Würde folglich mit den Mitteln der *issue preclusion* nebensächlichen Erwägungen in einem späteren Prozess eine besondere Bedeutung beigemessen, welche sie im früheren Verfahren nicht genossen, so wäre das Recht des Unterlegenen auf Gewährung rechtlichen Gehörs erheblich verkürzt. Schließlich spreche für die Beschränkung, dass die gerichtliche Feststellung nebensächlicher Umstände nicht isoliert mit Rechtsmitteln angegriffen werden könne. Zwar sei die Möglichkeit eines Rechtsmittels keine notwendige Voraussetzung der *issue preclusion*, jedoch spreche ihr vollständiges Fehlen eher gegen ihre Anwendung.[261]

Das Erfordernis der Entscheidungserheblichkeit stellt besondere Probleme, wenn ein Urteil auf verschiedenen Feststellungen beruht, die unabhängig voneinander jeweils eine tragfähige Grundlage für die Entscheidung bilden (Fallgruppe der *alternative determinations*). Nach dem

---

260 Siehe *Restatement (Second)*, § 27 Comment h.

261 Vgl. umfassend zu den vorstehenden Überlegungen: *James/Hazard/Leubsdorf*, § 11.20; siehe auch unten III.5.d).

Restatement (Second) kommt keinem der alternativen Urteilsgründe Bindungswirkung zu, da die mehrfache Begründung die unterlegene Partei häufig davon abhalten würde, ein Rechtsmittel einzulegen. Bei Vorliegen alternativer Urteilsgründe bestehe für den Rechtsmittelführer nämlich die Gefahr, dass zumindest einer der unter Umständen zahlreichen Begründungswege das Urteil zu stützen vermag. Ein Rechtsmittel bliebe in einem solchen Falle erfolglos, wenngleich eines oder gar mehrere Feststellungen des erstinstanzlichen Gerichts durch das Rechtsmittelgericht verworfen würden.[262] Diesem Denkansatz folgend sind nach dem *Restatement (Second)* ausnahmsweise alle alternativen Urteilsgründe der Bindungswirkung fähig, soweit diese von einem höherinstanzlichen Gericht auf ein Rechtsmittel hin bestätigt wurden.[263]

Die Mehrzahl der Gerichte folgt dem Ansatz des *Restatement (Second)* nicht.[264] In der überwiegenden Anzahl der *jurisdictions* wird unverändert die Auffassung vertreten, dass jedem der *alternative determinations* bei Vorliegen der übrigen Voraussetzungen Bindungswirkung zuzuerkennen ist.[265] Diese Ansicht erscheint angesichts der bei Anwendung der *issue preclusion* üblichen Strenge konsequent. Schwerlich könnte einer obsiegenden Partei erklärt werden, dass das ihr günstige Urteil, welches die Argumente der Gegenseite in mehrerlei Hinsicht zurückweist, eine geringere Bindungswirkung aufweisen sollte als ein Urteil, welches lediglich auf einem einzigen Grund basiert.

---

[262] Vgl. zu dem vorstehenden *Restatement (Second)*, § 27 Comment i sowie *Brownewell*, 37 Val.U.L.Rev. 879, 893 (2003).

[263] *Restatement (Second)*, § 27 Comment o.

[264] Zum Streit zwischen den verschiedenen *Federal Courts of Appeals* eingehend und kritisch *Brownewell*, a.a.O., 895 ff. sowie 913 f.

[265] Vgl. für die *federal courts: Winters v. Lavine*, 574 F.2d 46, 66 f. (2nd Cir. 1978); für die *New York state courts: Malloy v. Trombley*, 50 N.Y.2d 46, 52 (N.Y. 1980); für die *California state courts: Wall v. Donovan*, 169 Cal.Rptr. 644, 646 (Cal. Ct. App. 1980).

4. Berücksichtigung in Folgeprozessen

Die Wirkungen der *issue preclusion* sind wie die der *claim preclusion* in Folgeverfahren grundsätzlich nur dann zu berücksichtigen, wenn sie rechtzeitig vorgetragen werden. Soll *issue preclusion* als Verteidigungsmittel eingesetzt werden, so ist sie gemäß *Federal Rule of Civil Procedure* 8 (c) als *affirmative defense* spätestens im Rahmen der *pleadings* in den Prozess einzuführen. Der Gegenseite soll auf diese Weise die Möglichkeit gegeben werden, von dem Verteidigungsmittel rechtzeitig Kenntnis zu erlangen und zu ihm Stellung zu nehmen.[266] Verspäteter Vortrag wird in der Regel als Verzicht (*waiver*) gedeutet.[267] Praktisch kommt ein solcher Verlust der Einwendung jedoch nur sehr selten vor, da die modernen, sehr liberalen Prozessrechtsvorschriften noch bis weit in die mündliche Verhandlung (*trial*) hinein eine Ergänzung der *pleadings* erlauben.[268] Für den Einsatz der *issue preclusion* als Angriffsmittel gelten die vorgehenden Ausführungen entsprechend.[269]

Kommt es zwischen den Parteien zum Streit darüber, ob die Grundsätze der *issue preclusion* im konkreten Fall Anwendung finden, so obliegt es der Partei, welche sich auf die Bindungswirkungen beruft, das Vorliegen ihrer Voraussetzungen darzulegen und gegebenenfalls zu beweisen.[270] Gelingt ihr dieses Unterfangen und beruft sich die Gegenseite demgegenüber auf Umstände, welche trotz Bejahung der Grunderfordernisse ausnahmsweise eine erneute Erörterung des *issues* rechtfertigen, so sind diese Umstände von dem Prozessgegner im einzelnen vorzutragen und zu belegen.[271]

---

[266] *Blonder-Tongue Laboratories, Inc. v. University of Illinois Foundation,* 402 U.S. 313, 350 (1971).

[267] *Friedenthal/Kane/Miller,* § 14.10.

[268] *Friedenthal/Kane/Miller,* a.a.O. (dort Fn. 33).

[269] Vgl. *Casad/Clermont,* Res judicata, S. 242.

[270] *Schwartz v. Public Administrator of the County of Bronx,* 24 N.Y.2d 65, 73 (N.Y. 1968).

[271] *Schwartz v. Public Administrator of the County of Bronx,* a.a.O.

5. Ausnahmen von der Anwendbarkeit der *issue preclusion*

Ähnlich wie bei der *claim preclusion* sind auch bei Anwendung der *issue preclusion* Konstellationen möglich, in denen überwiegende Interessen des Einzellfalls das Bedürfnis nach Prozessökonomie und nach Schutz vor widersprechenden Entscheidungen in den Hintergrund treten lassen und ein Absehen von der grundsätzlichen Bindungswirkung gebieten. Zwei dieser Sonderfälle wurden bereits bei der Verdeutlichung der Reichweite des *issue*-Begriffes vorgestellt.[272] Im folgenden soll ein kurzer Überblick über die weiteren Situationen gegeben werden, in denen bislang eine Ausnahme angenommen oder diskutiert wurde.

a) *Exclusive federal jurisdiction* im neuen Verfahren nach *state court judgment*

Eines der meistbeachteten Beispiele, in denen die erneute Erörterung eines bereits gerichtlich bestimmten *issues* befürwortet wird, betrifft den Fall, dass ein *state court* Feststellungen über Fragen getroffen hat, deren isolierte Beantwortung der ausschließlichen Zuständigkeit der *federal courts* unterliegt und die in einem späteren Verfahren vor einem *federal court* erneut Bedeutung erlangen.

Eine solche Situation hatte der *Federal Court of Appeals for the Second Circuit* im Verfahren *Lyons v. Westinghouse Electric Corporation*[273] zu beurteilen. Dem Rechtsstreit lag der Sachverhalt zugrunde, dass ein *state court* in einem ersten Verfahren zwischen den Parteien die Wirksamkeit eines Vertrages zu überprüfen hatte, dessen Bestand maßgeblich von der Frage abhing, inwiefern er mit dem *federal antitrust act* zu vereinbaren war. *Antitrust litigation* war zum damaligen Zeitpunkt zwar noch Gegenstand der *exclusive federal jurisdiction*. Hatte ein *state court* im Rahmen seiner Zuständigkeit jedoch lediglich inzident ein Verhalten auf die Verletzung

---

[272] Siehe oben III.2.; Ausnahmen bei Entscheidung von *pure issues of law* und bei mangelnder Vorhersehbarkeit der Reichweite von gerichtlichen Feststellungen.

[273] 222 F.2d 184 (2nd Cir. 1955).

des *antitrust act* hin zu untersuchen, so war er auch befugt, die hierfür erforderlichen Feststellungen selbst zu treffen. Im Rahmen einer solchen Inzidentprüfung lehnte der *state court* einen Wettbewerbsverstoß ab und bestätigte die Wirksamkeit der Vertrages. Als der Kläger einen zweiten Prozess gegen den Beklagten vor den *federal courts* anstrengte, in welchem er unter Berufung auf den *federal antitrust act* Schadensersatz wegen des nach seiner Meinung wettbewerbswidrigen Verhaltens der Beklagten geltend machte, stellte sich die Frage, inwiefern den diesbezüglichen Feststellungen des *state court* Bindungswirkung beizumessen war.

Der damals die Mehrheitsmeinung darlegende *Judge Learned Hand* vertrat unter Berufung auf das *Restatement (First)*[274] die Ansicht, dass unter den gegebenen Umständen eine Ausnahme von den Grundsätzen der *issue preclusion* angebracht sei und die Frage des Verstoßes gegen den *antitrust act* ohne Bindung an das *state court judgment* erneut beantwortet werden müsse. Nur auf diese Weise könne gewährleistet werden, dass die national einheitliche Handhabung des *antitrust act*, welche durch die *exclusive federal jurisdiction* sichergestellt werden sollte, nicht gefährdet würde.[275]

Dies bedeute jedoch nicht, dass ein *state court judgment* in Prozessen, die der *exclusive federal jurisdiction* unterliegen, vollkommen irrelevant wären. Soweit die Feststellungen des *state court* lediglich einzelne Fakten betreffen, welche für die Beurteilung der Wettbewerbsverletzung maßgebend sind, so komme ihnen die allgemeine Bindungswirkung zu. Hiervon zu unterscheiden sei jedoch das *issue* der Verletzung selbst, deren Erörterung allein den *federal courts* obliege.[276]

---

[274] Vgl. *Restatement (First)*, § 71.

[275] *Lyons v. Westinghouse Electric Corporation*, a.a.O., 189.

[276] *Lyons v. Westinghouse Electric Corporation*, a.a.O., 188.

Die dargestellte Ausnahme wurde in der Folge nicht allgemein übernommen[277] und teilweise kontrovers diskutiert.[278] Das *Restatement (Second)* wählte diesen Umständen entsprechend einen vorsichtigen Ansatz, demzufolge die Frage nach der Bindung des Bundesgerichtes an das *state court judgment* stets individuell im Lichte des gesetzgeberischen Willens zu beantworten sei, welcher der speziellen Zuständigkeitsregel zugrunde liege.[279]

b) *Limited jurisdiction* des Gerichtes im Ausgangsverfahren

In den *obiter dicta* der *Lyons*-Entscheidung[280] kommt daneben auch eine sehr viel weiter verbreitete Ausnahme der *issue preclusion doctrine* zur Sprache. Danach kommen den Entscheidungen eines Gericht, welches lediglich *limited jurisdiction* aufweist, dann keine *issue preclusive effects* zu, wenn die Begrenzung seiner *jurisdiction* dem Umstand Rechnung trägt, dass die von ihm anzuwendenden Prozessregeln einen weitaus geringeren Umfang und Qualitätsstandard des Erkenntnisverfahrens gewährleisten, als dies bei Verfahren vor den *courts of unrestricted jurisdiciton* der Fall ist. *Limited jurisdiction* in diesem Sinne haben insbesondere die *justice of peace courts* oder die *small claims courts*, vor denen lediglich Prozesse geringer Bedeutung häufig ohne anwaltliche Vertretung ausgetragen werden.[281]

Grund für diese Einschränkung der *issue preclusion* ist die Wahrung der verfassungsrechtlichen *due process clause*, welche in *Amendment 14 Section*

---

277 So sprach sich z.B. der *Federal Court of Appeals for the Fourth Circuit* in seiner Entscheidung *Azalea Drive-In Theatre, Inc. v. Hanft*, 540 F.2d 713, 715 (4th Cir. 1976) bei vergleichbarer Fallgestaltung für ein Eingreifen der *issue preclusion* aus, ohne die Möglichkeit einer Ausnahme auch nur anzusprechen.

278 Vgl. statt aller: *Friedenthal/Kane/Miller*, § 14.12.

279 *Restatement (Second)*, § 28 Comment e.

280 *Lyons v. Westinghouse Electric Corporation*, a.a.O., 189.

281 Manche Prozessordnungen schließen die Anwendung der *issue preclusion* bei Urteilen dieser Gerichte explizit aus; vgl. beispielsweise für die *small claims courts* der Stadt New York § 1808 *N.Y.C. Civil Court Act*.

1 der *U.S. Constitution*[282] enthalten ist. Die Verfassungsbestimmung garantiert den Prozessparteien gewisse prozessuale Mindeststandards, die jedoch mit der Bedeutung des Rechtsstreits variieren. Ein schnelles und kostengünstiges Verfahren, wie das vor einem *small claims court*, genügt angesichts eines unbedeutenden Streitgegenstandes den verfassungsrechtlichen Anforderungen. Hinsichtlich eines ungleich bedeutenderen *claim* ist es dagegen als unzulässige Verkürzung des rechtlichen Gehörs, der so genannten *full and fair opportunity to litigate* anzusehen. Eine Wirkungserstreckung des *small claims court judgment* hinsichtlich eines Folgeverfahrens vor den *courts of unrestricted jurisdiciton* mittels der *issue preclusion* könnte daher den Vorwurf eines Verfassungsverstoßes begründen.[283]

Das *Restatement (Second)* hält vor dem Hintergrund dieser Erwägung die erneute Erörterung eines *issue* ausnahmsweise dann für angebracht, wenn das bisherige Verfahren keine hinreichende prozessuale Formalität aufweist.[284] Die fehlende Möglichkeit eines *jury trial* während des ersten Verfahrens wurde vom *U.S. Supreme Court* in der Vergangenheit dagegen nicht als ein Formalitätsmangel angesehen, welcher es rechtfertigen würde, einem *judgment* die Bindungswirkungen der *issue preclusion* für einen späteren Prozess zu versagen, in welchem die Möglichkeit der *jury*-Entscheidung eröffnet ist.[285]

c) Fehlen von Rechtsmitteln im Ausgangsverfahren

Eine weitere Ausnahme wird vom *Restatement (Second)* für diejenigen Fälle vorgeschlagen, in denen die unterlegene Partei im ersten Verfahren keine Möglichkeit hatte, das für sie ungünstige *judgment* durch ein

[282] *Amendment 14 Sec. 1 U.S. Constitution*: „[...] nor shall any state deprive any person of life, liberty, or property, without due process of law; [...]"

[283] Vgl. *Friedenthal/Kane/Miller*, § 14.13.

[284] *Restatement (Second)*, § 28 (3).

[285] *Parklane Hosiery Company, Inc. v. Shore*, 439 U.S. 322, 333 f. (1979).

höherinstanzliches Gericht überprüfen zu lassen.[286] Dies sei jedoch nicht der Fall, wenn ein *appeal* zwar grundsätzlich möglich ist, das Rechtsmittelgericht ihm jedoch die Zulassung versagt.[287]

In diesem Zusammenhang ist von Bedeutung, dass ein *appeal* des Unterlegenen nach höchstrichterlicher Rechtssprechung selbst im Falle der Erledigung in der Hauptsache allein zur Vermeidung der negativen Wirkungen der *issue preclusion* zuzulassen ist.[288] Ein grundsätzliches Fehlen eines Rechtsmittels ist daher selten gegeben. Der Ausnahme kommt nur geringe Bedeutung zu.

d) Sonstige Ausnahmen

Da *issue preclusion* in vielen Fällen für die Beteiligten höchst unvermittelt auftreten und extreme Nachteile in sich bergen kann, wurden von den Gerichten in der Vergangenheit bei einer Vielzahl von Einzelfällen Ausnahmen gemacht, die zahlreicher und unterschiedlicher sind als im Falle der *claim preclusion*.[289] So wurde einem Urteil beispielsweise die Bindungswirkung der *issue preclusion* versagt, weil es einen greifbaren Rechtsverstoß darstellte und dem öffentlichen Interesse an der Bekämpfung von Wirtschaftskriminalität widersprach.[290] Da in diesen Fällen die jeweilige Ausnahme das Ergebnis eines individuellen Abwägungsprozesses darstellte, sind weitergehende verallgemeinerungsfähige Ausführungen an dieser Stelle nicht möglich.

---

[286] *Restatement (Second)*, § 28 (1).

[287] *Restatement (Second)*, § 28 Comment a.

[288] Vgl. *Note*, 65 Harv.L.Rev. 818, 846 f. (1952).

[289] Das *Restatement (Second)* fasst diese Fälle in seinem § 28 (5) (a) und (c) unter den Fallgruppen des überwiegenden öffentlichen Interesses sowie des mangelnden rechtlichen Gehörs zusammen.

[290] *United States v. LaFatch*, 565 F.2d 81 (6th Cir. 1977).

3. Kapitel: Der durch die Rechtskraftwirkungen gebundene Personenkreis

I. Bindung aufgrund Parteistellung (*parties*)

1. Der Parteibegriff

Den Bindungswirkungen, welche einem *judgment* durch die *res judicata*-Lehre verliehen werden, unterliegen in erster Linie die Parteien des abgeschlossenen Verfahrens.[1] Welche Personen sind aber als Parteien im vorgenannten Sinne anzusehen? Bei der Beantwortung dieser Frage legt das US-amerikanische *common law* ähnlich wie das deutsche Zivilprozessrecht einen formellen Parteibegriff zugrunde.[2] Partei ist danach, wer als solche bezeichnet wird und der *jurisdiction* des angerufenen Gerichtes unterliegt.[3]

Kläger (*plaintiff*) ist dementsprechend derjenige, in dessen Namen und mit dessen Willen die Klage bei Gericht eingereicht wird.[4] Dies ergibt sich mittelbar aus der *Federal Rule of Civil Procedure*[5] 17 (a) Satz 1, welche anordnet, dass eine Klage nur von der *real party in interest*, also von dem nach materiellen Recht Berechtigten, erhoben werden soll.[6]

---

1 Vgl. statt aller *Restatement (Second)*, Chapter 4, Introductory Note.

2 *Engelmann-Pilger*, S. 100; *Krause*, Urteilswirkungen gegenüber Dritten, S. 5.

3 *Restatement (Second)*, § 34 Comment a; fehlt es an der erforderlichen *jurisdiction* hinsichtlich einer Partei, so führt dies unter Umständen zur *invalidity* des *judgement* gegenüber dieser Partei; vgl. hierzu im 2. Kapitel die Erläuterungen zu Punkt II.3.a).

4 *Krause*, Urteilswirkungen gegenüber Dritten, S. 5.

5 Im folgenden abgekürzt als *FRCP*.

6 *FRCP* 17 (a) lautet: „Every action shall be prosecuted in the name of the real party in interest [...]"

Zwar verdunkelt diese Vorschrift zunächst mehr als sie erhellt, da sie auf den ersten Blick den Eindruck erweckt, dass materielle Berechtigung und Parteistellung im Sinne des materiellen Parteibegriffes stets zusammenfallen. Dies ist jedoch nicht der Fall. Vielmehr ist die Norm dahingehend auszulegen, dass grundsätzlich der materielle Anspruchsinhaber in seinem eigenen Namen Klage erheben *soll*.[7] Die Schaffung einer solchen Norm setzt denknotwendig voraus, dass der materiell Berechtigte durch Klageerhebung gerade nicht immer automatisch zum Kläger wird. Zwar soll er die Klage erheben; wer dagegen letztendlich tatsächlich Kläger ist, richtet sich nicht nach der materiellen Rechtslage, sondern nach den bezeichneten Umständen bei Klageeinreichung.

FRCP 17 (a) versucht durch ihren Regelungsgehalt einer Rechtspraxis entgegenzuwirken, welche dem deutschen Zivilprozess fremd ist, nämlich die Verwendung nomineller oder fiktiver Parteibezeichnungen.[8] *Nominal parties* sind Personen, welche zwar als Partei benannt werden, die jedoch faktisch nicht als solche auftreten oder handeln sollen.[9] Auf die Einzelheiten der nominellen Parteibezeichnung soll erst an späterer Stelle eingegangen werden, da die hierdurch als Partei benannten Personen, anders als tatsächliche Parteien, zumeist nicht den Rechtskraftwirkungen des Urteils unterliegen.[10] Daneben sind bis heute fiktive Parteibezeichnungen gebräuchlich, deren Verwendung bis weit in die Geschichte des *common law* zurückreicht. Dabei handelt es sich nicht um die Fiktion tatsächlich nicht existenter Personen, sondern vielmehr um den Schutz der Identität einer Partei gegenüber der Allgemeinheit oder gar gegenüber der *jury* durch Benutzung eines Decknamens.[11] Die der Gegenseite bekannte Partei tritt gleichsam unter einem Pseudonym auf.

---

[7] Vgl. *James/Hazard/Leubsdorf*, § 10.3.

[8] Vgl. *James/Hazard/Leubsdorf*, § 10.3.

[9] *Restatement (Second)*, § 37 Comment a, *Casad/Clermont*, Res judicata, S. 165 f.

[10] Vgl. unten 2.a)

[11] Vgl. *James/Hazard/Leubsdorf*, § 10.2.

Dies führt jedoch nicht dazu, dass die sich hinter dem Pseudonym verbergende Person nicht an die Rechtskraftwirkungen des abschließenden Urteils gebunden wäre.[12] Der Deckname schützt daher nur vor den rein tatsächlichen, nicht aber auch vor den möglichen rechtlichen Nachteilen des gerichtlichen Verfahrens. Die Verwendung von fiktiven Parteibezeichnungen ist heute vor allem noch in denjenigen Fällen anzutreffen, in denen das Bekanntwerden der tatsächlichen Parteiidentität für das Persönlichkeitsrecht der verdeckten Person erhebliche negative Folgen in tatsächlicher Hinsicht hätte.[13] Als Beispiel seien an dieser Stelle vor allem die in großen Teilen der Vereinigten Staaten höchst kontrovers diskutierten Abtreibungsprozesse genannt.[14] Das Vorliegen einer *fictious party* lässt sich häufig auf den ersten Blick an ihrem Namen erkennen, da hierbei insbesondere die Bezeichnung „Roe" oder „ Doe" gebräuchlich ist. Hervorzuheben ist an dieser Stelle insbesondere die besondere Verwendung der fiktiven Parteibezeichnung „John Doe" in Kalifornien. Reicht der Kläger in diesem Bundesstaat eine Schadensersatzklage gegen mehrere, im einzelnen benannte Schädiger sowie gegen „John Doe" ein, so unterbricht die Klageerhebung die Verjährung nicht nur gegenüber den genau bezeichneten Personen, sondern auch gegenüber allen dem Kläger im Zeitpunkt der Klageerhebung noch unbekannten Anspruchsgegnern.[15]

Beklagte (*defendant*) sind – wie das vorangegangene Beispiel Kaliforniens bereits andeutet – diejenigen Personen, die vom Kläger durch seine Klageerhebung hierzu bestimmt wurden. Beklagter wird dement-

---

[12] *Restatement (Second)*, § 34 Comment d.

[13] Vgl. hierzu die Entscheidung *Doe v. Urohealth Systems, Inc.*, 216 F.3d 157 (1st Cir. 2000), der ein Rechtsstreit zwischen einem impotenten Mann und dem Hersteller seiner Penisprothese zugrunde liegt.

[14] So z.B. die Entscheidung des *U.S. Supreme Court* im Rechtsstreit *Roe v. Wade*, 410 U.S. 113 (1973), in welchem der oberste amerikanische Gerichtshof auf die *class action* einer Schwangeren hin einen Großteil des texanischen Abtreibungsrechts für verfassungswidrig erklärte.

[15] Vgl. hierzu *Lindley v. General Electric Company*, 780 F.2d 797, 799 (9th Cir. 1986) sowie *Barrows v. American Motors Corp.*, 192 Cal.Rptr. 380, 382 (Cal. Ct. App. 1983) jeweils unter Bezugnahme auf den *California Code of Civil Procedure*, Section 474.

sprechend, wer sich als Anspruchsgegner aus der Klageschrift ergibt und durch das angerufene Gericht in der Folge ordnungsgemäß geladen wird.[16] Die Verwendung nomineller und fiktiver Parteibezeichnungen ist dabei auf Beklagtenseite wie auf Klägerseite gleichermaßen gebräuchlich.

Parteien sind jedoch nicht nur die Personen, die bereits durch die Klageerhebung als solche bezeichnet wurden. Durch besondere prozessuale Instrumentarien können auch noch während des bereits begonnenen Prozesses weitere Personen als Parteien miteinbezogen werden, welche ursprünglich nicht daran beteiligt waren.[17] Auch diese Parteien sind umfänglich an die Rechtskraftwirkungen des verfahrensabschließenden Urteils gebunden.

Zunächst können die ursprünglichen Parteien selbst außenstehende Dritte unmittelbar als neue Parteien in den laufenden Prozess einbeziehen. Dies kann sowohl durch den Kläger als auch durch den Beklagten geschehen. Der Kläger kann seine Klage auf weitere Personen als Beklagte erweitern oder anstelle der bisherigen Beklagten, die aus dem Prozess ausscheiden sollen, neue Beklagte benennen.[18] Er kann aber auch die Zulassung weiterer Streitgenossen auf Klägerseite oder gar seine eigene Auswechselung begehren.[19] Der Beklagte wiederum kann im Rahmen einer echten Drittklage, bezeichnet als *third party practice* oder auch *impleader*,[20] weitere Personen als *third party defendants* in Anspruch

---

[16] *Restatement (Second)*, § 34 Reporter's Note.

[17] *Restatement (Second)*, a.a.O.

[18] Vgl. z.B. *Desert Empire Bank v. Insurance Co. of North America*, 623 F.2d 1371 (9th Cir. 1980).

[19] Vgl. *Francis v. Equilon Enterprises, LLC* , 46 Fed.Appx. 562 (9th Cir. 2002) sowie die sehr anschauliche Entscheidung des *Federal District Court for the Southern District of New York* im Verfahren *In re: Initial Public Offering Securities Litigation*, 2002 W.L. 31894620 (S.D.N.Y. 2002).

[20] Diese Prozesshandlung ist streng zu unterscheiden von der Möglichkeit des *vouching in*, welches ebenfalls dem Beklagten zur Verfügung steht und in seiner Funktion einer Streitverkündung nach deutschem Recht entspricht. Anders als durch den *impleader* wird die als *vouchee* bezeichnete Person jedoch nicht zur Pro-

nehmen.[21] Auch eine Drittwiderklage, durch welche sich der Beklagte zugleich gegen den Kläger sowie weitere bislang prozessunbeteiligte Personen wendet, ist dem US-amerikanischen Zivilprozess nicht fremd.[22] Die genannten Parteierweiterungen bzw. -auswechselungen bedürfen grundsätzlich besonderer gerichtlicher Zulassung.[23] Insbesondere im Falle der Parteierweiterung wird diese – soweit ein zulässiger Fall des *party joinder* vorliegt[24] – recht großzügig erteilt, um das Entstehen zahlreicher Parallelverfahren zu vermeiden und die endgültige Erledigung eines Rechtsstreits zu fördern.[25]

Eine weitere Möglichkeit der Einbeziehung weiterer Personen in einen bereits begonnenen Prozess durch die Prozessparteien stellt der *interpleader* dar, welcher dem Prätendentenstreit deutschen Rechts vergleichbar ist.[26] Dieses prozessuale Instrument, welches für Verfahren vor den *federal courts* durch den *Federal Interpleader Act* in 28 *U.S.C.* §§ 1335,

---

zesspartei, sondern lediglich im Rahmen der *issue preclusion* an bestimmte Urteilsfeststellungen gebunden. Vgl. zu den Unterschieden im einzelnen *Koch*, ZVglRWiss 85 (1986), S. 61 sowie *Mansel*, in: *Heldrich/Kono*, Herausforderungen des internationalen Zivilverfahrensrechts (1994), S. 64 ff. m.w.N.

[21] Vgl. hierzu eingehend *Koch*, a.a.O., S. 33 f. sowie *Mansel*, a.a.O., S. 67 ff. jeweils m.w.N.

[22] Eine solche Konstellation lag der Entscheidung des *U.S. Supreme Court* im Verfahren *Nelson v. Adams USA, Inc.*, 529 U.S. 460 (2000) zugrunde.

[23] Vgl. *FRCP* 21 („[...] Parties may be dropped or added by order of the court on motion of any party or of its own initiative at any stage of the action and on such terms as are just. [...]"). Der *impleader* bedarf dieser Zulassung gemäß *FRCP* 14 (a) jedoch nur, falls er nicht frühzeitig eingelegt wird. Bei seiner Zulassungsentscheidung hat das Gericht zur Wahrung der verfassungsrechtlichen *due process clause* stets darauf zu achten, dass eine Partei, welche erst zu einem fortgeschrittenen Zeitpunkt in den anhängigen Rechtsstreit hineingezogen wird, noch hinreichend Gelegenheit erhält, ihre eigenen Angriffs- und Verteidigungsmittel geltend zu machen; siehe hierzu *Nelson v. Adams USA, Inc.*, a.a.O., 465 f.

[24] Vgl. hierzu die Vorschriften des *party joinder* in *FRCP* 19, 20, welche die Streitgenossenschaft bei Verfahren vor den *federal courts* regeln. Auf die besondere Ausgestaltung des *party joinder* kann an dieser Stelle aufgrund ihres Umfangs im einzelnen nicht eingegangen werden.

[25] *Desert Empire Bank v. Insurance Co. of North America*, a.a.O., 1375 f.

[26] Vgl. zum prozessualen Instrument des *interpleader* insbesondere: *James/Hazard/Leubsdorf*, § 10.20.

1397, 2361 und daneben in *FRCP* 22 seine Regelung erfährt, soll einen Schuldner vor mehrfacher Inanspruchnahme durch verschiedene Personen schützen, welche sich jeweils als Inhaber desselben Anspruchs berühmen.[27] Das Verfahren des *interpleader* verläuft zweistufig. Zunächst verklagt der Schuldner alle Forderungsprätendenten oder erhebt auf die Klage eines Prätendenten Drittwiderklage gegen alle anderen Prätendenten.[28] In dem letztgenannten Fall führt der *interpleader* zur nachträglichen Einbeziehung neuer Parteien. Das Gericht hat nun zunächst die Voraussetzungen des *interpleader* zu überprüfen und über dessen Zulässigkeit zu entscheiden.[29] Wird diese bejaht, tritt der Prozess in die nächste Stufe ein, in welcher entweder ohne Beteiligung des Schuldners unter den Prätendenten lediglich die Person des Anspruchsinhabers bestimmt wird oder unter zusätzlicher Beteiligung des Schuldners neben der Anspruchsinhaberschaft auch das Bestehen des Anspruches selbst geklärt wird.[30]

Die nachträgliche Einbeziehung neuer Parteien muss jedoch nicht unbedingt auf Veranlassung der bisherigen Parteien erfolgen. Durch eine *intervention* können außenstehende Dritte vielmehr auch auf ihre eigene Initiative hin in einen für sie fremden Rechtsstreit eintreten.[31] Bei der *intervention* handelt es sich um eine Prozesshandlung des Dritten, welche ihm über die deutsche Haupt- oder Nebenintervention hinausgehend die Möglichkeit verschafft, sich unmittelbar als neue Partei am bereits anhängigen Rechtsstreit zu beteiligen.[32] Die *Federal Rules of Civil Procedure* unterscheiden dabei die *invention of right* von der *permissive intervention.*[33]

---

27 Vgl. *FRCP* 22 (a).

28 Siehe zum genauen Ablauf: *James/Hazard/Leubsdorf*, a.a.O.

29 *Hay*, US-amerikanisches Recht, S. 68.

30 *James/Hazard/Leubsdorf*, a.a.O.

31 Bedarf nach Maßgabe von *FRCP* 24 (c) einer förmlichen *motion to intervene* des Dritten.

32 *Karcher v. May*, 484 U.S. 72, 77 (1987).

33 Vgl. *FRCP* 24.

Im Fall der *intervention of right* ist es dem Dritten zwingend vom Gericht zu gestatten, in den fremden Rechtsstreit als neue Partei einzutreten. Eine solche Situation ist gemäß *FRCP 24 (a)* insbesondere dann gegeben, wenn der Dritte ein eigenes schützenswertes Interesse am Streitgegenstand aufweist, die Entscheidung des Rechtsstreits geeignet ist, die Verteidigung dieses Interesses rein faktisch zu beeinträchtigen, und der Dritte durch keine der Prozessparteien adäquat repräsentiert wird.[34] Ein Interesse ist in diesem Sinne nicht nur dann schützenswert, wenn es vermögensrechtlicher Art ist. Vielmehr ist jedes rechtlich anerkannte Interesse ausreichend, welches sich nicht lediglich in einem rein persönlichem Liebhaberinteresse oder einem Interesse an der abstrakten Beantwortung einer Sach- oder Rechtsfrage erschöpft.[35] Die Verteidigung eines solchen Interesses ist bereits dann faktisch beeinträchtigt, wenn das verfahrensabschließende Urteil voraussichtlich eine Rechtsfrage bindend beantworten wird, welche auch für den Bestand des Interesses von Bedeutung ist. Dies ist insbesondere dann der Fall, wenn durch das Urteil die Entscheidung eines späteren Prozesses, den der Dritte zum Schutze seines Interesses anstrengt, entsprechend den Grundsätzen der *stare decisis* verbindlich vorgezeichnet wird.[36] Die Präzedenzwirkung obergerichtlicher Entscheidungen führt auf diese Weise dazu, dass der Kreis der Interventionsberechtigten gegenüber der Rechtslage in Deutschland wesentlich erweitert wird. Schließlich hat der Dritte nur dann einen Anspruch auf seine Einbeziehung in das anhängige Verfahren, wenn keine der vorhandenen Prozessparteien sein Interesse bereits adäquat vertritt. Stimmt das Begehr des Dritten mit dem einer Prozesspartei überein, ist grundsätzlich von einer hinreichenden Wahrung seiner Interessen auszugehen. Eine Ausnahme von dieser Regel kann der Dritte nicht damit begründen, dass die ihm nahe stehende Prozesspartei vergleichsbereit

---

[34] *Figlio,* 35 Ga. L. Rev. 1219, 1222 (2001).

[35] *Bethune Plaza, Inc. v. Lumpkin,* 863 F.2d 525, 530 (7th Cir. 1988); *Figlio,* a.a.O., 1227 (spricht insofern von einem *significantly protectable interest*).

[36] Vgl. hierzu die Leitentscheidung des *Federal Court of Appeals for the Fifth Circuit* im Verfahren *Atlantis Development Corporation v. United States,* 379 F.2d 818, 829 (5th Cir. 1967); bestätigt durch *Bethune Plaza, Inc. v. Lumpkin,* a.a.O, 532.

sei und daher möglicherweise eine günstige Rechtsposition nicht bis zum Ende auszufechten werde.[37]

Ist kein Fall der *intervention of right* gegeben, so kann das Gericht einen Außenstehenden dennoch entsprechend den Grundsätzen der *permissive intervention* gemäß *FRCP 24 (b)* als neue Partei zulassen, wenn dieser ein eigenes Recht oder Verteidigungsmittel vorträgt, dessen Bestehen mit dem Streitgegenstand des anhängigen Rechtsstreit zumindest bestimmte Rechts- oder Sachfragen gemein hat.[38] Das Gericht hat bei seiner Ermessensentscheidung die Vorteile der *intervention* aufgrund ihrer Konzentrationswirkung auf der einen Seite und den gleichzeitig damit einhergehenden Nachteil der Prozessverzögerung sowie das Interesse der ursprünglichen Parteien an einer eigenen Entscheidung des Rechtsstreits ohne fremde Beteiligung auf der anderen Seite gegeneinander abzuwägen.[39] Die *permissive intervention* offenbart an dieser Stelle die Gemengelage der sich oft widersprechenden Grundsätze von Parteiautonomie und Verfahrensökonomie, wie sie häufig beim Hinzutreten Dritter ohne Veranlassung der Prozessparteien anzutreffen ist: Auf der einen Seite haben die Prozessparteien, insbesondere der Kläger, ein anerkennenswertes Interesse daran, ihren eigenen Rechtsstreit ohne fremde Einmischung führen zu können. Auf der anderen Seite besteht gerade heutzutage angesichts steigender Prozessbereitschaft und Überlastung der Gerichte ein erhebliches öffentliches Bedürfnis dafür, eine einheitliche Kontroverse in einem einzigen Verfahren möglichst unter Einbeziehung aller betroffenen Personen umfassend zum Abschluss zu bringen und auf diese Weise weitere Folgeverfahren von vornherein zu unterbinden.[40] Das Rechtsgut der Verfahrensökonomie, welches bereits maß-

---

[37] *Bethune Plaza, Inc. v. Lumpkin*, a.a.O., 531.

[38] *Gardner*, 69 U.Chi.L.Rev. 681, 683 (2002).

[39] *FRCP* 23 (b) Satz 3 („[...] In exercising its discretion the court shall consider whether the intervention will unduly delay or prejudice the adjudication of the rights of the original parties.")

[40] So ausdrücklich der *Federal Court of Appeals for the Fifth Circuit* in der bereits zitierten Entscheidung *Atlantis Development Corporation v. United States*, a.a.O., 824.

gebliche Grundlage des weiten Rechtskraftverständnisses ist,[41] führt somit auch zu einer großzügigen Handhabung der *intervention* im US-amerikanischen Zivilprozessrecht.[42]

2. Parteien, die der Bindungswirkung eines *judgment* nicht unterliegen

Grundsätzlich unterliegen alle Parteien, unabhängig von der Frage, auf welche Weise sie in einen Prozess einbezogen wurden, gleichermaßen den Bindungswirkungen eines *judgment*, welche die *res judicata*-Lehre vorsieht.[43] Abweichend von dieser Regel sind jedoch einige bedeutsame Ausnahmen zu beachten.

a) *Nominal parties*

In einigen *jurisdictions* besteht die Möglichkeit, eine Klage im Namen einer Person oder gegen eine Person zu erheben, die tatsächlich am Verfahren nicht teilnehmen und auch keinen Einfluss auf dasselbe ausüben soll, sondern lediglich ihren Namen zur Verfügung stellt. Es handelt sich bei einer solchen Person um eine so genannte *nominal party*, hinter der stets eine der Gegenseite bekannte oder unbekannte *real party in interest* steht, die das Verfahren im Namen der *nominal party* führt und der am Ende die Früchte des Verfahrens gebühren sollen.[44]

---

[41] Vgl. hierzu im 2. Kapitel die Ausführungen zur *claim* und *issue preclusion* unter II.1. sowie III.1.

[42] Zwischenzeitlich versuchen einige Gerichte wiederum einem drohenden Ausufern der *permissive intervention* dadurch zu begegnen, dass sie die Regeln des *standing to sue* gemäß *Art. 3 Sec. 2 U.S. Constitution*, welche grundsätzlich nur für Kläger gelten und Popularklagen verhindern sollen, auch auf Intervenienten anwenden; vgl. hierzu die Übersicht von *Gardner*, a.a.O., 695 ff.

[43] Vgl. *Restatement (Second)*, § 34 (2). Eine gewisse Ausnahme besteht für gerichtliche Entscheidungen, welche vor Eintreten bzw. nach Ausscheiden einer Partei in bzw. aus einem laufenden Verfahren getroffen wurden; *Restatement (Second)*, § 34 Comment b.

[44] *Restatement (Second)*, § 37 Comment a.

Die nominelle Parteibezeichnung führt daher zu der eigentümlichen Situation, dass während des gesamten Prozesses eine Person als Partei bezeichnet wird, die an den Vor- und Nachteilen des Verfahrens keinerlei Anteil hat und am Prozessausgang zumeist nicht einmal interessiert ist. Die Konstellation ist nicht mit der Prozessstandschaft des deutschen Zivilprozessrechts vergleichbar, welche die Geltendmachung fremder Rechte in eigenem Namen ermöglicht.[45] Die nominelle Parteibezeichnung ermöglicht nämlich demgegenüber vielmehr die Verfolgung eigener Rechte in fremden Namen.

Das Phänomen der *nominal parties* war im alten *common law* sehr verbreitet, verlor in jüngerer Zeit jedoch zunehmend an Bedeutung.[46] Die Rechtspraxis existiert jedoch trotz der mit ihr verbundenen Unklarheiten in bestimmten Rechtsgebieten und *jurisdictions* bis heute fort.

Eine Klage im Namen der Vereinigten Staaten als *nominal plaintiff* kann sich beispielsweise aus der Anwendung des so genannten *Miller Act* (40 *U.S.C. sec.* 270 a-f) ergeben. Das Gesetz sieht vor, dass bei großen öffentlichen Bundesbauvorhaben der sich um die Durchführung der Bauarbeiten bewerbende Generalunternehmer vor Vertragsschluss mit der öffentlichen Hand Zahlungsgarantien in Form von *bonds* vorzulegen hat, welche unter anderem die Vergütungsansprüche seiner Subunternehmer absichern sollen. Verweigert der Generalunternehmer nach Durchführung der Bauarbeiten beispielsweise die Bezahlung eines Baustofflieferanten, so hat dieser gemäß 40 *U.S.C. sec.* 270 b (a) die Möglichkeit, direkt aus dem *bond* gegen den Sicherungsgeber, in der Regel eine Versicherungsgesellschaft, und den Generalunternehmer vorgehen. Kommt es

---

[45] *Thomas/Putzo*, ZPO, § 51 Rn. 21.

[46] Das alte *common law* erkannte z.B. die Abtretung schuldrechtlicher Ansprüche nicht an. Zwar konnte ein Dritter *beneficiary* eines fremden Forderungsrechts werden. Titular des Rechtes blieb jedoch stets der ursprüngliche Inhaber. Dies führte dazu, dass die gerichtliche Geltendmachung einer abgetretenen Forderung formell allein im Namen des Zedenten als *nominal party* erfolgen konnte, obgleich der Zessionar in der Regel rein faktisch den Prozess ohne Beteiligung des Zedenten auf eigene Rechnung führte; vgl. hierzu: *Casad/Clermont*, Res judicata, S. 165; *Restatement (Second)*, § 37 Reporter's Note.

zum Rechtsstreit, so kann der Lieferant jedoch nicht im eigenen Namen, sondern gemäß 40 *U.S.C. sec.* 270 b (b) nur im Namen der Vereinigten Staaten klagen. Zu einer solchen Klageerhebung bedarf der Lieferant weder der Zustimmung noch der vorherigen Benachrichtigung des öffentlichen Bauherrn. Er führt den Prozess mit seinen eigenen Prozessvertretern und auf eigene Rechnung. Die öffentliche Hand trägt weder die Kosten des Verfahrens noch partizipiert sie an dem günstigen Ausgang eines solchen Verfahrens.[47]

Die Verwendung nomineller Parteibezeichnung ist des weiteren bisweilen noch in Prozessen von Sachversicherern gegen Schadensverursacher anzutreffen. Dies ist in der Regel dann der Fall, wenn ein Versicherungsunternehmen nach einem Schadensfall seinem Versicherungsnehmer dessen Schaden ersetzt und daraufhin den Schadensersatzanspruch des Versicherungsnehmers gegen den Schädiger im Wege der Surrogation erworben hat. In einigen Bundesstaaten ist es dem Versicherer dann erlaubt, den auf diese Weise erworbenen Anspruch nicht im eigenen Namen, sondern im Namen des Versicherungsnehmers gegen den Schädiger geltend zu machen und den Umstand der Schadensbegleichung durch den Versicherer zu verdecken.[48] Insbesondere in *jury trials* ist es dem Versicherer häufig ein Anliegen, den Umstand nicht bekannt werden zu lassen, dass den Schaden bislang nicht der Geschädigte selbst, sondern vielmehr ein vermögendes Versicherungsunternehmen zu tragen hatte.[49]

---

[47] Vgl. zum Ganzen die Ausführungen des *Federal Court of Appeals for the Sixth Circuit* in der Entscheidung *Blanchard v. Terry & Wright, Inc.*, 331 F.2d 467, 469 (6th Cir. 1964) sowie des *U.S. Supreme Court* zu einem Vorgängergesetz des *Miller Act* im Verfahren *Equitable Surety Co. v. United States, to the use of W. McMillan & Son*, 234 U.S. 448, 456 (1912).

[48] So z.B. in New York; vgl. hierzu die Entscheidungen des *New York Supreme Court for Monroe County* im Verfahren *Clarcq v. Chamberlain Home Transport, Inc.*, 294 N.Y.S.2d 550, 555 (N.Y. Sup. Ct. 1968) sowie des *New York Supreme Court for Kings County* im Verfahren *Crown Crane Rental Co., Inc. v. Eberhart Construction Co., Inc.*, 458 N.Y.S.2d 165, 166(N.Y. Sup. Ct. 1983).

[49] Angedeutet im *Restatement (Second)*, § 37 Reporter's Note.

Beschränkt sich die Rolle der *nominal party* in den genannten Fällen auf die eines rein passiven Zuschauers, so ist sie trotz ihrer formellen Parteistellung grundsätzlich nicht an die Rechtskraftwirkungen der im Verfahren getroffenen gerichtlichen Entscheidungen gebunden. Eine Bindung tritt jedoch dann ein, wenn die *nominal party* ihre Einbeziehung in das Verfahren selbst ermöglicht hat und die Gegenseite aufgrund dieses Verhaltens darauf vertraute, dass es sich bei der *nominal party* nicht um einen bloßen „Strohmann", sondern um die *real party in interest* handelte.[50] Erweckt die *nominal party* somit den Anschein, der wahre Gegner der Auseinandersetzung zu sein, muss sie sich auch an deren Ergebnis festhalten lassen.

b) *Parties under incapacity*

Parties under incapacity, also prozessunfähige Parteien, sind unter Umständen an die Rechtskraftwirkungen eines Urteils nicht gebunden, wenn sie vor Gericht nicht ordnungsgemäß vertreten wurden. Bei einer natürlichen Person kann *incapacity* im vorgenannten Sinne darauf beruhen, das sie minderjährig, geistig erkrankt oder bereits verstorben ist. Falls eine organisierte Personenmehrheit Prozesspartei werden soll, so kann bei ihr *incapacity* anzunehmen sein, wenn sie nach den einschlägigen materiellen Vorschriften als nicht handlungsfähig angesehen wird.[51] Soll eine *party under incapacity* an einem gerichtlichen Verfahren teilnehmen, so ist ihr grundsätzlich ein Repräsentant zur Seite zu stellen, der ihre Interessen im Prozess wahrnimmt und auf diese Weise ein gerechtes Verfahren gewährleistet. Im Falle des Minderjährigen wird diese Repräsentation durch einen gerichtlich bestimmten *guardian ad litem* oder *next friend* wahrgenommen.[52] Gerade im Falle von nicht prozessfähigen Personenmehrheiten kann die *incapacity of sueing or being sued* aber auch

[50] *Restatement (Second)*, § 37; *James/Hazard/Leubsdorf*, § 11.7.

[51] Dies kann z.B. in einigen *jurisdictions* bei *unincorporated associations* der Fall sein; vgl. *Restatement (Second)*, § 35 Comment a, d.

[52] In einigen Staaten handelt der Repräsentant für den Minderjährigen als Vertreter, in anderen dagegen als Prozessstandschafter, vgl. *James/Hazard/Leubsdorf*, § 10.7.

dazu führen, dass diese weder klagen noch verklagt werden können.[53] In diesem Fall ist *incapacity* mit fehlender Parteifähigkeit gleichzusetzen.

Wird eine *party under incapacity* jedoch Partei, obwohl sie es nach den anwendbaren Vorschriften nicht werden dürfte, oder wird ihr entgegen den prozessualen Vorschriften kein Repräsentant zur Seite gestellt, so sehen einige *jurisdictions* ein in einem solchen Verfahren ergangenes *judgment* von vornherein als unwirksam an.[54] Die *party under incapacity* wird dementsprechend nicht an das Ergebnis des Verfahrens gebunden. Andere *jurisdictions*[55] und das *Restatement (Second)*[56] wählen demgegenüber einen differenzierten Ansatz. Danach scheidet eine den Prozessunfähigen belastende Bindungswirkung nur dann aus, wenn sich der Grund seiner *incapacity* tatsächlich in einer fehlenden Berücksichtigung seiner Belange durch das entscheidende Gericht niedergeschlagen hat. Wurde seinen Interessen dagegen hinreichend Beachtung geschenkt, unterliegt er wie eine gewöhnliche Partei den Rechtskraftwirkungen eines *final and valid judgment on the merits*. Ein solcher Fall kann insbesondere dann gegeben sein, wenn die Rechtsverteidigung der *party under incapacity* faktisch durch einen anderen Prozessbeteiligten wahrgenommen wurde.[57]

---

[53] *James/Hazard/Leubsdorf*, a.a.O.

[54] Vgl. hierzu beispielsweise die Entscheidung *Valdimer v. Mount Vernon Hebrew Camps, Inc.*, 9 N.Y.2d 21, 24 f. (N.Y. 1961), in welcher ein *settlement* für unwirksam erachtet wurde, bei dessen Abschluss ein minderjähriges Kind durch ein Elternteil vertreten wurde, ohne dass die hierfür erforderliche gerichtliche Genehmigung zuvor eingeholt worden war. Die Begründung enthält die Wertung, dass auch ein unter den entsprechenden Umständen ergangenes Urteil als unwirksam erachtet würde; vgl. *Restatement (Second)*, § 35 Reporter's Note.

[55] Vgl. für die Rechtslage in Georgia und Wisconsin: *O'Neil v. Moore*, 118 S.E.2d 328, 331 f. (Ga. Ct. App. 1968) bzw. *Withers v. Tucker*, 145 N.W.2d 665, 667 (Wis. 1966).

[56] *Restatement (Second)*, § 35.

[57] *O'Neil v. Moore*, a.a.O. (Wahrung der Rechte eines minderjährigen KFZ-Fahrers und -Halters im Prozess durch seinen intervenierenden Haftpflichtversicherer).

c) *Parties litigating in different capacities*

Nimmt eine Partei an zwei zeitlich aufeinander folgenden Prozessen in unterschiedlicher Funktion (*capacity*) teil, so ist sie in dem späteren Verfahren an die Ergebnisse eines *judgment*, das in dem vorangegangenen Verfahren ergangen ist, nicht gebunden.[58] Eine Partei handelt dann in unterschiedlichen *capacities* im vorgenannten Sinne, wenn sie in dem einen Prozess als Repräsentant eines Dritten aufgetreten ist, in dem anderen Prozess dagegen ihre eigenen Interessen oder die einer weiteren fremden Person wahrnimmt.[59] Klagt ein Vater beispielsweise nach einem Verkehrsunfall zunächst im eigenen Namen auf Ersatz seines Sachschadens, so ist eine in diesem Verfahren ergangene gerichtliche Entscheidung für eine spätere Klage, die der Vater im Namen seines Sohnes für dessen körperliche Schäden erhebt, nicht bindend.[60] Das amerikanische Recht trägt auf diese Weise den unter Umständen erheblichen Unterschieden in der Interessenlage einer Prozesspartei Rechnung, die sich daraus ergeben können, dass die Partei zur Wahrnehmung der Rechte verschiedener Personen auftritt.[61] Die Partei soll nicht dazu verleitet werden, ihr Handeln als Repräsentant daran zu orientieren, ob es Einfluss auf ihre persönlichen Rechte gegen den Prozessgegner haben kann oder nicht. Vielmehr soll es ihr sogar freistehen, in ihren verschiedenen Funktionen widersprechende Positionen zu bestimmten Fragen einzunehmen, falls dies der Interessenwahrnehmung in den jeweiligen Prozessen dient.[62]

---

[58] *Restatement (Second)*, § 36 (2).

[59] Vgl. hierzu z.B.: *Freeman v. Lester Coggins Trucking, Inc.*, 771 F.2d 860, 863 (5th Cir. 1985); *Sayre v. Crews*, 184 F.2d 723, 724 (5th Cir. 1950).

[60] So die Entscheidung *Sayre v. Crews*, a.a.O.

[61] So sehr deutlich der *New York Court of Appeals* in der Entscheidung *Molino v. County of Putnam*, 29 N.Y.2d 44, 49 (N.Y. 1971), welcher zwar nicht der Fall einer *party litigating in different capacities* zugrunde liegt, die jedoch ausdrücklich die rechtliche Bedeutung des Interessenunterschieds zwischen dem Auftreten für individuelle Rechte und dem Auftreten als Repräsentant fremder Rechte hervorhebt.

[62] So ausdrücklich die Begründung des *Restatement (Second)*, § 36 Comment a.

Die strikte Trennung der *individual* von der *representative capacity* geht damit freilich recht weit. In der Entscheidung *Clark v. Amoco Production Co.* führte sie den *Federal Court of Appeals for the Fifth Circuit* gar zu der Ansicht, dass die Kläger, welche im fraglichen Verfahren als Repräsentanten die Rechte eines Nachlasses wahrnahmen, nicht an ein *judgment* gebunden waren, das eine Klage abwies, welche die Kläger als Erben des Nachlasses zuvor im eigenen Namen erhoben hatten.[63] Entscheidend für dieses Ergebnis war nach Auffassung des Gerichtes, dass die anderen Erben des Nachlasses in dem ersten Verfahren nicht gehört und ihre Interessen auch im übrigen durch die Kläger nicht adäquat vertreten wurden.[64] Da somit im ersten Prozess nicht alle Personen, die am Nachlass beteiligt waren, repräsentiert worden waren, erkannte das Gericht dem daraus resultierenden Urteil keine Bindungswirkung für das laufende Verfahren zu.[65] Die aus hiesiger Sicht unbillige Privilegierung der Kläger, die ihre Rechte dementsprechend in zwei voneinander unabhängigen Verfahren geltend machen konnten, wurde dabei hingenommen.

d) *Nonadverse parties*

Nicht abschließend geklärt ist, inwieweit die Rechtskraft eines *judgment* in ihrer Erscheinungsform der *issue preclusion* auch zwischen Parteien wirkt, die im ersten Prozess als *coparties* (Streitgenossen) aufgetreten sind. Diese Frage stellt sich insbesondere in Fällen, in denen der Geschädigte eines Verkehrsunfalls gegen mehrere Unfallverursacher auf Zahlung von Schadensersatz klagt und die Beklagten nach Abschluss dieses Verfahrens unter Berufung auf die dort getroffenen gerichtlichen Feststellungen in einem neuen Prozess voneinander Ersatz ihrer jeweiligen Schäden begehren.

---

[63] 794 F.2d 967, 973 (5th Cir. 1986).

[64] *Clark v. Amoco Production Co.*, a.a.O., 973 f.

[65] *Clark v. Amoco Production* Co., a.a.O., 974.

Nach dem traditionellen Ansatz des *Restatement (First)* ist den *coparties* in einem solchen Folgeverfahren die Berufung auf die Bindungswirkungen des bereits ergangenen Urteils grundsätzlich verwehrt. Da sie sich im vorangegangenen Verfahren in der Regel nicht als Gegner gegenüberstanden, seien sie nicht veranlasst gewesen, alle ihnen gegen die Mitstreiter zustehenden Angriffs- bzw. Verteidigungsmittel vorzubringen. Der Grundsatz des *fair trial* gebiete deshalb eine erneute gerichtliche Erörterung aller Streitfragen unter Berücksichtigung eventuell neuen Vorbringens. Eine Ausnahme von dieser Regel sei jedoch dann angebracht, wenn die *coparties* ihre eigenen Ansprüche untereinander bereits im Ausgangsverfahren durch ein *cross-pleading*[66] geltend gemacht haben. Insofern sei ihr Vortrag bereits umfassend gerichtlich berücksichtigt worden, weshalb es einer erneuten Diskussion dieser Punkte nicht mehr bedürfe.[67]

Viele *jurisdictions*[68] und das *Restatement (Second)*[69] gehen über diese Ausnahme inzwischen weit hinaus, indem sie es für die Anwendung der *issue preclusion* bereits genügen lassen, dass die *coparties* gegensätzliche Ausführungen zu den fraglichen Streitfragen im Vorprozess vorgebracht und sich somit rein faktisch als Widersacher präsentiert haben. Auch diese neuere Ansicht lässt jedoch den Grundsatz unangetastet, dass bei fehlender *adversity* im Vorprozess die Bindungswirkungen eines *judgment* zwischen den Streitgenossen abzulehnen sei. Traditionelle und neuere Ansicht unterscheiden sich insofern lediglich in den Voraussetzungen, unter denen *coparties* als *adversaries* anzusehen sind.

---

[66] Bei dem *cross-pleading* handelt sich um eine Art Widerklage gegen eine andere Partei als den unmittelbaren Prozessgegner, die zu einem mehrseitigen Prozessrechtsverhältnis führt und in vielen modernen Prozessordnungen innerhalb der Vereinigten Staaten Anerkennung findet; vgl. hierzu *Engelmann-Pilger*, S. 102.

[67] Vgl. *Restatement (First)*, § 82.

[68] Vgl. hierzu den Überblick von *Woerner*, 24 A.L.R. 318 (1969) sowie *Engelmann-Pilger*, S. 102 f.

[69] *Restatement (Second)*, § 38.

Das grundsätzliche *adversity*-Erfordernis gerät jedoch zunehmend in Zweifel, wenn man sich vergegenwärtigt, dass ein Großteil der Gerichte dazu übergeht, die Berufung auf den *issue preclusive effect* eines *judgment* auch Personen zuzubilligen, die in keiner Weise an dem zugrunde liegenden Verfahren beteiligt waren.[70] Wenn sich folglich ein außenstehender Dritter unter bestimmten Voraussetzungen auf die Bindungswirkung gerichtlicher Feststellungen berufen kann, denen er selbst nicht unterworfen ist, so stellt sich die Frage, weshalb das gleiche Recht nicht auch den Prozessparteien unabhängig davon zustehen sollte, ob sie sich als Gegner oder aber als einheitliche Front gegenüber der Gegenseite präsentierten.[71]

Eine entsprechende Aufweichung des *adversity*-Erfordernis ist beispielsweise in der Entscheidung *Nevada v. U.S.*[72] des *U.S. Supreme Court* festzustellen. Dem Verfahren lag ein Rechtsstreit über die Verteilung von Wasserrechten an einem Gewässer zugrunde, an dem auf Klägerseite ein Indianerreservat und auf Beklagtenseite unter anderem ein organisiertes Landwirtschaftsprojekt beteiligt waren. In einem etwa 40 Jahre zuvor beendeten Prozess war unter Beteiligung dieser beiden Parteien über die Verteilung derselben Wasserrechte bereits gerichtlich entschieden worden. Der Kläger bestritt jedoch seine Bindung an dieses Urteils im Verhältnis zu dem Landwirtschaftsprojekt, da er und das beklagte Projekt im damaligen Verfahren gemeinsam auf Klägerseite gestanden hatten und zudem nicht durch ihre eigenen Vertreter aufgetreten, sondern durch die Regierung der Vereinigten Staaten repräsentiert worden waren.

---

[70] Vgl. hierzu die ausführlichen Erläuterungen im 4. Kapitel unter Punkt II.

[71] In dieser Richtung recht deutlich die für das *New York state law* bedeutsame Leitentscheidung *Schwartz v. Public Administrator*, 24 N.Y.2d 65, 71 (N.Y. 1969): „[...] The plaintiffs and claimant here argue [...] that the parties in the second action were not adversaries in the first action. As noted above, our decisions in recent years [...] have made this distinction an insignificant if not irrelevant one. [...]"

[72] 463 U.S. 110 (1983).

Der *U.S. Supreme Court* folgte dieser Argumentation nicht und bejahte die Bindungswirkung des alten Urteils zwischen den damaligen Mitstreitern, obwohl die Regierung einheitlich für die Rechte beider Parteien eingetreten war.[73] Die obersten Bundesrichter begründeten dieses Ergebnis damit, dass die Interessen der jetzigen Widersacher im Zeitpunkt der verfahrensabschließenden Entscheidung bereits ein hinreichendes Maß an Gegensätzlichkeit aufgewiesen hatten, womit die erforderliche *adversity* gegeben sei.[74] Inwiefern sich die Gegensätzlichkeit der Parteiinteressen im Verhalten des gemeinsamen Repräsentanten vor Gericht niedergeschlagen hatte, bleibt in der Begründung dagegen offen.[75] Die Richter legten bei ihrer Feststellung der *adversitiy* dementsprechend weitaus mehr Gewicht auf die Interessenlage der Parteien als auf das tatsächliche Verhalten ihrer Vertreter. Zwar will der *U.S. Supreme Court* diese Auslegung des Begriffes *adversity* ausdrücklich auf den Bereich des Streites über Wasserrechte beschränkt wissen, jedoch kann diese Einschränkung nicht darüber hinwegtäuschen, dass dem *adversity*-Erfordernis aufgrund seiner starken Abschwächung keine besondere Bedeutung mehr beigemessen wurde.

II. Gebundene Nichtparteien (*nonparties in privity*)

1. Der Begriff *privity*

Die Rechtskraftwirkungen eines *judgment* binden und berechtigen nicht nur die Parteien des abgeschlossenen Verfahrens, sondern reichen über diesen Personenkreis weit hinaus. Verfassungsrechtlich erfährt diese subjektive Erstreckung der Rechtskraft auf Prozessunbeteiligte ihre Grenzen in der *due process clause* der *U.S. Constitution*,[76] aus welcher der

[73] *Nevada v. U.S.*, a.a.O., 143.

[74] *Nevada v. U.S.*, a.a.O., 140.

[75] Es ist in diesem Zusammenhang lediglich von *separate pleadings* die Rede; *Nevada v. U.S.*, a.a.O., 140.

[76] *Amendment 14 Sec. 1 U.S. Constitution.*

U.S. Supreme Court den Grundsatz entwickelt hat, dass jeder Person, bevor sie durch eine gerichtliche Entscheidung in ihren Rechten beeinträchtigt wird, ein Anspruch auf einen *day in court,* also auf die richterliche Anhörung ihres Vorbringens, zusteht.[77] Dieses grundrechtliche Gebot des rechtlichen Gehörs verhindert, dass Personen an die Ergebnisse eines Verfahrens gebunden werden, an dem sie nicht in der geringsten Weise beteiligt waren und in dem ihren Interessen keinerlei Beachtung geschenkt wurde.[78] Auf der anderen Seite beinhaltet das Grundrecht jedoch nicht die Einschränkung, dass nur derjenige der Rechtskraft eines Urteils unterliegen kann, der zuvor Prozesspartei im formellen Sinne war.

Den damit eröffneten Gestaltungsspielraum in der subjektiven Begrenzung der Rechtskraftwirkungen nutzt die *res judicata*-Lehre in der Weise, dass sie den Kreis der an die *preclusive effects* eines Urteils gebundenen Personen von den eigentlichen Prozessparteien auch auf prozessunbeteiligte Dritte erweitert, die in einem gewissen Näheverhältnis zu einer der Prozessparteien stehen, kraft dessen ihre Rechte im Prozess hinreichend repräsentiert werden. Dieses besondere Näheverhältnis wird gemeinhin als *privity* bezeichnet.[79]

Leider erklärt sich der Inhalt des Ausdrucks *privity* nicht aus sich selbst heraus, da es sich dabei um einen juristischen Kunstbegriff handelt, der in verschiedenen Rechtsgebieten mit unterschiedlicher Bedeutung Verwendung findet.[80] Was genau unter *privity* im Sinne der *res judicata*-Lehre zu verstehen, unter welchen Voraussetzungen *privity* gegeben und welcher Rechtsnatur das Verhältnis zwischen *party* und *privy* zuzurechnen ist, war in der Vergangenheit Gegenstand zahlreicher Definitions-

---

[77] Vgl. *Richards v. Jefferson County,* 517 U.S. 793, 798 (1996); *James/Hazard/Leubsdorf,* § 11.23; *Bone,* 67 N.Y.U. L.Rev. 193, 196 (2000) (mit kritischer Stellungnahme).

[78] *Bone,* a.a.O., 204.

[79] Vgl. *Yeazell,* Civil Procedure, S. 817 f.;*Kimmel,* 35 Geo.Wash.L.Rev. 1010, 1014 (1967); *All Terrain Properties, Inc. v. Hoy,* 705 N.Y.S.2d 350, 355 (N.Y.A.D. 2000).

[80] *Casad/Clermont,* Res judicata, S. 150.

versuche, die sich mit fortschreitender inhaltlicher Ausdehnung des Begriffes jedoch immer wieder als zu eng erwiesen.[81] Eine klassische und viel beachtete Begriffsbestimmung erfolgte beispielsweise durch den *U.S. Supreme Court* in der Entscheidung *Bigelow v. Old Dominion Copper Mining & Smelting Company.*[82] Danach handelt es sich bei *privity* um eine *„mutual or successive relationship to the same right of property"*, die sich historisch bedingt in die drei Gruppen *privity in blood* (aufgrund Verwandtschaft), *privity in estate* (aufgrund Vermögensrecht) und *privity in law* (aufgrund Rechtsordnung) unterteilen lässt.[83] In den Folgejahren erweiterte die Rechtsprechung die Bedeutung des Begriffes jedoch erheblich über diesen reinen Vermögensbezug hinaus und verlor dabei die ursprüngliche Definition aus den Augen.[84]

Bereits zur Zeit der Veröffentlichung des *Restatement (First)* hatte sich in Rechtsprechung und Lehre die Auffassung durchgesetzt, dass keine allgemeine Definition zu finden sei, welche alle Konstellationen zu erfassen vermochte, bei deren Vorliegen *privity* anzunehmen war.[85] Zu verschieden waren die zwischenzeitlich anerkannten Fallgruppen, in denen *privity* bejaht wurde, und der Normzweck, der mit der subjektiven Rechtskrafterstreckung jeweils verfolgt wurde, als dass man diese unter ein einheitliches Konzept hätte zusammenfassen können. Nach dem neuen Verständnis, das bis heute Geltung für sich beansprucht, stellt *privity* lediglich die rechtliche Schlussfolgerung dar, dass das Verhältnis zwischen einem prozessunbeteiligten Dritten und einer Prozesspartei eng genug ist, um den Dritten den Bindungswirkungen eines Urteils in der gleichen Weise zu unterwerfen wie die Partei, der er nahe steht.[86]

---

[81] Vgl. *Engelmann-Pilger*, S. 103; *Casad/Clermont*, a.a.O., S. 151.

[82] 225 U.S. 111 (1912).

[83] *Bigelow v. Old Dominion Copper Mining & Smelting Company* , a.a.O., 128 f.

[84] Vgl. hierzu *Note*, 87 Harv.L.Rev. 1485, 1497 (1974).

[85] Vgl. *Restatement (First)*, § 83 Comment a.

[86] Vgl. hierzu *Prudential Real Estate Affiliates, Inc. v. PPR Realty, Inc.*, 204 F.3d 867, 878 (9th Cir. 2000), *Buechel v. Bain*, 97 N.Y.2d 295, 304 f. (N.Y. 2001), sowie die viel zitierte *concurring opinion* von *Judge Goodrich* zu der Entscheidung *Bruszewski v. United States*, 181 F.2d 419, 423 (3rd Cir. 1950):

Dem Begriff kommt danach lediglich noch kategorisierende Bedeutung zu.[87] Inhaltlich wird ihm dagegen jegliche Qualifikationsfunktion abgesprochen.

Aufgrund dieser fehlenden Eignung als materielles Abgrenzungskriterium verzichteten die Autoren des *Restatement (Second)* auf die Verwendung des Begriffes vollständig.[88] Statt dessen behandelten sie in etwa 25 einzelnen Paragraphen detailliert die zahlreichen Fallgruppen, in denen Prozessunbeteiligte bisher von der Rechtsprechung je nach dem Grad ihrer Verbindung zu einer Prozesspartei einzelnen Rechtskraftwirkungen eines Urteils unterworfen wurden.[89] Zwar entspricht diese Darstellung der Realität in der sehr einzelfallorientierten Judikatur. Im Gegenzug tragen die zahlreichen Einzelregelungen des *Restatement (Second)* unter weitgehendem Verzicht auf vergröbernde Oberbegriffe nicht zur Klarheit der Grundstrukturen des Rechtsgebietes bei. Dies mag erklären, dass die Rechtsprechung nach wie vor auf die Verwendung des plakativen Begriffes *privity* nicht verzichtet.[90]

Da die Bezeichnung nach wie vor geeignet ist, alle anerkannten Fälle der subjektiven Rechtskrafterstreckung zumindest begrifflich, wenngleich nicht inhaltlich zusammenzufassen, soll sich auch die vorliegende Darstellung an diesem zugegebenermaßen antiquierten Oberbegriff orientieren, der alle Fälle der subjektiven Rechtskrafterstreckung auf prozessunbeteiligte Dritte, die so genannten *privies* kennzeichnet.

„Privity states no reason for including or excluding one from the estoppel of a judgment. It is merely a word used to say that the relationship between the one who is a party on the record and another is close enough to include that other within the res judicata."

[87] *Note,* 65 Harv.L.Rev. 818, 856 (1952).

[88] Lediglich kurze Erwähnung in § 75 Comment a.

[89] Siehe hierzu *Restatement (Second),* §§ 39-63.

[90] Vgl. hierzu beispielsweise die Ausführungen des *U.S. Supreme Courts* in den Entscheidungen *Nevada v. United States,* 463 U.S. 110, 135 (1983) oder *Richards v. Jefferson County,* 517 U.S. 793, 798 (1996).

Innerhalb der heterogenen Obergruppe der *privies* lassen sich drei Unterkategorien ausmachen, welche sich jeweils durch das wesentliche Merkmal auszeichnen, auf dessen Grundlage der subjektiven Erstreckung der Rechtskraft gegenüber Bedenken des rechtlichen Gehörs der Vorzug eingeräumt wird. Als maßgebliches Kriterium in diesem Sinne ist zunächst die besondere materiell-rechtliche Bindung des Dritten zu einer der Prozessparteien zu nennen (hierzu 2.). Des weiteren werden Dritte auch dann den Rechtskraftwirkungen eines Urteils unterworfen, wenn ihre Interessen in prozessrechtlicher Hinsicht durch eine der Parteien repräsentiert wurden, ohne dass es hierfür einer besonderen materiell-rechtlichen Verbindung zwischen der Partei und dem Dritten bedarf (hierzu 3.). Schließlich wurde die Rechtskrafterstreckung in einer Reihe von Fällen allein aufgrund des rein faktischen außerprozessualen Verhaltens des Dritten bejaht, wenn dieses eine gesonderte prozessuale Beteiligung des Dritten entbehrlich erscheinen ließ (hierzu 4.).

Auch diese Einteilung kann jedoch nur als Richtschnur gelten, die sich durch zahlreiche Überschneidungen relativiert. So ist prozessuale Repräsentanz zumeist nicht ohne ein Mindestmaß an materiell-rechtlicher Verbindung zwischen Partei und Außenstehendem vorstellbar. Im Gegenzug führt ein hohes Maß an materiell-rechtlicher Verbindung häufig zu adäquater prozessualer Repräsentierung der Drittinteressen. Auch das rein faktische außerprozessuale Verhalten des Dritten wird in der Regel nur dann als ausreichendes Kriterium einer Rechtskrafterstreckung anerkannt, wenn es sich in einer hinreichenden Verteidigung der Drittinteressen im fremden Prozess niedergeschlagen hat. Die verschiedenen Charakteristika stehen dementsprechend nicht unabhängig nebeneinander, sondern vielmehr in einem gewissen Verhältnis der Wechselseitigkeit,[91] dessen Beachtung zum richtigen Verständnis der folgenden Kategorien unerlässlich ist.

---

[91] So insbesondere *Casad/Clermont*, Res judicata, S. 153.

2. Bindung aufgrund materiell-rechtlicher Verbindung zu einer Prozesspartei (*substantive privity*)

Die klassische Situation, in welcher die Bindung eines Dritten an die Ergebnisse eines für ihn fremden Prozesses bejaht wird, ist diejenige, dass der Dritte materiell-rechtlich derart eng mit einer der Prozessparteien verbunden ist, dass dieses Näheverhältnis die Prozesspartei in gewisser Weise als Repräsentant des an sich unbeteiligten Dritten im gerichtlichen Verfahren erscheinen lässt. Die Art der materiell-rechtlichen Verbindung, die zur so genannten *substantive privity* führt, ist dabei mannigfaltig und von unterschiedlicher Intensität. Diese Vielgestaltigkeit auf tatbestandlicher Ebene spiegelt sich auch auf Rechtsfolgenseite wieder, indem der Dritte bei Vorliegen von *substantive privity* nicht sämtlichen Rechtskraftwirkungen in gleicher Weise unterworfen wird wie eine der Parteien im formellen Sinne. Vielmehr trägt das flexible Richterrecht dem unterschiedlichen Grad der Verbindung zwischen Prozesspartei und Drittem dadurch Rechnung, dass der Dritte teilweise nur bestimmten *preclusive effects* des Urteils unterzogen wird, anderen wiederum nicht. Auch historische Entwicklungen führen zu einer abgestuften Anwendung der Rechtskraftregeln, welche sich heute teilweise nicht mehr rational begründen lässt.[92] In Bezug auf die Bindung des Dritten ergibt sich somit ein höchst ausdifferenziertes und facettenreiches Zusammenspiel von *claim* und *issue preclusion*, welches durch die folgende Vorstellung einiger wichtiger Fallgruppen der *substantive privity* veranschaulicht werden soll.

a) Rechtsnachfolge (*successive interests*)

Am weitesten geht die Gleichbehandlung von *party* und *privy* in Fällen der Rechtsnachfolge in Vermögensrechte (*successive interests in property*), welche den historischen Ausgangspunkt der Rechtskrafterstreckung im

---

[92] *James/Hazard/Leubsdorf*, § 11.30.

amerikanischen Recht darstellt[93] und noch heute die größte Fallgruppe innerhalb der *substantive privity* bildet.[94] Erwirbt eine Person ein Vermögensrecht (*interest in property*) von einem anderen, so ist sie hinsichtlich dieses Rechts grundsätzlich an alle gerichtlichen Entscheidungen gebunden, welche Bestand, Inhalt oder Umfang des erworbenen Rechts betreffen und in Prozessen ergangen sind, an denen der Veräußerer oder dessen Rechtsvorgänger vor Rechtsübergang als Partei beteiligt war.[95]

Zu den Vermögensrechten im vorgenannten Sinne zählen sowohl *real property*, welches das Eigentumsrecht und die beschränkt dinglichen Rechte an unbeweglichen Sachen umfasst, als auch *personal property*, welches neben den dinglichen Rechten an beweglichen Sachen auch Immaterialgüterrechte miteinschließt.[96] Den *interests in property* sind die obligatorischen Forderungsrechte gleichzusetzen, welche im Falle der Abtretung (*assignment*) zwar eine leicht abweichende Behandlung durch *res judicata*-Lehre erfahren, bei deren Übergang jedoch auch von der grundsätzlichen Bindung des Zessionars an gerichtliche Entscheidungen gegen den Zedenten auszugehen ist.[97] Zu unterscheiden sind die vorstehenden Rechte von den sog. *personal rights* des Rechtsvorgängers, die keinen Vermögensbezug aufweisen und deren vorherige gerichtliche Bestimmung für den Rechtsnachfolger hinsichtlich des durch ihn erworbenen Vermögens grundsätzlich keine Bindungswirkung auslösen.[98]

---

[93] Vgl. bereits *Bigelow v. Old Dominion Copper Mining & Smelting Company*, a.a.O., 128 f. (1912):

„What is privity? As used when dealing with the estoppel of a judgment, privity denotes [...] successive relationship to the same right of property."

[94] *Friedenthal/Kane/Miller*, § 14.13.

[95] Vgl. hierzu *Restatement (Second)*, §§ 43 f., 55.

[96] *Hay*, US-amerikanisches Recht, Rn. 375.

[97] *Small Business Administration v. Taubman*, 459 F.2d 991, 992 (9th Cir. 1972); *Restatement (Second)*, § 55.

[98] *Restatement (Second)*, § 43 Comment a.

Der Grund des Rechtsübergangs hat auf den Umfang der Bindung des Rechtsnachfolgers keinen Einfluss.[99] Es ist daher gleichgültig, ob der Rechtsnachfolger das fragliche Vermögensrecht per Rechtsgeschäft oder kraft Gesetzes erwirbt. Ebenso ist es für die Bindung des Rechtsnachfolgers ohne Belang, ob er im Zeitpunkte seines Erwerbes etwas von dem gegen seinen Rechtsvorgänger ergangenen Urteil wusste oder bei dem Erwerbe gutgläubig war.[100] Der Rechtsnachfolger unterliegt somit den Wirkungen der *claim* und *issue preclusion* grundsätzlich in dem gleichem Maße wie sein Rechtsvorgänger.[101]

Begründet wird diese umfassende Bindung damit, dass die Wirkungen der *res judicata*-Lehre derart eng mit dem Vermögensrecht verbunden sind, dass sie auf den Inhalt des Rechts unmittelbar selbst Einfluss nehmen. Wenn das Recht nun nach einem Urteil auf eine andere Person übertragen wird, so kann es allein aufgrund des Übertragungsaktes keinen anderen Inhalt erhalten, als es bereits bisher nach Maßgabe der gerichtlichen Entscheidung aufwies. Die Bindungswirkung wird ähnlich einer dinglichen Belastung des Rechts mitgeführt. Der *U.S. Supreme Court* beschrieb dies in seiner historischen Entscheidung *Postal Telegraph Cable Co. v. City of Newport, Ky.*[102] wie folgt:

---

[99] Vgl. hierzu beispielsweise folgende Entscheidungen: *Oklahoma v. Texas,* 256 U.S. 70, 86 a.E. (1920) (Rechtsnachfolge eines Bundesstaates in die Rechtsposition des Bundes durch Gründung des Bundesstaates innerhalb des Bundesgebiets); *Behrens v. Skelly,* 173 F.2d 715, 718 f. (3rd Cir. 1949) (Unternehmenskauf); *In re Potter's Will,* 307 N.Y. 504, 512 (N.Y. 1954) (Erbrechtlicher Erwerb); *Gramatan Home Investors Corp. v. Lopez,* 46 N.Y.2d 481, 487 (N.Y. 1979) (Forderungsabtretung).

[100] Vgl. hierzu das *Restatement (Second)* § 43 Reporter's Note m.w.N.; die Verfasser des *Restatement (Second)* schlagen jedoch eine gewisse Ausnahme von diesem Grundsatz vor: Ging dem Rechtsübergang eine Klage des Rechtsvorgängers gegen einen Dritten voraus, deren Gegenstand nicht das erworbene Vermögensrecht war, und verstieß die Nichtberücksichtigung des erworbenen Vermögensrechtes gegen die sog. *rule against splitting a claim* (Vgl. 2. Kapitel II.1.), so dass der Rechtsvorgänger auch hinsichtlich des an sich nicht streitgegenständlichen Vermögensrechts den Wirkungen der *claim preclusion* unterlag, so ist der Rechtsnachfolger hinsichtlich dieses Vermögensrechtes nicht an die gerichtliche Entscheidung über die Klage gebunden, falls er das Recht in gutem Glauben erwarb; *Restatement (Second),* § 43 Comment c.

[101] *Friedenthal/Kane/Miller,* § 14.13.

[102] 247 U.S. 464 (1918).

„The ground upon which, and upon which alone, a judgment against a prior owner is held conclusive against his successor in interest, is that the estoppel runs with the property, that the grantor can transfer no better right or title than he himself has, and that the grantee takes *cum onere*."[103]

Ein etwas differenzierteres Bild hinsichtlich des Bindung des Rechtsnachfolgers ergibt sich demgegenüber in den Fällen, in denen die Rechtsnachfolge aufgrund rechtsgeschäftlichen Erwerbs *während eines anhängigen Verfahrens* über das Vermögensrecht noch vor Urteilsfällung eintritt. Auch in dieser Situation gehen die Gerichte von dem Grundsatz aus, dass der Rechtsnachfolger an das spätere *judgment* gegen seinen Rechtsvorgänger gebunden ist, wie wenn es bereits im Zeitpunkt der Rechtsnachfolge vorgelegen hätte.[104] Hintergrund dieser Ausdehnung der Bindungswirkung ist jedoch ein anderer als bei der Rechtsnachfolge nach Urteilsfällung. Im wesentlichen beruht die Rechtskrafterstreckung bei Rechtsnachfolge *lite pendente* auf der Erwägung, dass der Inhaber eines Vermögensrechtes, welches Gegenstand noch andauernder gerichtlicher Auseinandersetzung ist, den Prozessgegner nicht dadurch um die Früchte seines eventuellen Erfolges bringen soll, indem er das Vermögensrecht auf einen Dritten überträgt.[105]

Der Unterschied in der Begründung spiegelt sich auch in einer veränderten Bewertung der widerstreitenden Interessen von gutgläubigen Erwerbern wider. Von der grundsätzlichen Bindung des Rechtsnachfolgers werden zum Schutze des Rechtsverkehrs zwei bedeutsame Ausnahmen gemacht bzw. diskutiert.

---

[103] A.a.O., 474 f.

[104] Vgl. *Golden State Bottling Company, Inc. v. National Labor Relations Board*, 414 U.S. 168, 179 (1973); *Behrens v. Skelly*, 173 F.2d 715, 718 f. (3rd Cir. 1949); *King v. King*, 99 Cal.Rptr. 200, 206 (Cal. Ct. App. 1971); *Gramatan Home Investors Corp. v. Lopez*, 46 N.Y.2d 481, 487 (N.Y. 1979).

[105] So ausdrücklich: *Behrens v. Skelly*, a.a.O., 719.

Zum einen ist der Rechtsnachfolger beim rechtsgeschäftlichen Erwerb eines *interest in real property lite pendente* nicht an ein späteres Urteil gegen seinen Rechtsvorgänger gebunden, wenn der Prozessgegner die Möglichkeit hatte, das Schweben des Verfahrens durch Eintragung in ein öffentliches Register potentiellen Erwerbern anzuzeigen, diese Möglichkeit jedoch ungenutzt verstreichen ließ und der Rechtsnachfolger nicht auf andere Weise vor seinem Erwerb Kenntnis von dem schwebenden Verfahren erlangte.[106] Die entsprechende Möglichkeit der öffentlichen Bekanntmachung wird in zahlreichen Bundesstaaten durch spezielle *lis pendens statutes* gewährleistet.[107] Der Prozessgegner hat nach diesen Gesetzen in der Regel eine *notice of lis pendens* an das Gericht zu übermitteln, welches das Schweben des Verfahrens im öffentlichen Landregister einträgt. In den weiteren Voraussetzungen unterscheiden sich die verschiedenen *lis pendens statutes* erheblich.[108] Die Folgen einer erfolgreichen *notice of lis pendens* sind bei einem langwierigen Prozess für den Eigentümer des Grundeigentums höchst belastend, da die Registrierung in dem Landregister das Eigentum faktisch unveräußerlich macht. Aus diesem Grunde sind die *lis pendens statutes* zahlreicher Bundesstaaten angesichts geringer Eintragungsvoraussetzungen im Hinblick auf ihre Verfassungsmäßigkeit häufig Gegenstand gerichtlicher Auseinandersetzung sowie kritischer Anmerkungen des Schrifttums.[109]

---

[106] Vgl. *Restatement (Second)*, § 44 (1); *Miller*, 26 AJTA 185, 188 (2002); *Hashimoto*, 36 Hast.L.J. 255 (1984).

[107] So z.B. in Kalifornien durch den *California Code of Civil Procedure*, § 409, in New York durch *CPLR* § 6501,in Alabama durch den *Alabama Code* §§ 35-4-130 bis 35-4-130. Ähnliche *lis pendens statutes* finden sich unter anderem in den Gesetzen der Bundesstaaten Conneticut, New Jersey, Nevada, Alaska, West Virginia, Missouri und Illinois; vgl. hierzu den Überblick in *Miller*, a.a.O., 199, 211 ff.

[108] Siehe *Miller*, a.a.O., 199, 211 ff.

[109] Vgl. beispielsweise zum *lis pendens statute* des Staates New York die ausführliche Entscheidung des *N.Y. Supreme Court for New York County* in Sachen *Hercules Chemical Company, Inc. v. VCI, Inc.*, 462 N.Y.S.2d 129 (N.Y. Sup. Ct. 1983) mit zahlreichen Verweisen auf die Rechtsprechung in anderen Bundesstaaten oder zum *lis pendens statute* des Staates Alabama die Kritik von *Miller*, a.a.O.

Zum anderen wird diskutiert, ob die Bindung des Rechtsnachfolgers bei Fehlen des dargestellten Registrierungsverfahrens nicht auch dann abzulehnen sei, wenn der Rechtsnachfolger bei seinem Erwerb gutgläubig war und der Prozessgegner des Rechtsvorgängers sowohl von dem Erwerb als auch von der Gutgläubigkeit des Erwerbers Kenntnis hatte. Eine solche Ausnahme wird insbesondere durch das *Restatement (Second)* vorgeschlagen, da es der Prozessgegner in diesen Fällen selbst in der Hand hatte, den Rechtsnachfolger von dem schwebenden Verfahren rechtzeitig zu informieren.[110] Tat er dies nicht, so erscheint der Schutz des gutgläubigen Rechtsnachfolgers, der auf den Verlauf des ihm unbekannt gebliebenen Rechtsstreits keinen Einfluss nehmen konnte, gegenüber dem Schutz des Prozessgegners vor Entwertung eines für ihn günstigen Urteils vorzugswürdig. In der Vergangenheit wurde eine Privilegierung des gutgläubigen Erwerbers außerhalb der *lis pendens statutes* in der Regel abgelehnt.[111] Zwischenzeitlich finden sich in der Rechtsprechung jedoch in zunehmender Weise Anzeichen dafür, dass die Gutgläubigkeit des Rechtsnachfolgers für die Frage seiner Bindung von Belang sein könnte.[112] Die weitere Entwicklung bleibt jedoch vorerst abzuwarten.

Die dargestellten Grundzüge finden auf die rechtsgeschäftliche Abtretung eines obligatorischen Forderungsrechts nach Beginn eines Rechtsstreit über dieses Rechtes zwischen Zedenten und Schuldner grundsätzlich entsprechende Anwendung.[113] Der Zessionar wird durch ein Urteil gegen den Zedenten somit in der Regel ebenso gebunden wie der Zedent selbst. Es bestehen jedoch zwei bedeutsame Besonderheiten.

[110] *Restatement (Second)*, § 44 (2).

[111] *Note*, 65 Harv.L.Rev. 818, 860 (1952) m.w.N.

[112] Vgl. hierzu bereits *Golden State Bottling Company, Inc. v. National Labor Relations Board*, a.a.O., 180 (Bindung des Rechtsnachfolgers wird unter anderem mit dessen Kenntnis von der bisher unentschädigt gebliebenen Rechtsverletzung begründet, die Gegenstand des im Zeitpunkt des Erwerbs anhängigen Rechtsstreits war); *Gramatan Home Investors Corp. v. Lopez*, a.a.O., 480 (Bindung des Rechtsnachfolgers mit ausdrücklichem Hinweis auf dessen Benachrichtigung vom schwebenden Verfahren); *King v. King*, a.a.O., 206 (ebenso).

[113] Siehe *Restatement (Second)*, § 55.

Zunächst ist zu beachten, dass im Falle der Abtretung *lite pendente* das nachfolgende Urteil gegen den Zedenten im Wege der *claim preclusion* einer neuen Klage des Zessionars gegen den Schuldner nur dann entgegensteht, wenn dem Schuldner die Abtretung während des Verfahrens nicht angezeigt wurde.[114] Wurde dem Schuldner die Abtretung dagegen rechtzeitig angezeigt, so konnte dieser ohne weiteres die Einbeziehung des Zessionars in den laufenden Prozess oder Klageabweisung beantragen, um sich auf diese Weise vor einer doppelten Inanspruchnahme zu schützen. Versäumte er es, diese Maßnahmen zu ergreifen, so kann er sich in einem späteren Prozess gegen den Zessionar nicht auf die Wirkungen der *claim preclusion* berufen.[115] Die Bindung des Zessionars an die gerichtlichen Feststellungen des vorangegangenen Urteils gegen den Zedenten im Wege der *issue preclusion* bleiben hiervon jedoch unberührt.[116] Dies bedeutet, dass der Zessionar zwar erneut gegen den Schuldner klagen kann, dass das Urteil gegen den Zedenten jedoch in zentralen Fragen das Ergebnis des neuen Verfahrens bereits vorwegzunehmen vermag.

Eine weitere Besonderheit der Rechtsnachfolge kraft *assignment* besteht darin, dass der Erwerber eines Forderungsrechts, welches als umlauffähiges Wertpapier verbrieft wurde und den Zedenten wertpapierrechtlich als *holder in due course of a negotiable instrument* legitimiert, an gerichtliche Entscheidungen gegen den Zedenten dann nicht gebunden ist, wenn er im Zeitpunkt seines Erwerbes nichts von dem Rechtsstreit des Zedenten mit dem Schuldner wissen konnte.[117]

---

[114] *In re Fine Paper Litigation State of Washington*, 632 F.2d 1081, 1091 (3rd Cir. 1980); *Parkside Lutheran Hospital v. Golden Rule Insurance Company*, 1992 WL 3732, *3 (N.D.Ill. 1992) m.w.N.

[115] *In re Fine Paper Litigation State of Washington*, a.a.O. („[...] When the obligor has notice of an assignment by the plaintiff – and the assignee is not joined – a judgment for or against the obligor will not bar a later suit by the assignee.").

[116] Siehe *Restatement (Second)*, § 55 Comment d.

[117] *Restatement (Second)*, § 55 Comment e. mit Verweis auf die gesetzlichen Vorschriften der §§ 3-302, 3-304, 3-305, 3-602 *Uniform Commercial Code*, welche den Regelungen der *res judicata*-Lehre insoweit vorgehen.

Der vorstehende Überblick verdeutlicht, dass sich der Rechtsnachfolger durch die Rechtskraft von Urteilen, welche die durch ihn erworbenen Vermögensrechte betreffen, zumeist in derselben Situation wieder findet wie sein Rechtsvorgänger. Den Maximen der Verfahrensökonomie und der Bewahrung von Prozessergebnissen wird somit eine überragende Bedeutung beigemessen. Der Schutz des gutgläubigen Erwerbers kommt demgegenüber nur in sehr wenigen, eng gefassten Ausnahmefällen zum tragen.

b) Familienrechtliche Beziehungen

Das Bestehen familienrechtlicher Beziehungen zwischen den Parteien zeitlich nachfolgender Prozesse lässt für sich alleingenommen grundsätzlich selbst dann nicht den Schluss zu, dass zwischen diesen Personen ein *privity*-Verhältnis anzunehmen wäre, wenn beiden Klagen derselbe Lebenssachverhalt zugrunde liegt.[118] Eine bedeutende Ausnahme von dieser Regel ist jedoch in den Fällen zu beobachten, in denen eine Person durch eine unerlaubte Handlung an Leib oder Leben geschädigt wurde und der Geschädigte sowie seine Familienmitglieder anschließend in verschiedenen Prozessen gegen den Schädiger aufgrund des schadensstiftenden Ereignisses die Zahlung von Schadensersatz aus jeweils eigenem Recht begehren.

Inwiefern der später Klagende dabei an eine gerichtliche Entscheidung über die frühere Klage seines Familienmitglieds gebunden und damit *privity* zu bejahen ist, wird von den verschiedenen *jurisdictions* uneinheitlich beantwortet. Grund hierfür ist nicht zuletzt, dass die Rechtsordnungen der einzelnen Bundesstaaten verschiedene Rechtsnormen aufweisen, welche die Ersatzansprüche der jeweiligen Familienmitglieder sehr unterschiedlich begründen und inhaltlich ausgestalten. Dass die

---

[118] So ausdrücklich: *Freeman v. Lester Coggins Trucking, Inc.*, 771 F.2d 860, 863 (5th Cir. 1985) („[...] close family relationships are not sufficient by themselves to establish privity with the original suit's party, or to bind a nonparty to that suit by the judgment entered therein."); bestätigt durch *Terrell v. DeConna*, 877 F.2d 1267, 1272 (5th Cir. 1989).

Rechte der Angehörigen dennoch häufig mit gleichlautenden Bezeichnungen versehen werden,[119] trübt in diesem Zusammenhang den klaren Blick auf die in Wirklichkeit inkongruente Rechtslage. Um die tatsächlich erheblichen Unterschiede nicht zu kaschieren und gleichzeitig einen straffen Überblick zu gewähren, muss sich die folgende Darstellung auf die Vorstellung der Grundregeln beschränken, welche in der Mehrzahl der *jurisdictions* Anerkennung finden.

Im wesentlichen richtet sich die Frage der Rechtskrafterstreckung im jeweiligen Fall nach den konkreten Anspruchsbegehren, welche durch die Klagen der Angehörigen verfolgt werden. Dabei stehen den Angehörigen je nach den Folgen der Verletzung für das Leben des Geschädigten verschiedene Anspruchsgrundlagen zu Verfügung.

Ist die *Verletzung des Geschädigten nicht tödlich oder klagen die Angehörigen noch zu dessen Lebzeiten*, so können sie vom Schädiger zwei Arten von Schäden ersetzt verlangen.[120]

Zum einen handelt es sich dabei um die Aufwendungen für die medizinische Behandlung des Geschädigten, die durch einen Angehörigen getragen wurden. Der Ersatz dieser Aufwendungen kann in der Mehrheit der Bundesstaaten entweder von dem Geschädigten selbst oder demjenigen Familienmitglied geltend gemacht werden, welchem diese Aufwendungen tatsächlich zur Last fielen.[121] Wird der Ersatz dieser Schäden nun von dem einen Berechtigten durch Klage gegen den Schädiger geltend gemacht, so steht eine gerichtliche Entscheidung über diese Klage einer zweiten Klage des anderen Berechtigten im Wege der

[119] In manchen *jurisdictions* sind die medizinischen Behandlungskosten des Verletzten beispielsweise Teil des *loss of consortium (companionship)*, in anderen wiederum nicht; vgl. *Restatement (Second)*, § 48 Comment c. sowie Reporter's Note zu Comment a.

[120] *James/Hazard/Leubsdorf*, § 11.30; *Restatement (Second)*, § 48 Comment a.

[121] *James/Hazard/Leubsdorf*, a.a.O.

claim preclusion entgegen.[122] Die gemeinschaftliche Berechtigung der Familienangehörigen führt somit zur wechselseitigen Bejahung von *privity*. Dieses Ergebnis entspricht der Rechtsprechung in anderen Rechtsgebieten, die bei der Klage eines von mehreren Gesamtgläubigern gegen den Schuldner in der Regel anders als das deutsche Recht[123] eine Rechtskrafterstreckung zu Lasten der anderen Gesamtgläubiger annimmt.[124]

Zum anderen steht bestimmten Angehörigen gegen den Schädiger bei langwieriger medizinischer Behandlung oder gar verletzungsbedingter Behinderung des Geschädigten ein eigenständiger Anspruch auf Ersatz des *loss of companionship (consortium)* zu, der den Unterhaltsschaden sowie den immateriellen Schaden ausgleichen soll, welchen der Angehörige dadurch erleidet, dass der Geschädigte aufgrund seiner Verletzung zeitweise oder dauerhaft seine familiären Pflichten nicht mehr erfüllen kann.[125] Dieser Anspruch des Familienmitglieds wird in der Mehrzahl der *jurisdictions* als *derivative claim* charakterisiert, womit zum Ausdruck gebracht werden soll, dass sein Umfang und seine Durchsetzbarkeit unmittelbar von dem Bestand eigener Schadensersatzansprüche des Geschädigten gegen den Schädiger abhängen.[126] Die materiell-rechtliche Ableitung des Angehörigenrechts aus dem Geschädigtenrecht schlägt sich in prozessualer Hinsicht in der Bejahung von *privity* nieder.[127]

---

[122] *Liebler v. Our Lady of Victory Hospital*, 351 N.Y.S.2d 480, 482 (N.Y.A.D. 1974); *Houghton v. Novak*, 292 N.E.2d 905, 907 (Ill. App. Ct. 1973).

[123] Vgl. *BGHZ* 3, 385, 389; *BGH*, NJW 1984, 126, 127.

[124] Vgl. *Restatement (Second)*, § 53.

[125] Im Verhältnis der Ehegatten untereinander spricht man in der Regel von *loss of consortium* , im Verhältnis zwischen Eltern und Kindern dagegen von *loss of companionship*; vgl. *Baio*, 50 Ford.L.Rev. 1344, 1346 (1982); *Restatement (Second)*, § 48 Comment a.

[126] *Baio*, a.a.O., 1351; *Terrell v. DeConna*, 877 F.2d 1267, 1271 (5th Cir. 1989); *Fischbach v. Auto-Boys, Inc.*, 106 N.Y.S.2d 416, 417 (N.Y. Sup. Ct. 1951), aufgehoben aus anderen Gründen durch den *New York Supreme Court, Appelate Division* in 112 N.Y.S.2d 283 (N.Y.A.D. 1952).

[127] Vgl. *Restatement (Second)*, § 48 (2) m.w.N. sowie *James/Hazard/Leubsdorf*, § 11.30; anders noch die traditionelle Auffassung, welche *privity* in diesen Fällen ablehnte: *Engelmann-Pilger*, S. 114 f. sowie *Baio*, a.a.O., 1368.

Zwar führt dies in der Mehrzahl der *jurisdictions* nicht dazu, dass ein Familienmitglied seinen Anspruch nach gerichtlicher Entscheidung über eine Schadensersatzklage des Geschädigten wegen des schädigenden Ereignisses nicht mehr geltend machen könnte, da die Ansprüche von schädigtem und Familienmitglied als verschiedene *claims* angesehen werden.[128] Die Grundsätze der *claim preclusion* finden auf eine spätere Klage des Angehörigen somit in der Regel keine Anwendung. Jedoch beansprucht ein vorangegangenes Urteil gegen den Geschädigten von dem Angehörigen im Wege der *issue preclusion* insoweit Beachtung, als die Beantwortung streitiger und entscheidungserheblicher Fragen des ersten Verfahrens auch für die Entscheidung über seinen *derivative claim* verbindlich ist.[129]

Erstaunlicherweise ändert sich der Umfang der Rechtskrafterstreckung zu Lasten des Familienmitgliedes, sobald die Verletzung des Geschädigten zu dessen Tode führt. Ist die *Verletzung des Geschädigten tödlich und klagen die Angehörigen erst nach seinem Tode*, so stehen ihnen Ansprüche gegen den Schädiger aus eigenem Recht lediglich noch nach den so genannten *wrongful death statutes* zu, die in verschiedenen Bundesstaaten für zahlreiche Rechtsgebiete existieren und sehr unterschiedlich ausgestaltet sind.[130] Grundsätzlich verpflichtet ein *wrongful death claim*, der entweder den Angehörigen oder dem Nachlass des Verstorbenen zusteht, den Schädiger zum Ersatz aller Schäden, die aus dem Ereignis des Todes des Geschädigten resultieren. Der Anspruch umfasst somit unter anderem die Beerdigungskosten, den Unterhaltsschaden (*loss of support*) sowie den immateriellen Schaden (*loss of society*) der Angehörigen.[131]

---

[128] *Baio*, a.a.O., 1368; *Terrell v. DeConna*, a.a.O., 1273.

[129] *Terrell v. DeConna*, a.a.O., 1272; *Fischbach v. Auto-Boys, Inc.*, a.a.O., 417; *Laws v. Fisher*, 513 P.2d 876, 877 (Okla. 1973)

[130] *James/Hazard/Leubsdorf*, § 11.30; *Restatement (Second)*, § 46 Comment a.

[131] Vgl. zu den einzelnen Schadenspositionen ausführlich die Entscheidung des *U.S. Supreme Court* in Sachen *Sea-Land Services, Inc. v. Gaudet*, 414 U.S. 573 (1974); der *wrongful death claim* stimmt in den durch ihn berücksichtigten Schadenspositionen

Wird der Ersatz dieser Schäden durch eine *wrongful death action* nach dem Tode des Verletzten gefordert, obwohl der Geschädigte bereits vor seinem Tode den Ersatz seines persönlichen Schadens gerichtlich geltend gemacht hatte, so stellt sich die Frage, inwieweit eine Entscheidung über die lebzeitige Klage des Geschädigten für den Angehörigen Bindungswirkung entfaltet. Die Standpunkte, welche die verschiedenen Gerichte hierzu einnehmen, unterscheiden sich erheblich voneinander. Die überwiegende Mehrheit der *jurisdictions* geht davon aus, dass die Entscheidung über eine lebzeitige Klage des Verstorbenen unabhängig von ihrem Ergebnis der *wrongful death action* im Wege der *claim preclusion* entgegensteht.[132] Diese überaus strenge Bindung der Hinterbliebenen wird von manchen damit begründet, dass der *wrongful death claim* streng akzessorisch zu den Rechten des Verstorbenen sei und daher deren prozessuales Schicksal teile.[133] Andere sehen in der Eröffnung einer gesonderten Klagemöglichkeit für die Hinterbliebenen die Gefahr der doppelten Inanspruchnahme des Schädigers, da einige Schadenspositionen des *wrongful death claim* bereits im Rahmen des *personal claim* des Geschädigten zu Lebzeiten Berücksichtigung finden.[134] Schließlich würde das schutzwürdige Vertrauen des Schädigers in die Endgültigkeit der Entscheidung zu Lebzeiten des Geschädigten durch die posthume Klage und die damit verbundenen Kostenlast erheblich erschüttert werden.[135]

---

dementsprechend weitgehend mit dem Anspruch des Angehörigen auf Ersatz des *loss of consortium (companionship)* zu Lebzeiten des Geschädigten überein.

[132] *Mellon v. Goodyear*, 277 U.S. 335, 344 (1928); *Walrod v. Southern Pacific Company*, 447 F.2d 930, 932 (9th Cir. 1971); einen sehr guten Überblick mit zahlreichen weiteren Nachweisen bietet die *concurring and dissenting opinion* von *Judge Alarcon* zu der Entscheidung *Schwarder v. United States*, 974 F.2d 1118, 1129 (9th Cir. 1992).

[133] *Walrod v. Southern Pacific Company*, a.a.O.; *concurring and dissenting opinion* zu *Schwarder v. United States*, a.a.O.

[134] Insbesondere wird dies im Verhältnis zwischen dem Verdienstausfall des Geschädigten und dem Unterhaltsschaden des Angehörigen angenommen; vgl. *concurring and dissenting opinion* zu *Schwarder v. United States*, a.a.O., 1130.

[135] So die *dissenting opinion* der *Judges Powell, Stewart* und *Rehnquist* zur Entscheidung *Sea-Land Services, Inc. v. Gaudet*, a.a.O., 612 f.

Nicht alle Gerichte sind bereit, diese Auffassung zu teilen, und machen die konkrete Reichweite der Rechtskrafterstreckung von der Ausgestaltung der Hinterbliebenenrechte durch das jeweils einschlägige *wrongful death statute* abhängig.[136] Da das Recht einiger bedeutender Bundesstaaten den Anspruch der Angehörigen nicht als *derivative claim* ansieht und somit eine Akzessorietät der Hinterbliebenenrechte ablehnt, kommen einige *jurisdictions* zu dem Ergebnis, dass eine Entscheidung über eine lebzeitige Klage des Verstorbenen hinsichtlich der *wrongful death action* nach dem Recht dieser Bundesstaaten keinerlei Rechtskraftwirkung entfaltet.[137] Die Gefahr des doppelten Einstehenmüssens des Schädigers für gleiche Schäden wird dabei nicht berücksichtigt oder für unwesentlich gehalten.[138]

Eine moderne Ansicht bietet gegenüber diesen Auffassungen einen differenzierteren Ansatz. Danach unterliegt der Angehörige, der nach dem Tode des Geschädigten eine Klage gegen den Schädiger anhängig macht, nicht den Bindungswirkungen des ersten Urteils, soweit er den Ersatz von Schäden einfordert, die der Verstorbene mangels eines entsprechenden Anspruches nicht selbst geltend machen konnte.[139] Findet eine im Rahmen der *wrongful death action* geforderte Ersatzleistung dagegen ihre Entsprechung in der ersten Klage des Geschädigten, so ist der Angehörige im Wege der *issue preclusion* diesbezüglich gebunden, wie es der Verstorbene zu Lebzeiten war, da der Verstorbene hinsichtlich dieser Schadenspositionen durch seine eigene Klage gleichzeitig die Rechte seiner Angehörigen repräsentierte.[140] An dieser Stelle zeigt sich besonders deutlich, wie verschiedene Gründe, welche zur Bejahung von *privity*

---

[136] *Sea-Land Services, Inc. v. Gaudet*, a.a.O., 579; *Schwarder v. United States*, a.a.O., 1124.

[137] Zur Rechtslage in Kalifornien: *Schwarder v. United States*, a.a.O., 1123; ähnliche Vorschriften enthalten unter anderem die Rechtsordnungen der Bundesstaaten Kansas, Ohio, New Jersey, Louisiana und South Dakota; vgl. hierzu die Übersicht in der *concurring and dissenting opinion* des *Judge Alarcon*, a.a.O., 1130.

[138] Vgl. *concurring and dissenting opinion* zu *Schwarder v. United States*, a.a.O., 1131.

[139] *Sea-Land Services, Inc. v. Gaudet*, a.a.O., 583.

[140] *Sea-Land Services, Inc. v. Gaudet*, a.a.O., 592.

führen – im vorliegenden Fall die materiell-rechtliche Verbindung zwischen verschiedenen Personen bzw. die prozessuale Repräsentanz einer Person durch einen anderen – häufig ineinander greifen und nur in ihrem Zusammenspiel die Bindung des Dritten zu begründen vermögen.[141] Die vorstehende Ansicht überzeugt, da sie eine mehrfache Inanspruchnahme des Schädigers verhindert und gleichzeitig die Rechte der Hinterbliebenen wahrt. Ihre Bedeutung für die weitere Entwicklung der Gesetzgebung und Rechtsprechung bleibt insofern abzuwarten.[142]

c) Verpflichtung zur Schadloshaltung einer schadensersatzpflichtigen Partei *(indemnification cases)*

Als weitere materiell-rechtliche Verbindung zwischen zwei Personen, welche die Bejahung von *substantive privity* rechtfertigt, ist das Verhältnis zwischen *indemnitee* und *indemnitor* anerkannt. Eine *indemnification relationship* in diesem Sinne ist dann gegeben, wenn eine Person (*indemnitee*), welche einem anderen (*claimant*) zum Schadensersatz verpflichtet ist, einen Anspruch gegen einen Dritten (*indemnitor*) auf Freistellung von dieser Haftung bzw. auf Erstattung der Schadensersatzleistung hat.[143] Ein entsprechendes Recht auf Schadloshaltung ergibt sich häufig aus einem Versicherungsvertrag des *indemnitee* mit dem *indemnitor*.[144] Daneben kann es aber auch auf einer *warranty*-Haftung des *indemnitor* als Verkäufer gegenüber dem *indemnitee* als Käufer[145] oder dem Umstand beruhen, dass das schadensstiftende Ereignis durch ein

[141] Vgl. hierzu bereits die Ausführungen zu II.1. in diesem Kapitel.

[142] Die Entscheidung *Sea-Land Services, Inc. v. Gaudet* ist heute nicht mehr unmittelbar bindendes Recht, da das *wrongful death statute*, auf welchem die Entscheidung beruht, zwischenzeitlich geändert wurde; jedoch finden sich die Grundsätze der Entscheidung in § 46 (2) des *Restatement (Second)* wieder, womit weiterhin ein erheblicher Einfluss dieses modernen Standpunktes zumindest auf die künftige Rechtsprechung zu erwarten steht.

[143] Vgl. *Restatement (Second)*, § 57 (1).

[144] Vgl. *Aetna Casualty & Surety Co. v. Hase*, 390 F.2d 151 (8th Cir. 1968).

[145] Vgl. hierzu: *Note*, 69 Colum.L.Rev. 1459, 1462 (1969) sowie die Entscheidung *Barber-Greene Co. v. Bruning Co.*, 357 F.2d 31, 33 f. (8th Cir. 1966).

schuldhaftes Verhalten des *indemnitor* ausgelöst wurde, für das der *indemnitee* nach den Grundsätzen der *vicarious liability* einzustehen hat.[146]

Wird der *indemnitee* nun von dem *claimant* auf Schadensersatz in Anspruch genommen und unterliegt vor Gericht, so genügt das bloße Bestehen einer *idemnification relationship* für eine Rechtskrafterstreckung zu Lasten des *indemnitor* noch nicht. Hinzukommen muss, dass der *indemnitee* den *indemnitor* im Wege des *vouching in* rechtzeitig von dem Verfahren unterrichtete und ihn aufforderte, ihn bei der Verteidigung gegen die anhängige Klage zu unterstützen.[147] Sind diese Voraussetzungen gegeben, so ist der *indemnitor* im Falle einer Verurteilung des *indemnitee* unabhängig davon, ob er die Verteidigung des *indemnitee* tatsächlich wahrgenommen hatte oder nicht,[148] im Wege der *issue preclusion* an die gerichtliche Feststellung aller Tatsachen gebunden, die für das stattgebende Urteil entscheidungserheblich waren und gleichzeitig geeignet sind, die Einstandspflicht des *indemnitor* zugunsten des *indemnitee* begründen.[149] Diese Bindungswirkung besteht sowohl im Verhältnis zum *claimant*[150] als auch im Verhältnis zum *indemnitee*.[151] Der *indemnitor* kann daher einer späteren Regressklage des *indemnitee* nicht mehr wirksam entgegenhalten, dass eine Haftung des *indemnitee* gar nicht bestan-

---

[146] *Vicarious liablity* kann sich beispielsweise aus der vertraglichen Beziehung zwischen Arbeitgeber (*employer*) und Arbeitnehmer (*employee*), *principal* und *agent*, *guarantor* und *debtor* etc. ergeben; vgl. hierzu *James/Hazard/Leubsdorf*, § 11.30 sowie die Entscheidung *SCAC Transport (USA) Inc. v. S.S. „Danaos"*, 845 F.2d 1157 (2nd Cir. 1988) (Haftung des Schiffcharterers für Verschulden des Schauermanns beim Verladen fremder Güter).

[147] Vgl. zu den Anforderungen an die Benachrichtigung des *indemnitor* statt aller: *Mansel*, in: *Heldrich/Kono*, Herausforderungen des internationalen Zivilverfahrensrechts (1994), S. 65 f. m.w.N.

[148] So ausdrücklich: *SCAC Transport (USA) Inc. v. S.S. „Danaos" et al.*, a.a.O., 1161 f.; *Ferrostaal, Inc. v. American Commercial Barge Lines, L.L.C.*, 2002 WL 338158, *2 (N.D.Ill. 2002).

[149] *Aetna Casualty & Surety Co. v. Hase*, a.a.O. 153; *Ferrostaal, Inc. v. American Commercial Barge Lines, L.L.C.*, a.a.O. *3.

[150] Vgl. für die Bindung des *indemnitor* bei einer Direktklage des *claimant* nach erfolgloser Inanspruchnahme des *indemnitee*: *Bonde v. General Insurance Company of Canada*, 285 N.Y.S.2d 675, 679 (N.Y. Sup. Ct. 1967).

[151] So z.B. in der Entscheidung *SCAC Transport (USA) Inc. v. S.S. „Danaos" et al.*, 1161.

den habe.[152] Seine Verteidigung muss sich folglich auf Einwendungen beschränken, die nicht Gegenstand des abgeschlossenen Prozesses waren. Hierzu zählen unter anderem das Fehlen der erforderlichen *indemnification relationship* oder die Rüge der ungenügenden Benachrichtigung durch den *indemnitee* im Vorprozess.[153]

Die Bedeutung des *vouching in* wird zunehmend dadurch relativiert, dass moderne Prozessordnungen dem *indemnitee* die Möglichkeit eröffnen, seine Regressansprüche bereits während ersten Verfahrens im Wege eines *impleader* gegenüber dem *indemnitor* geltend zu machen.[154] Gerade in Fällen, in denen eine solche Drittklage jedoch mangels Zuständigkeit des mit der Schadensersatzklage befassten Gerichts über den *indemnitor* nicht zu Verfügung steht, stellt das *vouching in* nach wie vor den wirksamsten Schutz des *indemnitee* vor einer divergierenden gerichtlichen Beurteilung seiner Haftung dar. Die Rechtskrafterstreckung zu Lasten des *indemnitor* nach erfolgtem *vouching in* wird nämlich selbst dann bejaht, wenn dieser nicht der *personal jurisdiction* des Gerichts unterfällt, welches zur Entscheidung über die Klage des *claimant* gegen den *indemnitee* berufen ist.[155]

Die Bindung des *indemnitor* an die Feststellungen des Urteils gegen den *indemnitee* wird auf mehrfache Weise begründet. Teilweise wird die Bejahung von *privity* schlicht auf Überlegungen gestützt, die bereits der allgemeinen Lehre der *issue preclusion* zugrunde liegen. Hierzu zählen insbesondere die Förderung der Verfahrensökonomie sowie der Schutz der Prozessparteien vor einander widersprechenden gerichtlichen Feststellungen.[156] Daneben verweisen viele Autoren darauf, dass der *indemni-*

[152] Das *vouching in* entspricht in seiner Funktion daher weitgehend der Streitverkündung deutschen Rechts gemäß § 72 ff. ZPO; so auch *Koch*, ZVglRWiss 85 (1986), S. 14, 61 sowie *Mansel*, a.a.O., S. 64.

[153] *Casad/Clermont*, Res judicata, S. 157; *Aetna Casualty & Surety Co. v. Hase*, a.a.O., 155.

[154] *SCAC Transport (USA) Inc. v. S.S. „Danaos" et al.*, 1162.

[155] *Casad/Clermont*, a.a.O., S. 156; *Mansel*, a.a.O.

[156] *SCAC Transport (USA) Inc. v. S.S. „Danaos" et al.*, 1162; vgl. zur Ratio der *issue preclusion* ausführlich die Ausführungen in 2. Kapitel zu III.1.

tor aufgrund des *vouching in* bereits in dem Verfahren zwischen *claimant* und *indemnitee* hinreichend Gelegenheit hatte, die Haftung des *indemnitee* zu bestreiten. Das Gebot des rechtlichen Gehörs gebiete daher nicht, dem *indemnitor* eine weitere Chance der streitigen Erörterung zu Lasten des *indemnitee* zu eröffnen.[157]

Der Gedanke der Einmaligkeit der prozessualen Chance allein erscheint jedoch ungenügend, um die Bindung eines Prozessunbeteiligten zu rechtfertigen. Die Prozessparteien können nicht die Einbeziehung jedes beliebigen Dritten in die Feststellungswirkungen eines Urteils dadurch erreichen, dass sie ihn von dem zugrundliegenden Prozess unterrichten und ihm die Möglichkeit eröffnen, sich an dem Verfahren zu beteiligen. Die Bejahung von *privity* setzt vielmehr neben dem Akt der Benachrichtigung des Dritten stets noch das Vorhandensein einer *indemnification relationship* voraus. Die Rechtskrafterstreckung zu Lasten des *indemnitor* ist neben prozessualen Erfordernissen somit zusätzlich an eine wesentliche materiell-rechtliche Verbindung des Prozessunbeteiligten mit einer der Prozessparteien geknüpft, welche sich folglich auch in der Ratio der Drittbindung niederschlagen muss.

Gegenüber den vorgestellten Begründungsansätzen befriedigender ist insofern die Auffassung, welche die Bindung des Prozessunbeteiligten mit der Interessenidentität zwischen *indemnitee* und *indemnitor* erklären will.[158] Angesichts der materiell-rechtlichen Entschädigungspflicht des *indemnitor* bestehe die Vermutung, dass sein Interesse im Schadensersatzprozess des *claimant* gegen den *indemnitee* mit dem des *indemnitee* insoweit übereinstimme, als beiden an der gerichtlichen Feststellung einer möglichst geringen Haftung des *indemnitee* gelegen sei.[159] Aufgrund dieser Interessenparallelität erscheine es angemessen, den *indemnitor*

[157] *Restatement (Second),* § 57 Comment a.; *James/Hazard/Leubsdorf,* a.a.O.; *Krause,* Urteilswirkungen gegenüber Dritten, S. 165.

[158] Vgl. *Note,* 43 N.Y.U. L.Rev. 140, 143 (1968); *Note,* 69 Colum.L.Rev. 1459, 1462 (1969).

[159] *Note,* 43 N.Y.U. L.Rev. 140, 143 (1968).

auch an Urteilsfeststellungen zu binden, die in einem Verfahren getroffen wurden, an dem der *indemnitor* nicht selbst beteiligt war, in dem seine Interessen aber durch den *indemnitee* als Prozesspartei repräsentiert wurden. Das Gebot rechtlichen Gehörs erfordere keine weitergehende Beteiligung des *indemnitor,* da eine solche im Rahmen des *vouching in* bereits eröffnet, aber nicht ergriffen wurde.[160] Die zuletzt dargestellte Argumentation verbindet somit materiell-rechtliche mit bereits geschilderten prozessualen Erwägungen und spiegelt auf diese Weise das Zusammenspiel der verschiedenen Voraussetzungen der *privity* im vorliegenden Fall wider. Sie zeigt gleichzeitig sehr deutlich auf, dass – wie bereits an anderer Stelle erwähnt[161] – oftmals nur verschiedene Gründe in ihrer Gesamtheit genügen, um *privity* zu begründen. Wesentlich ist nach diesem Begründungsansatz jedoch nicht der Gedanke der Einmaligkeit der prozessualen Chance, sondern vielmehr der Aspekt der Interessenidentität, der sich aus der materiell-rechtlichen Entschädigungspflicht ergibt.

Die Angemessenheit dieser Gewichtung zeigt sich gerade dann, wenn es an einer Interessenkongruenz zwischen *indemnitor* und *indemnitee* ausnahmsweise fehlt. Dies ist insbesondere dann der Fall, wenn die Haftung des *indemnitee* gegenüber dem *claimant* auf zwei verschiedenen Anspruchsgrundlagen beruhen kann und der *indemnitor* nur für die Schadensersatzverpflichtung des *indemnitee* aufgrund einer dieser Grundlagen aufkommen muss.[162] Wird beispielsweise nach einem Sachkauf bei Benutzung der Kaufsache durch den Käufer ein Dritter geschädigt, so hat der Verkäufer im Rahmen seiner *warranty*-Haftung den Käufer grundsätzlich von eventuellen Schadensersatzansprüchen des Geschädigten lediglich dann freizustellen, wenn der Schaden auf einen Mangel der Kaufsache zurückgeht, nicht jedoch wenn er durch die schuldhaft falsche Bedienung der Kaufsache durch den Käufer verur-

---

[160] *Note,* 69 Colum.L.Rev. 1459, 1462 (1969).

[161] Siehe oben die Ausführungen zu II.1. in diesem Kapitel.

[162] Vgl. *Restatement (Second),* §§ 57 (3), 58 (2).

sacht wurde.[163] Des weiteren trifft den Haftpflichtversicherer bei Vereinbarung der gebräuchlichen Versicherungsbedingungen zumeist nur dann die Pflicht, für das schadensstiftende Verhalten des Versicherungsnehmers einzustehen, wenn dieses nicht auf Vorsatz beruht. Häufig ist es im Zeitpunkt des Prozesses des Geschädigten gegen den Versicherungsnehmer jedoch noch unklar, ob die Verletzung des Geschädigten vorsätzlich (*intentional*) oder nur fahrlässig (*negligent*) erfolgte, und ob den Versicherer infolgedessen eine Einstandspflicht trifft oder nicht.[164]

In diesen Fällen besteht ein unlösbarer Interessenkonflikt zwischen *indemnitee* und *indemnitor*. So liegt es angesichts des Risikos, dass der Klage des *claimant* möglicherweise stattgegeben wird, im Interesse des *indemnitee*, das Gericht zumindest davon überzeugen, dass die gegen ihn gerichteten Ansprüche auf Umständen beruhen, für die der *indemnitor* eintreten muss, da nur auf diese Weise die Schadensersatzlast auf den *indemnitor* abgewälzt werden kann. Der *indemnitor* hat dagegen das Interesse, dass das Gericht, soweit es eine Schadensersatzpflicht des *indemnitee* nicht verneinen sollte, seinem Urteil einen Sachverhalt zugrunde legt, welcher nicht von der Verpflichtung des *indemnitor* zur Schadloshaltung gedeckt ist. Angesichts dieser Lage ist weder im Rahmen der Prozessführung durch den *indemnitor* noch durch den *indemnitee* gewährleistet, dass die Rechte des jeweils anderen hinreichenden Schutz erfahren.[165]

Zahlreiche Autoren und Gerichte kommen daher zu dem Ergebnis, dass für den *indemnitor* bei einem so genannten *conflict of interest* keine Obliegenheit besteht, den *indemnitee* in seinem Prozess gegen den *claimant* zu unterstützen.[166] Bleibt er aufgrund dessen dem Verfahren in der Folge

---

[163] Dieser Fall liegt der Entscheidung *Barber-Greene Co. v. Bruning Co.*, a.a.O., zugrunde.

[164] Vgl. *Stout v. Grain Dealers Mutual Insurance Co.*, 307 F.2d 521 (4th Cir. 1962); *State Farm & Fire Casualty Co. v. Garrity*, 785 F.2d 1225 (4th Cir. 1986).

[165] Vgl. hierzu ausführlich *Restatement (Second)*, § 57 Comment c.

[166] Vgl. *James/Hazard/Leubsdorf*, a.a.O.; *Note*, 69 Colum.L.Rev. 1459, 1468 (1969); *Note*, 43 N.Y.U. L.Rev. 140, 150 (1968); *Barber-Greene Co. v. Bruning Co.*, a.a.O., 35; *Stout v. Grain Dealers Mutual Insurance Co.*, a.a.O., 523.

tatsächlich fern, so betreffen ihn auch nicht die gerichtlichen Feststellungen, welche für die Urteilsfällung erheblich waren und hinsichtlich derer ein Interessenkonflikt vorlag.[167] Beteiligt er sich dagegen trotz fehlender entsprechender Obliegenheit an der Verteidigung des *indemnitor,* so ist er nur dann von den Bindungen der *issue preclusion* frei, wenn er sich zuvor die spätere Verfolgung der Einwendungen gegen das Bestehen seiner Einstandspflicht im Rahmen eines *nonwaiver agreement* oder einer *reservation of rights notice* ausdrücklich vorbehalten hat.[168]

Die vorstehenden Erwägungen finden im deutschen Recht eine gewisse Entsprechung. So scheidet nach dem Dafürhalten einer Minderheitsmeinung die Interventionswirkung gemäß § 68 ZPO, die der *issue preclusion* nach erfolgtem *vouching in* vergleichbar ist, zu Lasten eines Streitverkündeten insoweit aus, als sie sich auf tatsächliche oder rechtliche Urteilsgrundlagen bezieht, hinsichtlich derer zwischen der Hauptpartei und dem Streitverkündeten im abgeschlossenen Vorprozess ein Interessenkonflikt bestand.[169] Begründet wird diese Ansicht, die allerdings nicht danach unterscheidet, ob der Streitverkündete trotz Interessenkonflikt der Hauptpartei beigetreten ist oder nicht, damit, dass eine gegenseitig unterstützende Prozessführung hinsichtlich der Konfliktpunkte weder zu erwarten sei noch verlangt werden könne, womit die Grundlage der Drittbindung entfalle.[170] Die herrschende Gegenauffassung erkennt diese Interessenproblematik zwar ebenfalls, lehnt jedoch die daraus abgeleitete Einschränkung der Interventionswirkung ab, da eine solche zu nicht hinnehmbaren Unsicherheiten im Einzelfall führen

[167] Vgl. *Restatement (Second),* § 57 Comment c. ; *Barber-Greene Co. v. Bruning Co.,* a.a.O.; *Stout v. Grain Dealers Mutual Insurance Co.,* a.a.O.

[168] Die Bindung wird in der Regel damit begründet, dass die Beteiligung des *indemnitor* an der Verteidigung des *indemnitee* als Anerkenntnis der Einstandspflicht bzw. als Verzicht auf den Einwand der fehlenden Einstandspflicht anzusehen ist; vgl. hierzu ausführlich: *Note,* 43 N.Y.U. L.Rev. 140, 151 f. (1968); *State Farm & Fire Casualty Co. v. Garrity,* a.a.O. (ausdrücklicher Vorbehalt der Einwendungen).

[169] Vgl. *Häsemeyer,* ZZP 84 (1971), S. 195; *ders.,* JR 1988, S. 69.

[170] *Häsemeyer,* ZZP 84 (1971), a.a.O.

könne.[171] Trotz dieser Zurückhaltung verwendet die Mehrheitsmeinung die bloße Möglichkeit eines Interessenkonfliktes andererseits wiederum als ein Hauptargument dafür, eine Interventionswirkung zu Lasten der Hauptpartei gemäß § 68 ZPO analog gänzlich auszuschließen.[172] Sie vermag dabei jedoch nicht recht zu überzeugen, da sie die gleichen Interessenkonflikte, die sie dem Streitverkündungsempfänger durch die Eröffnung einer sehr weiten Interventionsbindung als zumutbare Belastung aufbürdet, für die Hauptpartei als untragbare Situation erachtet, welche in jedem Falle verhindert werden müsse.[173] Das amerikanische Recht erscheint in der Behandlung der Interessenkonflikte demgegenüber ausgewogener.

Aber auch jenes Recht bewertet einen *conflict of interest* nicht immer gleich. Eine abweichende Behandlung ist insbesondere in Fällen zu beobachten, in denen der *indemnitor* außer zur Schadloshaltung des *indemnitee* auch ausdrücklich zu dessen Beistand bei der Verteidigung gegen die Klage des *claimant* verpflichtet ist. Eine entsprechende vertragliche Verpflichtung findet sich in zahlreichen Haftpflichtversicherungspolicen.[174] Wenn die vertragliche Pflicht zur Verteidigung bei jedem denkbaren *conflict of interest* entfallen würde, hätte ihre eigenständige Vereinbarung eine sehr geringe Bedeutung. Die Gerichte beurteilen daher die Frage, ob die Klage eines *claimant* dem Deckungsschutz der Versicherungspolice unterfällt und der Versicherer die Verteidigung seines Versicherungsnehmers zu gewährleisten hat, in der Regel nach den klägerischen Behauptungen in der Klageschrift. Stützt sich die Klage daher auf einen Sachverhalt, der voraussichtlich dem Versicherungsschutz unterfällt, trifft den Versicherer unabhängig von der Frage seines Interessenkonfliktes die Pflicht, den Versicherungsnehmer zu unter-

---

171 *BGHZ* 100, 257, 262.

172 *BGHZ* 100, a.a.O.; *Thomas/Putzo,* § 68 Rn. 1; anderer Ansicht: *Wieczorek/Schütze/Mansel,* § 68 Rn. 141 f.; *Stein/Jonas/Bork,* § 68 Rn. 12; *Häsemeyer,* ZZP 84 (1971), S. 198; *ders.,* JR 1988, S. 70.

173 So sehr deutlich auch: *Häsemeyer,* JR 1988, S. 69.

174 *Restatement (Second),* § 58 Comment a.; *Note,* 43 N.Y.U. L.Rev. 140, 148 (1968).

stützen oder dessen Verteidigung gar alleine zu übernehmen.[175] Verletzt der Versicherer dieses Gebot und bleibt dem Prozess zwischen *claimant* und *indemnitee* fern, so sind die Ansichten darüber geteilt, welche Folgen die Pflichtverletzung für die Frage der Rechtskrafterstreckung zu Lasten des Versicherers hat.

Die überwiegende Meinung unterwirft den Versicherer in diesen Fällen den *issue preclusive effects* des im Verfahren zwischen *claimant* und *indemnitee* ergangenen Urteils, da er durch den pflichtwidrigen Entzug des finanziellen und personellen Beistandes selbst das Risiko des Unterliegens des *indemnitee* erhöht habe.[176] Die Vertragsverletzung führt damit in der Regel dazu, dass der Versicherer unabhängig von der Frage des *conflict of interest* die Kostenlast der Rechtsverfolgung und der ausgeurteilten Schadensersatzleistung des Versicherungsnehmers zu tragen hat.[177]

Die Gegenansicht hält diese strenge Sanktion jedoch für überzogen und lehnt im Falle eines *conflict of interest* eine Rechtskrafterstreckung zu Lasten des Versicherers ab.[178] Die Verletzung der vertraglichen Pflicht zur Gewährleistung von Rechtsbeistand könne höchstens zur Zuspre-

---

[175] *Note,* 43 N.Y.U. L.Rev. 140, 149 (1968); anders dagegen die *California state courts,* die eine Verteidigungspflicht des Versicherers bereits bejahen, wenn er durch die Klage, den Versicherungsnehmer oder andere Quellen von Umständen Kenntnis erlangt, die geeignet sind, seine Einstandspflicht zu begründen; so ausdrücklich der *California Supreme Court* in seiner Entscheidung *Gray v. Zurich Insurance Co.,* 54 Cal.Rptr. 104, 113 (Cal. 1966).

[176] Die Mehrheitsmeinung versucht auf diese Weise dem Versicherer den Anreiz zu nehmen, seinen häufig ökonomisch schwachen Versicherungsnehmer schutzlos der Klage des *claimant* in der Hoffnung auszuliefern, dass für den Versicherungsnehmer aufgrund mangelhafter Verteidigung eine Haftung festgestellt wird, für die kein Versicherungsschutz besteht; vgl. *Restatement (Second),* § 58 Comment a.; *Note,* 43 N.Y.U. L.Rev. 140, 150 (1968); *Gray v. Zurich Insurance Co., a.a.O.,* 115.

[177] So ausdrücklich: *Gray v. Zurich Insurance Co.,* a.a.O.

[178] Vgl. *Restatement (Second),* § 58 (1) (b); *Stout v. Grain Dealers Mutual Insurance Co.,* a.a.O., 523.

chung von Schadensersatz aus Vertragsverletzung führen.[179] Auf die subjektiven Rechtskraftgrenzen des Urteils habe sie dagegen keinerlei Einfluss.[180]

Die Unwägbarkeiten, die dieser Meinungsstreit für Versicherungsunternehmen mit sich bringt, sind erheblich. Sie können oftmals nur dadurch begrenzt werden, dass der Versicherer trotz eines *conflict of interest* die Verteidigung des Versicherungsnehmers übernimmt und sich die Geltendmachung der Einwendungen gegen seine Einstandspflicht ausdrücklich vorbehält. Nicht verhehlt werden darf, dass ein solcher Vorbehalt nur begrenzt zulässig ist und dann keine Wirksamkeit entfaltet, wenn sich der angebliche Interessenkonflikt des Versicherers nachträglich nicht bestätigt.[181] Um den Versicherer vor überraschenden Ergebnissen zu bewahren, wird daher vorgeschlagen, die Frage der Verteidigungspflicht vorab gerichtlich durch Erhebung einer Feststellungsklage des Versicherers gegen den Versicherungsnehmer klären zu lassen.[182] Diese Auffassung übersieht jedoch die nahe liegende Gefahr, dass die gerichtliche Entscheidung über den Versicherungsschutz erst nach dem Urteil über die Klage des *claimant* gefällt wird.[183] Eine andere Ansicht rät dem Versicherer sogar, sich im Wege einer *intervention* auf Seiten des *claimant* an dem Prozess gegen den Versicherungsnehmer zu beteiligen, wenn er der Ansicht ist, dass seine Interessen im Widerspruch zu denen des Versicherungsnehmers stehen.[184] Dieser Vorschlag vernachlässigt wiederum die vertragliche Treuepflicht zwischen Versicherer und Versicherungsnehmer und vermag daher ebenfalls nicht zu überzeugen. Alle

[179] In der Regel besteht dieser Schaden in den Kosten der Rechtsverteidigung, die aufgrund der Weigerung des *indemnitor* zunächst der *indemnitee* allein aufbringen musste; vgl. *Note*, 43 N.Y.U. L.Rev. 140, 150 (1968).

[180] *Note*, 69 Colum.L.Rev. 1459, 1470 (1969).

[181] Vgl. *Note*, 43 N.Y.U. L.Rev. 140, 155 (1968).

[182] So: *Note*, 43 N.Y.U. L.Rev. 140, 158 (1968).

[183] Wie z.B. im Fall *Stout v. Grain Dealers Mutual Insurance Co.*, a.a.O.

[184] In dieser Richtung: *Note*, 69 Colum.L.Rev. 1459, 1473 (1969).

Lösungsversuche bieten somit beträchtliche Gefahren für den Versicherer.

Trotz der unübersichtlichen Rechtslage wird jedoch deutlich, dass mit zunehmender Interessendivergenz zwischen *indemnitor* und *indemnitee* die sinkende Bereitschaft einhergeht, den *indemnitor* als *privy* des *indemnitee* anzusehen. Diese Tendenz weist erkennbar darauf hin, dass die Interessenparallelität von *indemnitor* und *indemnitee* wesentlicher Grund für die Rechtskrafterstreckung zu Lasten des *indemnitor* ist.

d) Mitgliedschaftliche Verbindung in *corporation, partnership* und *unincorporated association*

In einer weiteren Gruppe von Fällen wird *substantive privity* aus dem Zusammenschluss mehrerer Personen zu einer privatrechtlichen Organisation abgeleitet. Dabei sind drei Arten von Organisationsformen voneinander zu unterscheiden. Zum einen handelt es sich dabei um die Kapitalgesellschaften (*corporations*), welchen im Verhältnis zu ihren Gesellschaftern eine selbständige Rechtssubjektivität zuerkannt wird.[185] Des weiteren steht es Privatrechtssubjekten frei, Personengesellschaften (*partnerships*) zu gründen, die eine geordnete mitgliedschaftliche Struktur aufweisen und denen in zunehmendem Maße ebenfalls eine eigene Rechtspersönlichkeit zugesprochen wird.[186] Schließlich können sich mehrere Personen aber auch ohne die Beachtung besonderer Förmlichkeiten in einfachen Interessenvereinigungen organisieren. Diese *unincorporated associations* weisen in der Regel sehr verschiedene Strukturen auf und reichen in ihrem Spektrum von losen Privatinitiativen weniger Bürger bis hin zu hoch organisierten Gewerkschaften mit Tausenden von Mitgliedern. Die Frage der Rechtspersönlichkeit einer solchen *unincorporated association* ist stark von den Rechtsnormen abhängig, auf deren Grundlage ihre jeweilige Anerkennung beruht.[187]

---

[185] *Restatement (Second)*, § 59 Comment a.

[186] *Restatement (Second)*, § 60 Comment a.

[187] *Restatement (Second)*, § 59 Comment b.

Von den drei Organisationsarten weist die *corporation* den höchsten Grad an rechtlicher Verselbständigung auf. Prozessual schlägt sich dies darin nieder, dass ein Streit um Rechte und Pflichten der *corporation* vor Gericht direkt mit der Gesellschaft und nicht mit den Gesellschaftern ausgefochten werden muss.[188] Die *corporation* wird auf diese Weise selbst Partei des Verfahrens, in dem sie durch ihre *officers* bzw. *directors* vertreten wird. Nach Urteilsfällung führt die Unabhängigkeit der Gesellschaft von ihren Gesellschaftern dazu, dass *privity* im Sinne der *res judicata*-Lehre zwischen der *corporation* und ihren Gesellschaftern in der Regel abgelehnt wird.[189] Urteile gegen die *corporation* entfalten daher zu Lasten ihrer Gesellschafter grundsätzlich keine Rechtskraftwirkungen. Das gleiche gilt umgekehrt für die *corporation* bei einem Urteil gegen einen ihrer Anteilseigner.[190]

Dieser Grundsatz wird jedoch nicht strikt durchgehalten. Eine Ausnahme ist beispielsweise dann zu beobachten, wenn ein Gesellschafter in Prozessstandschaft einen *claim* der *corporation* einklagt,[191] den die Gesellschaft bereits zuvor selbst gerichtlich geltend gemacht hat. Wird in einem solchen Fall über die Klage der Gesellschaft entschieden, bevor der Gesellschafter seinen *derivative suit* einleiten konnte, so steht das *judgment* zu Gunsten oder zu Lasten der Gesellschaft im Wege von *merger* bzw. *bar* der weiteren Klage des Gesellschafters gegen den Dritten entgegen. Dieselbe Bindungswirkung tritt zu Lasten der *corporation* ein, wenn über die Klage des Gesellschafters befunden wurde, bevor sie ein eigenes Verfahren über denselben *claim* aus eigenem Recht anstrengen konnte.[192] Die Eröffnung der zusätzlichen Klagemöglichkeit zugunsten

[188] *Hay*, US-amerikanisches Recht, Rn. 504.

[189] Vgl. *Dudley v. Smith*, 504 F.2d 979, 982 (5th Cir. 1974)

[190] Vgl. *Restatement (Second)*, § 59 Comment a.; *Schopler*, 81 A.L.R.2d 1323 (1962).

[191] Vgl. zur Zulässigkeit der Prozessstandschaft des Gesellschafters die Entscheidung des *U.S. Supreme Court* im Verfahren *Ross v. Bernhard*, 396 U.S. 531, 538 f. (1970).

[192] *Restatement (Second)*, § 59 (2); *Ross v. Bernhard*, a.a.O., 538 a.E. (1970). Geht es nach vorangegangener Klage der Gesellschaft in dem zweiten Verfahren eines Gesellschafters zwar um einen anderen *claim*, liegt diesem jedoch eine Streitfrage zugrunde, über die bereits bei der Urteilsfindung über die Klage der Gesellschaft

der Gesellschafter verhindert in diesen Fällen lediglich, dass die Rechte der Gesellschaft allein deshalb nicht gerichtlich verfolgt werden, weil dies ihren gesetzlichen Vertreter nicht opportun erscheint.[193] Eine mehrfache Inanspruchnahme des Beklagten und der Gerichte in der gleichen Sache soll auf diese Weise jedoch nicht ermöglicht werden.

Eine Rechtskrafterstreckung zu Lasten der Gesellschafter wird zudem häufig dann bejaht, wenn es sich bei diesen um die Anteilseigner einer *closely held corporation* handelt. Eine *corporation* wird dann als *closely held* bezeichnet, wenn ihre Gesellschaftsanteile aus rechtlichen oder tatsächlichen Gründen im dauerhaften Eigentum weniger Personen stehen, denen teilweise sogar die Geschäftsführung anvertraut ist.[194] Wird eine *corporation* in diesem Sinne von wenigen Personen beherrscht, so werden diese durch Urteil gegen die Gesellschaft im Wege der *issue preclusion* in späteren Klagen persönlich gebunden, wenn sie im Prozess der Gesellschaft aktiv auf Seiten der Gesellschaft eintraten und kein Interessenkonflikt zwischen ihnen und der Gesellschaft bestand.[195] Umgekehrt ist auch die *closely held corporation* aufgrund *issue preclusion* an die entscheidungserheblichen Feststellungen in Urteilen gegen ihre kontrollierenden Gesellschafter gebunden, außer wenn die Interessen der nicht mitverurteilten Gesellschafter oder der Gesellschaftsgläubiger eine erneute gerichtliche Erörterung der Streitpunkte gebieten.[196]

---

nach streitiger Erörterung befunden wurde, so ist der Gesellschafter diesbezüglich im Wege der *issue preclusion* an die Urteilsfeststellungen gebunden, soweit die Gesellschaft in ihrem Prozess die Interessen des Gesellschafters adäquat repräsentierte; vgl. *Amalgamated Sugar Company, LLC v. NL Industries, Inc.*, 825 F.2d 634, 640, 641 (2nd Cir. 1987).

[193] *Restatement (Second)*, § 59 Comment c.

[194] Zum Begriff der *closely held corporation*: *Hay*, US-amerikanisches Recht, Rn. 518 f.; *Buckley/Gillen/Yalden*, Corporations, S. 563.

[195] *Restatement (Second)*, § 59 (3) (a); *Doe v. Urohealth Systems, Inc.*, 216 F.3d 157, 162 (1st Cir. 2000); *Kreager v. General Electric Co.*, 497 F.2d 468, 472 (2nd Cir. 1974); *Sparks Nugget, Inc. v. Commissioner of Internal Revenue*, 458 F.2d 631, 639 (9th Cir. 1972).

[196] *Restatement (Second)*, § 59 (3) (b); in dieser Richtung auch *Sparks Nugget, Inc. v. Commissioner of Internal Revenue*, a.a.O.

Grund für die Bejahung von *privity* ist in diesen Fällen – ähnlich wie in den *indemnification cases* – die Vermutung von Interessenkongruenz zwischen den Gesellschaftern und der Gesellschaft sowie die Möglichkeit der Gesellschafter, auf den Verlauf des zeitlich vorgelagerten Prozesses selbst unmittelbar Einfluss zu nehmen.[197] Die Rechtskrafterstreckung hat dementsprechend dort ihre Grenze, wo es an der erforderlichen Interessenübereinstimmung fehlt oder Personen eine *fair opportunity to litigate* zu gewähren ist, die ein eigenes schützenswertes Interesse an der Gesellschaft aufweisen und denen im ersten Verfahren kein rechtliches Gehör zuteil wurde.

Schließlich wird der Grundsatz der prozessualen Selbständigkeit einer *corporation* dann durchbrochen, wenn die Gesellschaft lediglich als *alter ego* der Gesellschafter erscheint.[198] Dies ist dann der Fall, wenn die *corporation* keine eigenständige wirtschaftliche Existenz besitzt und lediglich als rechtliches Schild ihres Inhabers gegen seine persönliche Haftung eingesetzt wird. Als Indiz für einen solchen Missbrauch gesellschaftsrechtlicher Formenwahl ist es insbesondere zu werten, wenn die Gesellschafter das Gesellschaftskapital nicht von ihrem Privatvermögen trennen, wenn sie beständig eigene Geschäfte über die Gesellschaft abwickeln oder wenn sie der Gesellschaft angesichts ihrer Geschäftsrisiken ein zu geringes Eigenkapital zur Verfügung stellen. Erscheint aufgrund solcher Umstände die *corporation* letztlich nur als andere Bezeichnung ihrer Gesellschafter, so haften diese nach den Grundsätzen des *piercing of the corporate veil* für die Verbindlichkeiten der Gesellschaft persönlich.[199] Diese materielle Durchgriffshaftung findet auf prozessualer Ebene ihre Entsprechung in einer Rechtskrafterstreckung zu Lasten der Gesellschafter. So sind gerichtliche Feststellungen, die in Urteilen gegen die Gesellschaft getroffen wurden und auf denen diese Urteile beruhen,

---

[197] *Restatement (Second)*, § 59 Comment e; *Doe v. Urohealth Systems, Inc.*, a.a.O; *Kreager v. General Electric Co.*, a.a.O.

[198] *Restatement (Second)*, § 59 Comment g; *Dudley v. Smith*, a.a.O.

[199] Vgl. hierzu statt aller: *Walkovsky v. Carlton*, 276 N.Y.S.2d 585, 587 (N.Y. 1966) mit zahlreichen weiteren Nachweisen.

dann im Wege der *issue preclusion* für die Gesellschafter in späteren Prozessen verbindlich, wenn diese im Verfahren gegen die Gesellschaft hierauf hingewiesen wurden und ihnen die Möglichkeit gewährt wurde, die Rechte der Gesellschaft zu verteidigen.[200] Die ausnahmsweise Rechtskrafterstreckung zu Lasten der Gesellschafter wird damit begründet, dass die Gesellschaft keine eigene Existenz neben derjenigen der Gesellschafter führt und somit bereits das Verfahren gegen die *corporation* faktisch ein Verfahren gegen die Gesellschafter darstellte.[201] Da die Gesellschafter insbesondere nach Erteilung eines entsprechenden gerichtlichen Hinweises gehalten waren, ihre persönlichen Verteidigungsmittel bereits im Prozess gegen die Gesellschaft vorzubringen, bedarf es zur Wahrung ihres rechtlichen Gehörs keiner wiederholten Erörterung bereits entschiedener Streitfragen.

Trotz der vorstehenden Ausnahmen ist die Bejahung von *privity* zwischen einer *corporation* und ihren Gesellschaftern selten. Gänzlich anders stellt sich demgegenüber die Rechtslage bei einer *partnership* dar.

Die *partnership* wurde vom traditionellen *common law* lediglich als Gruppe von Personen (*aggregate*) angesehen, die sich zur Verfolgung eines gemeinsamen geschäftlichen Zweck zusammengeschlossen haben.[202] Im Laufe der Zeit setzte sich jedoch insbesondere nach der Einführung des *Uniform Partnership Act* im Jahre 1916 und seiner Überarbeitung durch den *Revised Uniform Partnership Act* im Jahre 1994 in einigen Staaten die Überzeugung durch, die *partnership* selbst als *legal entity* anzusehen, welche wie die *corporation* Träger von Rechten und Pflichten

---

[200] *Restatement (Second)*, § 59 (5); *Mansfield v. Pierce*, 1998 WL 433304, *6 (4th Cir. 1998) (*unpublished opinion*); in einigen *jurisdictions* wird darüber hinaus gefordert, dass der Gesellschafter die Prozessführung der Gesellschaft im abgeschlossenen Verfahren kontrollierte; vgl. *Minton v. Cavaney*, 15 Cal.Rptr. 641, 644 (Cal. 1961); anderen *jurisdictions* genügt dagegen bereits der Umstand, dass die Gesellschaft lediglich das *alter ego* ihres Gesellschafters darstellt; vgl. *Dudley v. Smith*, a.a.O.

[201] *Dudley v. Smith*, a.a.O.

[202] *James/Hazard/Leubsdorf*, § 11.30; *Restatement (Second)*, § 61, Comment a.

und selbst Partei gerichtlicher Verfahren sein kann.[203] Aber auch die übrigen Staaten, welche nach wie vor nicht bereit sind, der *partnership* eine eigenständige Rechtspersönlichkeit zuzuerkennen, machen von ihrer Grundhaltung zumeist dann eine Ausnahme, wenn es um den Eigentumserwerb oder den Abschluss von Verträgen im Namen der Gesellschaft geht.[204] Die Rechtslage in den *entity theory states* und den *aggregate theory states* unterscheidet sich daher nur in bestimmten Teilaspekten. Unabhängig von der Frage der Rechtspersönlichkeit gilt jedoch in allen Staaten der Grundsatz, dass die Partner anders als die Gesellschafter einer *corporation* für die Verbindlichkeiten der *partnership* mit ihrem persönlichen Vermögen unmittelbar und unbeschränkt haften.[205]

Prozessual schlagen sich die vorstehenden Umstände darin nieder, dass Ansprüche Dritter gegen eine *partnership* häufig gegen die Gesellschaft selbst unter deren eigener Firma geltend gemacht werden können und die Klage zumindest einem der Partner zugestellt werden muss.[206] In einem Teil der *jurisdictions* wird dagegen verlangt, dass nicht die Gesellschaft, sondern alle Partner gemeinschaftlich als Beklagte benannt werden. Auch in diesen Fällen genügt jedoch in der Regel, dass die Klage zumindest einem der Partner zugestellt wird.[207] Wird einer solchen Klage stattgegeben, so ist das Vermögen sowohl der Gesellschaft als auch des Partners, dem die Klage zugestellt wurde, der Vollstreckung

[203] *Hay*, US-amerikanisches Recht, Rn. 491.

[204] *Hay*, US-amerikanisches Recht, a.a.O.

[205] Nach dem *Uniform Partnership Act* haften die Partner für deliktische Ansprüche gegen die Gesellschaft als Gesamtschuldner (*joint and several liability*), für vertragliche Ansprüche dagegen nur gemeinschaftlich (*joint liability*); *Bromberg*, 71 Neb.L.Rev. 143, 147 f. (1992). In Staaten, die den *Revised Uniform Partnership Act* übernommen haben, haften die Partner dagegen stets *joint and several*; vgl. *Valley National Bank of Arizona v. A. E. Rouse & Company*, 121 F.3d 1332, 1336 (9th Cir. 1997).

[206] *Bromberg*, a.a.O., 148 a.E.

[207] So insbesondere die *joint obligor satutes* im Staat New York, in dem die Rechtsprechung auf dem Gebiet der *partnership* im Vergleich zu den anderen Bundesstaaten am weitesten fortentwickelt wurde; vgl. *Bromberg*, 163 f.; *Detrio v. United States*, 264 F.2d 658, 661 (5th Cir. 1959).

durch den Kläger unterworfen.[208] Die anderen Partner, die aufgrund fehlender gerichtlicher Benachrichtigung keinerlei Möglichkeit hatten, die Klage gegen die *partnership* zu verteidigen, werden durch die Rechtskraftwirkungen des stattgebenden Urteils demgegenüber nur insoweit betroffen, als ihr Anteil am Gesellschaftsvermögen dem Zugriff des Dritten unterliegt. Persönlich sind sie an das Ergebnis des abgeschlossenen Prozesses nicht gebunden, da sie nicht in ihn einbezogen waren und ihre Rechte nicht verteidigen konnten.[209] Bei Passivprozessen der *partnership* wird *privity* dementsprechend zwischen den einzelnen Partnern grundsätzlich abgelehnt, es sei denn, dass sie am Prozess gegen die Gesellschaft selbst aktiv beteiligt waren.

Klagt dagegen ein Partner einen *claim* der *partnership* gegen einen Dritten je nach anwendbarem Recht im eigenen Namen oder im Namen der *partnership* ein, so steht das hierauf ergehende *judgment* im Wege der *claim perclusion* der erneuten Klageerhebung durch einen anderen Partner in der gleichen Sache entgegen.[210] Im Wege der *issue preclusion* beansprucht das erste Urteil daneben auch Beachtung in Prozessen, in denen ein anderer Partner gegen denselben Beklagten einen *claim* der *partnership* einfordert, über den bisher noch nicht gerichtlich entschieden wurde.[211] Bei Aktivprozessen der Gesellschaft wird somit die *partnership* insoweit als einheitliches Rechtssubjekt angesehen, als ihre Ansprüche nur einmal gerichtlich geltend gemacht werden dürfen. Ist dies durch Klage eines Partners bereits geschehen, so sind die *partnership* und ihre Mitglieder an das Ergebnis dieses Prozesses umfassend gebunden. Die

---

208 *Bromberg*, a.a.O., 164, 170; *Detrio v. United States*, a.a.O.; *Valley National Bank of Arizona v. A. E. Rouse & Company*, a.a.O., 1336.

209 *Restatement (Second)*, § 59 (1) (b) (ii); *Bromberg*, a.a.O., 164, 170; *Detrio v. United States*, a.a.O.; *Valley National Bank of Arizona v. A. E. Rouse & Company*, a.a.O. 1337 f. (Ausnahme jedoch angebracht, wenn die Einflussnahme der Partner auf das Verfahren nach allgemeinen Grundsätzen ihre Bindung im Rahmen der *issue preclusion* rechtfertigt); (in einem obiter dictum:) *Prudential Real Estate Affiliates, Inc. v. PPR Realty, Inc.*, 204 F.3d 867, 878 (9th Cir. 2000).

210 *Restatement (Second)*, § 60 (2) (a) und (b); *Murry v. Eighth Ave. R. Co.*, 199 N.Y.S. 716, 719 (N.Y.A.D. 1923).

211 *Casad/Clermont*, Res judicata, S. 155; *Restatement (Second)*, § 60 (2) (c).

materiell-rechtliche Verbindung der Partner führt auf diese Weise zur Bejahung von *substantive privity*.

Auf den ersten Blick ergibt sich somit hinsichtlich der Rechtskrafterstreckung eine Inkongruenz zwischen Passiv- und Aktivprozessen einer *partnership*,[212] welche sich bei genauerem Hinsehen jedoch auflöst. Vergegenwärtigt man sich, dass durch das Unterliegen der *partnership* in einem Aktivprozess lediglich das Vermögen der Gesellschaft betroffen wird, bei Passivprozessen dagegen auch das Privatvermögen der Gesellschafter in Gefahr gerät, so erklärt sich, weshalb man im letztgenannten Fall eine Begrenzung der Rechtskrafterstreckung vornimmt, die im erstgenannten Fall keine direkte Entsprechung findet. Soweit lediglich das Vermögen der *partnership* betroffen wird, stimmen die subjektiven Grenzen der Rechtskraft in beiden Fällen überein.

Haben sich mehrere Personen nicht in Form einer *corporation* oder *partnership*, sondern vielmehr formlos zu einer *unincorporated association* zusammengeschlossen, so können nur in beschränktem Umfange allgemeine Aussagen zum Bestehen von *privity* zwischen der *association* und ihren Mitgliedern getroffen werden.

Die *unincorporated association* wurde ursprünglich und wird noch heute teilweise lediglich als Gruppe von Personen ohne eigene Rechtspersönlichkeit angesehen. Die *association* kann nach dieser Ansicht im eigenen Namen weder klagen noch verklagt werden.[213] Der maßgebliche Unterschied der *unincorporated association* zur *partnership* im Sinne des traditionellen Verständnisses besteht danach lediglich darin, dass die Mitglieder der *association* aufgrund ihrer losen rechtlichen Verbindung anders als Partner grundsätzlich nicht für das deliktische Verhalten der anderen Mitglieder haften, außer wenn das entsprechende Handeln zuvor ausdrücklich von der Mitgliederversammlung autorisiert wurde.[214]

---

[212] Vgl. hierzu die Kritik von *Bromberg*, a.a.O., 188.

[213] *United Mine Workers v. Coronado Coal*, 259 U.S. 344, 385 (1922).

[214] *Restatement (Second)*, § 61 Comment a.

Aufgrund der steigenden Bedeutung zahlreicher *unincorporated associations* hält die Mehrheit der *jurisdictions* diese Sicht heute für weitgehend überholt und erkennt bestimmte Arten von *associations* als *legal entities* an, die wie *corporations* gegenüber ihren Mitgliedern rechtlich verselbständigt sind. Den Grundstein zu dieser Entwicklung bildete die Entscheidung *United Mine Workers v. Coronado Coal*[215] des *U.S. Supreme Court*, in der ausdrücklich anerkannt wurde, dass Gewerkschaften aufgrund ihrer Organisationsstruktur, ihrer Mitgliederzahl und ihres Vermögens vor den *federal courts* selbständig verklagt und für Folgen von Streiks zur Verantwortung gezogen werden können, die von ihnen unrechtmäßig initiiert wurden.[216] Würde man von einem durch das Handeln einer Gewerkschaft Betroffenen verlangen, seine Klage gegen alle Mitglieder der Gesellschaft zu richten, so würde man ihn faktisch rechtlos stellen. Darüber hinaus würde man die körperschaftsähnliche Organisationsform der Gewerkschaft vernachlässigen, deren Existenz durch zahlreiche Gesetze anerkannt und durch die Zusprechung zahlreicher besonderer Rechte geschützt wird.[217]

Die so genannte *Coronado-Rule* wurde durch *Rule 17 (b)* in die *Federal Rules of Civil Procedure* inkorporiert und auf alle *unincorporated associations* erweitert, so dass diese nunmehr vor den *federal courts* klagen oder verklagt werden können, falls sie nach der Verfassung oder einem Bundesgesetz Träger von Rechten und Pflichten sein können, die den Gegenstand der Klage bilden.[218] Aufgrund des sehr weiten Wortlautes der Vorschrift und entsprechender Rechtsprechungstendenzen der *state courts* können heute zahlreiche *unincorporated associations* als Partei vor Gericht auftreten, obwohl sie materiell-rechtlich im übrigen nicht als

---

[215] 259 U.S. 344 (1922).

[216] *United Mine Workers v. Coronado Coal*, a.a.O., 391.

[217] *United Mine Workers v. Coronado Coal*, a.a.O., 385 f., 389.

[218] FRCP 17 (b) (1) lautet:

> „[...] that a partnership or other unincorporated association [...] may sue or be sued in its common name for the purpose of enforcing for or against it a substantive right existing under the Constitution or laws of the United States, [...]."

selbständige Rechtssubjekte anerkannt werden.[219] Der wesentliche Grund für die Zubilligung der Parteifähigkeit ist in diesen Fällen die Erwägung, dass die *association* in dem beschränkten Maße, in dem ihr eigenständige Rechte zugebilligt werden, diese selbst besser wahrnehmen kann, als die Summe ihrer Mitglieder.[220] Eine weitere Überlegung rein pragmatischer Natur geht dahin, dass eine „Massenklage" durch bzw. gegen die Mitglieder prozesstechnisch weitaus schwieriger handzuhaben wäre als ein Verfahren unter direkter Beteiligung der *association.*[221]

Die Beantwortung der Frage, inwiefern zwischen der *association* und ihren Mitgliedern *privity* im Sinne der *res judicata*-Lehre anzunehmen ist, richtet sich angesichts der vorstehenden Grundsätze maßgeblich danach, ob der *association* zumindest eine beschränkte Rechtssubjektivität zuerkannt wird und diese damit selbst verklagt werden kann oder nicht.

Kann die *association* gemäß dem traditionellen Ansatz nicht selbst klagen oder verklagt werden, so können Klagen durch oder gegen sie nur über ihre einzelnen Mitglieder geführt werden. Prozessparteien werden somit allein die Mitglieder der *association.* Wird nur ein Teil von ihnen als Partei benannt, so entfaltet das verfahrensabschließende Urteil gegen diese für die anderen Mitglieder grundsätzlich keinerlei Bindungswirkung,[222] es sei denn, diese erscheinen ausnahmsweise nach den allgemeinen Grundsätzen der prozessualen Repräsentanz als *privies.*[223]

---

[219] Vgl. *Pavlovscak v. Lewis,* 274 F.2d 523, 526 (3rd Cir. 1959) (Pensionsfond); *White v. Cox,* 95 Cal.Rptr. 259, 263 (Cal. Ct. App. 1971) (Wohnungseigentumsgemeinschaft); *Expert Electric, Inc. v. Levine,* 554 F.2d 1227 (2nd Cir. 1977) (Komitee von Arbeitgeberverband und Gewerkschaft zur Leitung eines gemeinsamen Ausbildungsprogramms).

[220] *Expert Electric, Inc. v. Levine,,* a.a.O., 1234.

[221] Vgl. hierzu bereits *United Mine Workers v. Coronado Coal,* a.a.O., 387 („[...] equitable procedure adapting itself to modern needs has grown to recognize the need of representation by one person of many, too numerous to sue or to be sued. [...]).

[222] *Restatement (Second),* § 61 (1).

[223] Siehe hierzu die Ausführungen in diesem Kapitel zu II.3.

Wird dagegen nach moderner Auffassung die *association* selbst Prozesspartei, so gelten hinsichtlich der Rechtskrafterstreckung zu Lasten ihrer Mitglieder grundsätzlich die Grundsätze der *corporation,* d.h. die Mitglieder werden nur gebunden, soweit ihr Interesse an der *association* reicht. War es der Zweck der *unincorporated association,* bestimmte Rechte ihrer Mitglieder wahrzunehmen, so ist das einzelne Mitglied durch diejenigen Urteile bzw. Urteilsfeststellungen gegen die *association* gebunden, die über diese Rechte abschließend befinden.[224] Im übrigen entfalten *judgments* gegen die Organisation keine Rechtskraftwirkungen zu Lasten ihrer Mitglieder.[225]

Wie der vorstehende Überblick zeigt, ist die Bejahung von *privity* bei einem Zusammenschluss mehrerer Personen in einer privatrechtlichen Organisationsform stark davon abhängig, wie fest und dauerhaft die materiell-rechtliche Verbindung der Personen untereinander jeweils ausfällt. In dem Umfang, in dem der Grad dieser Verbindung schwächer wird, treten bei der Prüfung von *privity* Gesichtspunkte der tatsächlichen prozessualen Repräsentanz in den Vordergrund. Fehlt es auch hieran, so ist eine Rechtskrafterstreckung zu Lasten der Nichtpartei in der Regel abzulehnen. Inwiefern der Aspekt der prozessualen Repräsentanz allein geeignet ist, *privity* zu begründen, bildet den Gegenstand der folgenden Erörterung.

3. Bindung aufgrund prozessualer Repräsentanz durch eine Prozesspartei (*procedural privity*)

Wie bereits die Ausführungen zur *substantive privity* zeigen, beruht die Rechtskrafterstreckung zu Lasten eines prozessunbeteiligten Dritten auf der Annahme, dass die Interessen des Dritten bereits im abgeschlossenen Verfahren durch eine der Parteien angemessen verteidigt wurden und

[224] Vgl. *Expert Electric, Inc. v. Levine,* a.a.O., 1235 f.; *Crane v. Commissioner of Agriculture, Food and Rural Resources,* 602 F.Supp. 280, 286 (D.Me. 1985) m.w.N.

[225] *Restatement (Second),* § 61 Comment b.

der Grundsatz des rechtlichen Gehörs aus diesem Grunde keine eigenständige Anhörung des Dritten in einem weiteren Verfahren mehr gebiete. Diese Erwartung wird in den Fallgruppen der *substantive privity* aus dem Umstand abgeleitet, dass der Dritte zu einer der Parteien eine besondere materiell-rechtliche Verbindung aufweist. Sie kann darüber hinaus aber auch in Situationen angebracht sein, in denen die Interessen des prozessunbeteiligten Dritten an einem Rechtsstreit aus einem anderen Grund mit denen einer Partei derart übereinstimmen, dass die Prozessführung der Partei faktisch gleichzeitig eine Repräsentation der Rechte des Dritten darstellt.

Die *res judicata*-Lehre geht aber nicht soweit, dass sie Wirkungen zu Lasten aller Personen entfalten würde, deren Interessen im Rahmen fremder Prozesse durch die beteiligten Parteien in irgendeiner Form repräsentiert wurden.[226] Eine entsprechende Erweiterung der subjektiven Grenzen der Rechtskraft wurde zwar unter dem mehrdeutigen Schlagwort der *virtual representation* von einigen Gerichten in bestimmten Situationen vorgenommen, konnte sich jedoch nicht als allgemeines Prinzip durchsetzen.[227] Vielmehr bedarf es in den Fällen, welche im folgenden unter dem Sammelbegriff der *procedural privity* zusammengefasst werden, zur subjektiven Rechtskrafterstreckung neben faktischer prozessualer Repräsentanz der Drittinteressen zusätzlich einer gewissen Nähebeziehung zwischen Prozesspartei und Drittem, die sich aus einer schwachen materiell-rechtlichen Verbindung, aber auch aus einem einfachen stillschweigenden Konsens ergeben kann und die Prozesspartei zur Repräsentation des Dritten autorisiert.[228]

---

[226] *Casad/Clermont*, Res judicata, S. 159; *Friedenthal/Kane/Miller*, § 14.13; *Note*, 65 Harv.L.Rev. 818, 858 (1952).

[227] Vgl. zum Begriff der *virtual representation* die Ausführungen zu 3.d).

[228] Vgl. hierzu *Tarpley v. Salerno*, 803 F.2d 57, 60 (2nd Cir. 1986):

„Although the voters do have some community of interest with the candidates, the relationship is not close enough to be viewed as an authorization by the former to the latter to represent the voters in the legal proceedings in the state courts."

Ebenso *Expert Electric, Inc. v. Levine*, 554 F.2d 1227 (2nd Cir. 1977):

Ein entsprechendes Näheverhältnis vermag dadurch begründet zu werden, dass eine Privatperson als Treuhänder ausdrücklich ermächtigt wird, die Interessen eines anderen wahrzunehmen (hierzu a)). Die erforderliche Verbindung kann sich aber auch daraus ergeben, dass eine öffentliche Behörde von Amts wegen damit betraut ist, die Allgemeinheit vor bestimmten Missständen zu schützen (hierzu b)). Schließlich können im Rahmen einer *class action* einzelne *class members* dadurch die Befugnis zur Vertretung der Interessen der gesamten *class* erhalten, dass deren Mitglieder trotz Benachrichtigung von der Sammelklage nicht im Wege des *opting out* die *class* verlassen und auf diese Weise stillschweigend ihrer Repräsentanz durch die benannten *class representatives* zustimmen (hierzu c)).

Trotz des Näheerfordernisses bleibt jedoch das Prinzip der prozessualen Repräsentanz des Dritten durch eine Prozesspartei wesentliches Merkmal der *procedural privity*.[229] In der Praxis schlägt sich dies darin nieder, dass ein Gericht, das mit der Frage der Bindungswirkung eines Urteils zu Lasten einer Person befasst wird, welche an dem zugrunde liegenden Verfahren nicht als Partei beteiligt war und auch keine besondere materiell-rechtliche Verbindung zu einer Partei aufweist, die bereits *privity* rechtfertigt, stets prüfen muss, ob die Interessen der fraglichen Person in dem für sie fremden Verfahren auch adäquat repräsentiert wurden.[230] Fehlt es hieran, so ist eine Rechtskrafterstreckung zu Lasten der Person abzulehnen und ihr eine eigenständige *opportunity to be heard* zu gewähren.

„Generally speaking, one whose interests were adequately represented by another vested with the authority of representation is bound by the judgment, although not formally a party to the litigation."

[229] So insbesondere *Casad/Clermont*, Res judicata, S. 159.

[230] Vgl. hierzu *Restatement (Second)*, § 42 (1) (d) und (e); *Hansberry v. Lee*, 311 U.S. 32, 45 (1940) (*class action*); *City of San Jose v. Superior Court*, 115 Cal.Rptr. 797, 808 (Cal. 1974) (*class action*); *Slocum on behalf of Nathan A v. Joseph B*, 588 N.Y.S.2d 930, 932 (N.Y.A.D. 1992) (Vaterschaftsklage durch Familienmitglied).

a) Repräsentanz durch einen Treuhänder (*fiduciary*)

Das Konzept der Rechtskrafterstreckung kraft Repräsentation entstammt ursprünglich den Fällen, in denen eine Person ausdrücklich dazu bestellt wurde, die Interessen einer Nichtpartei als Treuhänder (*fiduciary*) wahrzunehmen. Zu den *fiduciaries* in diesem Sinne zählen der *trustee* im Verhältnis zu den *beneficiaries* eines *trust*, der *administrator* oder *executor* im Verhältnis zu den Erben, der *guardian ad litem* oder der *next friend* im Verhältnis zum Minderjährigen oder sonst Prozessunfähigen, der *trustee in bankruptcy* im Verhältnis zu den Gläubigern des zahlungsunfähigen Schuldners etc. In prozessualer Hinsicht steht den vorgenannten Personen die Befugnis zu, einen Prozess im eigenen Namen zu führen, der nicht sie selbst, sondern die durch ihn repräsentierte Nichtpartei betrifft.[231] Es kommt dadurch zu einem Auseinanderfallen von Klagebefugnis und Rechtsinhaberschaft, welches in diesem eng begrenzten Sonderfall als bewusste Abweichung von dem Grundsatz, dass stets die *real party in interest* selbst als Prozesspartei zu benennen ist, zugelassen wird.[232] Dem *fiduciary* in diesem Sinne entspricht im deutschen Recht die Partei kraft Amtes oder der gesetzliche Vertreter eines Prozessunfähigen, wobei zum letztgenannten jedoch der wesentliche Unterschied besteht, dass der *fiduciary* nicht im Namen einer prozessunfähigen Partei als deren Vertreter vor Gericht auftritt, sondern das fremde Recht in eigenem Namen als Prozessstandschafter wahrnimmt.

In Bezug auf die subjektiven Grenzen der Rechtskraft führt die Anerkennung von prozessualer Klagebefugnis ohne materiell-rechtliche Berechtigung dazu, dass ein verfahrensabschließendes Urteil gegen den *fiduciary* für den repräsentierten Rechtsinhaber im Wege der *claim* und *issue preclusion* grundsätzlich in gleichem Maße Wirkung entfaltet, wie

[231] *In re Straut's estate*, 126 N.Y. 201, 211 (N.Y. 1891) (*trustee*); *Carter v. City of Emporia, Kansas*, 815 F.2d 617, 620 (10th Cir. 1987) (*administrator*); *Heckman v. United States*, 224 U.S. 413, 445 (1912) (*guardian*); *Stissing National Bank v. Kaplan*, 284 N.Y.S.2d 320, 322 (N.Y.A.D. 1967) (*trustee in bankrupcty*).

[232] In den *Federal Rules of Civil Procedure* ist eine entsprechende Ausnahme in FRCP 17 (a) im Anschluss an die *real party in interest rule* ausdrücklich enthalten.

wenn er den Prozess persönlich geführt hätte.[233] Umgekehrt muss jedoch auch der *fiduciary* in seiner Eigenschaft als Treuhänder die *preclusive effects* von Urteilen gegen sich gelten lassen, welche zuvor in Prozessen gegen den Rechtsinhaber ergangen sind.[234] In anderen Prozessen ist der Repräsentant dagegen in der Regel nicht an ein *judgment* gebunden, welches lediglich den Repräsentierten betrifft, so dass er eigene Rechte oder die Rechte anderer Dritter unabhängig vom jeweiligen Verfahrensausgang geltend machen kann.[235]

Für die Bindungswirkung spielt es keine Rolle, ob die Bestellung des *fiduciary* auf einer privatrechtlichen Verfügung beruhte oder kraft hoheitlicher Bestallung erfolgte. Eine rechtsgeschäftliche Berufung kann zwar dazu führen, dass bereits aufgrund dieser Verbindung zwischen Rechtsinhaber und Treuhänder *substantive privity* zu bejahen ist. Ist das materiell-rechtliche Band jedoch nicht hinreichend eng geknüpft, um alleine eine Rechtskrafterstreckung zu rechtfertigen, so tritt das Konzept der Repräsentation wieder in den Vordergrund.[236]

Die Bindung des prozessunbeteiligten Rechtsinhabers endet, wenn der *fiduciary* außerhalb der Grenzen seiner Repräsentationsbefugnis handelt oder wenn er eine Rechtsposition einnimmt, die in Konflikt zu seiner Stellung als Treuhänder steht.[237] Zu einer Überschreitung der Repräsentationsmacht kann es beispielsweise kommen, wenn sich die Rechtsstellung des *fiduciary* nicht aus einem rechtsgeschäftlichen Akt, sondern unmittelbar aus dem Gesetz ergibt und Unklarheiten über die Reich-

[233] *In re Straut's estate*, a.a.O.; *Carter v. City of Emporia, Kansas*, a.a.O.; *Heckman v. United States*, a.a.O., 446; *Stissing National Bank v. Kaplan*, a.a.O.

[234] *Note*, 65 Harv.L.Rev. 818, 858 (1952); *Chicago, R. I. & P. Ry. Co. v. Schendel*, 270 U.S. 611, 618 (1926); *Equal Employment Opportunity Commission v. United Staates Steel Corporation*, 921 F.2d 489, 495 (3rd Cir. 1990).

[235] Vgl. hierzu bereits die Ausführungen im 3. Kapitel zu I.2.c) sowie das *Restatement (Second)*, § 36 (2).

[236] Siehe oben II.2.d) die Ausführungen zur *unincorporated association*.

[237] Vgl. *Wright/Miller/Cooper*, 18A F.P.P. § 4454 sowie *Casad/Clermont*, Res judicata, S. 160.

weite der gesetzlichen Ermächtigung bestehen.[238] Die Einnahme einer den Interessen des Repräsentierten widersprechenden Rechtsposition des *fiduciary* ist häufig bei kollusivem Zusammenwirken des Treuhänders mit der Gegenpartei zu beobachten.[239] Jedoch lässt bereits unterhalb dieser Schwelle eine grob nachlässige Prozessführung des Treuhänders die Bindungswirkung für den Repräsentierten entfallen, wenn sich das Fehlen der gebotenen Sorgfalt für die Gegenpartei förmlich aufdrängen musste.[240]

An den genannten Schranken werden die Grundlagen der Rechtskrafterstreckung erneut deutlich. Zum einen kann es keine Bindung der Nichtpartei gegeben, wenn sie kein hinreichendes Näheverhältnis zu einer Prozesspartei aufweist. Vermittelt eine gesetzliche Regelung diese Nähe, so stimmen die Grenzen der Wirkungserstreckung mit den Grenzen der Ermächtigungsgrundlage überein. Zum anderen setzt Repräsentation Interessenkongruenz voraus, deren Fehlen in der Regel daraus zu ersehen ist, dass der Repräsentant den Prozess nicht mit *due diligence and reasonable prudence* führt.

b) Repräsentanz durch einen *public official*

Die bisherigen Ausführungen betrafen ausschließlich Fälle, in denen die Prozessführung des Repräsentanten darauf ausgerichtet war, die Rechte des prozessunbeteiligten Dritten zu wahren, *ohne* eigene Interessen des Repräsentanten zu verfolgen. Die Grundsätze der *procedural privity* gehen jedoch über diese Fallgestaltung hinaus, indem sie teilweise auch eine Rechtskrafterstreckung zu Lasten eines prozessunbeteiligten Dritten vorsehen, dessen Interessen durch eine Prozesspartei im Zuge der Geltendmachung eigener Rechte lediglich faktisch mitberücksichtigt wur-

[238] Ein solcher Sachverhalt lag der Entscheidung *Spokane & Inland Empire Railroad Company v. Whitley*, 237 U.S. 487, 498 (1915) zugrunde.

[239] Vgl. *Restatement (Second)*, § 42 Comment f.

[240] Vgl. *Restatement (Second)*, § 42 (1) (e).

den. Hierzu kann es insbesondere im Grenzbereich zwischen Privatrecht und öffentlichem Recht kommen.[241]

So ist häufig zu beobachten, dass die Wahrnehmung hoheitlicher Aufgaben durch eine Behörde zwar formalrechtlich dem Allgemeininteresse entspricht, faktisch aber maßgeblich einem begrenzten Kreis von Privatpersonen dient. Geht beispielsweise eine Gebietskörperschaft aufgrund öffentlich-rechtlicher Bau- und Immissionsschutzvorschriften gegen den Betreiber einer Anlage vor, von der erhebliche Geruchsimmissionen für die nähere Umgebung ausgehen, so werden auf diesem Wege gleichzeitig die Privatinteressen der Nachbarn vor einer Störung ihres Wohneigentums durch diese Belastungen geschützt.[242] Ähnliche Konstellationen können bei Klagen öffentlicher Behörden auf dem Gebiet des Umweltrechts, des Kartellrechts oder des Arbeitsrechts auftauchen.[243]

Da die Grundsätze der *res judicata*-Lehre über die Grenzen der verschiedenen Rechtsgebiete hinausreichen,[244] stellt sich die Frage, inwiefern ein Urteil, welches in einem der vorgenannten Fälle über die Klage eines Trägers öffentlicher Rechte (*public official*) entscheidet, auch Rechtskraftwirkungen zu Lasten einer Privatperson entfaltet, deren subjektive Rechte neben dem Allgemeinwohl im Rahmen der Prozessführung durch den *public official* Schutz erfahren. Die Rechtsprechung ist zu dieser Frage uneinheitlich. Jedoch lassen sich vergröbernd folgende Grundtendenzen festhalten.

---

[241] Vgl. *Restatement (Second)*, § 41 (1) (d); *Casad/Clermont*, Res judicata, S. 160 f.

[242] Diese Situation lag beispielsweise der Entscheidung *Rynsburger v. Dairymen's Fertilizer Cooperative, Inc.*, 72 Cal.Rptr. 102, 104 (Cal. Ct. App. 1968) zugrunde.

[243] Vgl. hierzu die Entscheidungen *United States Environmental Protection Agency v. City of Green Forest, Arkansas*, 921 F.2d 1394 (8th Cir. 1991) (Umweltrecht); *Sam Fox Publishing Company v. United States*, 366 U.S. 683 (1961) (*antitrust litigation*); *Equal Employment Opportunity Commission v. United Staates Steel Corporation*, 921 F.2d 489, 495 (3rd Cir. 1990) (Arbeitsrecht).

[244] Siehe hierzu die Ausführungen im 2. Kapitel zu III.1.

Zunächst ist danach zu fragen, auf welche Rechtsnorm der Private nach erfolgter Klage des *public official* sein Anspruchsbegehren stützt.[245] Beruht dieses auf dem traditionellen *common law*, so ist eine Bindung in der Regel abzulehnen, da diese Normen grundsätzlich andere Zwecke als das öffentliche Recht verfolgen und daher durch jenes nicht berührt werden.[246] Leitet der Private dagegen Rechte aus dem gleichen *statute* ab, welches dem *public official* als Ermächtigungsgrundlage diente, so ist weiter zu differenzieren. Gewährt das Gesetz dem Privaten selbständigen Rechtsschutz, welcher unabhängig vom Vorgehen des *public official* bestehen soll, so scheidet eine Rechtskrafterstreckung grundsätzlich ebenfalls aus.[247] Eröffnet die öffentlich-rechtliche Regelung dem Privaten dagegen nur insoweit eine Klagemöglichkeit, als diese die Durchsetzung der Normen nur unterstützen soll und damit einem behördlichen Vorgehen nachrangig ist, geht man generell davon aus, dass die Interessen des Privaten bereits in der öffentlichen Rechtsverfolgung hinreichende Berücksichtigung gefunden haben.[248] Ein Urteil gegen den *public official* steht in diesen Fällen einer erneuten Klage des Privaten im Wege der *claim preclusion* entgegen.

Ob ein *statute* dem Privaten eine eigenständige Klagemöglichkeit einräumt oder ihm lediglich unterstützende Funktion zubilligt, ist häufig unklar und kann oft erst nach umfassender Auslegung der Vorschrift beantwortet werden. Die Auslegung wird von einigen wesentlichen Faktoren bestimmt.

---

[245] *Wright/Miller/Cooper*, 18A F.P.P. § 4458.1.

[246] Vgl. *In re: the Exxon Valdez*, 270 F.3d 1215, 1228, 1230 (9th Cir. 2001) (*common law punitive damages*); *United States Environmental Protection Agency v. City of Green Forest, Arkansas*, a.a.O., 1405 (*common law claims*).

[247] *Sam Fox Publishing Company v. United States*, a.a.O., 690; *Cleveland County Association for Government by the People v. Cleveland County Board of Comissioners*, 142 F.3d 468, 474 (C.A.D.C. 1998); in einem *obiter dictum* auch: *Southwest Airlines Company v. Texas International Airlines, Inc.*, 546 F.2d 84, 100 (5th Cir. 1977).

[248] *Restatement (Second)*, § 41 Comment d.; *United States Environmental Protection Agency v. City of Green Forest, Arkansas*, a.a.O, 1403 (8th Cir. 1991); *Southwest Airlines Company v. Texas International Airlines, Inc.*, a.a.O.; *Rynsburger v. Dairymen's Fertilizer Cooperative, Inc.*, a.a.O., 107.

Zum einen ist die Bedeutung des Individualinteresses zu ermitteln, welches der Private durch seine spätere Klage verfolgt. Gerade im Bereich verfassungsrechtlich abgesicherter Rechtspositionen, wie beispielsweise bei dem für das Funktionieren einer Demokratie unverzichtbaren Wahlrecht, sind die Gerichte eher geneigt, dem Privaten eine eigene Klagemöglichkeit zu eröffnen, da der *public official* in diesen Fällen zumeist Mehrheitsinteressen und gerade nicht die höchst bedeutsamen Individualinteressen wahrnimmt.[249]

Zum anderen stellen viele Entscheidungen darauf ab, inwieweit die Klage des *public official* gerade den Interessen des später klagenden Privaten dienen sollte. Macht der Private Interessen geltend, die durch das Allgemeinwohl nur unvollständig erfasst werden oder gar im Widerspruch zu diesem stehen, so spricht dies eher dafür, dass sein Klagerecht unabhängig von dem des *public official* bestehen sollte.[250] Gehen die Individualinteressen dagegen in den Erwägungen auf, die für das Vorgehen des *public official* zum Schutz des Allgemeinwohls ausschlaggebend waren, so ist eine hinreichende Repräsentation durch den *public official* gegeben und eine weitere Klage durch den Privaten in der Regel präkludiert.[251]

Eine gewisse Parallele hierzu findet sich im deutschen Recht in den Regeln des verwaltungsrechtlichen Genehmigungsverfahrens nach dem Atomgesetz, dem Wasserhaushaltsgesetz, dem Gentechnikgesetz und insbesondere dem Bundesimmissionsschutzgesetz.[252] Endet ein Verwaltungsverfahren nach diesen Vorschriften, welche eine ausgedehnte Bürgerbeteiligung vorsehen, mit einer bestandskräftigen Genehmigung

---

[249] *Wright/Miller/Cooper*, 18A F.P.P. § 4458.1; *Cleveland County Association for Government by the People v. Cleveland County Board of Comissioners*, a.a.O.

[250] *Cleveland County Association for Government by the People v. Cleveland County Board of Comissioners*, a.a.O.

[251] *Southwest Airlines Company v. Texas International Airlines, Inc.*, 546 F.2d 84 (5th Cir. 1977); *Rynsburger v. Dairymen's Fertilizer Cooperative, Inc.*, a.a.O., 107.

[252] § 7 Abs. 6 AtomG, § 11 WHG, § 23 GenTG sowie § 14 BImSchG.

zugunsten eines Anlagenbetreibers, so verlieren alle Drittbetroffenen ihre negatorischen Ansprüche gegen den Genehmigungsinhaber, unabhängig davon ob diese Einwendungen im öffentlichen Recht oder im Zivilrecht begründet sind.[253] Im übrigen ist dem deutschen Recht jedoch die Präklusion privatrechtlicher Abwehransprüche Drittbetroffener durch das gerichtliche Einschreiten von Hoheitsträgern gegen einen Störer grundsätzlich fremd.

Umgekehrt entfaltet im amerikanischen Recht ein Urteil, welches in einem ersten Verfahren zu Lasten eines Privaten gefällt wurde, für die öffentliche Hand unabhängig von einer eventuellen Interessenparallelität keine Rechtskraftwirkung, da eine Privatperson bei der Verfolgung ihrer Interessen nicht als Repräsentant des Gemeinwohls angesehen wird.[254] Dient die Klage des *public official* dagegen ausschließlich dem Schutz der Individualinteressen, welche bereits durch den Privaten im ersten Prozess verfolgt wurden, wird eine Ausnahme von dem Grundsatz der Nichtbindung vorgenommen und der Behörde die Möglichkeit zur späteren Klage abgeschnitten.[255]

c) Die *class action*

Eine Rechtskrafterstreckung kraft prozessualer Repräsentation fremder Interessen durch eine Privatperson, die weder zum Treuhänder bestellt wurde noch hoheitliche Befugnisse aufweist, ist insbesondere in den Fällen der *class action* zu beobachten. Bei der *class action* handelt es um eine besondere Verfahrensart, welche im US-amerikanischen Zivilpro-

[253] Vgl. zur materiellen Präklusion negatorischer Ansprüche Drittbetroffener statt aller: *Kloepfer*, Umweltrecht, § 5 Rn. 55, 75 ff; eine gewisse Ausnahme gilt für Einwendungen die auf besonderen privatrechtlichen Titeln beruhen, womit insbesondere vertragliche und dingliche Ansprüche bezeichnet werden (Vgl. § 14 BImSchG).

[254] Vgl. statt aller die Entscheidung des *U.S. Supreme Court* im Verfahren *Durfee v. Duke*, 375 U.S. 106, 115 f. (1963).

[255] *Wright/Miller/Cooper*, 18A F.P.P. § 4458.1.; *Equal Employment Opportunity Commission v. United Staates Steel Corporation*, a.a.O., 495.

zessrecht aufgrund des zunehmenden Massenverkehrs von Gütern und Dienstleistungen stetig an Bedeutung gewinnt, im deutschen Recht hingegen keine Entsprechung findet. Gleichwohl bildet sie auch hierzulande den Gegenstand heftiger Kontroversen,[256] die nicht zuletzt durch die amerikanischen Sammelklagen von Zwangsarbeitern in deutschen Unternehmen während der Zweiten Weltkrieges gegen die deutsche Industrie ausgelöst wurden. Zwischenzeitlich finden sich sogar Stimmen, welche die Einführung einer der *class action* nicht unähnlichen Gruppenklage auch im deutschen Recht befürworten.[257] Angesichts dieser Umstände soll, bevor die Bindungswirkung eines *class action judgment* zu Lasten prozessunbeteiligter Dritter selbst behandelt wird, zunächst eine kurze Einführung das fremde Rechtinstitut vorstellen und die Grundlagen der Wirkungserstreckung aufzeigen.

aa) Grundsätzliches

Die *class action* ist ein prozessuales Mittel, welches es ermöglicht, einen *claim* zugunsten oder gegen eine Vielzahl von Personen geltend zu machen, ohne dass diese als Parteien im formellen Sinne benannt werden müssen.[258] Die *class action* heutiger Prägung ist das Ergebnis der Bürgerrechtsbewegung der späten fünfziger Jahre sowie der Verbraucherschutzbestrebungen seit den sechziger und siebziger Jahren des zwanzigsten Jahrhunderts.[259] Ihre Ursprünge gehen bereits zurück auf

---

[256] Die *class action* war beispielsweise auf dem Juristentag 1998 in Bremen unter anderem Gegenstand der Diskussion in der zivilrechtlichen Abteilung; vgl. hierzu *Stadler*, Bündelung von Verbraucherinteressen im Zivilprozeß, <http://www.rws-verlag.de/volltext/stadler.htm>. Jüngst nahm sich sogar das Bundesverfassungsgericht der verfassungsrechtlichen Zulässigkeit der Zustellung einer *class action* im Inland an; vgl. hierzu den Beschluss BVerfG, 2BvR 1196/03 vom 25.07.2003, <http://www.bverfg.de/entscheidungen/rs20030725_2bvr119803.html>.

[257] So z.B. *Stadler*, a.a.O.

[258] *Note*, 87 Harv.L.Rev. 589 (1974). Die *class* kann daher auf Kläger- oder/und Beklagtenseite stehen, wobei die gegen eine *class* gerichtete Klage sehr problematisch und weitaus seltener ist, als die Klage zu ihren Gunsten; siehe hierzu *Restatement (Second)*, § 41 Reporter's Note.

[259] *James/Hazard/Leubsdorf*, § 10.20.

das englische *Chancery*-Verfahren des sechzehnten und siebzehnten Jahrhunderts, in dessen Rahmen einer Partei bei einer Vielzahl von Streitgenossen in Fällen der notwendigen Streitgenossenschaft aufgrund der *Necessary Party Rule* die Möglichkeit gewährt wurde, allein für die gesamte Gruppe der Streitgenossen vor Gericht aufzutreten.[260] Bereits das frühe amerikanische Recht übernahm diesen Ansatz, um in *equity*-Verfahren eine handhabbare Verfahrensform zur Verfügung zu stellen, wenn die gewöhnlichen Regeln des *party joinder* aufgrund einer unüberschaubaren Vielzahl von materiell Berechtigten als impraktikabel erschienen.[261] Die erste detaillierte Regelung der *class action* erfolgte durch die Einführung der *Federal Rules of Civil Procedure* im Jahre 1938.[262] Da diese Darstellung jedoch von der Lehre als konfus beurteilt wurde und bereits nach kurzer Zeit der Rechtsfortentwicklung durch die Gerichte nicht mehr standhielt,[263] erfolgte im Jahre 1966 eine umfassende Revision der Vorschriften. Bemerkenswert ist, dass die damalige Neufassung in der Norm der *FRCP* 23 bis heute nahezu unverändert Bestand hat, obwohl seit Ende der siebziger Jahre des vergangenen Jahrhunderts eine wahre Explosion der *class action litigation* stattgefunden hat und die *class action* anderen Bedürfnissen dient als noch vor etwa vierzig Jahren.[264]

Sinn der *class action* ist die Förderung der Verfahrensökonomie durch Bündelung gleichgelagerter Rechtsstreitigkeiten in einem einzigen Verfahren, die Ermöglichung der Rechtsverfolgung in Fällen, in denen sich der einzelne *class member* eine eigenständige Klage nicht leisten könnte, sowie die Durchsetzung materiellen Rechts in Fällen, in denen die einzelnen Ansprüche zu gering sind, um eigenständige Klagen zu rechtfer-

[260] Vgl. hierzu ausführlich: *Hazard/Gedid/Sowle*, 146 U.Pa.L.Rev. 1849, 1858 f. (1998).

[261] Vgl. *Hansberry v. Lee*, 311 U.S. 32, 41 (1940).

[262] *James/Hazard/Leubsdorf*, § 10.22.

[263] *Hazard/Gedid/Sowle*, a.a.O., 1937.

[264] *Monaghan*, 98 Colum.L.Rev. 1148, 1155 (1998).

tigen.[265] Gleichzeitig birgt die *class action* aber auch erhebliche Gefahren in sich.

Bereits die Erhebung einer Klage mit geringen Erfolgsaussichten kann einen Beklagten dazu veranlassen, einen für ihn rechtlich ungünstigen Vergleich mit den *class representatives* zu schließen, um nicht durch die bloßen Kosten seiner Rechtsverteidigung und den eventuellen publizistischen Druck in den wirtschaftlichen Ruin getrieben zu werden.[266] So war beispielsweise festzustellen, dass regelmäßig nach einem extremem Kurseinbruch von Aktienwerten an den Wertpapierenbörsen zahlreiche Betrugsklagen in Form von *class actions* zugunsten der Wertpapierinhaber gegen die Gesellschaft oder deren Vorstand anhängig gemacht wurden, die zwar materiell wenig fundiert waren, dem *class attorney* jedoch im Falle eines Vergleichs aufgrund seiner Erfolgshonorarvereinbarung erhebliche Einkünfte versprachen. Schwache Kapitalgesellschaften wurden auf diese Weise in verheerende Vergleiche oder gar in den Konkurs gezwungen. Der Gesetzgeber reagierte auf diesen Missbrauch, indem er die *federal class action* durch den *Private Securities Reform Act* von 1995 einschränkte und, als sich herausstellte, dass dieses Gesetz lediglich dazu führte, dass sich die Klagen von den *federal* auf die *state courts* verlagerten, die *securities class action* landesweit durch den *Securities Litigation Uniform Standards Act* von 1998 einer restriktiveren Regelung unterzog.[267] Da nach den Terroranschlägen vom 11. September 2001 eine der *securities fraud litigation* ähnliche Klagewelle gegen die amerikanischen Fluglinien erwartet wurde, in deren Dienst die Flugzeuge standen, die

[265] Vgl. hierzu die kompakte Zusammenfassung durch *James/Hazard/Leubsdorf*, § 10.22.

[266] Diese Erwägungen waren auch für den Beschluss des Bundesverfassungsgerichts, 2BvR 1196/03 vom 25.07.2003, a.a.O., Absätze Nr. 35, 43, leitend, der die Zustellung einer *class action* im Inland vorläufig untersagte und insofern Bedenken hervorruft, als er das dem Schutz des Beklagten dienende Zustellungserfordernis des US-amerikanischen Rechts in ein Mittel zur einstweiligen Verhinderung eines ausländischen Verfahrens verkehrt; anders *Hess*, JZ 2003, 925 f., der dem Bundesverfassungsgericht im Ergebnis beipflichtet, die Entscheidung jedoch gleichwohl als das Ergebnis einer beunruhigen Rechtsentwicklung ansieht.

[267] Siehe *James/Hazard/Leubsdorf*, a.a.O.

als Terrormittel missbraucht wurden, erließ der Kongress bereits unmittelbar nach der Katastrophe den *Air Transport Safety and System Stabilization Act,* der die Haftung der Fluggesellschaften auf ihre Versicherungssummen begrenzte und durch die Schaffung des *September 11th Victim Compensation Fund* die Klagebereitschaft der Angehörigen der Terroropfer reduzieren sollte.[268]

Auf der anderen Seite bietet die *class action* aber auch für die durch sie erfassten *class members* erhebliche Missbrauchsgefahren. In Fällen von Massenschädigungen haben häufig gerade die Schädiger ein Interesse daran, ihre gesamte Haftung insbesondere gegenüber zukünftigen, noch unbekannten Anspruchsinhabern in einem einzigen Verfahren durch einen für sie überschaubaren Gesamtvergleich abschließend zu regeln.[269] Aus diesem Grunde war insbesondere im Rahmen der Asbestklagewelle, die bis heute nicht abschließend erledigt werden konnte, zu beobachten, dass zahlreiche Hersteller asbesthaltiger Produkte die Vertreter von Asbestgeschädigten zur Einleitung einer *class action* gegen sich veranlassten, welche umgehend durch einen vorher ausbedungenen Vergleich erledigt wurden. Teilweise gingen Klageschrift und Vergleichsvorschlag innerhalb eines Tages bei Gericht ein.[270] Die Zulassung dieser *settlement class actions,* die mehr dem Interesse der Beklagten als dem der *class members* entsprachen, durch die Untergerichte wurde erheblich kritisiert und scheiterte letztendlich erst an zwei richtungsweisenden Urteilen des *U.S. Supreme Court* in den Verfahren *Amchem Products, Inc. v. Windsor*[271] sowie *Ortiz v. Fibreboard Corporation.*[272] Um solchen und anderen Missbrauchsrisiken der *class action* von vornherein umfassend entgegenwirken zu können, wird inzwischen – für das amerikanische Recht bemerkenswert – der Ruf nach dem gesetzgeberischem Handeln lauter.[273]

[268] Vgl. *Nagareda,* 103 Colum.L.Rev. 149, 154 (2003).

[269] Vgl. *Monaghan,* a.a.O., 1155 f.

[270] So im Fall *Amchem Products, Inc. v. Windsor,* 521 U.S. 591, 601 (1997).

[271] 521 U.S. 591 (1997).

[272] 527 U.S. 815 (1999).

[273] So insbesondere *Monaghan,* a.a.O., 1200.

Die derzeit eingehendste Regelung der *class action* enthalten die *Federal Rules of Civil Procedure* in ihrer *Rule* 23, die zwar kein Gesetz darstellt, für das Verfahren der *federal courts* aber gleichsam verbindlich ist.[274] *FRCP* 23 in der Fassung von 1966 findet zwar keine direkte Anwendung auf Verfahren vor den *state courts*,[275] steht jedoch stellvertretend für zahlreiche einzelstaatliche Normierungen der *class action*, denen die Norm in weiten Teilen entspricht oder sogar als Vorbild diente.[276] Voraussetzungen und Besonderheiten des *class suit* sollen daher an dieser Vorschrift kurz erläutert werden.

bb) Die *federal class action* gemäß *FRCP* 23

FRCP 23 Absatz (a) enthält eine Aufzählung von Grundvoraussetzungen, die bei jeder *class action* zu beachten sind. Absatz (b) der Vorschrift hält in Verbindung mit Absatz (c) (2) dagegen drei verschiedene Fallgruppen bereit, welche im Verhältnis der Alternativität zueinander stehen und besondere Voraussetzungen für die Zulässigkeit einer *class action* aufstellen, die jeweils kumulativ zu den Anforderungen nach Absatz (a) gegeben sein müssen. Die übrigen Absätze (c) bis (f) konstituieren darüber hinaus bestimmte Vorgaben für den Verfahrensablauf.

(1) Die Grundvoraussetzungen gemäß Absatz (a)

Nach Maßgabe von Absatz (a) muss jede *class action* vier Grundvoraussetzungen erfüllen, um als solche zugelassen zu werden.[277] Erstens muss

---

[274] Die *Federal Rules of Civil Procedure* sind eine Sammlung von Verfahrensnormen, die vom *U.S. Supreme Court* im Rahmen besonderer Rechtssetzungskompetenz aufgestellt wurden und für das Verfahren vor allen *federal courts* verbindlich sind; siehe *James/Hazard/Leubsdorf*, § 1.8.

[275] Vgl. *Hansberry v. Lee*, a.a.O., 42.

[276] *Monaghan*, a.a.O., 1164; *Matsushita Electric Industrial Co., Ltd. v. Epstein*, 516 U.S. 367, 371 (1996); *Colt Industries Shareholder Litigation*, 565 N.Y.S.2d 755, 760 (N.Y. 1991). Vgl. beispielsweise für New York die *CPLR* §§ 901-909, für Kalifornien den *California Code of Civil Procedure* § 382 sowie für Delaware die *Chancery Rule* 23.

[277] Vgl. hierzu auch den Überblick in *Amchem Products, Inc. v. Windsor*, a.a.O., 613.

die *class* so zahlreich an Mitgliedern sein, dass *party joinder* als Alternative zum *class suit* unpraktikabel erscheint (sog. *numerosity*). Ab welcher Anzahl von Personen dies der Fall ist, wird nicht vorgegeben und von den verschiedenen Gerichten unterschiedlich beurteilt.[278] Zweitens muss die *class* durch gemeinsame Rechts- oder Tatsachenfragen verbunden sein (sog. *commonality*). Drittens müssen die Angriffs- und Verteidigungsmittel des *class representative* typisch für die *class* sein (sog. *typicality*). Viertens muss gewährleistet sein, dass der Repräsentant die Rechte aller *class members* gerecht und angemessen vertritt (sog. *adequacy of representation*). Insbesondere dem *adequacy*-Erfordernis kommt eine erhebliche Bedeutung zu, da es dazu dient, Interessenkonflikte zwischen den *class representatives* und den *class members* zu erforschen und somit Missbrauchsgefahren zu Lasten der *class* vorzubeugen.[279] Mindestkriterium hierfür ist nach Auffasung des *U.S. Supreme Court*, dass der *class representative* selbst Mitglied der *class* sein muss.[280]

(2) Die besonderen Voraussetzungen gemäß Absatz (b) und (c) (2)

Sind die Grundvoraussetzungen nach Absatz (a) gegeben, muss die *class action* zusätzlich einer der drei Fallgruppen des Absatzes (b) (1) bis (3) angehören.[281]

[278] Vgl. *Hay*, US-amerikanisches Recht, S. 70.

[279] *Amchem Products, Inc. v. Windsor*, a.a.O., 625; siehe auch unten 3.c)cc)(3).

[280] Vgl. hierzu *General Telephone Company of Southwest v. Falcon*, 457 U.S. 147, 156 (1982) m.w.N.

[281] Absatz (b) lautet:

„An action may be maintained as a class action if the prerequisites of subdivision (a) are satisfied, and in addition:

(1) the prosecution of separate actions by or against individual members of the class would create a risk of (A) inconsistent or varying adjudications with respect to individual members of the class which would establish incompatible standards of conduct for the party opposing the class, or (B) adjudications with respect to individual members of the class which would as a practical matter be dispositive of the interests of the other members not parties to the adjudications or substantially impair or impede their ability to protect their interests; or

Absatz (b) (1) beschreibt den historischen Fall der *class action* auf Grundlage der *necessary party rule* und gewährt die Möglichkeit zur Sammelklage dann, wenn die Durchführung separater Individualverfahren das Risiko in sich bergen würde, der Gegenpartei der *class* aufgrund der Möglichkeit inhaltlich widersprechender Entscheidungen nicht miteinander zu vereinbarende Verhaltenspflichten aufzuerlegen oder durch die Entscheidung in einem Individualverfahren über die Rechte der übrigen *class members* faktisch bereits mitzuverfügen. Dies setzt voraus, dass die Gegenpartei der *class* aufgrund rechtlicher oder tatsächlicher Gegebenheiten gezwungen ist, alle *class members* gleich zu behandeln.[282] Nach Ansicht des die Neufassung von *FRCP* 23 vorbereitenden *Advisory Comittee* sollten hierdurch insbesondere die *limited fund cases* erfasst werden, in denen zahlreiche Personen Rechte an einer Vermögensmasse geltend machen, welche zur Befriedigung der Summe aller Einzelansprüche nicht ausreicht.[283]

Absatz (b) (2) erkennt die *class action* daneben als Mittel der *institutional reform litigation* an, wenn eine *class* im Wege einer Unterlassungs- oder Feststellungsklage (*injunctive or declaratory relief*) gegen ein Handeln des Beklagten vorgeht, das er auf Gründe stützt, welche die gesamte *class* betreffen. Das *Advisory Comittee* bezog sich in dieser Variante maßgeblich auf die *Civil rights cases*, die sich dadurch auszeichnen, dass im Klagewege unrechtmäßige Diskriminierungen einer bestimmten Bevölkerungsgruppe unterbunden werden sollen.[284] Eine *class action* soll auf

---

(2) the party opposing the class has acted or refused to act on grounds generally applicable to the class, thereby making appropriate final injunctive relief or corresponding declaratory relief with respect to the class as a whole; or

(3) the court finds that the questions of law or fact common to the members of the class predominate over any questions affecting only individual members, and that a class action is superior to other available methods for the fair and efficient adjudication of the controversy. [...]"

[282] *Amchem Products, Inc. v. Windsor*, a.a.O., 614; *Ortiz v. Fibreboard Corporation*, a.a.O., 833.

[283] *Amchem Products, Inc. v. Windsor*, a.a.O.; *Ortiz v. Fibreboard Corporation*, a.a.O., 834.

[284] *James/Hazard/Leubsdorf*, § 10.22; *Amchem Products, Inc. v. Windsor*, a.a.O.

Grundlage dieser Vorschrift dagegen dann nicht zulässig sein, wenn der *injunctive or declaratory relief* nur vordergründig geltend gemacht wird und sich das eigentliche Klagebegehren auf die Zahlung von Schadensersatz richtet.[285]

Absatz (b) (3) schließlich erklärt die *class action* als Auffangtatbestand auch in allen anderen Fällen für zulässig, wenn die durch die Klage aufgeworfenen Rechts- und Tatsachenfragen, die allen *class members* gemein sind, über die Streitpunkte dominieren, welche lediglich einzelne *class members* betreffen, und eine *class action* gegenüber allen anderen verfügbaren Verfahrensarten als gerechteres und überlegenes Mittel der Konfliktlösung erscheint. Nach Ansicht des *Advisory Comittee* werden damit alle Situationen erfasst, in denen durch eine *class action* der Zeit- und Kostenaufwand des Verfahrens deutlich reduziert sowie der Entscheidungseinklang gefördert werden kann, ohne gleichzeitig die prozessuale Fairness zu opfern oder sonstige unerwünschte Nachteile hervorzurufen.[286] Nach dem Reformvorschlag sollten *mass tort cases*, also beispielsweise Massenprodukthaftungsklagen oder Schadensersatzklagen nach Großkatastrophen, in der Regel nicht dieser Variante unterfallen, da diese Prozesse zahlreiche individuelle Probleme in Bezug auf die jeweilige Schädigung und die besonderen Verhältnisse des Geschädigten aufwerfen, die durch allgemeine Haftungsfragen, welche die gesamte *class* aller Geschädigten betreffen, nicht in den Hintergrund gedrängt werden. Diese Erwägung hielt die *federal district courts* jedoch nicht davon ab, seit Ende der siebziger Jahre gerade solche Klagen in zunehmender Zahl unter dem Auffangtatbestand zu subsumieren und entsprechende *class suits* zuzulassen.[287]

Die *class action* auf Grundlage von Absatz (b) (3) weist eine grundlegende Besonderheit auf, die sie von den beiden übrigen Arten der

---

[285] *Casad/Clermont*, Res judicata, S. 162; *Bolin v. Sears, Roebuck & Co.*, 231 F.3d 970 (5th Cir. 2000).

[286] *Amchem Products, Inc. v. Windsor*, a.a.O., 615.

[287] Vgl. statt aller: *Amchem Products, Inc. v. Windsor*, a.a.O., 625 m.w.N.

Sammelklage wesentlich unterscheidet. Nach Maßgabe von Absatz (c) (2) bedarf es nämlich vor ihrer Zulassung einer gesonderten Benachrichtigung aller *class members* durch die *class representatives*, in der auf die Anhängigkeit des Verfahrens, die Bindungswirkung eines über die Klage entscheidenden Urteils,[288] die Möglichkeit der persönlichen Beteiligung der *class members* im Prozess und insbesondere das Recht jedes Mitglieds hingewiesen wird, dass es die *class* innerhalb einer bestimmten Frist ohne Angabe von Gründen verlassen kann (so genanntes *opting out*).

Dieses letztgenannte Wahlrecht führt dazu, eine Sammelklage nach dem Auffangtatbestand auch als *opt-out class action* zu bezeichnen.[289] In *class suits* nach Absatz (b) (1) oder (2) ist ein solches Recht zum Rückzug aus der *class* nicht vorgesehen, womit es den *class members* grundsätzlich verwehrt ist, ihre prozessuale Repräsentation zu verhindern. Eine Benachrichtigung der *class members* von der Anhängigkeit des Verfahrens erscheint in diesen Fällen dementsprechend weniger bedeutsam, weshalb eine entsprechende Anordnung gemäß Absatz (d) (2) im Ermessen des Gerichts steht und nicht zwingend vorgeschrieben ist.

(3) Besonderheiten des Verfahrens

Die *class action* zeichnet sich auch durch einige Besonderheiten im Verfahrensablauf aus. Damit ein *class suit* als solcher durchgeführt werden kann, bedarf es gemäß Absatz (c) (1) gesonderter gerichtlicher Zulassung (*court certification*).

Dabei liegt die Darlegungslast für das Vorliegen der Voraussetzungen nach Absatz (a) und (b) bei den Parteien, die als *class representatives*

[288] Hierzu im folgenden 3.c)cc).

[289] Vgl. beispielsweise: *Nagareda*, a.a.O., 157; *Monaghan*, a.a.O., 1166.

auftreten wollen.[290] Nach Maßgabe von Absatz (c) (4) ist neben einer vollumfänglichen auch eine nur teilweise Zulassung der Klage als *class action* möglich, durch die das Verfahren auf die Erörterung bestimmter *issues* beschränkt oder *subclasses* gebildet werden können. Absatz (c) (1) eröffnet dem Gericht zudem die Möglichkeit, die *class certification* nur bedingt zu erteilen oder nachträglich zu widerrufen. Die gerichtliche Entscheidung über die Zertifizierung kann durch Rechtsmittel unmittelbar angegriffen werden (Absatz (f)).[291]

Das Erfordernis der *court certification* verleiht dem Gericht eine umfassende Kontrollbefugnis. Dem Richter wird auf diese Weise die Funktion eines *guardian of interests* beigemessen, welcher jederzeit – auch noch nach der Entscheidung über die *class certification* – die adäquate Wahrung der Interessen der abwesenden *class members* zu überwachen hat.[292] Das amerikanische Recht sieht diese Garantenstellung als notwendiges Korrelat zum Verlust des eigenständigen Klagerechts der *class members*, denen ansonsten der Schutz der verfassungsrechtlichen *due process clause* nur unzureichend zuteil würde.[293] Vor diesem Hintergrund ist es auch zu erklären, dass eine *class action* ohne Zustimmung des Gerichts weder zurückgenommen noch verglichen werden kann (Absatz (e)). Der Schutz

---

[290] So ausdrücklich der *U.S. Supreme Court* in seinen Entscheidungen *Amchem Products, Inc. v. Windsor*, a.a.O., 614; *General Telephone Company of Southwest v. Falcon*, a.a.O., 157 f.

[291] Dies wurde in der Vergangenheit nicht immer so gesehen. Die isolierte Anfechtbarkeit wurde sogar vom *U.S. Supreme Court* noch bis Einführung von Absatz (f) im Jahre 1998 weitgehend abgelehnt; siehe *James/Hazard/Leubsdorf*, § 10.23. Zur verfassungsrechtlichen Bewertung des Absatzes (f) eingehend: *Bolin v. Sears, Roebuck & Co.*, a.a.O., 974. Vgl. zur entsprechenden Rechtslage in Kalifornien bereits in den siebziger Jahren: *City of San Jose v. Superior Court*, 115 Cal.Rptr. 797, 809 (Cal. 1974).

[292] *Wooley*, 79 Tex.L.Rev. 383, 412 f. (2000); *Note*, 87 Harv.L.Rev. 589, 602 (1974); *Richards v. Jefferson County, Alabama*, 517 U.S. 793, 802 (1996).

[293] Vgl. hierzu *Note*, 87 Harv.L.Rev. 589, 602 f. (1974); *Weinstein/Korn/Miller*, 10 N.Y.C.P. § 5011.35.

der *class members* wird zur hoheitlichen Aufgabe, womit die *class action litigation* in die Nähe eines *administrative proceeding* rückt.[294]

cc) Die Bindungswirkung eines *class action judgment* und ihre Grenzen

Ein *class action judgment* bindet im Wege der *claim* sowie *issue preclusion* neben den *class representatives* grundsätzlich alle abwesenden *class members* unabhängig davon, ob alle denkbaren materiellen Ansprüche der *class* der *jurisdiction* des entscheidenden Gerichtes unterfallen oder nicht.[295] Soweit es sich bei der *class action* um eine Schadensersatzklage handelt, erstrecken sich die Rechtskraftwirkungen sogar auf Mitglieder der *class*, hinsichtlich derer das Gericht aufgrund fehlender *minimum contacts* an sich keine *personal jurisdiction* aufweist.[296]

Wie in den bisher dargestellten Fällen der *procedural privity* setzt die Wirkungserstreckung auch bei der *class action* die Repräsentation der Interessen der in die Bindungswirkung des Urteils einbezogenen Dritten durch eine Partei im Prozess sowie ein gewisses Näheverhältnis zwischen den Dritten und ihrem Repräsentanten voraus, wobei letzteres in den verschiedenen Arten der *class action* unterschiedlich begründet wird.

---

[294] *Phillips Petroleum Company v. Shutts*, 472 U.S. 797, 809 (1985) mit Verweis auf Kommentarliteratur.

[295] *Supreme Tribe of Ben Hur v. Cauble*, 311 U.S. 356, 366 (1921); *Hansberry v. Lee*, a.a.O., 41; *Restatement (Second)*, § 41 (1) (e); *Hazard/Gedid/Sowle*, a.a.O., 1925; *Friedenthal/Kane/Miller*, § 14.13; *Weinstein/Korn/Miller*, 10 N.Y.C.P. § 5011.35; *Note*, 67 Harv.L.Rev. 1059, 1060 (1954). Zur Frage der Bindung bei fehlender *jurisdiction* des entscheidenden Gerichts hinsichtlich einzelner Ansprüche: *Matsushita Electric Industrial Co., Ltd. v. Epstein*, a.a.O., 377 f.; *Monaghan*, a.a.O., 1156 f.

[296] *Phillips Petroleum Company v. Shutts*, a.a.O., 811 f. In Bezug auf Klagen, welche maßgeblich auf eine nichtpekuniäre Leistung zielen, warf der *U.S. Supreme Court* die Frage der Verfassungsmäßigkeit der Bindung von Personen, die nicht der *personal jurisdiction* des entscheidenden Gerichtes unterfallen, zwar auf, ließ deren Beantwortung jedoch ausdrücklich offen. Gleiches gilt für *defendant class actions* unabhängig von der Frage des Klagebegehren.

Im Rahmen von *Rule* 23 (b) (1)- und (2)-*class actions* weisen *class representatives* und *class members* in der Regel eine gewisse materiell-rechtliche Verbundenheit auf, die beispielsweise durch eine gemeinsame Beteiligung an einem bestimmten Fonds, einen Anspruch auf rechtliche Gleichbehandlung oder eine lose Organisationsform hergestellt wird. In den häufigen Fällen der *class action* nach *FRCP* 23 (b) (3) entsteht die Nähebeziehung dagegen durch faktische Zustimmung der *class members* zu ihrer Repräsentation durch den *class representative,* wobei das Einverständnis aufgrund der Nichtausübung des Rechts zum *opting out* unwiderlegbar vermutet wird.[297] Die Voraussetzungen der Rechtskrafterstreckung sind dementsprechend bereits in den Kriterien enthalten, die *FRCP* 23 für die Zulassung einer *class action* aufstellt.

Ob diese Kriterien eingehalten werden, prüft bereits das mit der Entscheidung über eine *class action* befasste Gericht zu Beginn im Rahmen der *class certification* und auch noch während des weiteren Verfahrens. Trotz dieser präventiven gerichtlichen Kontrolle sind aber auch nachträgliche Angriffe gegen die Bindungswirkung eines *class action judgment* durch einzelne *class members* im Wege eines *collateral attack* möglich.[298] Dies gilt selbst dann, wenn die späteren Einwendungen bereits während des *class suit* vorgebracht und vom Gericht als nicht durchgreifend erachtet wurden.[299] Die Zulassung der nachträglichen Angriffsmöglichkeit trägt dem Risiko Rechnung, dass das über einen umfangreichen und hoch komplexen *class suit* befindende Gericht häufig versucht sein kann, allzu leichtfertig über individuelle Einwände einzelner *class members* hinwegzusehen, um einer zügigen und angemessen erscheinenden vergleichsweisen Einigung der Parteien zum Erfolg zu verhelfen.[300]

---

[297] *Phillips Petroleum Company v. Shutts,* a.a.O., 813.

[298] Hierzu ausführlich: Note, 87 Harv.L.Rev. 589, 593 f. (1974); *Wooley,* a.a.O., 384.

[299] *Wooley,* a.a.O., 432 m.w.N.

[300] *Wooley,* a.a.O., 412 f.

Die Bindungswirkung eines *class action judgment* endet jedoch nicht bei jeder Verletzung allgemeiner Verfahrensvorschriften, da ansonsten das verfolgte Ziel der Verfahrensökonomie erheblich entwertet würde. Vielmehr lassen sich die Grenzen der Wirkungserstreckung unter drei wesentlichen Gesichtspunkten zusammenfassen. Zum ersten ist ein *class member*, welcher von der *class action* benachrichtigt werden musste, dann nicht gebunden, wenn es an der erforderlichen *notice* fehlte oder diese unzureichend erfolgte. Zum zweiten sind Personen in *opt-out class actions* dann nicht von den Rechtskraftwirkungen des Urteils erfasst, wenn sie rechtzeitig von ihrem Recht zum Austritt aus der *class* Gebrauch machten. Schließlich entfällt eine Bindung auch dann, wenn die Interessen des *class member* durch die *class representatives* nicht adäquat repräsentiert wurden.

(1) Erfordernis der *preliminar notification*

Zielt eine *class action* – wie in den meisten Fällen – auf die Zahlung von Schadensersatz zugunsten der *class*, so sind die *class members* zwingend durch die *class representatives* von der Anhängigkeit des Verfahrens zu unterrichten. Das entsprechende Erfordernis der *preliminar notification* ist für *federal class actions* in *FRCP* 23 (c) (2) niedergelegt und ergibt sich für *state class actions* in den Bundesstaaten, die keine entsprechende Verfahrensvorschrift aufweisen,[301] unmittelbar aus der verfassungsrechtlichen *due process clause*.[302] Auch dann, wenn sich die *class action* nicht unmittelbar auf eine Geldleistung richtet, kann eine Benachrichtigung verfassungsrechtlich geboten sein, falls durch das *class action judgment* die Geltendmachung von *monetary damages* durch *class members* in späteren Verfahren präkludiert werden soll.[303] Ob in den übrigen Fällen eine Unterrichtung der gesamten *class* von Verfassungs wegen erfolgen muss,

[301] Eine FRCP 23 (c) (2) entsprechende Vorschrift enthält das *class action*-freundliche Zivilverfahrensrecht des Staates New York in *CPLR* § 904.

[302] *Eisen v. Carlisle & Jacquelin*, 417 U.S. 156, 173 (1974); *Richards v. Jefferson County, Alabama*, a.a.O., 799; *Phillips Petroleum Company v. Shutts*, a.a.O., 811 f.

[303] Vgl. *Wright v. Collins*, 766 F.2d 841, 847 f. (4th Cir. 1985).

ist nicht abschließend geklärt. Der *U.S. Supreme Court* hat zu dieser Frage bisher noch keine Stellung genommen.[304] *FRCP* 23 (d) (2) stellt jedoch die Benachrichtigung der Mitglieder in das Ermessen des Gerichts, was im Ergebnis eher gegen ein zwingendes Verfassungsgebot spricht.[305]

Ist eine *preliminar notification* nach dem Gesagten vorzunehmen, so kommt ihr erhebliche Bedeutung zu. Ist hinsichtlich einiger *class members* ein *failure to afford adequate notice* festzustellen, so entfaltet das *class action judgment* gegenüber diesen Personen keine Rechtskraft.[306] Dabei ist zu beachten, dass die Anforderungen an eine ordnungsgemäße Benachrichtigung beträchtlich sind.

Zunächst ist die *notice* an alle *class members* zu richten, die im Rahmen zumutbarer Anstrengungen von den *class representatives* ermittelt werden können.[307] Der *U.S. Supreme Court* hat die Grenze der Zumutbarkeit in der Vergangenheit sogar bei einer Anzahl von mehr als 2 Millionen Personen noch nicht überschritten gesehen.[308]

An alle auf diese Weise ermittelten Mitglieder der *class* muss eine *individual notice* gesandt werden, was die Benachrichtigung durch Print- oder

---

[304] Antwort ausdrücklich offengelassen in *Phillips Petroleum Company v. Shutts*, a.a.O., 811 f. (FN 3) sowie *Eisen v. Carlisle & Jacquelin*, a.a.O., 177 (dort Fn. 14).

[305] Die New Yorker Verfahrensnorm des *CPLR* § 904 spricht dieses Ergebnis in ihrem Absatz (a) explizit aus:

„(a) In class actions brought primarily for injunctive or declaratory relief, notice of the pendency of the action need not be given to the class unless the court finds that notice is necessary to protect the interests of the represented parties and that the cost of notice will not prevent the action from going forward."

[306] Es gelten hier die gleichen Grundsätze wie bei einer fehlerhaften Klagezustellung; vgl. hierzu die Ausführungen im 2. Kapitel zu II.3.a).

[307] *Eisen v. Carlisle & Jacquelin*, a.a.O., 173; anders noch die in *Note*, 67 Harv.L.Rev. 1059, 1064 (1954), geäußerte Ansicht, nach der eine lediglich breit angelegte Benachrichtigung genügen soll, soweit die Anzahl der benachrichtigten Personen eine adäquate Repräsentation der Klasseninteressen gewährleistet.

[308] Vgl. *Eisen v. Carlisle & Jacquelin*, a.a.O., 175.

Funkmedien grundsätzlich ausschließt.[309] In der Regel muss die Benachrichtigung postalisch per *first-class mail* an die Adressaten abgesandt werden und darf nicht als unzustellbar zurückkommen.[310]

Der Inhalt der schriftlichen Nachricht ist dabei so zu gestalten, dass sie den interessierten Adressaten von dem Verfahren in Kenntnis setzt, ihn mit allen für seine weiteren Entscheidungen erforderlichen Informationen versorgt und ihm auf diese Weise Gelegenheit gibt, seine Rechte – insbesondere die Möglichkeit des *opting out* – rechtzeitig auszuüben.[311]

Um diese Funktionen zu erfüllen, darf das Anschreiben nicht in dem Bemühen um Genauigkeit und Umfänglichkeit in einem Stil verfasst werden, der für den zu erwartenden Adressatenkreis ohne besondere juristische Vorbildung oder Beratung unverständlich ist.[312] Trotz dieser Vorgaben sind die *class notices* häufig komplex, wenig informativ und mehrdeutig formuliert, was nicht zuletzt häufig Folge des Bestrebens der *class representatives* ist, die so Unterrichteten zur Passivität zu veranlassen, um ihre *class* zahlreich und leicht lenkbar zu erhalten.[313] Das Ergebnis solch fragwürdiger Bemühungen ist jedoch nicht selten das Entfallen der Rechtskrafterstreckung hinsichtlich der unsachgemäß benachrichtigten Mitglieder oder gar die gänzliche Versagung der *class certification* durch das angerufene Gericht.[314]

---

309 *Eisen v. Carlisle & Jacquelin*, a.a.O., 177; *Mullane v. Central Hanover Bank & Trust Co.*, 339 U.S. 306, 314 (1950).

310 *Miller/Crump*, 96 Yale L.Rev. 1, 20 (1986).

311 Vgl. hierzu grundlegend: *Mullane v. Central Hanover Bank & Trust Co.*, a.a.O., 340 sowie *Phillips Petroleum Company v. Shutts*, a.a.O., 812 (mit Verweis auf *Mullane*).

312 Dieses Problem stellt sich insbesondere bei Produkthaftungsklagen im Verbrauchsgüterbereich, da in diesen Fällen als *class members* zahlreiche juristische Laien aus einfachen Verhältnissen in Frage kommen; vgl. *Miller/Crump*, a.a.O., 22.

313 So die kritische Anmerkung von *Monaghan*, a.a.O., 1185 m.w.N.

314 Eine solche Versagung lag der Entscheidung *Eisen v. Carlisle & Jacquelin*, a.a.O., zugrunde.

Neben der praktischen Durchführung liegt auch die bisweilen erdrückende Kostenlast der *preliminar notification* bei den *class representatives,* die eine Teilfinanzierung durch die Gegenseite selbst dann nicht verlangen können, wenn die Klage nach vorläufiger Würdigung überwiegende Aussicht auf Erfolg hat und die Ansprüche der *class members* bei fehlender Kostenteilung aufgrund unzureichender Mittel nicht verhandelt werden können.[315]

Schließlich stellen sich für die *class representatives* bei der Benachrichtigung nahezu unüberwindliche Hindernisse in Fällen, in denen der *class* mögliche Anspruchsinhaber angehören, die im Zeitpunkt des Verfahrens noch gar nicht geboren wurden oder bei denen die Folgen eines schädigenden Ereignisses erst in ungewisser Zukunft auftreten können und daher unbekannt sind (sog. *future claimants*).[316]

Aufgrund dieser zahlreichen Probleme versuchen zahlreiche *class representatives* einer *Rule* 23 (b) (3)-*class action,* ihre Klage zu modifizieren und in eine *Rule* 23 (b) (1)-oder (2)-*class action* umzudeklarieren, an welche nicht die strengen Benachrichtigungserfordernisse der *FRCP* 23 (c) (2) gestellt werden. Bei diesem Unterfangen werden verschiedene Wege eingeschlagen.

Zum einen versuchen die Repräsentanten in vielen Schadensersatzprozessen, eine *certification* der *class action* gemäß *FRCP* 23 (b) (1) zu erreichen, indem sie dahingehend argumentieren, dass das Vermögen des Beklagten nicht ausreiche, die Ansprüche aller *class members* zu erfüllen, und somit ein unzureichender Fonds zur Verfügung stehe, an

---

315 So ausdrücklich der *U.S. Supreme Court* für den Fall der *federal class action* in der Entscheidung *Eisen v. Carlisle & Jacquelin,* a.a.O., 177, 179; anders dagegen die *state class action* im Staat New York, für deren Durchführung das Gericht gemäß *CPLR* § 904 (d) nach einer Anhörung anordnen kann, dass die Kosten der *notification* geteilt werden, wenn die Erfolgsaussichten der Klage dies zulässt und Gerechtigkeitserwägungen eine ausnahmsweise Kostenverlagerung gebieten.

316 Der *U.S. Supreme Court* hat dieses Problem in der Entscheidung *Amchem Products, Inc. v. Windsor,* a.a.O., 628, zwar erkannt, hierzu aber mangels Entscheidungserheblichkeit keine Stellung genommen.

dem die zahlreichen Berechtigten gleichmäßig zu beteiligen sind (sog. *constructive bankruptcy* bzw. *limited fund theory*).[317] Der *U.S. Supreme Court* hat diese Argumentation in *mass tort cases* zwar als zulässig erachtet, eine Zertifizierung nach *FRCP* 23 (b) (1) in der Regel aber daran scheitern lassen, dass die Kläger nicht darlegen und beweisen konnten, dass das Vermögen des Beklagten zur Begleichung der klägerischen Ansprüche nicht ausreichte und die *class action* eine Gleichbehandlung aller Geschädigter bei der Verteilung der Masse gewährleistete.[318]

Andere *class representatives* versuchten den Charakter ihrer *Rule* 23 (b) (3)-*class action* durch die Geltendmachung eines zusätzlichen Unterlassungs- oder Feststellungsantrages zugunsten einer *Rule* 23 (b) (2)-*class action* zu verändern. Die Gerichte verhinderten jedoch auch diesen Umgehungsversuch, indem sie es bei gleichzeitiger Geltendmachung von Schadensersatz- und nichtpekuniären Anträgen zur Bedingung der *certification* nach *FRCP* 23 (b) (2) machten, dass der *injunctive relief* gegenüber dem gleichzeitigen Zahlungsbegehren deutlich im Vordergrund stehen müsse, was bei einem lediglich flankierenden Unterlassungs- oder Feststellungsantrag nicht der Fall sei.[319]

Faktisch führt daher das Bestreben der Umwandlung einer *Rule* 23 (b) (3)-*class action* in eine *Rule* 23 (b) (1)- oder (2)-*class action* bei gleich bleibendem Klagebegehren daher in den wenigsten Fällen zum Erfolg.[320]

---

[317] *Ortiz v. Fibreboard Corporation*, a.a.O., 838 ff.; *Miller/Crump*, a.a.O., 42. In eine ähnliche Richtung geht die *punitive damage overkill theory*, nach der im Rahmen einer Schadensersatzklage geforderte *punitive damages* als Strafmaßnahme eine Obergrenze haben, die durch die Verfolgung separater Klagen nicht gewährleistet werden kann, womit der Beklagte der Gefahr uneinheitlicher Standards der *punitive damage liability* ausgesetzt wird; vgl. *Miller/Crump*, a.a.O., 42 f.

[318] Vgl. *Ortiz v. Fibreboard Corporation*, a.a.O., 848 ff.

[319] Vgl. *Bolin v. Sears, Roebuck & Co.*, a.a.O., 975 f.

[320] Vgl. hierzu die Übersicht bei *Miller/Crump*, a.a.O., 43.

(2) Möglichkeit des *opting out*

Die Rechtskraftwirkungen eines *class action judgment* erstrecken sich nicht auf *class members*, die rechtzeitig ihr Recht zum *opting out* geltend gemacht haben.[321] Der Kreis derjenigen, denen ein solches Recht zusteht, deckt sich in den *federal class actions* gemäß *FRCP* 23 (c) (2) mit den Personen, die zwingend von der Anhängigkeit der *class action* in Kenntnis zu setzen sind.[322] Die Möglichkeit zum *opting out* ist daher nur in *Rule* 23 (b) (3)-*class actions* gegeben und steht nicht im Ermessen des Gerichtes.[323] In den anderen Fällen, in denen durch die *class action* ein einheitliches Verhalten des Beklagten gegenüber der *class* erreicht werden soll, bleibt den *class members* dagegen die Möglichkeit des *opting out* versagt, da die Ermöglichung von Individualklagen den Zweck einer solchen Sammelklage insgesamt in Frage stellen würde.[324]

Ist das Recht zum *opting out* gegeben, so ist es innerhalb einer gerichtlich bestimmten Frist gegenüber dem Gericht auszuüben.[325] Wurde dies versäumt, bleibt der Betroffene Mitglied der *class* und ist nach Abschluss des Verfahrens an die *res judicata*-Wirkungen der gerichtlichen Entscheidung des Prozesses gebunden.[326] Wurde das Recht dagegen rechtzeitig und wirksam geltend gemacht, so entfaltet das *class action judgment* für

---

[321] Siehe *Equal Employment Opportunity Commission v. United Staates Steel Corporation*, 921 F.2d 489, 495 (3rd Cir. 1990); *Premier Electrical Construction Co. v. National Electrical Contractors Association, Inc.*, 814 F.2d 358, 362 (7th Cir. 1987).

[322] Siehe oben 3.c)cc)(2).

[323] In *state class actions* steht es dagegen teilweise im Ermessen des Gerichtes, ob den *class members* die Möglichkeit des *opting out* gewährt wird oder nicht; vgl. für New York: *Colt Industries Shareholder Litigation*, 565 N.Y.S.2d 755, 760 (N.Y. 1991).

[324] Vgl. *Colt Industries Shareholder Litigation*, a.a.O., 761. Ist das Austrittsrecht danach ausgeschlossen, so steht das abschließende *class action judgment* der späteren Individualklage eines *class member* ausnahmsweise dann nicht entgegen, wenn durch sie ein Klagebegehren geltend gemacht wird, das im Rahmen einer *class action* das Recht zum *opting out* eröffnet hätte; vgl. *Colt Industries Shareholder Litigation*, a.a.O., 762.

[325] Vgl. *FRCP* 23 (c) (2) (A).

[326] *Equal Employment Opportunity Commission v. United Staates Steel Corporation*, a.a.O.

den Austretenden keinerlei Wirkungen. Er kann seine Rechte somit in einem gesonderten Verfahren gegen den Beklagten unabhängig vom Ausgang des *class suit* geltend machen.[327]

(3) Erfordernis der *adequate representation*

Da es sich bei der *class action* um eine besondere Form der Repräsentation fremder Interessen im Prozess handelt, ist die adäquate Geltendmachung dieser Interessen durch den *class representative* zentrales und wichtigstes Element der Rechtskrafterstreckung zu Lasten der abwesenden *class members.*[328] Fehlt es an der *adequacy of representation,* ist dem *class action judgment* seine erweiterte Bindungswirkung zwingend zu versagen. Den klassischen Präzendenzfall, der diesem Grundgedanken erstmals explizit zum Ausdruck verhalf, stellt das Urteil des *U.S. Supreme Court* aus dem Jahre 1940 in Sachen *Hansberry v. Lee*[329] dar.

Der Entscheidung lag der Sachverhalt zugrunde, dass sich eine Gruppe von weißen Landeigentümern einer bestimmten Region innerhalb des Staates Illinois untereinander dinglich verpflichtet hatte, ihr Grundeigentum an Personen afroamerikanischer Herkunft weder zu verkaufen noch auf sonstige Weise zu überlassen. Die Wirksamkeit der Vereinbarung war jedoch dadurch aufschiebend bedingt, dass mindestens 95 % der Landeigentümer eines Teilbereichs dieser Region der Vereinbarung zustimmten. Um überprüfen zu lassen, ob diese Vereinbarung auch noch im Falle der Rechtsnachfolge Anwendung findet, klagte eine Landeigentümerin als Repräsentantin aller Vertragschließenden gegen einige Rechtsnachfolger von bisherigen Landeigentümern der Region im Rahmen einer *state class action,* mit der das Fortbestehen der vertraglichen

[327] *Premier Electrical Construction Co. v. National Electrical Contractors Association, Inc.,* a.a.O.

[328] Vgl. *Note,* 67 Harv.L.Rev. 1059, 1060 (1954); *Monaghan,* a.a.O., 1149 f, 1172; *Phillips Petroleum Company v. Shutts,* a.a.O., 812; *City of San Jose v. Superior Court,* 115 Cal.Rptr. 797, 808 (Cal. 1974).

[329] 311 U.S. 32 (1940).

Bindung unter Einschluss der Beklagten festgestellt werden sollte. Kläger und Beklagte waren sich dabei darüber einig, dass das Mindestquorum, an das die Wirksamkeit der gesamten Vereinbarung geknüpft worden war, zuvor erreicht wurde. Das über die Klage befindende Gericht stellte auf Grundlage dieses übereinstimmenden Tatsachenvortrages die Weitergeltung der Vereinbarung auch für die Rechtsnachfolger fest.

Nach dieser Entscheidung erwarben einige Afroamerikaner Grundstücke in der fraglichen Region, worauf sie von ihren Nachbarn wegen Verletzung des dinglichen Veräußerungsverbots auf Unterlassung verklagt wurden. Die Beklagten stützten in der Folge ihre Verteidigung im wesentlichen darauf, dass die angeführte Verbotsvereinbarung zu keiner Zeit in Kraft getreten sei, da das Mindestzustimmungserfordernis nicht eingehalten wurde. Obwohl das angerufene Gericht in der Tat feststellte, dass lediglich 54 % der fraglichen Landeigentümer dem Verbot zugestimmt hatten und somit die Einwendung der Beklagten zutraf, gab es der Klage gleichwohl mit der Begründung statt, dass die Beklagten als Mitglieder der *plaintiff class* an die gerichtliche Feststellung des Mindestquorums im vorangegangenen *class suit* nach Maßgabe der Grundsätze der *issue preclusion* gebunden waren und den Bedingungseintritt somit nicht mehr wirksam bestreiten konnten. Das Urteil wurde im Instanzenzug vom *Supreme Court of Illinois* bestätigt.

Erst der oberste amerikanische Gerichtshof trat der darin geäußerten Rechtsansicht entgegen und entschied, dass die Bindung verfahrensunbeteiligter Personen an Urteilsfeststellungen dann gegen das verfassungsrechtlich verbriefte *due process*-Gebot verstößt, wenn der Schutz ihrer Interessen im zugrunde liegenden Erkenntnisverfahren nicht hinreichend gewährleistet war.[330] Eine subjektive Rechtskrafterstreckung ist danach verfassungsrechtlich nur dann gerechtfertigt, wenn die Rechte der Abwesenden durch eine der Prozessparteien adäquat repräsentiert

---

[330] *Hansberry v. Lee*, a.a.O., 42.

wurden.[331] Hieran fehlt es jedoch, wenn die Partei, welche als *class representative* auftritt, andere Interessen an der Durchsetzung bestimmter Rechtspositionen aufweist als ein Teil der durch sie vertretenen *class*.[332] Widersprechen sich daher die Interessen verschiedener Gruppen von *class members* hinsichtlich der Wirksamkeit einer streitentscheidenden Frage wie im vorliegenden Fall, so kann ein Repräsentant unabhängig davon, wie einheitlich die *class* im übrigen nach außen auch erscheinen möge, nicht gleichzeitig die Rechte aller *class members* angemessen wahrnehmen.

Der *Supreme Court* leitete aus diesen Erwägungen den allgemeinen Grundsatz ab, dass ein *class action judgment* keine Rechtskrafterstreckung zu Lasten derjenigen abwesenden *class members* entfalten kann, deren Interessen tatsächlich oder möglicherweise in Konflikt mit den eigenen Interessen der *class representatives* standen.[333] Unter Berufung auf diese Regel, die insbesondere in der Formulierung von *FRCP* 23 (a) (4) ihren Niederschlag gefunden hat, wird bis heute bei *divergence of interest* zwischen *class representative* und *class member* eine Beschränkung des weiten subjektiven Wirkungskreises von *class action judgments* vorgenommen.[334] Um den häufig anzutreffenden Interessengegensätzen von vornherein Rechnung zu tragen und die *class action* vor der Entwertung durch nachträgliche *collateral attacks* zu schützen, bietet es sich für das mit einer Sammelklage befasste Gericht deshalb an, bereits im Rahmen der *class certification* verschiedene *subclasses* bestimmter Interessengruppen mit jeweils eigenen *class representatives* zu bilden oder den

---

331 *Hansberry v. Lee*, a.a.O., 42 f.

332 *Hansberry v. Lee*, a.a.O., 44

333 *Hansberry v. Lee*, a.a.O., 45:

„[...] a selection of representatives for purposes of litigation, whose substantial interests are not necessarily or even probably the same as those whom they are deemed to represent, does not afford that protection to absent parties which due process requires. The doctrine of representation of absent parties in a class suit has not hitherto been thought to go so far."

334 *Amchem Products, Inc. v. Windsor*, a.a.O., 625 f.; *Ortiz v. Fibreboard Corporation*, a.a.O., 856.

Rechtsstreit auf die Erörterung von *issues* zu beschränken, hinsichtlich derer kein Interessenkonflikt vorliegt.[335]

In welchen anderen Situationen es neben dem Fall des Interessenkonflikts an der *adequacy of representation* fehlen kann, ist bis heute nicht abschließend geklärt.[336] Unstreitig stellt nicht jeder Fehler in der Prozessführung des *class representative* die *res judicata*-Wirkungen eines *class action judgment* in Frage. Darüber hinaus kann jedoch angesichts der derzeit unübersichtlichen Rechtslage keine allgemeine Aussage darüber getroffen werden, ab welchem Grad an Nachlässigkeit ein Verstoß gegen das *due process*-Gebot anzunehmen ist und welche Rolle der Gutglaubensschutz der Gegenseite bei der Beschränkung der Rechtskraftwirkungen spielt.[337] Entscheidend sind vielmehr häufig einzelfallbezogene Erwägungen des mit dem *collateral attack* eines *class members* befassten Gerichts, das seine Entscheidung neben zahlreichen Einzelfaktoren regelmäßig auf die Bedeutung der Rechte stützt, die den abwesenden *class members* durch das *class action judgment* endgültig entzogen werden sollen. Die Praxis der *class action* ist daher in diesem Bereich von erheblicher Rechtsunsicherheit geprägt.[338]

d) Eigenes Konzept einer *virtual representation*?

Über die bisher geschilderten Fälle der *procedural privity* hinaus schlagen einige Gerichte und Kommentatoren vor, unter dem Gesichtspunkt der *virtual representation* die Rechtskraft eines Urteils auch auf prozessunbe-

---

[335] Entsprechende Möglichkeiten eröffnet beispielsweise *FRCP* 23 (c) (4); vgl. *Ortiz v. Fibreboard Corporation*, a.a.O., 856.

[336] Vgl. *Hazard/Gedid/Sowle*, a.a.O., 1948.

[337] Siehe hierzu *Restatement (Second)*, § 42 Comment f. sowie die Kritik von *Hazard*, 148 U.Pa.L.Rev. 1901, 1946 f. (2000).

[338] Dies zeigt sich auch in der nachträglichen Aufhebung von umfangreichen Urteilen, die nach erheblicher Verfahrensdauer und umfassender rechtlicher Würdigung nahezu uferlose *class actions* abschließen sollten; vgl. für den Bereich der Asbestklagen insbesondere *Amchem Products, Inc. v. Windsor*, a.a.O.; *Ortiz v. Fibreboard Corporation*, a.a.O.

teiligte Dritte zu erweitern, die zwar keine besondere Nähebeziehung zu einer der Prozessparteien aufweisen, deren Interessen jedoch rein faktisch denen einer Prozesspartei derart gleichen, dass durch die Prozessführung der Partei die Rechte des Dritten virtuell (mit-)repräsentiert werden.[339] Maßgebliches Motiv dieser Ausdehnung ist die Unzufriedenheit mit der bisherigen *privity*-Rechtsprechung, die aufgrund zunehmender Belastung der Gerichte mit der Beantwortung sich ständig wiederholender Streitfragen als zu eng und nicht mehr zeitgemäß beurteilt wird.[340]

Der Begriff der *virtual representation* stammt ursprünglich aus den *probate proceedings*, in denen er ein Verfahren bezeichnet, mit dessen Hilfe nachlassgerichtlichen Entscheidungen auch gegenüber Personen zur Wirkung verholfen werden kann, die nicht ermittelbar oder noch gar nicht geboren sind.[341] Diese Möglichkeit, die auf dem faktischen Zwang beruht, den Regelungscharakter nachlassgerichtlicher Entscheidungen auch gegenüber Unbekannten zu gewährleisten, wurde anfänglich nicht mit der *res judicata*-Lehre in Verbindung gebracht. Das Bestreben, den Begriff aus den *probate proceedings* auf die allgemeinen Grundsätze der Rechtskraft zu übertragen, wurde maßgeblich erst durch die Rechtsprechung des *Federal Court of Appeals for the Fifth Circuit* Ende der sechziger und Anfang der siebziger Jahre des vergangenen Jahrhunderts eingeleitet.[342]

---

[339] Vgl. hierzu insbesondere die richtungsweisende Entscheidung des *Federal Court of Appeals for the Fifth Circuit* im Verfahren *Aerojet-General v. Askew*, 511 F.2d 710, 719 (5th Cir. 1975). Deren Ansatz folgen unter anderem *James/Hazard/Leubsdorf*, § 11.26, *Bone*, 67 N.Y.U.L.Rev. 193, 197 (1992), *Krause*, Urteilswirkungen gegenüber Dritten, 80 f., der außer in den Fällen der *conventional fiduciaries* seinen Ausführungen das Prinzip der *virtual representation* als Grundprinzip der Bindung verfahrensunbeteiligter Dritter kraft Repräsentation zugrunde legt, sowie *Schack*, Internationales Zivilverfahrensrecht, Rn. 920, unter ausdrücklicher Bezugnahme auf *Krause*.

[340] Vgl. die Zusammenfassung von *Bone*, a.a.O., 289; ähnlich *Note*, 87 Harv.L.Rev. 1485, 1504 (1974).

[341] Siehe *Tice v. American Airlines, Inc.*, 162 F.3d 966, 970 (7th Cir. 1998); *Wright/Miller/Cooper*, 18A F.P.P. § 4457.

[342] *Wright/Miller/Cooper*, 18A F.P.P. § 4457; *Bone*, a.a.O., 218 f.

Als Ausgangspunkt dieser Entwicklung ist die Entscheidung *Cauefield v. Fidelity and Casualty Company of New York* aus dem Jahre 1967 zu nennen.[343] In den Gründen dieses Urteils wurde zwar der Begriff *virtual representation* noch nicht verwandt; jedoch dehnte das Berufungsgericht bereits in diesem Verfahren die subjektiven Grenzen der Rechtskraft über den damaligen Stand hinaus aus, indem es die gerichtliche Determination von *issues*, die bereits zuvor extensiv vor Gericht ausgefochten worden waren und in einem weiteren Verfahren keine veränderte Bewertung erwarten ließen, auch für prozessunbeteiligte Dritte als verbindlich ansah, die zu den Parteien des Prozesses, in dem die Feststellungen erfolgten, keinerlei Verbindung aufwiesen.[344] Die Grundsätze der *issue preclusion* wurden auf diese Weise erstmals explizit zu Lasten von Personen erweitert, deren Interessen von der Partei eines fremden Prozesses lediglich rein faktisch repräsentiert wurden.

Die erste Formulierung einer entsprechenden *doctrine of virtual representation* erfolgte acht Jahre später in der Entscheidung *Aerojet-General v. Askew* im Jahre 1975.[345] Danach ist ein Dritter an die Ergebnisse eines Verfahrens, an dem er nicht selbst beteiligt war, dann gebunden, wenn seine Interessen mit denen einer der Parteien derart übereinstimmen, dass die Partei als *virtual representative* des Dritten erscheint.[346] Um sein Ergebnis zu stützen, zitierte der *Federal Court* zahlreiche Entscheidungen vor allem des *U.S. Supreme Court*, die jedoch allesamt andere Situationen betrafen und *virtual representation* nicht erwähnten. Durch das Abstellen auf bloße Interessenparallelität ohne weitere Voraussetzungen formulierte das Gericht somit etwas völlig Neues, was es in *Cauefield* bereits andeutete.

---

[343] 378 F.2d 876 (5th Cir. 1967).

[344] *Cauefield v. Fidelity and Casualty Company of New York*, a.a.O., 878.

[345] 511 F.2d 710 (5th Cir. 1975).

[346] *Aerojet-General v. Askew*, a.a.O., 719:

> „Under the federal law of res judicata, a person may be bound by a judgment even though not a party if one of the parties to the suit is so closely aligned with his interests as to be his virtual representative."

Die in *Aerojet-General* angelegte subjektive Erweiterung der *res judicata*-Lehre wurde aber in der Folge noch nicht einmal in der Rechtsprechung des *Federal Court of Appeals for the Fifth Circuit* selbst umgesetzt.[347]

Bereits im Jahre 1977 stellte das Gericht das neu formulierte Prinzip in seiner Entscheidung *Southwest Airlines Company v. Texas International Airlines, Inc.*,[348] erheblich in Frage, indem es ihm aufgrund seiner weiten und inkonsistenten Anwendung jegliche analytische Hilfsfunktion absprach.[349] Im Jahre 1978 wurde diese Abkehr in der Entscheidung *Pollard v. Cockrell*[350] jedoch relativiert und ein Mittelweg eingeschlagen, von dem das Gericht soweit ersichtlich bis heute nicht mehr abgerückt ist.[351] Danach wird am Prinzip der *virtual representation* vordergründig festgehalten. Eine die subjektive Rechtskrafterstreckung rechtfertigende hinreichende Interessenparallelität sei jedoch nur dann anzunehmen, wenn zwischen prozessunbeteiligtem Dritten und der repräsentierenden Prozesspartei ein ausdrückliches oder stillschweigendes rechtliches Verhältnis besteht, kraft dessen das prozessuale Verhalten der Partei dem Dritten zurechenbar ist.[352] Das Gericht schnitt damit sein neugeschaffenes Prinzip auf Maßstäbe zurück, die bereits vor seiner Formulierung anerkannt waren, womit Zweifel aufkamen, ob *virtual representation* in dieser Form überhaupt noch einen neuen Beitrag zu dem bisherigen *privity*-Ansatz darstellte.[353]

---

[347] Vgl. *Bone*, a.a.O., 223.

[348] 546 F.2d 84 (5th Cir. 1977).

[349] *Southwest Airlines Company v. Texas International Airlines, Inc.*, a.a.O., 97 („[...] This doctrine offers little analytical assistance here because of its wide and inconsistent application.").

[350] 578 F.2d 1002 (5th Cir. 1978).

[351] Vgl. beispielsweise *Freeman v. Lester Coggins Trucking, Inc.*, 771 F.2d 860, 864 (5th Cir. 1985).

[352] *Pollard v. Cockrell*, a.a.O., 1008:

„Virtual representation demands the existence of an express or implied legal relationship in which parties to the first suit are accountable to non-parties who file a subsequent suit raising identical issues."

[353] So auch *Wright/Miller/Cooper*, 18A F.P.P. § 4457 sowie *Tyus v. Schoemehl*, 93 F.3d 449, 454 (8th Cir. 1996).

Der Begriff der *virtual representation* hatte jedoch überlebt und führt seitdem aufgrund seiner vagen Umrisse ein gleichsam unkontrolliertes Eigenleben,[354] was eine überaus unübersichtliche Rechtslage zur Folge hat.

Zahlreiche Gerichte gebrauchen die *virtual representation doctrine* im Anschluss an *Aerojet-General* lediglich noch als Schlagwort, um die Abkürzung von Rechtsstreitigkeiten zu rechtfertigen, die stets gleiche Streitfragen aufwerfen und ansonsten langwierige gerichtliche Auseinandersetzungen auslösen würden.[355] Es finden sich sogar Judikate, die den Begriff der *virtual representation* infolge des gerichtlichen Bestrebens nach Verfahrensökonomie auch in Zusammenhängen bemühen, die keine rechte Verbindung zur Rechtskrafterstreckung kraft Repräsentation aufweisen.[356] Beispielsweise wurde in der Entscheidung *Shaw v. Hahn* dem Mitglied einer gerichtlichen *jury*, welches sich gegen seine Entlassung zur Wehr setzte, die Berufung auf Rassendiskriminierung verweigert, da dieser Einwand bereits während des Verfahrens, in dem die Entlassung beschlossen wurde, von einer der Prozessparteien vorgebracht wurde. Das Gericht stützte sein Ergebnis auf die erstaunliche Begründung, dass die private Prozesspartei im Rahmen ihrer Prozessführung die Interessen des gerichtlichen *juror* hinreichend repräsentiert habe und daher zwischen beiden *privity* anzunehmen sei.[357]

Auch im übrigen geht die Berufung auf *virtual representation* bisweilen weit über Grenzen hinaus, die zuvor vom *Court of Appeals for the Fifth Circuit* gezogen wurden. In der Entscheidung *Tyus v. Schoemehl* wird

[354] Siehe *Tice v. American Airlines, Inc.*, a.a.O., 970 („The phrase takes on a life of its own, and before too long, it starts being applied to situations far removed from its intended and proper context.").

[355] *Wright/Miller/Cooper*, 18A F.P.P. § 4457, bemängeln an diesem Vorgehen, dass es eine willkürliche Beschneidung des rechtlichen Gehörs in Fällen ermögliche, die an sich auf Grundlage von *stare decisis* beizulegen oder eben erneut zu entscheiden sind.

[356] 56 F.3d 1128 (9th Cir. 1995).

[357] *Shaw v. Hahn*, a.a.O., 1131.

dem Begriff unter anderem eine Billigkeitsdimension beigemessen, die Präklusion zu Lasten von Nichtparteien bereits dann rechtfertige, wenn eine Abwägung aller relevanter Aspekte der Billigkeit für ein solches Ergebnis spricht.[358]

Der *Federal Court of Appeal for the Eighth Circuit* reagierte mit dieser Aussage explizit auf eine auf die Umgehung der *res judicata*-Wirkungen eines Urteils angelegte Prozesstaktik des Klägers und die Eröffnung einer sehr weiten Klagebefugnis (*standing to sue*) von Privatpersonen im öffentlichen Recht der Vereinigten Staaten.[359] Es handelte sich somit um einen Versuch des Ausgleichs prozessualer Unzulänglichkeiten mit den Mitteln der Rechtskraftlehre.

Gegenüber diesem weiten Verständnis verwendet die Mehrzahl der Gerichte den Begriff der *virtual representation* in der Form, wie er zuletzt vom *Court of Appeals for the Fifth Circuit* geprägt wurde, und reduziert seine Anwendung damit auf die anerkannten Fälle von *procedural privity*. Zur subjektiven Rechtskrafterstreckung aufgrund von Repräsentation wird dementsprechend neben *adequate representation* auch das in diesem Kapitel eingangs von Punkt III. ausgeführte Näheverhältnis zwischen prozessunbeteiligtem Dritten und Prozesspartei gefordert.[360]

---

[358] So *Tyus v. Schoemehl*, a.a.O., 454 f. („[...] ‚virtual representation has a pronounced equitable dimension.' [...] A nonparty will be barred from bringing his claim only when 'the balance of the relevant equities tips in favor of preclusion.'").

[359] *Tyus v. Schoemehl*, a.a.O., 456.

[360] Vgl. *Bone*, a.a.O., 223; *Becherer v. Merrill Lynch, Pierce, Fenner and Smith, Inc.*, 193 F.3d 415, 423 (6th Cir. 1999) („[...]'virtual' representation--requires 'an express or implied legal relationship in which parties to the first suit are accountable to nonparties who file a subsequent suit raising identical issues.'"); *Bittinger v. Tecumseh Products Company*, 123 F.3d 877, 881 (6th Cir. 1997) („A court attempting to apply ‚virtual representation' must examine the relationship between the parties to the current suit and parties to the previous suit and look for and balance a variety of elements--including [...] an express or implied legal relationship in which parties to the first suit are said to be "accountable" to parties to the second."); *Tarpley v. Salerno*, 803 F.2d 57, 60 (2nd Cir. 1986) („[...] unless we were to find that [...] the candidates were 'vested with the authority of representation'.").

Darüber hinaus findet sich aber auch eine Reihe höchstrichterlicher Entscheidungen, die eine grundsätzliche Skepsis gegenüber dem „amorphen" Charakter der *virtual representation* zum Ausdruck bringen und sich daher weigern, einen solch ungenauen Ansatz zu einem generellen Prinzip der *res judicata*-Lehre zu erheben.[361] Die Kritik gipfelte in dem Befund, dass *virtual representation* eine Art *common law class action* generiere, die zu einer Bindung von Prozessunbeteiligten führe, denen in keiner Weise der Schutz zuteil wurde, welchen *FRCP* 23 oder vergleichbare einzelstaatliche Vorschriften zur *state class action* garantierten.[362] Die möglichen Auswüchse der Begriffsverwendung seien angesichts dessen auf Grundlage der bisherigen Grundsätze zur *procedural privity* möglichst in Schranken zu halten.[363]

Die unsichere Anwendungsweise der *virtual representation preclusion,* die durch die extrem unterschiedlichen Positionen in der Rechtsprechung verdeutlicht wird, wirft die Frage auf, ob derzeit wirklich von einem eigenen Konzept der *virtual representation* gesprochen werden kann. Auch für die Zukunft erscheint es eher unwahrscheinlich, dass sich die verschiedenen Auffassungen auf einen gemeinsamen Standpunkt einigen können, der eine einheitliche Grundstruktur gewährleisten würde.[364] *Virtual representation* bleibt damit ein nebulöser Begriff, der nach wie vor der Klärung bedarf.

---

[361] So insbesondere *Tice v. American Airlines, Inc.,* a.a.O., 970 f.; *Perry v. Globe Auto Recycling, Inc.,* 227 F.3d 950, 953 (7th Cir. 2000); *Buechel v. Bain,* 97 N.Y.2d 295, 308 (N.Y. 2001).

[362] Vgl. *Tice v. American Airlines, Inc.,* a.a.O., 972 („[...] 'virtual representation' recognizes, in effect, a common-law kind of class action. It applies only when there is a practical identity of interests between the former litigant and the present one." [...] the fact that virtual representation looks like a class action but avoids compliance with Rule 23 is a weakness, not a strength, of the doctrine.").

[363] *Tice v. American Airlines, Inc.,* a.a.O., 971; *Perry v. Globe Auto Recycling, Inc.,* a.a.O.

[364] Dieser Ansicht sind insbesondere auch *Wright/Miller/Cooper,* 18A F.P.P. § 4457.

4. Bindung aufgrund besonderen Verhaltens der Nichtpartei (*privity by conduct*)

In den bisher geschilderten Fällen wurde die subjektive Rechtskrafterstreckung auf prozessunbeteiligte Dritte damit begründet, dass diese Personen eine besonders enge materiell-rechtliche Verbindung zu einer Partei aufwiesen oder ihre Interessen durch die Prozessführung einer Partei bereits hinreichend Berücksichtigung fanden. Daneben werden Dritte aber auch dann den Rechtskraftwirkungen eines Urteils unterworfen, wenn sie selbst durch ihr außerprozessuales Handeln bei den Prozessparteien das Vertrauen erzeugt haben, dass sie sich nach Abschluss des Verfahrens an dessen Ergebnis halten werden. Anders als in den Unterkategorien der *substantive* oder *procedural privity* richtet sich das Augenmerk bei der *privity by conduct* somit nicht auf das Verhältnis zwischen Partei und Nichtpartei oder das Auftreten der Partei im Prozess, sondern unmittelbar auf das außerprozessuale Verhalten der Nichtpartei.

Dabei bedeutet Verhalten in diesem Sinne grundsätzlich mehr als bloßes Untätigbleiben des Prozessunbeteiligten. So hat der *U.S. Supreme Court* in der vielbeachteten Entscheidung *Martin v. Wilks*[365] im Jahre 1989 ausdrücklich, wenngleich mit knapper Mehrheit[366] entschieden, dass eine Nichtpartei nicht bereits deshalb an die Ergebnisse eines Verfahrens gebunden werden kann, weil sie es unterließ, sich an diesem durch *intervention* zu beteiligen, obwohl dessen Streitgegenstand sie zumindest mitbetraf.

Das Gericht stützte dieses Ergebnis auf die Systematik der *Federal Rules of Civil Procedure*, die zwischen *permissive intervention* im Sinne von *FRCP* 24 und *mandatory joinder* im Sinne von *FRCP* 19 unterscheiden. Die Prozesshandlung der *intervention* ist danach nicht zwingend ausgestaltet,

[365] 490 U.S. 755 (1989).

[366] Die Entscheidung wurde mit fünf gegen vier Stimmen gefällt.

sondern in das freie Belieben der Nichtpartei gestellt, welches nicht nachträglich durch Auferlegung von Bindungswirkungen sanktioniert werden soll.[367] Möchte eine Prozesspartei das Risiko vermeiden, aufgrund fehlender *intervention* in mehreren aufeinander folgenden Verfahren gegenüber verschiedenen Personen an widersprechende Urteile gebunden zu werden, so eröffnet ihr *FRCP* 19 die Möglichkeit, alle in Betracht kommenden prozessunbeteiligten Personen durch das Mittel des *mandatory joinder* in einem einheitlichen Verfahren zusammenzufassen.[368] Macht die Partei von dieser Gelegenheit keinen Gebrauch, so kann aus einem *failure to intervene* der Außenstehenden kein weitergehender Schutz der Partei konstruiert werden. Die bloße Kenntnis von einem Rechtsstreit und die ungenutzte Möglichkeit zur *intervention* haben somit grundsätzlich keine Bindung des Verfahrensunbeteiligten an das Prozessergebnis zur Folge.[369]

Obwohl die Entscheidung *Martin v. Wilks* in dem Bereich, den sie eigentlich betraf, nämlich die erneute gerichtliche Erörterung diskriminierender Praktiken innerhalb von Arbeitsverhältnissen, durch den *Civil Rights Act* aus dem Jahre 1991 *overruled* wurde und insoweit kein geltendes Recht mehr darstellt,[370] beansprucht der in ihr sehr allgemein formulierte

---

[367] *Martin v. Wilks*, a.a.O., 763.

[368] *Martin v. Wilks*, a.a.O., 764 f. und 767.

[369] *Martin v. Wilks*, a.a.O., 765.

[370] Die durch den *Civil Rights Act 1991* geänderte Vorschrift *Pub. L. No.* 102-166, *Section* 108, § 703 (n) (1) bringt dies unmissverständlich zum Ausdruck:

„(A) Notwithstanding any other provision of law [...] an employment practice that implements and is within the scope of a litigated or consent judgment or order that resolves a claim of employment discrimination under the Constitution or Federal civil rights laws may not be challenged under the circumstances described in subparagraph (B)."

(B) A practice described in subparagraph (A) may not be challenged in a claim under the Constitution or Federal civil rights laws

(i) by a person who, prior to the entry of the judgment or order described in subparagraph (A), had

(I) actual notice of the proposed judgment or order sufficient to apprise such person that such judgment or order might adversely affect the interests and legal rights of such person and that an opportunity was available to present objections

Grundsatz, dass ein *failure to intervene* keine Rechtskrafterstreckung rechtfertigt, in den übrigen Rechtsgebieten weiterhin Beachtung.[371] Es ist daher in der Regel ein positives Tun erforderlich, welches die Annahme rechtfertigt, dass der Dritte den Ausgang des fremden Verfahrens auch für sich selbst als verbindlich ansieht.[372] Ein solcher Erklärungswert wird dem Verhalten des Dritten insbesondere dann zuerkannt, wenn es in der faktischen Kontrolle der Prozessführung einer Partei besteht (hierzu a)) oder gar eine ausdrückliche Unterwerfung unter die Rechtskraftwirkungen des Urteils umfasst (hierzu b)).

a) Kontrolle fremder Prozessführung

Dass die faktische Kontrolle fremder Prozessführung zur Erstreckung der Rechtskraftwirkungen eines Urteils auf den Kontrollierenden führen kann, ist unter der Bezeichnung *privity by control* seit langem anerkannt.[373] Danach ist derjenige, der in einem fremden Verfahren zum Schutze eigener Interessen im Namen einer der Parteien Angriffs- bzw. Verteidigungsmittel vorbringt oder die Prozessführung einer Partei maßgeblich organisiert, im Wege der *issue preclusion* an die in diesem Verfahren getroffenen Feststellungen gebunden, wie wenn er formelle Partei desselben gewesen wäre.[374]

---

to such judgment or order by a future date certain; and (II) a reasonable opportunity to present objections to such judgment or order [...]"

371 *Catania/Sullivan*, 57 Brook.L.Rev. 995, 999 f. und 1048 (1992).

372 Vgl. *Restatement (Second)*, § 62 Comment a.

373 Vgl. bereits das *Restatement (First)*, § 83 Comment a. sowie *Note*, 65 Harv.L.Rev. 818, 856 (1952); teilweise wird *control* aber auch nur im Rahmen von *procedural privity* als Indiz für die Interessenidentität zwischen der repräsentierenden Partei und dem durch sie repräsentierten prozessunbeteiligten Dritten gewertet, wodurch der nahtlose Übergang von *procedural privity* zur *privity by conduct* verdeutlicht wird; vgl. *Krause*, Urteilswirkungen gegenüber Dritten, 211 m.w.N.

374 *Friedenthal/Kane/Miller*, § 14.13; *Weinstein/Korn/Miller*, 10 N.Y.C.P. § 5011.33; *Montana v. United States*, 440 U.S. 147, 154 (1979) („[O]ne who prosecutes or defends a suit in the name of another to establish and protect his own right, or who assists in the prosecution or defense of an action in aid of some interest of his own [...] is as much bound [...] as he would be if he had been a party to the record.").

Dagegen finden die Grundsätze der *claim preclusion* auf ihn keine Anwendung. Die Begrenzung auf seine Einbeziehung in die *issue preclusive effects* des *judgment* wird damit begründet, dass der *claim*, den der Kontrollierende in dem fremden Verfahren formal verfolgt oder gegen er die Verteidigung geführt hat, per definitionem ein anderer sei als der Anspruch, den er in einem späteren Verfahren in eigenem Namen geltend macht.[375]

Diese Sicht ist jedoch nicht unstreitig. Unter Hinweis auf den *transactional approach*[376] werden dem kontrollierenden Dritten in einigen Entscheidungen auch die Beschränkungen der *claim preclusion* auferlegt und die Möglichkeit zur eigenen Klage gänzlich abgeschnitten, wenn dieser derselbe Lebenssachverhalt zugrunde liegt wie dem vorhergehenden Verfahren.[377] Judikate, die eine solch weite Anwendung der *claim preclusion* vornehmen, sind jedoch nur vereinzelt anzutreffen.

Leitmotiv der Rechtskrafterstreckung auf den Kontrollierenden ist der Gedanke, dass eine Person, die sich bereits faktisch die Möglichkeit verschafft hat, einen Streitpunkt unter Darlegung ihrer eigenen Argumente gerichtlich entscheiden zu lassen, keines weiteren *day in court* zur erneuten streitigen Erörterung derselben Fragen mehr bedürfe.[378] Der Grundsatz des rechtlichen Gehörs ist dementsprechend nach überwiegender Ansicht nicht zwingend durch die formelle Beteiligung des

---

[375] *Montana v. United States*, a.a.O.; *Vanguard Recording Society, Inc. v. Fantasy Records, Inc.*, 100 Cal.Rptr. 826, 870 f. (Cal. 1972) („[...] the rule has nothing to do with merger or bar, and that 'since the one in control is not a party to the action, the cause of action upon which the judgment is based is necessarily a different cause of action from that which is the basis for a subsequent action between him and a party to the action.'; [...]"); *Watts v. Swiss Bank Corporation*, 27 N.Y.2d 270, 278 (N.Y. 1970).

[376] Vgl. oben die Ausführungen zur Erläuterungen des *claim*-Begriffes im 2. Kapitel zu Punkt II.2.

[377] So beispielsweise *Southmark Properties v. Charles House Corporation*, 742 F.2d 862, 870 f. (5th Cir. 1984); (unter Verweis auf *Pennsylvania state law*:) *Charter Oak Fire Insurance Company v. Sumitomo Marine & Fire Insurance Company, Ltd.*, 750 F.2d 267, 270 (3rd Cir. 1984).

[378] *Friedenthal/Kane/Miller*, a.a.O.; *Casad/Clermont*, Res judicata, S. 164.

Betroffenen im Prozess zu gewährleisten, sondern kann auch durch dessen rein faktische Einwirkung auf ein gerichtliches Verfahren verwirklicht werden.

Von erheblicher Bedeutung für einen prozessunbeteiligten Dritten ist somit der Grad an Einflussnahme, ab dem sein Handeln als *control* im vorgenannten Sinne gewertet und er den Rechtskraftwirkungen des fremden Urteils unterworfen wird. Die Rechtsprechung hat hierfür angesichts der hervorgehobenen Stellung des rechtlichen Gehörs im amerikanischen Prozessrecht sehr strenge Kriterien aufgestellt. Demzufolge ist erforderlich, dass der Prozessunbeteiligte die Macht hatte, die rechtlichen Argumentationswege sowie Beweismittel auszuwählen, die im Namen der kontrollierten Partei vorgebracht wurden, und darüber zu entscheiden, ob Rechtsmittel gegen gerichtliche Entscheidungen eingelegt werden.[379]

Dagegen genügt es grundsätzlich nicht, wenn der Dritte lediglich als Zeuge vernommen wurde, wenn er als *amicus curiae*[380] vor Gericht auftrat, wenn er in einem späteren Verfahren auf dieselben Anwälte zurückgriff wie eine Partei des ersten Verfahrens, wenn er einer Partei einen Anwalt stellte, wenn er die Prozessführung einer Partei finanzierte oder wenn er eine Partei in ihrem Vorgehen außergerichtlich beriet.[381]

---

[379] Vgl. *Restatement (Second)*, § 39 Comment c.; *Hardy v. Johns-Manville Sales Corporation*, 681 F.2d 334, 339 (5th Cir. 1982); *Becherer v. Merrill Lynch, Pierce, Fenner and Smith, Inc.*, 193 F.3d 415, 423 (6th Cir. 1999). Der *U.S. Supreme Court* spricht insofern davon, dass der Kontrollierende eine *„laboring oar"* im fremden Verfahren aufweisen müsse; vgl. *Montana v. United States*, a.a.O., 155.

[380] Beteiligung als neutraler Helfer des Gerichts; vgl. zum Begriff: *Schack*, Einführung in das US-amerikanische Zivilprozeßrecht, S. 47.

[381] *Becherer v. Merrill Lynch, Pierce, Fenner and Smith, Inc.*, a.a.O., 423 (Zeugenaussage, Stellen eines Anwalts, Prozessfinanzierung, Teilnahme an *pretrial proceedings*); *Freeman v. Lester Coggins Trucking, Inc.*, 771 F.2d 860, 864 f. (5th Cir. 1985) (Vertretung durch gleichen Anwalt wie Partei des ersten Verfahrens); *Munoz v. County of Imperia*, 667 F.2d 811, 816 (9th Cir. 1982) (*amicus curiae*); *Kasten v. Zoning Board of Appeals of the Town of Brookhaven*, 365 N.Y.S.2d 254, 257 (N.Y.A.D. 1975) (Zeugenaussage); zusammenfassend: *James/Hazard/Leubsdorf*, § 11.27 sowie *Weinstein/Korn/Miller*, 10 N.Y.C.P. § 5011.33.

Einzeln vermögen es die vorgenannten Faktoren nicht, ein hinreichendes Maß an Kontrolle zu begründen. Im Falle ihres Zusammentreffens können sie jedoch ausnahmsweise auch als Indizien genügender prozessualer Einflussnahme gewertet werden.[382] Ein entsprechendes Zusammenspiel ist häufig dann zu beobachten, wenn ein zum Schadensersatz verpflichteter Beklagter die Verteidigung gegen die Klage des Anspruchsinhabers gänzlich seinem Haftpflichtversicherer überlässt, der in der Folge die Ermittlung des Prozessstoffes, die Erarbeitung der Verteidigungsstrategie und die rechtliche Vertretung vor Gericht übernimmt.[383]

Traditionell wird zur Bejahung von *privity by control* neben faktischer Kontrolle im vorgenannten Sinne zusätzlich ein direktes finanzielles oder dingliches Interesse (*direct financial or proprietary interest*) des prozessunbeteiligten Dritten am Streitgegenstand des fremden Verfahrens verlangt.[384] Sein bloßer Wunsch nach einer bestimmten Entscheidung des fremden Verfahrens als günstiger Präzedenzfall für einen eigenen späteren Prozess wurde dementsprechend für nicht ausreichend erachtet.[385]

Dieses zusätzliche Erfordernis gerät neuerdings zunehmend in Kritik, da die alleinige Berücksichtigung wirtschaftlicher Belange als nicht überzeugend angesehen wird. Vielmehr sei bereits die Übernahme der

---

[382] So zum Beispiel in der Entscheidung des *New York Court of Appeals* im Verfahren *Watts v. Swiss Bank Corporation,* a.a.O., 277, in der unter anderem aus der Sammlung der zur Prozessführung erforderlichen Informationen sowie der Beauftragung der gleichen *law firm* in zwei verschiedenen Verfahren durch dieselbe Person die Vermutung abgeleitet wurde, dass diese Person in die Organisation beider Verfahren maßgeblich miteinbezogen war und ein hinreichendes Maß an Kontrolle ausübte.

[383] Vgl. hierzu statt aller *Charter Oak Fire Insurance Company v. Sumitomo Marine & Fire Insurance Company, Ltd.,* a.a.O., 270.

[384] *Restatement (First),* § 84; *Note,* 65 Harv.L.Rev. 818, 856 (1952); *Engelmann-Pilger,* S. 104 f.; *Montana v. United States,* a.a.O., 154; *Southmark Properties v. Charles House Corporation,* a.a.O., 870.

[385] *Bigelow v. Old Dominion Copper Mining & Smelting Company,* 225 U.S. 111, 126 (1912); *White v. Croker,* 13 F.2d 321, 324 (5th Cir. 1926).

faktischen Kontrolle ein Zeichen dafür, dass das Interesse des Kontrollierenden an dem Ergebnis des Verfahrens unabhängig davon, welcher Natur es sei, dem Interesse der kontrollierten Prozesspartei mindestens gleichkomme und somit eine Wirkungserstreckung rechtfertige. Das *Restatement (Second)* verzichtet mit dieser Begründung anders als noch sein Vorgänger und zahlreiche höchstrichterliche Entscheidungen ausdrücklich auf das Erfordernis des eigenen finanziellen oder dinglichen Interesses des Kontrollierenden.[386] In der gerichtlichen Praxis hat der Streit dennoch keine wesentliche Bedeutung erlangt, da die Einflussnahme des Kontrollierenden aufgrund der erheblichen damit einhergehenden Kostenlast in der Regel auf wirtschaftlichen Überlegungen beruht und die unterschiedlichen Ansichten somit letztlich zum selben Ergebnis führen.

Ein weiterer Meinungsstreit entzündet sich an der Frage, welche Rechtsfolgen eintreten, wenn die Kontrolle der Prozessführung einer Partei durch einen prozessunbeteiligten Dritten in Unkenntnis des Prozessgegners ausgeübt wurde.

Ursprünglich war man der Ansicht, dass in diesen Fällen keinerlei Wirkungserstreckung in Bezug auf den Dritten anzunehmen sei.[387] Dieses Ergebnis wurde damit begründet, dass es der Gegenpartei nicht zuzumuten sei, gegenüber dem verdeckt Handelnden an die Ergebnisse eines Verfahrens gebunden zu sein, von dem sie gar nicht wusste, dass sie es faktisch gegen einen anderen als den formellen Prozessgegner führte.[388] Hätte sie die tatsächliche Identität ihres Widersachers gekannt, hätte sie ihr prozessuales Vorgehen möglicherweise verändert und weitaus kontroverser zur Sache verhandelt. Dem heimlich Handelnden solle durch sein dissimuliertes Vorgehen kein Vorteil entstehen.

---

[386] Vgl. hierzu wie zu der Kritik im allgemeinen *Restatement (Second)*, § 39 Comment a.

[387] *Souffront v. La Compagnie des Sucreries des Porto Rico*, 217 U.S. 475, 487 (1910); *White v. Croker*, a.a.O., 324.

[388] *Note*, 65 Harv.L.Rev. 818, 857 (1952).

Da nach der alten *doctrine of mutuality* nur Personen an die Rechtskraftwirkungen eines Urteils gebunden waren, die aus dem Urteil auch Rechte ableiten konnten,[389] schied die Bindung des verdeckt kontrollierenden Dritten aufgrund seiner fehlenden Berechtigung zwingend aus.

Mit der Aufweichung der *doctrine of mutuality* schwanden die Ressentiments gegenüber einer einseitigen Anwendung der *res judicata*-Lehre. Als Ergebnis dieser Entwicklung setzte sich zwischenzeitlich die Überzeugung durch, dass ein verdeckt kontrollierender Dritter an die für ihn ungünstigen Urteilsfeststellungen gebunden sein kann, obwohl ihm umgekehrt die Berufung auf die für ihn positiven Urteilsfeststellungen gegenüber der Gegenpartei aus den geschilderten Gründen verwehrt ist.[390]

Auch dieses Ergebnis gerät jedoch zunehmend in die Kritik. Da neuerdings sogar Personen die *issue preclusive effects* eines Urteils zu ihren Gunsten in Anspruch nehmen könnten, die an dem zugrundeliegenden Verfahren in keiner Weise beteiligt waren,[391] sei nicht einzusehen, weshalb dem verdeckt Kontrollierenden eine entsprechende Berechtigung verweigert würde, obgleich er sogar den Bindungswirkungen des Urteils unterworfen sei. Die neuere Ansicht tendiert daher dahin, die *res judicata*-Wirkungen eines *judgment* auf eine verdeckt kontrollierende Nichtpartei zu ihren Gunsten und Lasten zu erstrecken, wobei ihre Berechtigung jedoch von den gleichen Voraussetzungen abhänge wie die einer Person, die zu dem zugrunde liegenden Verfahren keinerlei Verbindungen aufweise.[392]

---

[389] Hierzu ausführlich die Ausführungen im 4. Kapitel zu Punkt I.

[390] So *Note*, 65 Harv.L.Rev. 818, 856 (1952) sowie die wegbereitende Entscheidung *Caterpillar Tractor Co. v. International Harvester Co.*, 120 F.2d 82, 84 f. (3rd Cir. 1941).

[391] Vgl. hierzu die Ausführung im 4. Kapitel zu Punkt II.

[392] *Restatement (Second)*, § 39 Comment d.

b) Unterwerfungserklärung

Ein Prozessunbeteiligter wird auch dann in den Kreis der durch die Rechtskraftwirkungen eines Urteils gebundenen Personen einbezogen, wenn seinem Verhalten die ausdrückliche oder stillschweigende Erklärung zu entnehmen ist, dass er sich diesen Wirkungen unter Verzicht auf seine persönliche Verfahrensbeteiligung unterwirft (*agreement to abide*).[393]

Zu einer solchen ausdrückliche Erklärung kann es beispielsweise in Konstellationen kommen, in denen ein Geschädigter gegen seinen Schädiger auf Schadensersatz klagt und der Schädiger wiederum unter bestimmten Voraussetzungen einen Anspruch gegen einen Dritten auf Schadloshaltung innehat.[394] Wenn das Vorliegen dieser Erfordernisse unklar ist und der *indemnitor* daher nicht die Verteidigung des *indemnitee*[395] übernehmen möchte, werden häufig zwischen dem verklagten *indemnitee* und seinem *indemnitor* Absprachen getroffen, nach denen die gerichtlichen Feststellungen, welche im laufenden Verfahren zwischen *claimant* und *indemnitee* durch das Gericht getroffen werden und gleichzeitig für die Einstandspflicht des *indemnitor* bestimmend sind, auch für das Verhältnis zwischen *indemnitee* und *indemnitor* maßgebend sein sollen, so dass sie nach Abschluss des Instanzenzuges von beiden Seiten nicht mehr wirksam in Abrede gestellt werden können.

Ähnliche Vereinbarungen finden sich auch im Rahmen von Musterprozessabreden, in denen eine Partei, die aus demselben Grunde mehrere Widersacher verklagt hat oder von diesen verklagt worden ist,

---

[393] *Restatement (Second)*, § 40; Beispiele für die gerichtliche Anerkennung entsprechender Vereinbarungen innerhalb des für *federal cases* im Bundesstaat New York zuständigen Bezirk des *Second Circuit* sowie den für Kalifornien zuständigen Bezirk des *Ninth Circuit* sind die Entscheidungen *Sampson v. Sony Corporation of America*, 434 F.2d 312, 315 (2nd Cir. 1970) und *Rudberg v. State of Nevada*, 896 F.Supp. 1017, 1021 (D.Nev. 1995) m.w.N.

[394] *Casad/Clermont*, Res judicata, S. 164 f.

[395] Vgl. zu den Begriffen *indemnitor* und *indemnitee* die Ausführungen in diesem Kapitel zu Punkt II.2.c).

sich verpflichtet, mit einem von diesen einen Rechtsstreit durchzuführen und dessen Ergebnis auch im Verhältnis zu den anderen Widersachern gegen sich gelten zu lassen, soweit diese im Gegenzug bereit sind, ein für sie ungünstiges Ergebnis auch gegen sich als letztverbindlich gelten zu lassen.[396] Der *indemnitor* im ersten Fall sowie die den Musterprozess verfolgenden Widersacher im zweiten Fall unterwerfen sich auf diese Weise dem Ergebnis eines Verfahrens, an dem sie weder formell noch faktisch beteiligt sind.

Wie weit die Bindung geht, richtet sich im wesentlichen nach der Formulierung der jeweiligen Abreden. In der Regel führt ein *agreement to abide* lediglich zur Erstreckung der *issue preclusive effects* eines *judgment* zu Lasten des Verfahrensunbeteiligten.[397] Bei entsprechender Formulierung der Erklärung kann ein für den Dritten ungünstiges Urteil aber auch dessen *claim* gegen eine der Prozessparteien vollständig zum Erlöschen bringen.[398]

Die vorstehenden Beispiele weisen bereits darauf hin, dass die Unterwerfungserklärung eines Prozessunbeteiligten gegenüber einer Prozesspartei selten isoliert, sondern regelmäßig in Verbindung mit der entsprechenden Erklärung der auf diese Weise begünstigten Partei abgegeben wird, wobei beide Erklärungen im Verhältnis der Reziprozität zueinander stehen. Motiv einer solchen Erklärung ist somit in der Regel der Wunsch nach Verfahrensbeschleunigung und ökonomischer Prozessführung.[399] In neuerer Zeit nimmt die Bedeutung der Unterwerfungserklärung ab, da ein Dritter nach der Auflösung der *doctrine of*

---

[396] Solche Abreden lagen beispielsweise den Entscheidungen *Westwood Chemical, Inc. v. Johns-Manville Fiber Glass, Inc.*, 477 F.2d 1160, 1162 (6th Cir. 1973) sowie *Sampson v. Sony Corporation of America*, a.a.O., 313 f. zugrunde.

[397] *Sampson v. Sony Corporation of America*, a.a.O., 315; *Rudberg v. State of Nevada*, a.a.O., 1021 m.w.N.

[398] So in der Entscheidung: *Westwood Chemical, Inc. v. Johns-Manville Fiber Glass, Inc.*, a.a.O., 1163.

[399] *Restatement (Second)*, § 40 Comment a.

mutuality[400] die Ergebnisse eines Verfahrens, an dem er nicht beteiligt war, häufig ohne weiteres gegen eine der Parteien geltend machen kann, ohne hierfür zuvor eine Unterwerfungserklärung als Gegenleistung erbringen zu müssen.[401] Da die Berufung auf die Rechtskraftwirkungen eines fremden Urteils im Rahmen einer Klage gegen eine Partei des zugrunde liegenden Verfahrens aber auch heute noch zahlreiche Fragen aufwirft, erfüllen diese Erklärungen nach wie vor die Bedürfnisse der Praxis.

Wie bereits eingangs erwähnt wird auch der stillschweigenden Unterwerfung unter die Rechtskraft eines fremden Urteils Wirksamkeit beigemessen, soweit dem Verhalten des Prozessunbeteiligten ein entsprechender Erklärungsgehalt unzweifelhaft zu entnehmen ist.[402] Die Rechtsprechung übt gegenüber der Auslegung einer Handlungsweise als *implied consent* aber eine deutliche Zurückhaltung.[403] Dem bloßen Antrag auf ein Ruhen des Verfahrens bis zur Entscheidung über ein Parallelverfahren kann nach diesen Vorgaben ein solcher Bedeutungsgehalt nicht ohne weiteres beigemessen werden.[404] Diese restriktive Sicht erscheint angesichts der weithin verbreiteten Einschränkung des Ansatzes der *virtual representation* konsequent, da durch eine allzu voreilige Annahme eines *implied consent* auf Umwegen wieder eine subjektive Rechtskrafterstreckung aufgrund bloßer Interessenübereinstimmung des Betroffenen mit der Partei eines fremden Verfahrens eintreten könnte, welche

[400] Vgl. hierzu die ausführlichen Darlegungen im 4. Kapitel zu II.

[401] So auch *Krause*, Urteilswirkungen gegenüber Dritten, S. 219.

[402] *Restatement (Second)*, § 40 Comment b.

[403] Vgl. die neuere Entscheidung des *U.S. Supreme Court* im Verfahren *South Central Bell Telephone Company v. Alabama*, 526 U.S. 160, 168 (1999) sowie *Restatement (Second)*, § 40 Comment b.

[404] In *South Central Bell Telephone Company v. Alabama*, a.a.O., stellten die Kläger einen entsprechenden Antrag allerdings mit dem Zusatz, dass mit Erlaubnis des Gerichts das Verfahren wieder „aktiviert" werden solle, falls eine der Parteien zu einem späteren Zeitpunkt einen entsprechenden Antrag stellt.

durch das Postulat des besonderen Näheerfordernisses im Rahmen der *procedural privity* eigentlich verhindert werden sollte.[405]

III. Der Sonderfall der *nonpersonal judgments*

Einen Sonderfall, in dem die *res judicata*-Wirkungen eines Urteils auf prozessunbeteiligte Dritte erstreckt werden, ohne dass *substantive privity, procedural privity* oder *privity by conduct* gegeben sein muss, bilden die so genannten *judgments strictly in rem* und die *judgments over status*. Beide Urteilsarten werden unter dem einheitlichen Oberbegriff der *nonpersonal judgments* zusammengefasst, der darüber hinaus auch die so genannten *judgments quasi in rem* miteinschließt, welche jedoch außer in den geschilderten Fällen der *privity* keine subjektive Erweiterung ihres Wirkungskreises vorsehen.

Unter dem Oberbegriff eines *nonpersonal judgment* versteht man die gerichtliche Entscheidung über eine Klage, die auf ein *nonpersonal remedy* gerichtet ist.[406] Die Unterscheidung zwischen *personal* und *nonpersonal remedies* kann nicht durch eine direkte Übersetzung der Begriffe erklärt werden, sondern ergibt sich aus der Systematik der US-amerikanischen Zuständigkeitslehre:[407]

Damit ein Gericht zur Entscheidung über eine Klage befugt ist, bedarf es grundsätzlich der *personal jurisdiction* über den Beklagten, die durch dessen Aufenthalt im oder dessen besondere Kontakte zum Forumsstaat begründet werden kann.[408] Fehlt es hieran, so ist es dem Gericht mangels *jurisdiction* in der Regel verwehrt, eine Sachentscheidung mit Wirkung gegenüber dem Beklagten zu fällen.

---

[405] Siehe hierzu die Ausführungen zu II.3.d) in diesem Kapitel.

[406] *Casad/Clermont*, Res judicata, S. 192.

[407] Vgl. *Shaffer v. Heitner*, 433 U.S. 186, 199 (1977).

[408] Vgl. zur *personal jurisdiction* statt aller den Überblick von *Hay*, US-amerikanisches Recht, Rn. 115 ff.

Eine Ausnahme von diesem Grundsatz wird dann gemacht, wenn das Klagebegehren nicht auf ein bestimmtes Verhalten des Beklagten (*personal remedy*), sondern darauf gerichtet ist, die absoluten Rechte an einem Gegenstand zu bestimmen oder zu verändern, der innerhalb des Forumsstaates belegen ist (*nonpersonal remedy*). Für eine solche Klage wird den Gerichten des Forumsstaates die Entscheidungskompetenz in Form der *jurisdiction in rem* zugebilligt, die an die Stelle der ansonsten erforderlichen *personal jurisdiction* tritt.[409] Die Einräumung dieser besonderen, „dinglichen" Zuständigkeit begründet das amerikanische Recht mit der Befugnis jedes Bundesstaates, durch seine Gesetzgebungs- und Gerichtsgewalt über die Rechte an den in seinen räumlichen Grenzen belegenen Sachen zu bestimmen.[410]

Ursprünglich wurden *in rem proceedings* als Verfahren gegen die streitbefangene Sache selbst angesehen, durch welche die Rechtsbeziehungen der Sache mit ihrer Umwelt determiniert und die Interessen der dinglich Berechtigten daher nur indirekt betroffen werden.[411] Inzwischen ist man sich aber darüber einig, dass sich die *in rem* ebenso wie die *personal proceedings* unmittelbar gegen Personen richten, deren subjektiven Rechte an der Sache letztendlich bestimmt werden sollen, und dass die besondere Qualifikation als *„in rem"* lediglich einen eigenständigen Gerichtsstand eröffnet.[412]

Je nach dem, ob eine gerichtliche Entscheidung *in rem* gegenüber der gesamten Welt oder nur gegenüber bestimmten Personen Wirkung entfalten soll, unterscheidet man *judgments strictly in rem* und *judgments quasi in rem*.[413]

---

[409] *Shaffer v. Heitner*, a.a.O.

[410] *Perdue*, 62 Wash.L.Rev. 479, 519 f. (1987).

[411] So noch die Stellungnahme des *U.S. Supreme Court* zur *jurisdiction in rem* in der grundlegenden, heute jedoch durch *Shaffer v. Heitner*, a.a.O., teilweise überholten Entscheidung *Pennoyer v. Neff*, 95 U.S. 714, 722 (1877).

[412] *Von Mehren/Trautman*, 79 Harv.L.Rev. 1121, 1135 f. (1966); *Shaffer v. Heitner*, a.a.O., 206.

[413] *Shaffer v. Heitner*, a.a.O., 199 FN 17 (1977):

Gemeinsam ist jedoch allen *judgments in rem* die Zuständigkeit des entscheidenden Gerichts kraft Belegenheit der Sache und die objektive Beschränkung der Urteilswirkungen auf die Rechte an der streitgegenständlichen Sache.[414]

Den *judgments in rem* sehr ähnlich sind die *judgments over status*, durch welche ein Gericht die persönlichen Statusverhältnisse einer Person, wie z.B. Kindschaft, Familienstand oder Geschäftsfähigkeit feststellt oder gestaltet.

Diese Urteile setzen wie die *judgments in rem* ebenfalls keine *personal jurisdiction* des entscheidenden Gerichts voraus, sondern stellen lediglich auf die *jurisdiction over status* ab, die dadurch begründet werden kann, dass sich das *domicil* der Partei, um deren Status es geht, im Forumsstaat befindet.[415] Für das Recht der Ehescheidung hat dieser Umstand gravierende Konsequenzen, indem ein Gericht allein dadurch die Kompetenz zur Entscheidung über einen Scheidungsantrag erhalten kann, dass der Antragsteller sein *domicil* im Forumsstaat hat, ohne dass es dabei auf den Aufenthalt des Antragsgegners und den letzten gemeinsamen Aufenthalt der Eheleute ankäme.[416] Diese für den Antragsteller überaus vorteilhafte Praxis findet mit der Begründung höchstrichterliche Billigung, dass jeder Bundesstaat ein legitimes Interesse daran aufweise, den ehelichen Status seiner Bewohner nach eigenen Maßstäben zu regeln, und es zur effektiven Regelung auch der gerichtlichen Entscheidungskompetenz bedürfe.[417]

„'A judgment in rem affects the interests of all persons in designated property. A judgment quasi in rem affects the interests of particular persons in designated property. [...]'"

414 *Shaffer v. Heitner*, a.a.O., 199.

415 *Von Mehren/Trautman*, a.a.O., 1129.

416 *Williams v. State of North Carolina (I)*, 317 U.S. 287, 298 f. (1942); bestätigt durch *Williams v. State of North Carolina (II)*, 325 U.S. 226, 229 (1945).

417 *Williams v. State of North Carolina (I)*, a.a.O.:

„Each state as a sovereign has a rightful and legitimate concern in the marital status of persons domiciled within its borders. [...] Thus it is plain that each state

Das Statusverhältnis wird auf diese Weise zwar nicht vom Statusträger, aber von allen anderen Personen verselbständigt, die von ihm unmittelbar betroffen werden, und zum Zwecke der Begründung gerichtlicher Zuständigkeit vergleichbar einer Sache behandelt.[418] Die *judgments over status* werden aus diesem Grunde ebenfalls als *nonpersonal judgments* angesehen.[419]

Die *nonpersonal judgments* unterscheiden sich hinsichtlich ihrer *claim preclusive effects* gegenüber den *personal judgments* erheblich. Da sie nicht unmittelbar auf eine Leistung des Beklagten, sondern auf die Feststellung oder Gestaltung eines bestimmten Rechtsverhältnisses gerichtet sind, beschränkt sich ihre Bindung in objektiver Hinsicht auf die gerichtliche Entscheidung über die streitgegenständlichen Rechtsbeziehungen aller oder bestimmter Personen zu einer Sache bzw. über das Bestehen eines persönlichen Statusverhältnisses.[420] Sie präkludieren daher in der Regel nicht die gerichtliche Geltendmachung weitergehender obligatorischer Ansprüche zwischen den Parteien in späteren Verfahren.[421]

Der *claim preclusive effect* eines *nonpersonal judgment* entspricht in seiner Begrenzung auf den feststellenden oder gestaltenden Urteilsausspruch somit weitgehend den Wirkungen der *issue preclusion*, ohne dass deren

---

by virtue of its command over its domiciliaries and its large interest in the institution of marriage can alter within its own borders the marriage status of the spouse domiciled there, even though the other spouse is absent."

[418] *Casad/Clermont*, Res judicata, S. 195; *Williams v. State of North Carolina (I)*, a.a.O., 297.

[419] Vgl. *Headen v. Pope & Talbot, Inc.*, 252 F.2d 739, 744 (3rd Cir. 1958):

„It is our view that the proceeding [...] was an adjudication the primary purpose of which was to declare the status of individuals, and to that extent it possessed characteristics of a proceeding in rem."

[420] Vgl. *Shaffer v. Heitner*, a.a.O., 199 (*in rem*); *Headen v. Pope & Talbot, Inc.*, a.a.O., 744 (*status*); *Engelmann-Pilger*, S. 132.

[421] Eine Ausnahme bilden dabei bestimmte *status proceedings*, wie beispielsweise der Scheidungsprozess, bei dem das Scheidungsurteil in einigen Staaten nicht geltend gemachte Ansprüche auf nachehelichen Unterhalt präkludiert, wenn das über die Scheidung befindende Gericht auch *personal jurisdiction* über den Unterhaltsschuldner aufwies; vgl. *Restatement (Second)*, § 31 Comment d.

besondere Voraussetzungen gegeben sein müssten. Ein bestimmtes Rechtsverhältnis gilt dementsprechend auch gegenüber solchen Personen als bindend festgestellt, die während des gesamten Verfahrens säumig waren und nicht streitig zur Sache verhandelten.[422]

Trotz dieser Parallelität bleiben auch die Grundsätze der *issue preclusion* von erheblicher Bedeutung, da die *claim preclusion* nur den Urteilsausspruch erfasst und die Bindung an gerichtliche Feststellungen im Bereich der Entscheidungsgründe der *issue preclusion* verbleibt.

In subjektiver Hinsicht wird der modifizierte *claim preclusive effect* eines *nonpersonal judgment* grundsätzlich auf die Allgemeinheit ausgedehnt, falls es sich um ein *judgment strictly in rem* (hierzu a)) oder *judgment over status* (hierzu b)) handelt. Im Falle eines *judgment quasi in rem* bleibt es dagegen bei den üblichen subjektiven Grenzen der Rechtskraft (hierzu c)). Auf die Einzelheiten der subjektiven Wirkungserweiterung ist im folgenden noch näher einzugehen.

Hinsichtlich ihrer *issue preclusive effects* weisen die *nonpersonal judgments* gegenüber den *personal judgments* dagegen keinerlei Besonderheiten auf, so dass diesbezüglich eine subjektive Rechtskrafterstreckung unter den gleichen Voraussetzungen eintritt, bei deren Vorliegen üblicherweise *privity* im dargelegten Sinne[423] anzunehmen ist.[424]

1. *Judgments strictly in rem*

Ein *judgment strictly in rem* bezeichnet – wie bereits erläutert – ein Feststellungs- oder Gestaltungsurteil, durch welches mit den Mitteln

[422] Dies gilt beispielsweise für die in einem *bankruptcy proceeding* zwar benachrichtigten, aber nicht erschienen Gläubiger; vgl. *In re W.T. Grant Company*, 20 B.R. 186, 190 (S.D.N.Y. 1982).

[423] Siehe hierzu in diesem Kapitel die Ausführungen zu II.1. bis 4.

[424] Vgl. *Restatement (Second)*, §§ 30 (3) (*in rem*), 31 (1) (b) (*status*), 32 (3) (*quasi in rem*); *Note*, 65 Harv.L.Rev. 818, 835 (1952); *Stark v. U.S.*, 351 F.2d 160, 163 (6th Cir. 1965) (*in rem*); *Headen v. Pope & Talbot, Inc.*, a.a.O., 744 (*status*).

eines aufgebotsähnlichen Verfahrens die dinglichen Rechte an einer Sache bestimmt oder verändert werden.[425]

Beispiele für *proceedings strictly in rem* sind Klagen auf Eintragung eines Eigentumsrechts an einem Grundstück in einem mit öffentlichem Glauben versehenen Landregister (*proceedings to register title to land*),[426] Verfahren auf Einziehung von rechtswidrig genutzten Gegenständen (*forfeiture proceedings*),[427] einige Nachlassverfahren (*probate proceedings*)[428] sowie Verfahren der Admiralitäts- und Prisengerichte zur Durchsetzung von seerechtlichen Pfandrechten (*maritime liens*) an einem Schiff (*admirality proceedings*).[429]

Die Besonderheit dieser Verfahren *strictly in rem* gegenüber den Verfahren *quasi in rem* besteht darin, dass die gerichtliche Entscheidung die streitgegenständliche dingliche Berechtigung an der Sache mit Wirkung inter omnes und nicht lediglich gegenüber den formellen Parteien endgültig feststellt bzw. gestaltet.[430] Verfahrensunbeteiligte Dritte werden auf diese Weise selbst dann durch den Urteilsausspruch gebunden,

---

[425] *Note*, 65 Harv.L.Rev. 818, 833; *Pennoyer v. Neff*, a.a.O., 734; *Engelmann-Pilger*, S. 131.

[426] Nur einige Bundesstaaten weisen ein dem deutschen Grundbuch entsprechendes Register auf, das hinsichtlich seiner Eintragungen Vermutungen hinsichtlich der materiellen Rechtslage zu vermitteln weiß; vgl. beispielsweise *Massachusetts General Laws Annotated Chapter 185 Section 45*:

> „If the court, after hearing, finds that the plaintiff has title proper for registration, a judgment of confirmation and registration shall be entered, which shall bind the land and quiet the title thereto, subject only to the exceptions stated in the following section. [...]"

[427] *Restatement (Second)*, § 30 Comment a.

[428] *Brown v. Fidelity Union Trust Co.*, 39 A.2d 120, 124 (N.J. 1944).

[429] Vgl. beispielsweise *Thorsteinsson v. M/V Drangur*, 891 F.2d 1547, 1553 (11th Cir. 1990) unter Verweis auf die historische Entscheidung des *U.S. Supreme Court* im Admiralitätsverfahren *The Mary*, 13 U.S. 126 (1815).

[430] *Brown v. Fidelity Union Trust Co.*, a.a.O., 124 („The decree is conclusive against all the world; [...]"); *In re W.T. Grant Company*, a.a.O., 190 („A judgment in rem binds all parties in the world who have notice of the proceeding as to their interests in the res."); *Thorsteinsson v. M/V Drangur*, a.a.O., 1553 („Judicial sales in admiralty *in rem* proceedings are effective against the whole world even as to those without notice.").

wenn sie von dem Verfahren tatsächlich keinerlei Kenntnis hatten oder gar geschäftsunfähig waren.[431]

Ob und gegebenenfalls auf welche Weise Personen, denen eventuell dingliche Rechte an der streitbefangenen Sache zustehen, durch förmliche *notice* von einem *proceeding strictly in rem* zu benachrichtigen sind, wird je nach konkreter Verfahrensart und entscheidendem Gericht unterschiedlich beantwortet.[432] Im allgemeinen ist jedoch als grobe Richtschnur festzuhalten, dass seit der grundlegenden Entscheidung des *U.S. Supreme Court* in Sachen *Mullane v. Central Hanover Bank & Trust Co.* aus dem Jahre 1950[433] aus Gründen der verfassungsrechtlichen Gewährleistung des rechtlichen Gehörs entgegen dem allgemeinen Trend zur Förderung der Verfahrensökonomie in der Regel verlangt wird, dass alle möglicherweise durch das Verfahren in ihren Rechten betroffenen Personen förmlich benachrichtigt werden und ihnen auf diese Weise die Möglichkeit gegeben wird, ihre Einwendungen im Verfahren rechtzeitig geltend zu machen. Die Einordnung eines Verfahrens als *in personam* oder *in rem* hat für den Umfang dieses Gebotes grundsätzlich keinen Einfluss.[434]

---

[431] Vgl. *Brown v. Fidelity Union Trust Co.*, a.a.O. („The decree is conclusive on persons who have no actual knowledge of the proceeding and whether they are competent or incompetent."); *Massachusetts General Laws Annotated Chapter 185 Section 45* („[The judgment] shall be conclusive upon and against all persons, including the commonwealth, whether mentioned by name in the complaint, notice or citation, or included in the general description "to all whom it may concern". Such judgment shall not be opened by reason of the absence, infancy or other disability of any person affected thereby, nor by any proceeding at law or in equity for reversing judgments or decrees; [...]").

[432] Vgl. bereits die in der vorletzten Fußnote enthaltenen Zitatstellen aus den Entscheidungen *In re W.T. Grant Company*, a.a.O. (Bindung nur hinsichtlich benachrichtigten Gläubigern) sowie *Thorsteinsson v. M/V Drangur*, a.a.O. (Benachrichtigung hat für Bindungswirkung des *judicial sale in admirality* keine Bedeutung).

[433] 339 U.S. 306 (1950).

[434] *Mullane v. Central Hanover Bank & Trust Co.*, a.a.O., 312 f. :

„Without disparaging the usefulness of distinctions between actions in rem and those in personam in many branches of law, or on other issues, or the reasoning which underlies them, we do not rest the power of the State to resort to constructive service in this proceeding upon how its courts or this Court may regard this historic antithesis."

Die Pflicht zur persönlichen Benachrichtigung endet grundsätzlich erst an der Schranke der Praktikabilität, welche von der Rechtsprechung hoch angesetzt wird.[435] Das Fehlen der erforderlichen *adequate notice* ist von erheblicher Bedeutung, da es geeignet ist, die Wirksamkeit des Urteils angreifbar zu machen und somit den Wert des *in rem proceeding* insgesamt in Frage zu stellen.[436]

Der maßgebliche Grund für die Wirkungserstreckung inter omnes wird in den amerikanischen Quellen zumeist nur angedeutet und selten explizit ausgesprochen. Zusammenfassend vermag die erweiterte Bindungswirkung darauf zurückgeführt werden, dass der mit den Verfahren *strictly in rem* verfolgte rechtspolitische Zweck maßgeblich in der Erlangung von Rechtssicherheit über bestimmte dingliche Rechtspositionen besteht. Dieses Ziel kann letztendlich nur dann erreicht werden, wenn die gerichtliche Determinierung der streitgegenständlichen Rechtsbeziehung durch unbeteiligte Dritte nachträglich nicht mehr angegriffen werden kann. Die absolute Wirkung des Urteils findet ihre Rechtfertigung dementsprechend im wesentlichen im Schutz des Rechtsverkehrs vor einer unklaren dinglichen Rechtslage.[437]

---

[435] Danach endet die Pflicht zur persönlichen Benachrichtigung nicht bereits mit die Entstehung einer erheblichen Kostenlast durch die individuellen Benachrichtigung zahlreicher Personen, sondern erst dann, wenn die Ermittlung der Betroffenen unmöglich oder unzumutbar erscheint; vgl. *Mullane v. Central Hanover Bank & Trust Co.* a.a.O., 317.

[436] Vgl. zu den Folgen des *failure to afford adequate notice* im 2. Kapitel zu II.3.a).

[437] Vgl. *Nevada v. United States*, 463 U.S. 110, 129 (1983):

„[The doctrine of issue preclusion] ensures 'the very object for which civil courts have been established, which is to secure the peace and repose of society by the settlement of matters capable of judicial determination. Its enforcement is essential to the maintenance of social order; for, the aid of judicial tribunals would not be invoked for the vindication of rights of person and property, if [...] conclusiveness did not attend the judgments of such tribunals.' [...]

FN 10: The policies advanced by the doctrine of res judicata perhaps are at their zenith in cases concerning real property, land and water."

2. *Judgments over status*

Unter einem *judgment over status* versteht man ein Urteil, welches die Statusverhältnisse einer Person, d.h. deren dauerhafte Rechtsbeziehungen zur Gesellschaft oder zu einer anderen Person begründet, verändert oder beendet.[438] Als *proceedings over status* in diesem Sinne gelten unter anderem der Scheidungs- und Ehenichtigkeitsprozess (*divorce and annulment actions*), das Verfahren zur Feststellung der Vaterschaft (*filiation proceedings*), das Adoptionsverfahren, der gerichtliche Entzug der Staatsangehörigkeit sowie einige vormundschaftsrechtliche Verfahren.[439]

Die Rechtskraftwirkungen eines solchen *status decree* entsprechen – wie bereits erläutert – weitgehend denen eines *judgment strictly in rem.* In subjektiver Hinsicht werden die Feststellungen und Anordnungen des Urteilsausspruchs[440] grundsätzlich ebenfalls auf alle Personen unabhängig von ihrer Kenntnis vom oder Beteiligung am zugrundeliegenden Verfahren ausgedehnt.[441] Begründet wird diese Erweiterung mit der materiellen Veränderung des persönlichen Statusverhältnisses durch das *judgment over status* als hoheitlichen Gestaltungsakt.[442]

Das Urteil wird auf diese Weise in seinen Wirkungen mit den nichtgerichtlichen Statusänderungen, welche von den betroffenen Parteien freiwillig vorgenommen werden (z.B. die Eheschließung), auf eine Stufe gestellt. Die Anerkennung der materiellen Rechtsänderung durch die Allgemeinheit und nicht nur durch die an dem jeweiligen Änderungsakt

---

[438] *Casad/Clermont,* Res judicata, S. 195.

[439] Vgl. hierzu und zu weiteren Beispielen *Restatement (Second),* § 31 Comment a.

[440] Hinsichtlich der Urteilsgründe wird dagegen keine Wirkungserstreckung inter omnes vorgenommen, da in diesem Bereich – wie bereits oben angesprochen – die allgemeinen Grundsätze der *issue preclusion* gelten.

[441] *Headen v. Pope & Talbot, Inc.,* a.a.O., 744; *Rediker v. Rediker,* 35 Cal.2d 796, 801 (Cal. 1950).

[442] *Restatement (Second),* § 31 Comment f.

beteiligten Parteien entspricht dem öffentlichen Interesse an eindeutigen Statusverhältnissen, welche den Anknüpfungspunkt für zahlreiche Rechtsfolgen aus den verschiedensten Rechtsgebieten, wie beispielsweise dem Unterhaltsrecht, dem Erbrecht oder dem Steuerrecht, für unterschiedliche Personen bilden. Um dieser hervorgehobenen Bedeutung der Statusverhältnisse als Vorfragen für zahlreiche andere Rechtsfragen gerecht zu werden, bedarf es in der Regel einer konstanten Beurteilung dieser Rechtsverhältnisse, welche durch eine im Verhältnis zu verschiedenen Personen variierende Bindungswirkung eines *judgment over status* aufgebrochen würde.[443]

Die inter omnes-Wirkung der *status decrees* hat jedoch ihre Grenzen. Ausnahmsweise können nämlich die Interessen verfahrensunbeteiligter Dritter, deren Rechte und Pflichten maßgeblich von dem Statusverhältnis beeinflusst werden, das öffentliche Stabilitätsbedürfnis überwiegen, so dass die Gestaltungswirkung eines *judgment over status* gegenüber diesen Personen eingeschränkt werden muss.

Besonders deutlich wird dies bei Statusverfahren die im Grundsatz auf Rückwirkung angelegt sind, wie beispielsweise das *annulment proceeding*, durch welches eine Ehe rückwirkend zum Zeitpunkt der Eheschließung für ungültig erklärt wird. An diesem Verfahren sind gewöhnlich lediglich die Ehepartner selbst beteiligt. Die Annulierung hat jedoch regelmäßig auch für zahlreiche andere Personen, wie beispielsweise die aus der aufgehobenen Ehe hervorgegangenen Kinder, bedeutende rechtliche Folgen. Da das Interesse dieser Kinder bei der Entscheidung über die Eheannulierung keine Rolle spielt und es als unzumutbar angesehen wird, Kindern, die an der Nichtigkeit der Ehe ihrer Eltern kein Ver-

---

[443] Vgl. hierzu statt aller die Stellungnahme des *U.S. Supreme Court* in der Entscheidung *Williams v. State of North Carolina (II)*, a.a.O., 230:

„Divorce, like marriage, is of concern not merely to the immediate parties. It affects personal rights of the deepest significance. It also touches basic interests of society. Since divorce, like marriage, creates a new status, every consideration of policy makes it desirable that the effect should be the same wherever the question arises."

schulden trifft, nachträglich ihren Ehelichkeitsstatus wieder abzuerkennen, werden die Kinder der Eheleute von der Retroaktivität der gerichtlichen Entscheidung ausgenommen.[444]

Das gleiche gilt für den ehemaligen Ehepartner einer Person, deren Ehe nachträglich annuliert wurde und die bis zu ihrer erneuten Eheschließung gegen ihren vorigen Ehepartner einen Anspruch auf nachehelichem Unterhalt hatte. Würde man die Rückwirkung der Annulierung auch auf den ehemaligen Unterhaltsschuldner erstrecken, so wäre dessen Leistungsverpflichtung aufgrund fehlender Neuverheiratung des Unterhaltsgläubigers nie erloschen und würde weiterhin bestehen. Diesem Ergebnis steht jedoch der Vertrauensschutz des Unterhaltsschuldners entgegen, der nach der erneuten Eheschließung des Unterhaltsgläubigers von der freien Verfügbarkeit über seine zukünftigen Einkünfte ausgehen durfte. Dieser Schutz wird als bedeutsamer angesehen als die inter omnes-Wirkung der Rückwirkungsfiktion.[445] Die Unterhaltspflicht des vormaligen Ehepartners lebt dementsprechend nicht wieder auf, obwohl das Annulierungsurteil die Neuehe grundsätzlich gegenüber der gesamten Welt als von Anfang an für ungültig erklärt.[446]

Die Ausnahmen von der absoluten subjektiven Wirkungserstreckung beschränken sich jedoch nicht auf Fälle von Status-Entscheidungen mit Rückwirkung, sondern finden sich daneben auch in zahlreichen anderen *status proceedings*, welche geeignet sind, erheblich in die Rechte Dritter einzugreifen, ohne diese zuvor formell in das Verfahren einzubeziehen. So sah es beispielsweise der *U.S. Supreme Court* in einem vormundschaftsgerichtlichen Verfahren als Verstoß gegen die verfassungsrechtliche *due process clause* an, dass vor Feststellung des Fehlens eines geeigneten Erziehungsberechtigten und Anordnung der staatlichen

---

[444] Vgl. *Gaines v. Jacobsen*, 308 N.Y. 218, 225 (N.Y. 1954); *Sefton v. Sefton*, 45 Cal.2d 872, 876 (Cal. 1955).

[445] *Gaines v. Jacobsen*, a.a.O., 224.

[446] *Gaines v. Jacobsen*, a.a.O., 225; *Sefton v. Sefton*, a.a.O., 877 f.

Vormundschaft über eine nichteheliche Halbwaise deren leiblicher Vater, der zuvor mit der verstorbenen Mutter für das Kind gesorgt hatte, nicht angehört wurde.[447] Die gerichtliche Gestaltung des Sorgerechtsverhältnisses wurde dementsprechend gegenüber dem Vater als nicht verbindlich angesehen.[448]

Auch in anderen Statusverfahren werden entsprechende subjektive Begrenzungen der inter omnes-Wirkung vorgenommen, falls die Bindung eines dadurch betroffenen Außenstehenden als unzumutbar angesehen wird oder verfassungsrechtliche Wertungen gegen eine entsprechende Bindung sprechen. Weitergehende Aussagen über die subjektive Reichweite von *judgments over status* können an dieser Stelle nicht getroffen werden, da die Rechtsprechung auf diesem Gebiet äußerst ausdifferenziert ist und im Einzelfall zahlreiche materielle Einzelwertungen von Bedeutung sind, die sich der Verallgemeinerung entziehen.[449]

3. *Judgments quasi in rem*

Nur der Vollständigkeit halber sei an dieser Stelle auch auf die dritte Art der *nonpersonal judgments*, die *judgments quasi in rem*, hingewiesen, deren *claim preclusive effect* gegenüber *personal judgments* in objektiver Hinsicht zwar erhebliche Modifikationen aufweist, in subjektiver Hinsicht jedoch keine Erweiterung des von ihm betroffenen Personenkreises vorsieht. Da diese Urteile häufig lediglich als *judgments in rem* bezeichnet werden[450] und deshalb leicht mit den *judgments strictly in rem* verwechselt werden können, soll im folgenden kurz auf die wesentlichen Charakteristika dieser Urteilsart eingegangen werden.

---

[447] *Stanley v. Illinois*, 405 U.S. 645, 658 (1972).

[448] *Stanley v. Illinois*, a.a.O., 657.

[449] Vgl. die Übersicht in *Restatement (Second)*, § 31 Comment f.

[450] Vgl. statt aller *Pennoyer v. Neff*, a.a.O.

Die *judgments quasi in rem* bestehen aus zwei höchst unterschiedlichen Unterkategorien.

Die erste Unterkategorie umfasst Urteile, welche darauf abzielen, die dingliche Berechtigung an einer Sache zwischen bestimmten Personen zu klären, wie z.B. Klagen auf die Aufteilung von Immobiliareigentum, Zwangsvollstreckungsverfahren aus Grundpfandrechten (*mortgages*) sowie die Eigentumsfeststellungsklage.[451]

In objektiver Hinsicht entfalten die aus diesen Verfahren hervorgehenden Urteile die gleichen Feststellungs- bzw. Gestaltungswirkungen wie die *judgments strictly in rem*, jedoch binden sie lediglich die am Verfahren beteiligten Personen, nicht die Allgemeinheit, so dass verfahrensunbeteiligte Dritte die dingliche Rechtslage in späteren Verfahren erneut in Frage stellen können.[452]

Die zweite Unterkategorie der *judgments quasi in rem* wird durch die Fälle der so genannten *attachment jurisdiction* gebildet, die sich dadurch auszeichnen, dass der Kläger einen obligatorischen Anspruch gegen den Beklagten geltend macht, seinen Klageantrag aber nicht auf Leistung, sondern auf die Beschlagnahme eines dem Beklagten gehörigen, im Gerichtsbezirk belegenen Vermögensgegenstandes richtet, der zur Befriedigung des obligatorischen Anspruches im Anschluss an das Verfahren verwertet werden soll.[453]

Diese *action quasi in rem* ist somit im Ergebnis eine Klage *in personam* im Gewande eines *in rem proceeding*. Das etwas umständliche Vorgehen zielt darauf ab, über den Umweg des dinglichen Gerichtsstandes die Entscheidungszuständigkeit für die Klage gegen einen Beklagten zu

---

[451] *Note*, 65 Harv.L.Rev. 818, 833 (1952); *Engelmann-Pilger*, S. 133; *Restatement (Second)*, § 30 Comment a.

[452] Vgl. z.B. *Erne v. Goshen Veneer, Inc.*, 437 P.2d 479, 481 f. (Or. 1968).

[453] *Restatement (Second)*, § 32.

erlangen,[454] welcher der *personal jurisdiction* des angerufenen Gerichts nicht unterliegt.[455]

Die auf diesem Wege eröffnete *attachment jurisdiction* ähnelt dem exorbitanten Gerichtsstand deutschen Rechts im Sinne von § 23 ZPO, der die internationale Zuständigkeit deutscher Gerichte für die Entscheidung über vermögensrechtliche Klagen gegen einen im Ausland ansässigen Schuldner allein aufgrund der Belegenheit von Schuldnervermögen im Inland gewährleistet. Sie unterscheidet sich von diesem jedoch gleichzeitig erheblich, da die Vollstreckung eines *judgment quasi in rem* durch den Wert des streitgegenständlichen Vermögensgegenstandes beschränkt und nicht – wie bei einem deutschen Urteil auf Grundlage von § 23 ZPO – das gesamte Vermögen des unterlegenen Beklagten dem Vollstreckungszugriff des Klägers unterworfen wird.[456]

Parallel zu dieser eingeschränkten Vollstreckungsmöglichkeit wird auch der *claim preclusive effect* des *judgment quasi in rem* begrenzt, so dass er einer späteren Klage des Klägers zur Befriedigung seiner über den Wert des Vermögensgegenstandes hinausgehenden Ansprüche nicht entgegensteht.[457]

---

[454] Ursprünglich wurde zur Eröffnung der *attachment jurisdiction* lediglich vorausgesetzt, dass der Kläger seinen Klageantrag auf Vollstreckung in einen im Forumsstaat belegenen Gegenstand richtet; vgl. *Pennoyer v. Neff*, a.a.O., 723. Zwischenzeitlich wird jedoch darüber hinausgehend verlangt, dass der Beklagte über den bloßen Ort des fraglichen Vermögensgegenstandes hinaus *minimum contacts* zum Forumsstaat aufweist; so die grundlegende Entscheidung *Shaffer v. Heitner*, a.a.O., 207, 209 und 216.

[455] Die *attachment jurisdiction* hat zwar durch die Einführung zahlreicher *long arm statutes*, die in zunehmender Weise schon bei relativ geringen Verbindungen des Beklagten zum Forumsstaat *personal jurisdiction* begründen, an Bedeutung verloren, ist jedoch nach wie vor gebräuchlich; vgl. hierzu insbesondere *Carrington*, 76 Harv.L.Rev. 303, 306 f. (1962) sowie *Feder v. Turkish Airlines*, 441 F.Supp. 1273 (S.D.N.Y. 1977).

[456] *Shaffer v. Heitner*, a.a.O., 199; *von Mehren/Trautman*, a.a.O., 1139.

[457] Diese objektive Begrenzung des *claim presclusive effect* wird damit begründet, dass nicht die persönliche Verpflichtung des Schuldners, sondern das Recht am zu beschlagnahmenden Vermögen unmittelbar Gegenstand des Verfahrens *quasi in rem* gewesen sei; *Restatement (Second)*, § 32 Comment c.; *Note*, 65 Harv.L.Rev. 818, 834 (1952).

Die zweite Unterkategorie der *judgments quasi in rem* stellt somit eine Ausnahme von der *rule against splitting a claim* dar, indem sie dem Kläger die Möglichkeit der ansonsten unzulässigen Teilklage eröffnet.[458]

[458] Vgl. zur Erläuterung der *rule against splitting a claim* die Ausführungen im 2. Kapitel zu II.1.

4. Kapitel: Der durch die Rechtskraftwirkungen berechtigte Personenkreis

I. Die *doctrine of mutuality*

Bisher wurde ausschließlich untersucht, welche Personen an die *res judicata*-Wirkungen eines US-amerikanischen Urteils gebunden sind.[1] Im folgenden soll nun der Frage nachgegangen werden, wem diese Wirkungen umgekehrt zugute kommen, also wer den *claim* bzw. *issue preclusive effect* eines *judgment* gegen die bezeichneten Personen als Angriffs- bzw. Verteidigungsmittel einsetzen kann.

Nach der traditionellen *doctrine of mutuality* fiel die Beantwortung noch leicht: Grundsätzlich können ausschließlich diejenigen die Rechtskraftwirkungen eines Urteils für sich in Anspruch nehmen, die auch dessen Bindungswirkungen unterliegen. *Claim* und *issue preclusion* sind nach diesem Ansatz auf Gegenseitigkeit (*mutuality*) ausgelegt und stehen damit lediglich den *parties* des abgeschlossenen Verfahrens und ihren *privies* zur Verfügung.[2]

---

1 Siehe hierzu die Ausführungen im 3. Kapitel.

2 Vgl. *Yeazell*, Civil Procedure, S. 843; *Casad/Clermont*, Res judicata, S. 169; *Semmel*, 68 Colum.L.Rev. 1457, 1458 (1968); (für den Fall der *issue preclusion*:) *Bigelow v. Old Domion Copper Mining & Smelting Company*, 225 U.S. 111, 127 (1912):

„It is a principle of general elementary law that the estoppel of a judgment must be mutual."

Eine überaus erstaunliche, über die *doctrine of mutuality* hinausgehende Einschränkung des Kreises der Berechtigten findet sich jedoch im Falle der *privity by control*. So entspricht es dort – soweit ersichtlich – noch herrschender Meinung, dass ein verdeckt kontrollierender Dritter zwar an die Ergebnisse des für ihn fremden Verfahrens gebunden ist, sich aber umgekehrt nicht auf die für ihn günstigen Feststellungen des Gerichts berufen kann. Dieses eigenwillige Ergebnis gerät jedoch zunehmend in Kritik. Vgl. hierzu ausführlich 3. Kapitel II.4.a)

Begründet wurde diese Auffassung mit dem Grundsatz der Gleichbehandlung der Prozessparteien.[3] Könnten Personen, die an einem abgeschlossenen Verfahren weder als Parteien beteiligt waren noch mit einer der Parteien in *privity* standen,[4] die *res judicata*-Wirkungen des in diesem Verfahren ergangenen Urteils in einem neuen Prozess gegen eine der ehemaligen Prozessparteien für sich ins Feld führen, so hätte dies eine prozessuale Asymmetrie zwischen den Parteien des neuen Prozesses zur Folge: Ist das erste Urteil zu Ungunsten der an beiden Verfahren beteiligten Partei ausgefallen, so wäre dies für den lediglich an dem zweiten Prozess beteiligten *stranger* von Nutzen. Endete der erste Prozess dagegen zugunsten des zweifach Beteiligten, so brächte dies für den *stranger* ebenfalls keinerlei Nachteil, da er mangels *privity* nicht an die für ihn nachteiligen Urteilswirkungen gebunden ist.[5] Das Urteil wäre auf diese Weise für den *stranger* entweder von Vorteil oder zumindest ergebnisneutral. Er könnte somit eine günstige Rechtsposition durch ein Verfahren erlangen, in dem er nichts zu verlieren hatte. Für die doppelt beteiligte Prozesspartei könnte das vorangegangene Verfahren dagegen im besten Fall ergebnisneutral wirken. Im schlechtesten Fall würde ein ungünstiges erstes Urteil ihr Schicksal im zweiten Prozess von vornherein besiegeln. Die Vertreter der *doctrine of mutuality* sahen hierdurch die prozessuale Waffengleichheit in Gefahr[6] und erklärten ein solches Ergebnis als schlicht unvereinbar mit dem kontradiktorischen Zivilverfahren US-amerikanischer Prägung.[7] Die Symmetrie zwischen den

3 *Semmel*, a.a.O., 1461.

4 Solche Personen werden in Abgrenzung zu den *parties* und *privies* in der Regel als *strangers* bezeichnet.

5 Vgl. die ausführlichen Erläuterungen im 3. Kapitel zu II.

6 So das *Restatement (First)*, § 96 Comment a.:

„Relitigation [...] with a new adversary is permitted because of the assumed unfairness of binding one party to a proceeding by the rules of res judicata while the other party is not bound."

7 Implizit: *Bigelow v. Old Domion Copper Mining & Smelting Company*, a.a.O., 131; deutlicher dagegen: *Seavy*, 57 Harv.L.Rev. 98, 105 (1943):

„It [doctrine of mutuality] results from general principles of our system of litigation [...]. These principles would seem to require that a party to an action

Prozessparteien sei dementsprechend nur dann gewahrt, wenn ein Urteil nur zugunsten desjenigen wirke, zu dessen Ungunsten es wirkte, wenn es umgekehrt ausgegangen wäre.[8]

Die dargelegten Grundzüge der *doctrine of mutuality* gelten heute in der Mehrzahl der *jurisdictions* nur noch für die Anwendung der *claim preclusion*.[9] Nach Überwindung der Doktrin im Bereich der *issue preclusion*[10] und der damit einhergehenden Überholung des bisherigen, für beide Zweige der *res judicata*-Lehre gleichermaßen geltenden Erklärungsansatzes werden jedoch nunmehr andere Gründe als ursprünglich für die enge Begrenzung des Berechtigtenkreises als maßgeblich erachtet. Nach dem neuem Verständnis ist der Einwand der *claim preclusion* deshalb grundsätzlich auf *parties* und ihre *privies* beschränkt, weil einer neuen Klage durch oder gegen einen *stranger* per definitionem ein anderer *claim* zugrunde liege als einem bereits abgeschlossenen Prozess, an dem der *stranger* nicht beteiligt war. [11]

Dieser bloße Verweis auf eine Begriffsbestimmung vermag aber nicht zu überzeugen. Angesichts des herrschenden *transactional test*[12] könnte nämlich ein *claim*, der bekanntlich eine Summe von materiell-rechtlichen Ansprüchen darstellt, in subjektiver Hinsicht auch in Abhängigkeit von der Beteiligung an dem der Klage zugrunde liegenden Sachverhalt und nicht von der Beteiligung am konkreten Gerichtsverfahren bestimmt werden. So könnten die materiellen Ansprüche eines Gläubigers gegen mehrere Gesamtschuldner als ein einheitlicher *claim* aufgefasst werden

---

should risk the loss of rights or the creation of liabilities only with reference to his adversaries, [...]"

8 *Engelmann-Pilger*, S. 116.

9 *Friedenthal/Kane/Miller*, § 14.14; *Yeazell*, Civil Procedure, S. 843; *Schack*, Einführung, S. 71; *Nevada v. United States*, 463 U.S. 110, 143 (1983); *Beard v. O'Neal*, 728 F.2d 894, 897 (7th Cir. 1984).

10 Vgl. hierzu unten Punkt II.

11 *Semmel*, a.a.O., 1458; *Note*, 65 Harv.L.Rev. 818, 861 f. (1952); *Friedenthal/Kane/Miller*, a.a.O., *Casad/Clermont*, Res judicata, S. 184.

12 Siehe 2. Kapitel II.2.

unabhängig davon, ob der Gläubiger seine Leistungsklage auch tatsächlich gegen alle Gesamtschuldner richtet oder nicht. Die derzeitige subjektive Begrenzung des *claim*-Begriffes in Anlehnung an die jeweilige Verfahrensbeteiligung ist deshalb nicht denknotwendig. Die wahre Ursache für die Aufrechterhaltung der *mutuality rule* im Bereich der *claim preclusion* ist daher an anderer Stelle zu suchen. Der einschlägigen Literatur ist diesbezüglich leider kein weiterer Hinweis zu entnehmen.[13] Nach hier vertretener Ansicht könnte die Bewahrung der historischen Regel aber auf die prozessrechtliche Unterscheidung zwischen *mandatory* und *permissive joinder*[14] zurückzuführen sein.

Die Regeln des *mandatory joinder* zwingen den Kläger, zusammen mit anderen Personen gerichtlich gegen einen Beklagten vorzugehen oder mehrere Beklagte gleichzeitig zu verklagen.[15] Die Regeln des *permissive joinder* ermöglichen dagegen lediglich die Streitgenossenschaft auf Kläger- oder Beklagtenseite, ohne diese zwingend vorzuschreiben.[16] *Nonmutual claim preclusion* würde die durch diese Unterscheidung eröffnete Wahlfreiheit im Bereich des *permissive joinder* aushöhlen und die Möglichkeit der Streitgenossenschaft in eine faktische Pflicht zur Streitgenossenschaft verwandeln, wenn der Kläger nicht seine Ansprüche gegen bestimmte Personen durch ihre Nichteinbeziehung auf Beklagtenseite verlieren möchte.

Für die Richtigkeit dieser Erklärung spricht die in der neueren Rechtsprechung anzutreffende Tendenz, auch im Bereich der *claim preclusion* dann Ausnahmen von der *mutuality rule* zuzulassen, die es einem *stranger* ermöglichen, sich auf den *claim preclusive effect* eines *judgment* als Verteidigungsmittel zu berufen, wenn das Gericht aus Gerechtigkeits-

---

13 Vgl. *Semmel*, a.a.O.; *Note*, 65 Harv.L.Rev. 818, a.a.O. (1952); *Friedenthal/Kane/Miller*, a.a.O., *Casad/Clermont*, a.a.O.

14 Hierzu ausführlich *James/Hazard/Leubsdorf*, § 10.10.

15 Vgl. statt aller die für das Verfahren vor den *federal courts* anwendbare Vorschrift der *FRCP* 19 (a).

16 Vgl. statt aller *FRCP* 20 (a).

überlegungen der Ansicht ist, dass der Kläger den *stranger* bereits in einem vorangehenden Verfahren hätte mitverklagen müssen.[17] Indem die Rechtsprechung insbesondere in ihrem Bestreben um Prozessökonomie die Möglichkeit der Streitgenossensschaft vermehrt dem Gebot unterstellt, eine einheitliche Kontroverse unter Einbeziehung aller Beteiligten in einem einzigen gerichtlichen Verfahren zu erörtern, wächst gleichzeitig ihre Bereitschaft, die subjektiven Grenzen der Rechtskraft zu Lasten nachlässiger und prozesstaktisch operierender Kläger zu verändern, die durch sukzessive Klagen verschiedene Streitbeteiligte in Anspruch nehmen, welche auch in einem einzigen Prozess hätten zusammengefasst werden können.[18] Trotz dieser Tendenz stellt die *doctrine of mutuality* im Bereich der *claim preclusion* nach wie vor noch die Regel und *nonmutual claim preclusion* die Ausnahme dar.[19]

Im Bereich der *issue preclusion* ist dies dagegen nicht mehr der Fall. Schon früh sah sich die traditionelle Doktrin hier heftiger Kritik ausgesetzt und wurde durch zahlreiche Ausnahmen in ihrem Gehalt entwertet.[20]

Ursprünglich wurden solche Ausnahmen nur in sehr engen Grenzen zugelassen. Ausgangspunkt der Entwicklung waren Fälle der *derivative liability*, in denen zwei Personen einem Dritten eine Leistung schulden,

---

[17] Siehe hierzu den Überblick bei *Wright/Miller/Cooper*, 18A F.P.P. § 4464.1; bereits das *Restatement (Second)* sieht in seinem § 51 die Möglichkeit der *nonmutual claim preclusion* in Fällen vor, in denen ein Kläger in aufeinanderfolgenden Prozessen zwei Personen auf Schadensersatz in Anspruch nimmt, wobei die eine für ihr eigenes Verhalten und die andere für das Verhalten der einen Person haftet (*vicarious liability*); als Begründung dieser Regel führt der Reporter in Comment b. aus:

„He [the injured person] is ordinarily in a position to sue both obligors in the same action and may justly be required to do so."

Die Möglichkeit der gleichzeitigen Inanspruchnahme wird auf diese Weise in Fällen der *vicarious liability* für den Gläubiger grundsätzlich zur Obliegenheit.

[18] Kritisch hierzu *Casad/Clermont*, Res judicata, S. 184.

[19] Vgl. *Nevada v. United States*, a.a.O.

[20] Zur geschichtlichen Entwicklung im einzelnen: *Engelmann-Pilger*, 116 bis 126.

die Leistungspflicht der einen Person jedoch zugleich unmittelbar von der Leistungspflicht der anderen Person abhängt und gegenüber dieser sekundär ist. Beispiele für eine solche *dervative liability* sind die Haftung des Bürgen für den Hauptschuldner, die Haftung des Autohalters für den Autofahrer oder die Haftung des Dienstherrn (*master*) für seinen Bediensteten (*servant*).[21]

Wird nun in einem Rechtsstreit zwischen dem Gläubiger und dem primär Haftenden die Leistungspflicht des primär Haftenden abschließend durch das angerufene Gericht verneint, so entsprach es bereits zu Beginn des zwanzigsten Jahrhunderts allgemeiner Ansicht in Rechtsprechung und Literatur, dass sich auch der sekundär Haftende gegenüber dem Gläubiger im Wege der *issue preclusion* auf die entsprechenden gerichtlichen Feststellungen berufen kann, wenngleich er an dem zugrunde liegenden Verfahren in keiner Weise beteiligt war und an dessen Ergebnisse bei für ihn ungünstigem Ausgang nicht gebunden gewesen wäre.[22]

Ratio dieser Ausnahme von der *mutuality rule* waren noch rein materiellrechtliche Erwägungen, die man schlagwortartig wie folgt zusammenfassen kann: Wenn der primär Haftende nicht leisten muss, soll der sekundär Haftende erst recht nicht mehr leisten müssen. Die überwiegende Meinung sah es dementsprechend als unbillig an, dem Gläubiger weiterhin die Gelegenheit zur möglicherweise erfolgreichen Inanspruchnahme des sekundär Haftenden zu ermöglichen, obgleich die

---

21 *Derivative liability* umfasst damit sowohl die Haftung für fremdes Verschulden (*vicarious liability*) als auch die Haftung für fremde Verbindlichkeiten unabhängig von Verschulden; vgl. *Restatement (First)*, §§ 96, 97, 99.

22 *Bigelow v. Old Domion Copper Mining & Smelting Company*, a.a.O., 127 f.; *Good Health Dairy Products Corporation of Rochester v. Emery*, 275 N.Y. 14, 17 f. (N.Y. 1937); *Charles H. Duell, Inc. v. Metro-Goldwyn-Mayer Corporation*, 128 Cal.App. 376, 383 (Cal. Ct. App. 1932); *Seavy*, a.a.O., 104. Dabei kommt es nicht darauf an, ob der Gläubiger im ersten Verfahren als Kläger oder Beklagter aufgetreten ist; vgl. hierzu die Entscheidung *Good Health Dairy Prods.*, a.a.O. (Gläubiger war Beklagter des ersten Verfahrens), mit der Entscheidung *Charles H. Duell*, a.a.O. (Gläubiger war Kläger des ersten Verfahrens).

Leistungsverpflichtung des primär Haftenden bereits gerichtlich verneint wurde.[23]

Besonders deutlich wird dieser materielle Fairnessgedanke in Fällen, in denen der sekundär Haftende als *indemnitee* gegenüber dem primär Haftenden als *indemnitor* einen Rückgriffsanspruch (*right for indemnification*) aufweist.[24] Würde man hier die Möglichkeit widersprechender gerichtlicher Feststellungen hinsichtlich der Leistungspflicht des primär Haftenden ermöglichen, so dass der *indemnitee* zur Leistung an den Gläubiger verurteilt werden könnte, obwohl die Leistungspflicht des *indemnitor* an den Gläubiger bereits abgelehnt wurde, so würde sich für den Innenausgleich zwischen *indemnitor* und *indemnitee* ein Dilemma ergeben:

Entweder müsste der *indemnitor* entsprechend seiner materiellen Ausgleichspflicht den *indemnitee* schadlos halten, womit er der Früchte seines Sieges über den Gläubiger beraubt werden würde. Oder man müsste dem *indemnitee* ausnahmsweise seinen Regressanspruch versagen, was ihn schlechter stellen würde, als wenn er zeitlich vor dem *indemnitor* vom Gläubiger in Anspruch genommen und zur Leistung verurteilt worden wäre. Ein solches Ergebnis wäre materiell-rechtlich nicht zu rechtfertigen.[25]

Um die dargestellten Widersprüche zu vermeiden, erschien eine eng begrenzte Ausnahme von der *mutuality rule* angebracht, die sich dadurch

---

[23] Vgl. *Bigelow v. Old Domion Copper Mining & Smelting Company,* a.a.O., 128 sowie *Note,* 65 Harv.L.Rev. 818, 863 (1952).

[24] Zu den Begriffen *indemnitor, indemnitee* und *indemnification* sei siehe die ausführliche Erläuterung im 3. Kapitel zu II.2.c) Es sei an dieser Stelle ausdrücklich darauf hingewiesen, dass es vorliegend um die einseitige Berechtigung des *indemnitee* aus einem Urteil zwischen *indemnitor* und Gläubiger zu Lasten des Gläubigers geht und nicht um die Bindung des *indemnitor* gegenüber dem Gläubiger aus einem Urteil zwischen *indemnitee* und Gläubiger zugunsten des Gläubigers, welche bereits Gegenstand der Erörterung im 3. Kapitel a.a.O. war.

[25] Vgl. zu dieser Diskussion: *Casad/Clermont,* Res judicata, S. 170 f.; *Note,* 65 Harv.L.Rev. a.a.O.; *Semmel,* a.a.O., 1463.

auszeichnete, dass sie auf Fälle beschränkt war, in denen zunächst der primär Haftende erfolglos verklagt worden war, und dass sie die Anwendung der *nonmutual issue preclusion* lediglich als Verteidigungsmittel zuließ (so genannter *defensive use*).[26] Diese engen Schranken wurden in der Folgezeit jedoch nach und nach aufgegeben oder zumindest weiter ausgedehnt.

So wurde im Anschluss auch dem primär Haftenden die Berufung auf die im Rechtsstreit zwischen Gläubiger und sekundär Haftenden zu Lasten des Gläubigers getroffenen gerichtlichen Feststellungen eröffnet, wenn diese die inzidente Verneinung der Leistungspflicht des primär Haftenden enthielten.[27] Diese Erweiterung ist insofern bemerkenswert, als die Fairnesserwägungen und das Entscheidungsdilemma, die im Falle der ersten erfolglosen Inanspruchnahme des primär Haftenden für die Zulassung der *nonmutual issue preclusion* den Ausschlag gaben, hier nicht gegeben sind. Die Leistungspflicht des sekundär Haftenden kann nämlich ohne weiteres verneint werden, ohne dadurch die Leistungspflicht des primär Haftenden in Frage zu stellen oder Probleme beim Innenausgleich aufzuwerfen, da der primär Haftende in der Regel keine Regressansprüche gegen den lediglich sekundär Haftenden aufweist.[28] Begründet wurde die weitere Ausnahme dementsprechend auch nicht mit materiell-rechtlichen Erwägungen, sondern mit dem öffentlichen Interesse an der Vermeidung widersprechender gerichtlicher Feststellungen[29] und dem Argument, dass die Grundsätze der *derivative liability* dem Gläubiger lediglich eine zusätzliche finanzielle Sicherheit verschaffen, aber kein Recht zur doppelten Inanspruchnahme der Gerichte eröffnen sollten.[30]

---

[26] Vgl. *Restatement (First)*, § 96 Comment e. sowie f.

[27] Der *leading case* ist hier die Entscheidung des *Supreme Judicial Court of Massachusetts* im Verfahren *Giedrewicz v. Donovan*, 179 N.E. 246 (Mass. 1932); vgl. auch *Engelmann-Pilger*, S. 120.

[28] So auch *Semmel*, a.a.O., 1463 sowie *Seavy*, a.a.O., 104 (dort Fn. 23).

[29] Inzident: *Giedrewicz v. Donovan*, a.a.O.

[30] So das *Restatement (Second)*, welches die Ausnahme sogar auf den Bereich der *claim preclusion* ausgedehnt wissen will, in seinem § 51 Comment b.

Manche Gerichte gingen in der Zulassung der *nonmutual issue preclusion* sogar noch viel weiter und erlaubten sogar ihren Einsatz als Angriffsmittel gegen den Kläger des ersten Verfahrens (so genannter *offensive use*).[31] So wurde beispielsweise einem KFZ-Versicherer nach dem Verkehrsunfall eines Versicherten mit einem anderen Verkehrsteilnehmer und erfolgloser Klage des Unfallgegners gegen den Versicherten die Möglichkeit eingeräumt, sich bei seiner Klage gegen den Unfallgegner auf Erstattung der für den Versicherten verauslagten Reparaturkosten auf die gerichtliche Feststellung des Alleinverschuldens des Unfallgegners zu berufen, die im Rechtsstreit des Unfallgegners gegen den Versicherten getroffen wurde.[32] Diese Ausnahme hatte freilich nichts mehr mit den Besonderheiten der *derivative liability* zu tun, da im zweiten Prozess nicht mehr Ansprüche des Unfallgegners gegen den für das Verschulden des Versicherten haftenden Versicherer geltend gemacht wurden, sondern umgekehrt Ansprüche des Versicherers gegen den im ersten Verfahren klagenden Unfallgegner selbst.[33] Um das Ergebnis zu rechtfertigen, wurde es mit *privity*-Erwägungen verbrämt, da der Versicherer den im zweiten Prozess geltend gemachten Ersatzanspruch erst im Wege des Forderungsübergangs vom Versicherten erworben habe und sich der Versicherte ohne weiteres die Feststellungen des ersten Urteils hätte zunutze machen können, oder es wurde mit den Besonderheiten des Einzellfalles begründet.[34] Die *privity*-Argumentation vermag jedoch nicht zu überzeugen, da die Rechtsnachfolge zugunsten des Versicherers bereits vor und nicht erst während oder nach Beginn des ersten Prozesses erfolgte.[35] Und auch die Bemühung der jeweiligen Einzelfallgestaltung verstellt mehr den Blick auf den tatsächlichen Hintergrund

[31] *Note*, 65 Harv.L.Rev. 818, 865 (1952) m.w.N.

[32] Vgl. hierzu die vielzitierte Entscheidung *United Mutual Fire Ins. Co. v. Saeli*, 71 N.Y.S.2d 696, 698 (N.Y.A.D. 1947).

[33] Siehe *Engelmann-Pilger*, S. 121 m.w.N.

[34] *Weinstein/Korn/Miller*, 10 N.Y.C.P. § 5011.40 FN 377; *Note*, 65 Harv.L.Rev. 818, 865 (1952).

[35] Vgl. hierzu die Erläuterungen zur *substantive privity* aufgrund *successive interests* im 3. Kapitel zu II.2.a).

dieser weiteren Ausdehnung, nämlich die verstärkten Bestrebungen der Rechtsprechung nach Prozessökonomie, welche darauf abzielten, jeder Partei nur die einmalige erfolglose Erörterung einer Streitfrage vor Gericht zu ermöglichen.[36]

Das Resultat dieser Entwicklung waren zahlreiche, oftmals konturlos wirkende Ausnahmen, die zur allmählichen Aufweichung der *doctrine of mutuality* im Bereich der *issue preclusion* führten.

II. Berechtigung ohne Bindung: *nonmutual issue preclusion*

1. Neuorientierung durch die grundlegende Entscheidung *Bernhard v. Bank of America National Trust & Savings Association*

Die anschließende Erosion der *mutuality*-Lehre, die in der überwiegenden Zahl der *jurisdictions* schließlich zu ihrer Überwindung im Bereich der *issue preclusion* führte, setzte aber erst mit der bahnbrechenden Entscheidung *Bernhard v. Bank of America National Trust & Savings Association*[37] des *California Supreme Court* aus dem Jahre 1942 ein. Dem Urteil lag folgender Sachverhalt zugrunde:

---

[36] Vgl. *Semmel*, a.a.O., 1457, 1471:

„This trend [towards the increasing acceptance of broad exceptions] reflects the priority now given to judicial economy in the development of rules of civil procedure. The burden of lengthy trial calendars in many jurisdictions and the increasing expense of trials encourage considerations of judicial economy."

So auch die (allerdings einen Fall des *defensive use* betreffende) Entscheidung des *Superior Court of Delaware* im Verfahren *Coca-Cola Co. v. Pepsi-Cola Co.*, 172 A. 260, 263 (Del. Superior Ct. 1934):

„The requirement of mutuality must yield to public policy. To hold otherwise would be to allow repeated litigation of identical questions, expressly adjudicated, and to allow a litigant having lost on a question of fact to re-open and re-try all the old issues each time he can obtain a new adversary not in privity with his former one."

[37] 19 Cal.2d 807 (Cal. 1942).

Frau Clara Sather, die spätere Erblasserin, war Inhaberin eines Kontos bei der Rechtsvorgängerin der beklagten Bank. Frau Sather verbrachte ihren Lebensabend aufgrund gesundheitlicher Probleme im Hause des Ehepaares Cook, welches für Frau Sather sorgte. Herr Cook war in diesem Zusammenhang damit betraut, die Geldgeschäfte von Frau Sather zu besorgen. Noch zu Lebzeiten von Frau Sather löste Herr Cook ihr erwähntes Konto bei der Rechtsvorgängerin der Beklagten auf und übertrug das Guthaben zugunsten des Ehepaares Cook auf eine andere Bank.

Nach dem Tode von Frau Sather wurde Herr Cook zum *executor* ihres Nachlasses bestellt. Bei Beendigung seines Amtes erstellte er einen Rechenschaftsbericht, in dem er das Konto der Erblasserin bei der Rechtsvorgängerin der Beklagten sowie dessen Auflösung nicht erwähnte. Aufgrund dieses Unterlassens erhoben die testamentarischen *beneficiaries* der Erblasserin in einem anschließenden nachlassgerichtlichen Verfahren Einwendungen gegen die Vollständigkeit des Berichts. Das Nachlassgericht wies die Angriffe der Erben jedoch mit der Begründung zurück, dass es sich bei der Übertragung der Kontenvaluta um eine lebzeitige Schenkung der Erblasserin an Herrn Cook gehandelt habe, weshalb die Verfügung im Rahmen der Rechnungslegung des *executor* nicht erwähnt werden musste.

Trotz dieser Entscheidung erhob die Erbin Helen Bernhard als *administratrix* des Nachlasses Sather in der Folge Klage gegen die Bank of America National Trust & Savings Association als Rechtsnachfolgerin der ehemals kontoführenden Bank auf Auszahlung des Kontoguthabens, das vor Kontenlöschung bestand. Sie stützte dabei ihr Klagebegehren darauf, dass der geltend gemachte Auszahlungsanspruch durch die Anweisung zugunsten des Ehepaares Cook mangels ausdrücklicher Genehmigung durch die Erblasserin nicht erfüllt worden sei und daher nach wie vor bestünde.

Die Beklagte berief sich gegenüber diesem Vortrag im Wege der *issue preclusion* auf die Feststellung des Nachlassgerichtes, dass es sich bei der Übertragung der Kontenvaluta um eine Schenkung der Erblasserin zugunsten des Ehepaares Cook gehandelt habe. Da die Zustimmung der Erblasserin zu dieser Transaktion somit feststehe, seien weitere Auszahlungsansprüche der Erben gegen die Bank von vornherein ausgeschlossen.

Nach Ansicht der Klägerin war dieser Rechtskrafteinwand der Beklagten nicht zulässig. Da die Beklagte am Nachlassverfahren weder als Partei beteiligt war noch in *privity* zu einer solchen Partei stand, sei ihr nach der *doctrine of mutuality* die Berufung auf die nachlassgerichtliche Entscheidung verwehrt.

Der oberste kalifornische Gerichtshof teilte die Bedenken der Klägerin in keiner Weise. Anstatt den Fall jedoch lediglich unter einer der bereits bestehenden Ausnahmen zur *mutuality rule* zu subsumieren[38] oder eine neue Ausnahme zu kreieren, erklärte *Chief Justice* Roger Traynor das gesamte Konzept der Gegenseitigkeit für ungültig. Diese revolutionäre Sicht begründete er schlicht damit, dass nach Ansicht des Gerichts keine überzeugende Ratio für die Aufrechterhaltung der *mutuality rule* spräche.[39] Während das Gebot des *due process* verhindere, dass ein Urteil zu Lasten von Personen, die weder Parteien des zugrunde liegenden Verfahrens waren noch in *privity* zu einer solchen Partei standen, Bindungswirkung entfaltet, seien keine entsprechenden Gründe ersichtlich,

---

[38] Eine entsprechende Subsumtion wäre in der Tat möglich gewesen. Da die Bank im Falle ihrer Verurteilung von Herrn Cook die Rückzahlung des rechtsgrundlos an ihn ausgezahlten Betrages hätte verlangen können (so auch: *Currie*, 9 Stan.L.Rev. 281, 290 Fn. 22 (1957)), wäre ein *right of indemnification* der Zweitbeklagten gegenüber einer Partei des ersten Verfahrens zu bejahen gewesen. Dieses Regressrecht hätte es der Bank grundsätzlich ermöglicht, sich auf die etablierte Ausnahme von der *mutuality rule* zu berufen, nach der sich der *indemnitee* in seinem Prozess gegen den Anspruchsteller ein günstiges Urteil zwischen *indemnitor* und Anspruchsteller zunutze machen kann, ohne an dem zugrunde liegenden Verfahren selbst beteiligt gewesen zu sein (Vgl. zu dieser allgemein anerkannten Ausnahme oben I.).

[39] *Bernhard v. Bank of America National Trust & Savings Association*, a.a.O., 812.

die einem *stranger* umgekehrt auch die Berufung auf ein solches Urteil zu seinen Gunsten verwehren würden.[40] Vielmehr zeigten die zahlreichen bislang entwickelten Ausnahmen, dass es nicht gerechtfertigt werden könne, einer Person, der bereits gerichtliches Gehör bezüglich einer Streitfrage gewährt worden sei und die somit ihren *day in court* gehabt habe, die erneute streitige Erörterung derselben Frage allein deshalb zu erlauben, weil sie lediglich die Person ihres Kontrahenten ausgewechselt habe.[41]

Die *doctrine of mutuality* wurde damit von Grund auf verworfen, ohne sich grundsätzlich mit den Argumenten auseinanderzusetzen, die in der Vergangenheit für deren Aufrechterhaltung vorgebracht worden waren.[42] Stillschweigend wurde dem Gesichtspunkt der Prozessökonomie der Vorzug vor dem bisher als maßgeblich erachteten Aspekt der prozessualen Waffengleichheit eingeräumt.

Obwohl die Urteilsbegründung sehr knapp gehalten[43] und im Zeitpunkt ihrer Veröffentlichung von Literatur und Rechtsprechung kaum zur Kenntnis genommen wurde,[44] war ihre Bedeutung für die weitere Rechtsfortbildung erheblich. Jede Partei musste nach dem allgemeinen Dictum der Entscheidung damit rechnen, durch ungünstige gerichtliche Feststellungen in einem Prozess, an dem sie beteiligt war, auch in ihrer späteren Rechtsverfolgung gegen Personen eingeschränkt zu werden, die mit dem zugrunde liegenden Verfahren in keiner Verbindung standen. Darüber hinaus war zu beachten, dass der entschiedene Fall zwar

---

[40] *Bernhard v. Bank of America National Trust & Savings Association*, a.a.O., 812.

[41] *Bernhard v. Bank of America National Trust & Savings Association*, a.a.O., 813:

„[...] it would be highly unjust to permit one who has had his day in court to reopen identical issues by merely switching adversaries."

[42] Siehe oben I.

[43] Die entscheidenden Passagen erstrecken sich lediglich über zwei Seiten; vgl. *Bernhard v. Bank of America National Trust & Savings Association*, a.a.O., 811 a.E. bis 813.

[44] Vgl. *Currie*, 9 Stan.L.Rev. 281, 284 (1957); *derselbe*, 53 Calif.L.Rev. 25, 26 (1965).

lediglich den Gebrauch der *nonmutual issue preclusion* als Verteidigungsmittel (*defensive use*) betraf, die gegebene Urteilsbegründung jedoch auch eine tragfähige Grundlage für den Gebrauch von Urteilsfeststellungen als Angriffsmittel durch einen prozessunbeteiligten *stranger* (*offensive use*) darstellte. Insbesondere diesbezüglich wurde die Entscheidung in der späteren Literatur kontrovers diskutiert, wobei zu ihren bekanntesten Kritikern Professor Brainerd Currie zählte.[45] Die Überwindung der *doctrine of mutuality* wurde dabei überwiegend begrüßt.[46] Hinsichtlich der Folgen einer unbeschränkten Zulassung der *nonmutual issue preclusion* wurden aber erhebliche Bedenken geäußert.

Zunächst wurde davor gewarnt, dass *nonmutual issue preclusion* ihren eigentlichen Zweck verfehlen könnte, indem sie den Parteien des ersten Prozesses einen Anreiz zur Verfahrenseskalation biete. Aus der Furcht davor, durch ungünstige gerichtliche Feststellungen in späteren Verfahren mit anderen Personen ein für allemal gebunden zu sein, könnten sich die Parteien veranlasst sehen, anstatt zur schnellen Streitbeilegung aufeinander zuzugehen, einen Rechtsstreit in extenso vor Gericht auszutragen und Rechtsmittel einzulegen, die der zu entscheidende Fall für sich genommen nicht rechtfertigen würde.[47] Das Ziel der Verfahrensökonomie würde dadurch konterkariert.

Des weiteren wurde darauf hingewiesen, dass der Sinn des gerichtlichen Urteils in der Beilegung eines bestimmten Rechtsstreites und nicht in der letztverbindlichen Feststellung der Wahrheit gegenüber der gesamten Welt zu sehen sei.[48] Die unbeschränkte Zulassung der *nonmutual issue*

---

[45] Currie war soweit ersichtlich auch der einzige Kritiker der dieser Entscheidung zwei *Law-Review*-Beiträge (siehe vorangehende Fußnote) widmete.

[46] Vgl. *Currie*, 9 Stan.L.Rev. 281, 285 (1957); *derselbe*, 53 Calif.L.Rev. 25, 27 (1965); *Semmel*, 68 Colum.L.Rev. 1457 (1968); *Kimmel*, 35 Geo.Wash.L.Rev. 1010, 1054 (Zuspruch beschränkt auf den defensive use).

[47] *Currie*, 9 Stan.L.Rev. 281, 287 (1957); *Semmel*, a.a.O., 1464 f.

[48] Vgl. *Semmel*, a.a.O., 1465:

preclusion wäre daher von der eigentlichen Ratio der gerichtlichen Streitbeilegung nicht mehr gedeckt.

In eine ähnliche Richtung geht die Kritik, dass eine singuläre Gerichtsentscheidung in der Regel nicht stellvertretend für die Entscheidung späterer rechtlicher Auseinandersetzungen stehen könne, da sie in der Regel durch zahlreiche einzelfallbedingte Besonderheiten beeinflusst wird (so genannter *spillover effect*).[49] Klagt beispielsweise nach einem Arbeitsunfall der verletzte Arbeitnehmer gegen seinen Arbeitgeber auf die Zahlung von Schadensersatz aufgrund der Zurverfügungstellung schadhafter Arbeitsmaterialien, so ist insbesondere ein Geschworenengericht weitaus eher geneigt, die Haftung des Arbeitgebers zu bejahen, wenn der Kläger ein aufgrund seiner schweren Verletzungen berufsunfähiger, geringversicherter Familienvater ist, der eine mehrköpfige Familie zu ernähren hat, als wenn die Verletzungen des Arbeitnehmers lediglich gering sind, ihn keine Unterhaltspflichten treffen oder sein Versicherungsschutz ihn im Falle der Berufsunfähigkeit finanziell unwesentlich schlechter stellt als zuvor. Werden im Beispielsfall durch den Unfall mehrere Arbeitnehmer verletzt, so kann es für die später Klagenden daher von erheblichem Vorteil sein, wenn zunächst der am stärksten Geschädigte Klage erhebt, indem ein stattgebendes Urteil auch ihnen zugute kommt, obwohl ihre Klagen unter Umständen bei isolierter Bewertung keinen Erfolg gehabt hätten. Wie bereits angedeutet ist der *spillover effect* vor allem in *jury*-Prozessen zu beobachten, zumal die Geschworenen um die Bedeutung ihrer Entscheidung für spätere Prozesse in der Regel nicht wissen.[50]

Die Gerechtigkeit der *nonmutual issue preclusion* wurde daneben auch dann angezweifelt, wenn sich der Rechtskrafteinwand des *stranger* als

„[...] the judgment in a law suit determines a dispute; it does not represent an incontrovertible finding of absolute truth, but only reflects a decision as to the probabilities."

[49] *Ratliff*, 67 Tex.L.Rev. 63, 89 (1988).

[50] *Ratliff*, a.a.O., 93 f.

Angriffs- oder Verteidigungsmittel gegen den Beklagten des ersten Verfahrens richtet. Da der Gebundene in diesen Fällen weder das Forum noch den Zeitpunkt des ersten Rechtsstreits wählen konnte, hatte er möglicherweise keine realistische Chance zur vollständigen und effektiven Rechtsverteidigung.[51] Zumindest war er in einer ungünstigen verfahrenstaktischen Situation. Die unbeschränkte Zulassung der *nonmutual issue preclusion* würde diesen Nachteil für alle zukünftige Verfahren manifestieren, an denen der Beklagte beteiligt ist und in denen sich erneut Streitfragen auftun, die bereits im Rahmen des ersten Verfahrens erörtert wurden.[52]

Gegenstand besonderer Kritik war jedoch der *offensive use* der *issue preclusive effects* eines Urteils durch einen *stranger*. Professor Currie sah die darin angelegten besonderen Gefahren in der von ihm als *multiple-claimant anomaly* beschriebenen Situation,[53] der folgender Beispielsfall zugrunde liegt:

Bei einem schweren Eisenbahnunglück[54] werden fünfzig Personen verletzt, welche die Eisenbahngesellschaft anschließend in fünfzig verschiedenen Einzelklagen auf Zahlung von Schadensersatz in Anspruch nehmen. Wird eine oder werden mehrere dieser Individualklagen abgewiesen, so kann sich die Beklagte in den übrigen Verfahren nicht auf das für sie günstige Urteil berufen, da die anderen Verletzten nicht in *privity*

---

[51] *Currie*, 9 Stan.L.Rev. 281, 288 (1957).

[52] *Currie*, 9 Stan.L.Rev. 281, 303 f. (1957). Currie schloss daraus, dass *nonmutual issue preclusion* gegen den Beklagten eines abgeschlossenen Verfahrens grundsätzlich nicht möglich sein sollte; vgl. *Currie*, a.a.O, 308. Später revidierte er seinen Standpunkt jedoch von Grund auf und sprach sich für einen Ausschluss der *nonmutual issue preclusion* nur in den Fällen aus, in denen der Beklagte des ersten Verfahrens ausnahmsweise keinen hinreichenden Anlass oder keine ausreichende Gelegenheit zur umfassenden Verteidigung hatte; s. *Currie*, 53 Calif.L.Rev. 25, 29 (1965).

[53] Siehe *Currie*, 9 Stan.L.Rev. 281, 285 ff. (1957).

[54] Die Situation ist auf jeden anderen Fall einer Massenschädigung, wie beispielsweise einen Flugzeugabsturz oder die Schädigung zahlreicher Verbraucher durch dasselbe Produkt, übertragbar.

zum jeweils unterlegenen Kläger standen.[55] Ist dagegen einer Klage Erfolg beschieden, so können sich alle anderen Kläger in ihren noch anhängigen Verfahren durch den *offensive use* der *issue preclusion* auf die gerichtliche Feststellung der Haftung der Eisenbahngesellschaft berufen.

Nimmt man weiter an, dass die ersten fünfundzwanzig Klagen erfolglos blieben und erst dem sechsundzwanzigsten Kläger Schadensersatz zugesprochen wurde (*multiple claimant anomaly*), so würde die konsequente Anwendung der *nonmutual issue preclusion* in den verbleibenden vierundzwanzig Fällen ebenfalls dazu führen, dass die Haftung der Gesellschaft feststünde, obwohl die Beklagte lediglich in einem von sechsundzwanzig Fällen verurteilt worden war.[56] Ein solches Ergebnis wäre evident ungerecht. Angesichts der zahlreichen klageabweisenden Urteile erschiene es überaus unwahrscheinlich, dass die Bejahung der Haftung gerade im letzten Verfahren korrekt und alle fünfundzwanzig vorausgegangenen Entscheidungen fehlerhaft waren.

Wenn man nun diese Gerechtigkeitsbedenken in Fällen, in denen ein klagestattgebendes Urteil erst nach einer Reihe von erfolglosen Klagen gefällt wurde, als durchgreifend erachtet, so ergeben sich auch dann erhebliche Zweifel an der Zulässigkeit des *offensive use*, wenn er sich auf das erste Urteil der Reihe stützt, soweit dieses der Klage stattgibt. Es kann nämlich auch in diesem Fall nicht ausgeschlossen werden, dass ein „Ausreißer" wie das sechsundzwanzigste Urteil im Beispielsfall nicht bereits bei der Entscheidung über die erste Klage auftritt und alle folgenden Verfahren ohne Berücksichtigung dieses Ergebnisses zugunsten der Beklagten ausfallen würden.[57] Der *offensive use* erscheint dementsprechend bei allen Massenklagen, denen im Kern derselbe Sachverhalt zugrunde liegt, insgesamt zweifelhaft.[58]

---

[55] *Currie*, a.a.O., 286.

[56] *Currie*, a.a.O., 286.

[57] *Currie*, a.a.O., 289.

[58] Es wäre denkbar, diese Zweifel auch auf die Anwendung des *defensive use* zu übertragen, wenn ein Kläger zahlreiche Beklagte aus demselben Grund nachein-

Ein weiterer, wesentlicher Einwand gegen die schrankenlose Zulassung des *offensive use* bestand in der Befürchtung, dass er im Gegensatz zum *defensive use* die Bemühungen um Verfahrenskonzentration frustrieren könnte, indem er Anspruchsinhabern den Anreiz gibt, sich aus Prozessen des Anspruchsgegners stets herauszuhalten und deren Ergebnisse abzuwarten.[59] Endet nämlich ein erstes Verfahren zu Lasten des Anspruchsgegners, so kann es sich der *stranger* bei seiner Rechtsverfolgung gegen den Anspruchsgegner zunutze machen, wenn auch im übrigen die allgemeinen Voraussetzungen für die Anwendung der *issue preclusion* gegeben sind. Nimmt das Verfahren dagegen einen für den *stranger* ungünstigen Ausgang, kann er seinen Streit mit dem Anspruchsgegner gleichwohl vollumfänglich neu durch ein Gericht entscheiden lassen, ohne durch die erste Entscheidung beeinträchtigt zu werden. Dieser *option effect* des ersten Urteils belohnt somit den Anspruchinhaber, der sich aus dem ersten Verfahren heraushält, und bestraft denjenigen, der sich durch *party joinder* oder *intervention* im fremden Prozess engagiert, da letzterer das Risiko trägt, durch ein ungünstiges erstes Urteil gebunden zu werden.[60] Der *offensive use* fördert auf diese Weise die so genannte *wait-and-see attitude*[61] und gefährdet die Ratio der *plaintiff class action* gemäß *FRCP* 23 (c) (3) erheblich[62]. Wenn sich ein *class member* nämlich den *issue preclusive effect* eines Urteils gegen den *class opponent* ohne eigene Beteiligung an der *class action* zunutze machen könnte, so stellt sich für ihn die Frage, weshalb er nicht sein

---

ander in Anspruch nimmt. Die Gefahr einer „Ausreißerentscheidung" wird hierbei jedoch anders als beim *offensive use* nicht als vergleichbar bedenklich angesehen. Zum einen habe es der Kläger nämlich aufgrund der Möglichkeit des *party joinder* in der Hand, in einem einzigen Verfahren alle Klagen entscheiden zu lassen und auf diese Weise isolierte Klageabweisungen in Einzelfällen zu vermeiden. Zum anderen habe er aber auch den prozessualen Vorteil, durch die Wahl des jeweiligen Beklagten und des Forums die für ihn am günstigsten erscheinenden Klagen vorab entscheiden zu lassen, womit eine Ausreißerentscheidung zugunsten eines Beklagten in einem der ersten Verfahren weitaus unwahrscheinlicher erscheint. Vgl. hierzu *Currie*, a.a.O., 311 (dort Fn. 64).

[59] *Kimmel*, a.a.O., 1034 f.

[60] *Ratliff*, a.a.O., 65 sowie 77.

[61] *Kimmel*, a.a.O., 1035.

[62] Vgl. zur *class action* nach *FRCP* 23 die Ausführungen im 4. Kapitel zu III.3.

Recht zum *opting out* ausüben, sondern in der *class* verbleiben sollte, welche durch das verfahrensabschließende Urteil nicht nur berechtigt, sondern auch gebunden wird.[63] Der *offensive use* würde auf diese Weise zu einer Vermehrung individueller Klagen sowie der Prozesskosten führen und das eigentliche Ziel der *nonmutual preclusion*, die Förderung der Verfahrensökonomie, desavouieren.

Schließlich wurde darauf hingewiesen, dass die grenzenlose Eröffnung des *offensive use* die Gefahr in sich berge, für die betroffenen Parteien des ersten Verfahrens einschneidende Rechtsfolgen auszulösen, die von ihnen im Zeitpunkt der Urteilsfällung nicht vorhergesehen werden konnten.[64] Wenn beispielsweise das erste Verfahren einen relativ geringen Forderungsbetrag zum Gegenstand hatte, war der Beklagte in seiner Verteidigung unter Umständen nachlässig und seine Bereitschaft sehr hoch, in einzelnen Punkten nachzugeben, um den Streit möglichst kostengünstig abschließen zu können. In der Regel ist es für ihn nicht vorhersehbar, dass seine Verurteilung in solchen Verfahren dazu führen kann, dass gerichtliche Feststellungen zu seinen Lasten auch für Prozesse festgeschrieben werden, in denen es um unverhältnismäßig höhere Geldsummen geht und welche eine weit umfangreichere Verteidigung rechtfertigen.[65] Lässt man den *offensive use* auch in diesen Fällen zu, so können die Rechtsfolgen eines Urteils durch die Prozessparteien nicht mehr klar abgeschätzt werden.

---

[63] *Ratliff*, a.a.O., 88 f.; *Currie*, a.a.O., 287 (dort Fn. 15).

[64] Beim *defensive use* stellt sich dieses Risiko in einem geringeren Maße, da der spätere Kläger in der Regel um seine möglichen Ansprüche gegen Dritte weiß; dagegen kann es für eine Partei höchst überraschend sein, sich später Ansprüchen von Personen ausgesetzt zu sehen, die sie im Zeitpunkt des ersten Verfahrens gar nicht kannte.

[65] *Kimmel*, a.a.O., 1053 sowie 1036 f.:

„To estop such a defendant from defending on the merits against a subsequent claimant or a group of claimants suing for a large amount may work a hardship, for the monetary consequences may well have been totally unexpected at the time of the original action. [...] why [should] the defendant [...] have to forsee and defend for such claims when not being sued for them."

Trotz dieser Befürchtungen und der teilweise harschen Kritik konnte sich die Aufgabe der *mutuality doctrine* bei nahezu allen Fallgestaltungen nach und nach in der Praxis durchsetzen. Den geäußerten Bedenken wurden durch die Gerichte im Wege der Schaffung besonderer Voraussetzungen und Ausnahmen Rechnung getragen.

2. Die weitere Rechtsentwicklung in den *federal courts*

Die bundesgerichtliche Rechtsprechung nahm von der Aufgabe der *mutuality doctrine* in Kalifornien zunächst keine Notiz. Das erste instanzgerichtliche Urteil, welches das *Bernhard*-Dictum aufgriff und sich ihm anschloss, wurde im Jahre 1950 vom *Federal Court of Appeals for the Third Circuit* im Verfahren *Bruszewski v. United States*[66] gefällt. Der Sachverhalt, welcher der Entscheidung zugrunde lag, entsprach in seinen entscheidungserheblichen Tatsachen dem *Bernhard case* insoweit, als der Rechtskrafteinwand auch in diesem Fall als Verteidigungsmittel erhoben wurde und sich gegen eine Partei richtete, die Kläger des bereits abgeschlossenen Verfahrens war. Die gerichtliche Zulassung der *nonmutual issue preclusion* betraf damit erneut die mit den geringsten Zweifeln behaftete Erscheinungsform der einseitigen Rechtskraftberechtigung, nämlich den *defensive use* eines *stranger* gegen den Kläger des ersten Prozesses. Das Gericht stützte sich bei der Begründung des Ergebnisses maßgeblich auf den Gedanken, dass einer Partei, der bereits die Möglichkeit gewährt wurde, in einem Forum ihrer Wahl eine Streitfrage entscheiden zu lassen, aus Fairnessgründen keine Gelegenheit zur weiteren streitigen Erörterung derselben Frage mehr eingeräumt werden müsse.[67] Diese Erwägung gelte unabhängig von einem Wechsel in der Person des jeweiligen Widersachers, zumal wenn – wie im gegebenen Fall – die gebundene Partei ihren neuen Prozessgegner mittels *party joinder* ohne weiteres bereits in das erste Verfahren hätte einbeziehen können.[68]

---

[66] 181 F.2d 419 (3rd Cir. 1950).

[67] *Bruszewski v. United States*, a.a.O., 421.

[68] Vgl. *Bruszewski v. United States*, a.a.O., 421 (dort Fn. 2):

Das Bundesgericht ließ sich dementsprechend wie zuvor der *California Supreme Court* von Erwägungen der Verfahrensökonomie leiten und ging über die in der Literatur geäußerten materiellen Gerechtigkeitsbedenken hinweg, ohne sich mit ihnen gesondert auseinanderzusetzen. Es sah sich dabei selbst in Übereinstimmung mit der allgemeinen Abkehr vom strikten Rechtsformalismus, an dem es kritisierte, dass er die Erzielung gerechter und erstrebenswerter Ergebnisse behindere.[69]

Noch weiter als der *Federal Court of Appeals for the Third Circuit* ging der *Federal Court of Appeals for the Second Circuit* vierzehn Jahre später mit seiner vielbeachteten Entscheidung *Zdanok v. Glidden Company,*[70] in welcher erstmals auch der *offensive use* der *nonmutual issue preclusion* gegen den Beklagten des abgeschlossenen Verfahrens durch ein Bundesobergericht explizit zugelassen wurde. Das Gericht bezog sich in seiner Begründung direkt auf *Bernhard* sowie *Bruszewski,* deren Grundüberlegung es übernahm.[71] Im Anschluss setzte es sich aber auch intensiv mit den besonderen Gefahren des *offensive use* auseinander, die in der Vergangenheit von der Literatur aufgezeigt worden waren,[72] und legte im einzelnen dar, weshalb diese grundsätzlichen Bedenken im gegebenen Fall kein abweichendes Ergebnis rechtfertigten.[73]

„While the claimant was not obliged thus to consolidate his suits, no canon of fairness requires that he be given the special advantage of twice trying the same issue where he did not elect to join them."

[69] *Bruszewski v. United States,* a.a.O., 422:

„We are in accord with this development of the law away from formalism which impedes the achievement of fair and desirable results."

[70] 327 F.2d 944 (2nd Cir. 1964).

[71] *Zdanok v. Glidden Company,* a.a.O., 954:

„Perhaps the leading federal decision is Judge Hastie's in Bruszewski v. United States [...].We see no purpose in multiplying citations since it is recognized that the widest breach in the citadel of mutuality was rammed by Justice Traynor's opinion in Bernhard v. Bank of America [...]"

[72] Vgl. *Zdanok v. Glidden Company,* a.a.O., 955 f.

[73] *Zdanok v. Glidden Company,* a.a.O., 955:

„Here Glidden's opportunity [Anm.: Glidden war die Beklagte beider Verfahren] to litigate the Zdanok case [Anm.: Zdanok case war das erste Verfahren] was both

Bei der Entscheidung wurde somit anders als bei *Bernhard* und *Bruszewski* nicht mehr die Abkehr von der *mutuality doctrine* begründet, sondern vielmehr umgekehrt dargetan, weshalb im konkreten Fall keine Ausnahme von der allgemeinen Zulässigkeit der *nonmutual issue preclusion* angebracht war.

Das *Bernhard*-Dictum hatte somit begonnen, in vollem Umfang Eingang in die bundesgerichtliche Rechtsprechung zu finden.

a) Die Anerkennung des *defensive use*

Trotz dieses Umbruchs auf der Ebene der *Federal Court of Appeals* dauerte es noch bis zum Jahre 1971, bis der *U.S. Supreme Court* in der Entscheidung *Blonder-Tongue Laboratories, Inc. v. University of Illinois Foundation*[74] erstmals zur Zulässigkeit der *nonmutual issue preclusion* Stellung nahm. Anlass des konkreten Rechtsstreits waren lizenzrechtliche Auseinandersetzungen zwischen der *University of Illinois Foundation* und einigen Industrieunternehmen, welche dazu führten, dass die Unternehmen – unter ihnen die *Blonder-Tongue Laboratories, Inc.* – von der *Foundation* nacheinander wegen Patentrechtsverletzung verklagt wurden. Nachdem

---

full and fair. New York was an entirely reasonable forum for litigation of a contract made in New York with respect to residents of New York working in a New York plant; as between state and federal courts in New York, Glidden, in the Zdanok case, had the forum of its choice. Although the plaintiffs are numerous, and could conceivably, by careful timing of their complaints, have subjected Glidden to such a series of actions as posed in Professor Currie's railroad case, such a course offers little advantage where the matter in issue is not a factual question of negligence subject to the varying appraisals of the facts by different juries, but the construction of a written contract by a judge. Needless to say, nothing in the result of Zdanok turned on personal sympathy or any other consideration relating specifically to those five plaintiffs as distinguished from the other employees. And Glidden cannot reasonably argue that it was unfairly surprised by the entry of the Alexander plaintiffs [Anm.: Kläger des zweiten Verfahrens] into the lists after judgment in Zdanok or that it would have defended more diligently if the two actions had been combined from the outset. The Zdanok litigation was prosecuted by Glidden with the utmost vigor, up to the Supreme Court of the United States. The Alexander action in the state court was known by everyone to be lurking in the wings; [...]"

[74] 402 U.S. 313 (1971).

eine dieser Klagen mit der Begründung abgewiesen worden war, dass die fraglichen Patente der *Foundation* nicht über den Standard der *prior art* hinausgingen und daher ungültig waren, stellte sich in dem Parallelverfahren gegen *Blonder-Tongue* und andere die Frage, ob die gerichtliche Feststellung der Patentunwirksamkeit auch in dem noch anhängigen Rechtsstreit zu beachten war, obwohl er sich gegen andere Beklagte richtete als der abgeschlossene Prozess. Die Bundesgerichte erster und zweiter Instanz verneinten dies unter Hinweis auf die bis dato ergangene höchstrichterliche Rechtsprechung. Der letztinstanzlich entscheidende *U.S. Supreme Court* hingegen nahm den Fall zum Anlass, von seiner bisherigen Haltung abzurücken, und verlieh den gerichtlichen Feststellungen des ersten Urteils zu Lasten der Klägerin auch im Parallelverfahren Bindungswirkung.[75]

Der oberste amerikanische Gerichtshof zitierte dabei wie schon die *Federal Courts of Appeals* zuvor das *Bernhard*-Urteil, obwohl dessen Erlass zu diesem Zeitpunkt immerhin bereits fast dreißig Jahre zurücklag, und stellte fest, dass sich inzwischen zahlreiche *federal courts* dem weitreichenden Dictum dieser Entscheidung angeschlossen hatten.[76] Ohne zu dieser Entwicklung grundsätzlich Stellung zu nehmen, bejahte der *U.S. Supreme Court* die Zulässigkeit der *nonmutual issue preclusion* auch im konkreten Fall. Zur Begründung hob er hervor, dass der Aspekt der Verfahrensökonomie im Rahmen der *patent litigation* von außerordentlicher Bedeutung sei, da jeder Prozess auf diesem Gebiet in der Regel extrem hohe Prozesskosten auslöse.[77] Eine mehrfache Inanspruchnahme der Gerichte hinsichtlich derselben Streitragen begründe somit gerade in diesen Fällen das Risiko, dass wesentliche wirtschaftliche Ressourcen der Justiz, aber auch der Parteien fehlgeleitet werden.[78] Insbesondere für letztere könne dies zur Folge haben, dass ihnen notwendige Mittel zur

---

[75] *Blonder-Tongue Laboratories, Inc. v. University of Illinois Foundation*, a.a.O., 350.

[76] *Blonder-Tongue Laboratories, Inc. v. University of Illinois Foundation*, a.a.O., 323, 325.

[77] *Blonder-Tongue Laboratories, Inc. v. University of Illinois Foundation*, a.a.O., 334.

[78] Der *U.S. Supreme Court* spricht insofern von einer *misallocation of resources*; vgl. *Blonder-Tongue Laboratories, Inc. v. University of Illinois Foundation*, a.a.O., 329.

Forschung und Weiterentwicklung von Produkten fehlten oder gar ihr Eintritt in neue Marktsegmente aufgrund zu geringer Finanzkraft von vornherein verhindert werde.[79]

Die Anerkennung der *nonmutual issue preclusion* wurde damit auf eine rein wirtschaftliche Argumentation gestützt, die sich jedoch explizit auf die Zulassung des *defensive use* beschränkte.[80] Zum *offensive use* findet sich in der Entscheidung mangels Entscheidungserheblichkeit dagegen keine Stellungnahme. Die Zulassung des *defensive use* erfolgte darüber hinaus auch nicht grenzenlos, da der *U.S. Supreme Court* das Risiko der übermäßigen einseitigen Benachteiligung des Klägers im Einzelfall erkannte und einer möglichen Verletzung der *due process clause* von vornherein begegnen wollte. Aus dem Verfassungsgebot leitete der Gerichtshof daher eine Schrankenregelung ab, nach der die Anwendung der *nonmutual issue preclusion* ausgeschlossen ist, wenn die Partei, gegen die sich der Einwand richtet, im ersten Verfahren keine Gelegenheit hatte, die Streitfrage, auf die sich der Rechtskrafteinwand bezieht, hinreichend zu erörtern und ihren Vortrag entsprechend der Bedeutung der späteren Verfahren bewerten zu lassen (*full and fair opportunity to litigate*).[81] Für die Beantwortung der Frage, wann die *opportunity to litigate* im Einzelfall als *full and fair* zu bewerten ist, entwickelte der *Supreme Court* jedoch keine klaren Abgrenzungsregeln, sondern stellte die jeweilige Entscheidung in das billige Ermessen des mit dem Rechtskrafteinwand befassten Gerichts.[82] Er schuf damit nach Überwindung der *mutuality rule* einen

[79] *Blonder-Tongue Laboratories, Inc. v. University of Illinois Foundation,* a.a.O., 338, 347.

[80] *Blonder-Tongue Laboratories, Inc. v. University of Illinois Foundation,* a.a.O., 350:

„Thus, we conclude that Triplett [Anm.: Triplett war die Entscheidung, welche die *doctrine of mutuality* auf dem Gebiet der *patent litigation* für verbindlich erklärte] should be overruled to the extent it forecloses a plea of estoppel by one facing a charge of infringement of a patent that once has been declared invalid."

[81] *Blonder-Tongue Laboratories, Inc. v. University of Illinois Foundation,* a.a.O., 329:

„[...], the requirement of determining whether the party against whom the estoppel is asserted had a full and fair opportunity to litigate is the most significant safeguard."

[82] *Blonder-Tongue Laboratories, Inc. v. University of Illinois Foundation,* a.a.O., 333 f.:

neuen Ausnahmetatbestand, der die unerwünschten Auswüchse des *defensive use* eindämmen sollte, zur Erreichung dieses Ziels aber auf klare Konturen verzichtete und die Rechtsklarheit auf dem Gebiet der Rechtskraft weiter beeinträchtigte. Dennoch setzte sich die *full-and-fair-opportunity-reservation* in der weiteren Rechtsprechung durch und wird von den *federal courts* nach der vollständigen Überwindung der *mutuality doctrine* als eigenständige Voraussetzung der *issue preclusion* bis heute fortgeführt.[83]

b) Ausdehnung auf den *offensive use*

Mit dem *offensive use* der *nonmutual issue preclusion* befasste sich der *U.S. Supreme Court* erst acht Jahre nach *Blonder-Tongue* in der Entscheidung *Parklane Hosiery Company, Inc. v. Shore,*[84] der ein Rechtsstreit zwischen einer börsennotierten Kapitalgesellschaft und einigen ihrer Anteilseigner anlässlich einer Unternehmensübernahme zugrunde lag. Die im Wege einer *class action* klagenden Aktionäre warfen der *Parklane Hosiery Company* dabei vor, dass die Beklagte ihnen vor der Abstimmung über eine Fusion ein falsches und irreführendes *proxy statement*[85] zur Verfügung gestellt habe, um auf diese Weise die Zustimmung der Kläger zu erreichen, die in Kenntnis der wahren Umstände nicht erteilt worden wäre. Bevor die *class action* zur Verhandlung kam, erhob die amerikanische Börsenaufsicht, die *Securities and Exchange Commission (SEC)*, eben-

„But as so often in the case, no one set of facts, no one collection of words or phrases, will provide an automatic formula for proper rulings on estoppel pleas. In the end, decision will necessarily rest on the trial courts' sense of justice and equity."

83 Vgl. statt aller *Hardy v. Johns-Manville Sales Corporation*, 681 F.2d 334, 338 (5th Cir. 1982) sowie *Shell Petroleum, Inc., v. United States*, 50 Fed.Cl. 524, 527 (Fed.Cl.Ct. 2001) m.w.N.

84 439 U.S. 322 (1979).

85 Bei einem *proxy statement* handelt es sich um die Zusammenstellung von bestimmten Informationen, die den Anteilseignern einer Kapitalgesellschaft von Gesetzes wegen zu übermitteln sind, bevor sie ihre Stimmrechtsvollmacht zur Versammlung der stimmberechtigten Vertreter erteilen; vgl. *Buckley/Gillen/Yalden*, Corporations, S. 462 ff.

falls Klage gegen *Parklane* und beantragte die gerichtliche Feststellung, dass das *proxy statement* gegen verschiedene Kapitalmarktgesetze verstieß. Das Gericht gab diesem Antrag nach viertägiger Verhandlung umfassend statt. Nachdem dieses Urteil in zweiter Instanz bestätigt wurde, beriefen sich die Kläger der *class action* auf dessen Feststellungen im Wege der *issue preclusion* und vertraten die Ansicht, dass *Parklane* nach der Verurteilung die Unrichtigkeit der Aktionärsinformation nicht mehr wirksam bestreiten könne.

Der Fall warf damit zwei höchst problematische Fragen auf, nämlich ob *nonmutual issue preclusion* zu Lasten des Beklagten des ersten Verfahrens möglich ist und ob sie dabei sogar als Angriffsmittel eingesetzt werden kann. Der *U.S. Supreme Court* bejahte beide Fragen, indem er sich gegen ein generelles Verdikt der *nonmutual issue preclusion* zu Lasten des Beklagten des ersten Prozesses sowie des *offensive use* im allgemeinen und zugunsten der *issue preclusion* im konkreten Fall aussprach.[86] Jedoch war dieser letzte Schritt zur völligen Aufgabe der *mutuality rule* nicht frei von Einschränkungen. Aufgrund der zahlreichen Risiken, auf welche die Literatur zuvor detailliert hingewiesen hatte, schlug der *Supreme Court* im Dictum der Entscheidung vor, von der unbeschränkten Zulassung des *offensive use* in zwei Situationen eine Ausnahme zu machen.[87]

Zum einen sei der *offensive use* denjenigen Klägern zu versagen, die sich ohne weiteres im Wege des *party joinder* oder der *intervention* unmittelbar am ersten Verfahren hätten selbst beteiligen können (Fälle des *easy joinder*). Das Gericht wollte durch den Ausschluss dieser Personen der *wait-and-see attitude* Verfahrensunbeteiligter entgegenwirken und somit das Risiko beschränken, dass die der *nonmutual issue preclusion* zugrunde

---

[86] *Parklane Hosiery Company, Inc. v. Shore,* a.a.O., 331.

[87] *Parklane Hosiery Company, Inc. v. Shore,* a.a.O.:

„The general rule should be that in cases where a plaintiff could easily have joined in the earlier action or where, either for reasons discussed above or for other reasons, the application of offensive estoppel would be unfair to a defendant, a trial judge should not allow the use of offensive collateral estoppel."

liegenden Bestrebungen nach Verfahrensökonomie durch die Begünstigung separater Klagen frustriert werden.

Zum anderen sei der *offensive use* dann zu verwehren, wenn er für den Beklagten eine unbillige Härte darstellt. Dies sei insbesondere in den folgenden drei Fallgruppen anzunehmen.

Zunächst sei eine unbillige Härte in der Regel dann gegeben, wenn der Streitwert des ersten Verfahrens im Verhältnis zum zweiten Prozess sehr gering war und die spätere Klage des Verfahrensunbeteiligten möglicherweise nicht erwartet werden konnte.[88] Das Gericht begrenzte mit dieser Ausnahme das von der Literatur kritisierte Risiko der mangelnden Vorhersehbarkeit.

Des weiteren erachtete der *Supreme Court* den *offensive use* als untragbar, wenn er sich auf eine gerichtliche Entscheidung stützt, die in inhaltlichem Widerspruch zu einem oder mehreren Urteilen zugunsten des Beklagten steht.[89] Diese Ausnahme sollte, wenngleich nur bruchstückhaft,[90] den Risiken der *multiple claimant anomaly* begegnen.

Schließlich sei der *offensive use* aus Billigkeitsgründen abzulehnen, wenn er in einem Verfahren geltend gemacht wird, das dem Beklagten prozessuale Möglichkeiten eröffnet, die ihm im ersten Verfahren nicht zur

---

[88] *Parklane Hosiery Company, Inc. v. Shore,* a.a.O., 330:

„If a defendant in the first action is sued for small or nominal damages, he may have little incentive to defend vigourosly, particularly if future suits are not foreseeable."

[89] *Parklane Hosiery Company, Inc. v. Shore,* a.a.O.

[90] Die Gefahren des *multiple claimant phenomenon* sind trotz dieser Ausnahme nämlich in den Fällen nicht gebannt, in denen die „Ausreißerentscheidung" am Anfang der Urteilskette steht und bereits vom zweiten Kläger im Wege der *issue preclusion* für seinen Prozess bemüht wird. Zwar fällt in diesen Fällen die Abweichung im ersten Fall nicht auf, da alle weiteren Fälle in der Regel aufgrund der *nonmutual issue preclusion* unter Beachtung des Ergebnisses der ersten Entscheidung entschieden werden. Das Risiko, dass gerade das erste Urteil falsch ist und eine Kette von Fehlentscheidungen auslöst, wird dadurch jedoch nicht gemildert, sondern lediglich verdeckt.

Verfügung standen und dort möglicherweise zu einem anderen Ergebnis geführt hätten.[91] Diese Ausnahme war dazu bestimmt, die Manifestation von Nachteilen zu mildern, die der Beklagten im ersten Prozess erlitten hatte und dort möglicherweise zu seiner Verurteilung führten. Das fehlende Recht auf einen *jury trial* sah der *Supreme Court* jedoch als keinen solchen Nachteil an, da die Person des *factfinder* nach der Ansicht der Richtermehrheit als grundsätzlich ergebnisneutral zu bewerten sei.[92]

Die Entscheidung des *Supreme Court* überzeugt insofern, als sie sich mit den besonderen Risiken des *offensive use* sowie der *nonmutual issue preclusion* zu Lasten des Beklagten des ersten Verfahrens umfassend auseinandersetzt und diese zu begrenzen versucht, indem es den *federal courts* Kriterien an die Hand gibt, anhand derer die Angemessenheit der *nonmutual preclusion* im jeweiligen Einzelfall überprüft werden kann. In diesem anerkennenswerten Bestreben kreiert das Gericht jedoch mitunter bedenklich vage Ausnahmetatbestände, die es den Parteien eines Prozesses erschweren, den Umfang ihrer Bindung gegenüber Dritten in eventuellen Folgeverfahren vorherzusehen und ihre Prozessführung danach einzurichten.[93]

Während die *multiple-claimant*-Ausnahme noch relativ einfach zu handhaben ist, stellen sich bereits bei der Beantwortung der Frage, welche besonderen Möglichkeiten des zweiten Prozesses die Neubewertung eines *issue* rechtfertigen[94] oder ab welcher Streitwertdifferenz zwischen

---

[91] *Parklane Hosiery Company, Inc. v. Shore*, a.a.O., 330 f.:

„Still a situation where it might be unfair to apply offensive estoppel is where the second action affords the defendant procedural opportunities unavailable in the first action that could readily cause a different result."

[92] *Parklane Hosiery Company, Inc. v. Shore*, a.a.O., 332 (dort Fn. 19); anders dagegen *Judge Rhenquist* in seiner fast polemisch formulierten *dissenting opinion* ab S. 338 ff.

[93] Ähnlich *James/Hazard/Leubsdorf*, § 11.25:

„Many lawyers understandably find this uncomfortable because it makes issue preclusion somewhat less predictable."

[94] Vgl. hierzu allein die Meinungsverschiedenheiten zwischen den Bundesrichtern hinsichtlich der Bedeutung des *jury-trial* in den Voten der *Parklane*-Entscheidung.

erstem und zweitem Verfahren die erneute Erörterung einer Streitfrage angebracht erscheint,[95] erhebliche Auslegungsprobleme, die von den verschiedenen Gerichten unterschiedlich gelöst werden. Vor allem aber bei der erstgenannten Ausnahme – *easy joinder* – bestehen darüber, in welchen Fällen ein *joinder* als *easy* zu bewerten ist, Meinungsverschiedenheiten, die in der Regel durch Zumutbarkeitsaspekte geprägt werden, hinter denen die rein faktische Möglichkeit der Verfahrensbeteiligung während des ersten Verfahrens in den Hintergrund tritt.[96] So entschied beispielsweise der *Federal Court of Appeals for the Ninth Circuit* unter Berufung auf *Parklane* noch im Jahre 1979, dass rein prozesstaktische Erwägungen des Klägers sein Fernbleiben vom ersten Verfahren rechtfertigen können, solange diese nicht allein Ausdruck einer *wait-and-see attitude* sind.[97] Der *Federal Court of Appeals for the Eleventh Circuit* pos-

---

[95] Vgl. hierzu einerseits *Berner v. British Commonwealth Pacific Airlines, Ltd.*, 346 F.2d 532, 540 f. (2nd Cir. 1965) (Verneinung des *offensive use* bei Urteil über 35.000 USD und späterer Klage auf Zahlung von Schadensersatz in Höhe von ca. 7 Mio. USD) sowie *Hardy v. Johns-Manville Sales Corporation*, 681 F.2d 334, 338 (5th Cir. 1982) (Verneinung des *offensive use* bei Urteil über 68.000 USD und anschließenden Schadensersatzklagen wegen Asbestschädigung in Höhe von mehreren Millionen USD) und andererseits *Starker v. United States*, 602 F.2d 1341, 1343, 1349 (9th Cir. 1979) (Zulässigkeit des *offensive use* bei erstem Urteil über ca. 37.000 USD und zweiter Klage auf Steuerrückerstattung in Höhe von 300.000 USD) sowie *Koch v. Consolidated Edison Company of New York, Inc.*, 62 N.Y.2d 548, 557 (N.Y. 1984) (Zulässigkeit des *offensive use* bei erstem Urteil über ca. 40.000 USD und anschließenden Klagen auf Zahlung von insgesamt etwa 200 Mio. USD (!) wegen Schäden des flächendeckenden Stromausfalls in New York im Jahre 1977).

[96] So auch *Friedenthal/Kane/Miller*, § 14.14.

[97] Siehe *Starker v. United States*, a.a.O., 1349 f.:

„ The [Supreme] Court's "general rule", that a plaintiff who could "easily have joined" a first suit cannot assert collateral estoppel in a second, raises more troublesome questions. It is unclear from Parklane Hosiery what type of "ease" is relevant. In the present case, Fed.R.Civ.Proc. 20 may have technically authorized T. J. Starker's joinder in his son and daughter-in-law's refund suit. The father's suit differs from that of his son in so many respects, however, that there are numerous possible explanations why T. J. Starker or for that matter, Bruce and Elizabeth Starker might have wanted the lawsuits tried separately. We decline to speculate on motivation. This is not a case in which a litigant adopted a "wait-and-see" attitude for the obvious purpose of eluding the binding force of an initial resolution of a simple issue. Thus, we exercise our discretion in favor of T. J. Starker and hold that the government can be estopped as against him because of the final resolution of Bruce and Elizabeth Starker's suit."

tulierte drei Jahre später, dass es einer besonderen Erforschung der Motivation des Klägers bedürfe, weshalb er dem ersten Verfahren fernblieb, und der *offensive use* nicht mit dem bloßen Verweis auf die faktische Möglichkeit des Verfahrensbeitritts abgelehnt werden dürfe.[98] Die Unschärfe der *joinder*-Ausnahme wird bereits an diesen beiden Stellungnahmen deutlich.

Die Entscheidung über die subjektive Berechtigung wird auf diese Weise in zahlreichen Fällen den Billigkeitserwägungen des Richters des späteren Prozesses überlassen, was dazu führt, dass die Zulassung des *offensive use* zwar die erneute Erörterung bereits entschiedener Streitfragen verhindert, jedoch in einigen Fällen an deren Stelle langwierige Auseinandersetzungen darüber auslöst, ob es dem sich auf die Rechtskraft einer Entscheidung berufenden Kläger zuzumuten war, sich bereits an dem vorangegangenen Prozess zu beteiligen, oder ob die Bindung des Beklagten an die Ergebnisse des Vorprozesses im jeweiligen Einzelfall nicht als ungerecht anzusehen ist.[99] Die Rechtskraftlehre verliert auf diese Weise an Kontur und gefährdet eines ihrer wesentlichen Ziele, nämlich die Förderung der Rechtsklarheit.

Trotz dieser Probleme hat sich die umfassende Aufgabe der *mutuality doctrine* zugunsten der *nonmutual issue preclusion* in der Rechtsprechung der *federal courts* durchgesetzt.[100] Diese Entwicklung ist angesichts der

---

[98] Siehe *Collins v. Seaboard Coastline R.R. Co.*, 681 F.2d 1333, 1336 (11th Cir. 1982):

„[...] we doubt the concerns exposed in Parklane can be met without a determination of the ease with which the plaintiff could have joined her husband's lawsuit and whether the 'fairness to the defendant' aspects of the discretionary exercise can ignore whether plaintiff was in effect playing a 'wait and see' game with the judicial process. [...] It appears to us, however, that Parklane's concept of fairness necessarily includes the motivation of the plaintiff if she could have easily joined in the earlier action."

[99] Vgl. *Casad/Clermont*, Res judicata, S. 178 f.

[100] Siehe statt aller *In the matter of Cook*, 49 F.3d 263, 266 (7th Cir. 1995); *Starker v. United States*, a.a.O., 1349; *Hardy v. Johns-Manville Sales Corporation*, a.a.O., 338 („[...] Parklane made the doctrine of mutuality effectively a dead letter under federal law, [...]).

stetig ansteigenden Prozessflut in den Vereinigten Staaten und der damit verbundenen Überlastung der *federal courts*[101] zwar verständlich, in den Folgen für die Prozessparteien aber auch überaus bedenklich. Deutliche Unbilligkeiten vermag die Rechtsprechung durch ihre generalklauselartigen Ausnahmetatbestände zu verhindern. Jedoch wären diese entbehrlich oder würden zumindest weniger Anlass zu Auseinandersetzungen bieten, wenn die Abkehr von der *mutuality rule* durch die *federal courts* nicht derart umfassend stattgefunden hätte.

c) Die *government litigation exception*

Dass die flexiblen Ausnahmen, die sich an den Besonderheiten des Einzelfalls orientieren und der Verallgemeinerung verschließen, nicht auf allen Rechtsgebieten zu überzeugenden Ergebnissen führen, erkannte der *U.S. Supreme Court* bereits fünf Jahre nach *Parklane* in seiner Entscheidung *United States v. Mendoza,*[102] in der er die Anwendung der *nonmutual issue preclusion* zu Lasten von Bundesbehörden insgesamt ausschloss. Zwar betraf der zu entscheidende Fall nur den *offensive use* der einseitigen Rechtskraftbegünstigung, jedoch ließ der Gerichtshof in seiner Urteilsbegründung keinen Zweifel daran, dass er auch den *defensive use* zu Lasten des *federal government* ablehnte.[103]

Justice Rehnquist rechtfertigte diese weite Ausnahme im Namen der obersten Bundesrichter damit, dass sich das *federal government* bei einem

[101] Siehe hierzu *Ratliff*, 67 Tex.L.Rev. 63, 65 f. (1988), der die Überlastung insbesondere auf die *mass tort cases* zurückführt.

[102] 464 U.S. 154 (1984).

[103] Vgl. *United States v. Mendoza*, a.a.O., 162 f.;

zum einen: „We hold, therefore, that nonmutual offensive collateral estoppel simply does not apply against the government in such a way as to preclude relitigation of issues such as those involved in this case.";

zum anderen: „The doctrine of res judicata, of course, prevents the government from relitigating the same cause of action against the parties to the prior decision, but beyond that point principles of collateral estoppel [Anm.: nicht nur des *offensive use*!] give way to the policies just stated."

Rechtsstreit in einer grundsätzlich anderen Position befinde als eine private Prozesspartei.

Zunächst sei die öffentliche Hand bundesweit an weitaus mehr Rechtsstreitigkeiten beteiligt als jedes private Rechtssubjekt.[104] Die Gefahr, dass identische Streitfragen, die in einem Verfahren zu Lasten des öffentlichen Hoheitsträgers entschieden wurde, in gänzlich anderem Zusammenhang mit verschiedenen Beteiligten erneut auftauchen, sei daher außerordentlich hoch. Die Anerkennung der *nonmutual issue preclusion* belaste somit Bundesbehörden ungleich stärker als private Prozessparteien.

Des weiteren sei zu beachten, dass im Rahmen von Prozessen durch oder gegen öffentliche Hoheitsträger häufig Rechtsfragen eine Rolle spielten, die von erheblicher Bedeutung für die gesamte Gesellschaft sind.[105] Würde man die erste gerichtliche Lösung dieser Fragen zu Lasten der öffentlichen Hand im Verhältnis zu allen Bürger gelten lassen, so könnte die Weiterentwicklung des Rechts in diesem Bereich nachhaltig unterbunden werden. Im Extremfall wäre sogar der *U.S. Supreme Court* bei der Beurteilung von verfassungsrechtlichen Problemen, die sich im Zusammenhang mit der *governmental litigation* regelmäßig stellen, an erstinstanzliche Urteile eines *District Court,* die vom öffentlichen Rechtsträger nicht rechtzeitig mit Rechtsmitteln angefochten wurden, gebunden, da im Rahmen der *issue preclusion* anders als bei der Bindung an Präzedenzfälle die Möglichkeit der *reconsideration* oder des *overruling* nicht besteht.[106] Der oberste Gerichtshof wäre in der Folge gezwungen, seine bisherige Praxis aufzugeben, bei besonders brisanten Rechtsfragen zunächst die Stellungnahmen der verschiedenen *Courts of Appeals* abzuwarten und erst danach eine Revision zuzulassen, um die Problematik endgültig und umfassend einer einheitlichen Lösung zuzuführen.[107] Für

---

[104] *United States v. Mendoza,* a.a.O., 159.

[105] *United States v. Mendoza,* a.a.O., 160.

[106] Vgl. *Yeazell,* Civil Procedure, S. 853.

[107] *United States v. Mendoza,* a.a.O.:

eine ausgewogene Fortentwicklung des Rechts wäre dies überaus nachteilig.

Schließlich wies der Gerichtshof darauf hin, dass sich das Prozessverhalten der bundesstaatlichen Verfahrensbeteiligten bereits vom Grundsatz her von demjenigen einer Privatperson unterscheide. Zum einen nehme nämlich der öffentliche Rechtsträger bei der Entscheidung, ob Rechtsmittel eingelegt werden sollen oder nicht, auf die Finanzsituation der öffentlichen Hand sowie die Belastung der Gerichte Rücksicht. Würde man *nonmutual issue preclusion* zu Lasten des *federal government* zulassen, wäre diese begrüßenswerte Abwägung nicht mehr möglich, da gegen jede ungünstige Entscheidung Rechtsmittel eingelegt werden müssten, um sich der obergerichtlichen Überprüfung einer Streitfrage nicht für alle Zeiten zu begeben.[108] Zum anderen sei zu beachten, dass das Prozessverhalten öffentlicher Prozessparteien von politischen Erwägungen geleitet werden, die sich im Wechsel der *public administrations* vor allem nach Wahlen ändern können.[109] Würde man das Ergebnis des Vorgehens der bisherigen Entscheidungsträger gegenüber allen Bürgern für verbindlich erklären, so könnte dies die Möglichkeiten der neugewählten Exekutive zum politischen Richtungswechsel empfindlich schmälern, was unter den Prinzipien der Demokratie und der Gewaltenteilung als kritisch zu bewerten wäre.

Aus den dargestellten Erwägungen folgerte das Gericht, dass *nonmutual issue preclusion* zu Lasten des *federal government* insgesamt ausscheide. Die Hinzufügung einer weiteren, flexiblen Ausnahme von dem Grundsatz der *nonmutual isue preclusion* kam nach Ansicht der obersten

„Allowing only one final adjudication would deprive this court of the benefit it receives from permitting several courts of appeals to explore a difficult question before this court grants certiorari. [...] Indeed, if nonmutual estoppel were routinely applied against the government, this court would have to revise its practice of waiting for a conflict to develop before granting the government's petitions for certiorari."

[108] *United States v. Mendoza*, a.a.O., 161.

[109] *United States v. Mendoza*, a.a.O., 161.

Bundesrichter dagegen angesichts der Bedeutung der öffentlichen Belange nicht in Frage, da es dem *federal government* nicht zuzumuten sei, hinsichtlich des Umfangs seiner Bindung gegenüber allen Bürgern von der subjektiven Entscheidung eines später angerufenen Gerichts abhängig zu sein.[110]

Insbesondere in diesem letzten Punkt vermag die Entscheidung jedoch nicht überzeugen. Weshalb Rechtsklarheit für die öffentliche Partei wichtiger sein sollte als für die private, wird weder vom *Supreme Court* beantwortet noch ist eine Rechtfertigung der Differenzierung im übrigen ersichtlich. Die bei *Parklane* noch gepriesene Flexibilität der späteren, am Einzelfall orientierten Bewertung der *nonmutual issue preclusion* durch den mit einem Folgeverfahren betrauten Richter wird vielmehr ohne nähere Begründung im Verhältnis zum Staat als untragbare subjektive Komponente kritisiert, die eine ausgewogene Entscheidung der öffentlichen Prozesspartei über die Einlegung eines Rechtsmittels verhindere. Das vom obersten Gerichtshof erkannte Risiko der mangelnden Vorhersehbarkeit des Bindungsumfangs ist zwar in der Tat ein beachtliches; jedoch trifft dieses nicht allein auf die öffentliche, sondern auch auf die private Prozesspartei zu.

Aber auch die anderen Argumente, welche vom *U.S. Supreme Court* für die Begründung der weitreichenden Ausnahme zugunsten des *federal government* ins Feld geführt wurden, stießen in der Literatur auf erhebliche Zweifel. Auf der einen Seite wurde kritisiert, dass ein Großteil der gerichtlichen Erwägungen auch auf private Prozessparteien zuträfen, denen das Ausnahmeprivileg nicht zuteil werde. Großunternehmen wie *Microsoft* oder *General Motors* seien ebenfalls an einer Vielzahl von gerichtlichen Verfahren beteiligt, die sich über das gesamte Gebiet der Vereinigten Staaten verteilen und bei denen sich häufig Rechtsprobleme stellen, welche wie z.B. Fragen der arbeitsrechtlichen Gleichbehandlung oder der kaufrechtlichen Gewährleistung gesamtgesellschaftliche

---

[110] *United States v. Mendoza*, a.a.O., 162.

Bedeutung erlangen können.[111] Auch diese Parteien müssten bei der Entscheidung über Rechtsmittel einzelfallbezogene Erwägungen zurückstellen und Rechtsmittel allein deshalb einlegen, um nicht in eventuellen Folgeverfahren gegen andere Prozessgegner an die ungünstigen gerichtlichen Feststellungen eines Verfahrens gebunden zu sein.[112] Auf der anderen Seite streite der Staat insbesondere im Fiskalbereich häufig über Rechts- sowie Sachfragen, denen keine besondere gesellschaftliche Dimension beizumessen sei. Weshalb die öffentliche Hand auch bei vertrags- oder deliktsrechtlichen Streitigkeiten in ihrer Rechtskraftbindung gegenüber Privaten privilegiert werden sollte, vermögen die vom Gericht angeführten Bedenken nicht mehr zu erklären.[113] Eine Bindung der Behörden in diesem Bereich würde weder das Demokratieprinzip noch den Grundsatz der Gewaltenteilung in Frage stellen, sondern die mit der *nonmutual issue preclusion* verfolgte Verfahrensökonomie fördern.

Die *Mendoza*-Ausnahme erscheint somit auf der einen Seite als zu eng, als sie Private ausnimmt, die sich in gerichtlichen Verfahren in einer ähnlichen Situation wie eine staatliche Behörde befinden, und auf der anderen Seite aber auch als zu weit, als sie das *federal government* auch in *issues* bevorzugt, die für die Gemeinschaft von geringem Interesse sind und keine breit angelegte Erörterung im gesamten Bundesgebiet bis hin zum *Supreme Court* rechtfertigen.[114]

Darüber hinaus ist zweifelhaft, ob die Befreiung des *federal government* von den Bindungswirkungen der *nonmutual issue preclusion* überhaupt erforderlich gewesen wäre. Das Hauptargument der obersten Bundesrichter für deren Schaffung war die Ermöglichung der ungehinderten Weiterentwicklung des Rechts. Dieses Ziel hätte aber auch ohne eine exorbitante Privilegierung der Bundesbehörden erreicht werden können,

---

[111] Vgl. *Yeazell,* Civil Procedure, S. 853.

[112] *Note,* 109 Harv.L.Rev. 792, 795 (1996).

[113] Vgl. *Note,* a.a.O., 794; *Casad/Clermont,* Res judicata, S. 181.

[114] So insbesondere auch *Casad/Clermont,* Res judicata, S. 181.

wenn die anerkannten Voraussetzungen der *issue preclusion* stringent angewandt werden würden. Wie bereits zuvor ausführlich dargelegt,[115] entspricht es nämlich zwischenzeitlich überwiegender Meinung, dass die gerichtliche Beantwortung reiner Rechtsfragen den Wirkungen der *issue preclusion* nicht unterliegt, wenn der Streitgegenstand eines späteren Verfahrens mit dem des vorherigen Verfahrens in keinerlei Verbindung steht oder eine neue Ermittlung der einschlägigen Rechtssätze erforderlich erscheint, um einem zwischenzeitlichen Wandel des materiellen Rechts Rechnung zu tragen bzw. eine unbillige Rechtsanwendung zu vermeiden. Bereits durch diese allgemeine Einschränkung ließe sich die beargwöhnte Erstarrung des Rechts in zentralen Fragen, welche die gesamte Gemeinschaft betreffen und deren Entwicklung noch im Flusse ist, vermeiden.[116] Die übrigen Befürchtungen, welche die obersten Bundesrichter äußerten, sind dagegen lediglich ein Spiegel der allgemeinen Gefahren der *nonmutual issue preclusion,* die grundsätzlich alle Prozessparteien betreffen und daher keine gesonderte Ausnahme rechtfertigen, sondern die allgemeine Aufgabe der *mutuality rule* selbst in Frage stellen.

Dennoch hat sich die *Mendoza*-Rechtsprechung in der Folge durchgesetzt.[117] Sie wurde jedoch nicht auf den Bereich der *mutual issue preclusion* übertragen und stellt somit keine allgemeine Einschränkung der Rechtskraftlehre, sondern lediglich eine Ausnahme von der einseitigen Rechtskraftberechtigung zugunsten Dritter dar.[118]

---

[115] Vgl. hierzu oben im 2. Kapitel die Ausführungen zu III.2.

[116] Ähnlich der *Alaska Supreme Court* bei der Frage der Übertragung der *Mendoza-exception* auf die *state governments* in der Entscheidung *State of Alaska v. United Cook Inlet Drift Association,* 895 P.2d 947, 952 f. (Alaska 1995).

[117] *Friedenthal/Kane/Miller,* § 14.12; *Casad/Clermont,* Res judicata, S. 180; *Yeazell,* Civil Procedure, 853; als Beispiel aus der jüngeren Rechtsprechung vgl. *United States v. AMC Entertainment, Inc.,* 232 F.Supp.2d 1092, 1117 (C.D.Cal. 2002).

[118] So der *U.S. Supreme Court* ausdrücklich in *United States v. Stauffer Chemical Co.,* 464 U.S. 165, 173 (1984); *United States v. Mendoza,* a.a.O., 163 (im Dictum).

Nach wie vor umstritten ist dagegen die Frage, ob *Mendoza* auch auf *state governments* zu übertragen ist.[119] Die Befürworter stellen dabei im wesentlichen darauf ab, dass die Argumente der *Mendoza*-Entscheidung größtenteils auch auf die *state governmental litigation* zuträfen[120] und die Nichtübertragung der Ausnahme dazu führen könnte, dass ein erstentscheidender *federal court* ein *state goverment* in einer Streitfrage gegenüber der Allgemeinheit binden könnte, bevor überhaupt nur ein *state court* des betroffenen Staates das Problem aufgreifen und entscheiden konnte. Ein solches Vorgehen würde föderale Grundsätze in Frage stellen und den Respekt gegenüber den *state courts*, der bereits in einigen Rechtsgebieten, wie beispielsweise dem strafrechtlichen *habeas corpus regime,* gering ist, weiter schmälern.[121] Die Gegner wenden demgegenüber ein, dass sich einzelstaatliche Behörden nicht in der gleichen Position befänden wie das *federal government,* da sie in einem weitaus höheren Maße in Fiskalstreitigkeiten verwickelt seien, sich ihre Verfahrensbeteiligung in der Regel auf das überschaubare Gebiet des Einzelstaates begrenze und zur Entwicklung einer Rechtsfrage in der Regel nicht zahlreiche *Federal Courts of Appeals,* sondern lediglich eine geringe Anzahl von einzelstaatlichen Berufungsgerichten[122] zur Verfügung stehe.[123] Zudem sei *nonmutual issue preclusion* auch ein effektives Mittel, um die Achtung der einzelstaatlichen Exekutive vor gerichtlichen Entscheidungen zu fördern.[124] Eine Stellungnahme des *U.S. Supreme Court* zu diesem Streit

---

[119] Dafür: *Hercules Carriers, Inc. v. State of Florida,* 768 F.2d 1558, 1579 (11th Cir. 1985); (eingeschränkt:) *Note,* 109 Harv.L.Rev. 792, 808 f. (1996) (Verfasser plädiert zugunsten einer am Einzelfall orientierten Ausnahmeregelung).

Dagegen: *Benjamin v. Coughlin,* 905 F.2d 571, 576 (2nd Cir. 1990) (verneint Ausnahme, da das fragliche *issue* vor den *state courts* durch mehrere Instanzen hindurch bereits mehrfach ausführlich erörtert wurde und das *state government* mit seinem Vortrag dabei stets erfolglos blieb); *State of Alaska v. United Cook Inlet Drift Association,* a.a.O., 951.

[120] So insbesondere *Hercules Carriers, Inc. v. State of Florida,* a.a.O.

[121] Vgl. *Note,* 109 Harv.L.Rev. 792, 800 f. (1996).

[122] In einigen Staaten existiert nur eine staatenweit zuständige Berufungsinstanz oder sogar gar keine; vgl. *Note,* a.a.O., 805.

[123] Vgl. Hierzu statt aller die sehr anschauliche Begründung des *Alaska Supreme Court* in *State of Alaska v. United Cook Inlet Drift Association,* a.a.O., 951 f.

steht noch aus, wobei jedoch darauf hinzuweisen ist, dass eine solche aus föderalen Gründen ohnehin nur für die *res judicata*-Wirkungen eines *federal court judgment* maßgeblich wäre und die Differenzen auf einzelstaatlicher Ebene somit nicht auflösen würde.[125]

d) Die *class action exception*

Ebenfalls noch nicht höchstrichterlich entschieden ist die Frage, ob eine weitere kategorische Ausnahme von der Zulassung der *nonmutual issue preclusion* in den Fällen zu machen ist, in denen sich ehemalige *class members,* welche ihre Beteiligung an einer *class action* im Wege des *opting out* beendet haben, auf die für sie günstigen gerichtlichen Feststellungen des *class action judgment* berufen, das nach ihrem Verfahrensaustritts ergangen ist.

Wie bereits an anderer Stelle erörtert[126] entfaltet ein Urteil, das über eine *class action* im Sinne von *FRCP* 23 (b) (3) entscheidet, keine Bindungswirkung zu Lasten derjenigen *class members,* die ihr Recht zum *opting out* form- und fristgerecht ausgeübt haben. Diese Personen können ihre Rechte daher, obwohl sie nach Maßgabe der gerichtlichen *class certification* die Eigenschaften eines typischen *class member* aufweisen, unabhängig vom eventuell ungünstigen Ausgang der *class action* durch gesonderte Individualklagen weiterverfolgen.[127]

Nach Überwindung der *mutuality doctrine* führt diese fehlende Erstreckung der Bindungswirkung jedoch umgekehrt nicht ohne weiteres dazu, dass es den *opting out class members* bei günstigem Verlauf der Sammelklage auch verwehrt wäre, sich unter Berufung auf die Grund-

---

[124] So auch *Note,* a.a.O., 806 (1996).

[125] Vgl. hierzu die Ausführungen im 2. Kapitel zu I.5.

[126] Vgl. hierzu 3. Kapitel II.3.c)bb)(2) sowie cc)(2).

[127] Siehe *Equal Employment Opportunity Commission v. United Staates Steel Corporation,* 921 F.2d 489, 495 (3rd Cir. 1990); *Premier Electrical Construction Co. v. National Electrical Contractors Association, Inc.,* 814 F.2d 358, 362 (7th Cir. 1987).

sätze der *issue preclusion* in ihren jeweiligen Individualprozessen ein obsiegendes *class action judgment* zunutze zu machen. Vielmehr gehen die Meinungen bei der Beantwortung der Frage erheblich auseinander, ob sich die Zulassung der *nonmutual issue preclusion* durch die *federal courts* auf den gesamten Bereich der *class litigation* erstreckt oder ob *opting out class members* von der Begünstigung der einseitigen Rechtskrafterstreckung auszunehmen sind.

Für eine kategorische Ausnahme der *opting out class members* haben sich einige *Federal Courts of Appeals* explizit ausgesprochen,[128] die ihre Haltung dabei im wesentlichen auf zwei Erwägungen stützen.

Zunächst verweisen sie auf das Verdikt der *one-way intervention,* welches der Neufassung von *FRCP* 23 im Jahre 1966 zugrunde liege und einer einseitigen Rechtskraftbegünstigung zugunsten der *opting out class members* entgegenstünde.[129] Vor der Reform der genannten Regelung existierte eine Form der *class action,* deren abschießendes *judgment* ausschließlich diejenigen *class members* band und berechtigte, die sich dem Sammelklageverfahren förmlich im Wege der *intervention* angeschlossen hatten.[130] Es handelte sich bei dieser *intervention* um eine Art *„opting in"*, das von den jeweils Berechtigten sogar noch nach Urteilsfällung vorgenommen werden konnte, um sich die Ergebnisse eines günstigen Prozessausgangs zunutze zu machen.[131] Für den *class opponent* führte

---

[128] Vgl. z.B. für den *3rd Circuit: Equal Employment Opportunity Commission v. United Staates Steel Corporation,* a.a.O., 495; für den *4th Circuit: Polk v. Montgomery County, Maryland,* 782 F.2d 1196, 1202 (4th Cir. 1986); für den *7th Circuit: Premier Electrical Construction Co. v. National Electrical Contractors Association, Inc.,* a.a.O., 367 („We conclude that class members who opt out may not claim the benefits of the class's victory. Like the Supreme Court's decision in Mendoza, this is a categorical rule"); jüngst bestätigt durch die Entscheidung *In re Bridgestone/Firestone, Inc., Tires Products Liability Litigation,* 333 F.3d 763, 769 (7th Cir. 2003).

[129] Vgl. *Premier Electrical Construction Co. v. National Electrical Contractors Association, Inc.,* a.a.O., 362; ähnlich: *Kimmel,* 35 Geo.Wash.L.Rev. 1010, 1045 (1967); *Casad/Clermont,* Res judicata, S. 179.

[130] Sog. *spurious class action;* vgl. hierzu ausführlich: *James/Hazard/Leubsdorf,* § 10.22.

[131] *Furman,* 31 Hast.L.J. 1189, 1210 (1980).

dies dazu, dass er trotz Vorliegens einer *class action* einerseits nur die Chance hatte, gegen die Personen endgültig zu gewinnen, die sich vor Urteilsfällung förmlich am Verfahren beteiligt hatten, andererseits aber gleichzeitig Gefahr lief, darüber hinaus auch gegen all diejenigen zu verlieren, die den Prozessausgang ohne eigene Beteiligung von außen beobachteten und nach Urteilsfällung noch ihren Verfahrensbeitritt erklären konnten. Aus Unzufriedenheit über diese als unangemessen angesehenen Folgen der *one-way intervention* wurde die entsprechende Form der *class action* im Rahmen der Novellierung von *FRCP* 23 abgeschafft[132] und durch die so genannte *opt-out class action* neuer Prägung ersetzt, die dem *class opponent* innerhalb der für das *opting out* gerichtlich zu bestimmenden Frist[133] Klarheit darüber verschaffen sollte, welche Personen der gegnerischen *class* angehören und sich ein eventuell obsiegendes Urteil schließlich zunutze machen können. Die abwartende Haltung der möglichen *class members,* die dem Verfahren zunächst bewusst fernblieben, sollte dagegen nicht länger belohnt werden.[134]

---

[132] Vgl. hierzu die Stellungnahme des *Advisory Committee* zu seinen Novellierungsvorschlägen in *Kane/Levine*, S. 50:

„Hitherto, in a few actions conducted as "spurious" class actions and thus nominally designed to extend only to parties and others intervening before the determination of liability, courts have held or intimidated that class members might be permitted to intervene after a decision on the merits favorable to their interests, in order to secure the benefits of a decision for themselves, although they would presumably be unaffected by an unfavorable decision. [...] Under proposed subdivision (c)(3), one-way intervention is excluded, [...]."

[133] Vgl. zu den Besonderheiten des Verfahrens nach *FRCP* 23 die Ausführungen im 3. Kapitel zu II.3.c)bb)(3) sowie cc)(1) und (2).

[134] Vgl. statt aller *Premier Electrical Construction Co. v. National Electrical Contractors Association, Inc.*, a.a.O., 362:

„[Anm.: Zur *spurious class action*:] So the defendant could win only against the named plaintiff and might face additional suits by other members of the class, but it could lose against all members of the class. This came to be known as "one-way intervention", which had few supporters. A principal purpose of the 1966 revision of Rule 23 was to end "one-way intervention". [...] [Anm.: Zur *class action certification* im Sinne der reformierten *Rule* 23:] The prompt decision on certification would both fix the identities of the parties to the suit and prevent the absent class members from waiting to see how things turned out before deciding what to do."

Diese gesetzgeberische Zielsetzung könnte durch die Zulassung der *nonmutual issue preclusion* zugunsten der *opting out class members* konterkariert werden. Während ein Verfahrensunbeteiligter vor der Reform förmlich intervenieren musste, um die Früchte einer erfolgreichen *class action* in Anspruch zu nehmen, würden ihm durch Anerkennung der *nonmutual issue preclusion* nach der Reform größtenteils die gleichen Vorteile sogar noch nach seinem förmlichen Austritt aus der *class* zuteil. Das Ergebnis wäre insofern dasselbe, als sich der Außenstehende auf die günstigen Urteilsfeststellungen des *class action judgment* berufen könnte, ohne zuvor der Gefahr ausgesetzt gewesen zu sein, durch ein ungünstiges Urteil gebunden zu werden.[135] Die Kritiker erkennen in der Zubilligung der *nonmutual issue preclusion* zugunsten der *opting out class members* somit ein verdecktes Wiederaufleben der *one-way intervention,* welches mit der gesetzgeberischen Intention, die mit der Neufassung von *FRCP* 23 verfolgt wurde, unvereinbar sei.[136]

Neben dieser historischen Auslegung von *FRCP* 23 argumentieren die Befürworter einer Ausnahme auch mit dem Sinn und Zweck des Instituts der *class action* sowie der Rechtskraftregeln des *common law*:

Wenn sich ein *class member* den *issue preclusive effect* eines Urteils auch ohne eigene Beteiligung an der *class action* zunutze machen könnte, so würde man ihm geradezu den Anreiz geben, sich aus der *class* zurückzuziehen, um durch das verfahrensabschließende Urteil nur berechtigt und nicht auch gebunden zu werden.[137] Die Zubilligung der *nonmutual issue preclusion* fördere somit in den Fällen einer *class action* gemäß *FRCP* 23 (b) (3) das *opting out* und die nachfolgende Erhebung zahlreicher Individualklagen, so dass der mit der *class action* verfolgte Zweck der Verfahrenskonzentration erheblich gefährdet würde.[138] Gleichzeitig sei

---

[135] *Casad/Clermont*, Res judicata, S. 179 f.

[136] *Furman*, a.a.O., 1209.

[137] *Ratliff*, 67 Tex.L.Rev. 63, 88 f. (1988); *Currie*, 9 Stan.L.Rev. 281, 287 Fn. 15 (1957).

[138] Vgl. hierzu bereits die Darlegung der allgemeinen Bedenken gegenüber einer universellen Zulassung der *nonmutual issue preclusion* oben unter II.1.

aufgrund der sich an das *class action judgment* anschließenden individuellen Rechtsverfolgung eine immense Mehrbelastung der Gerichte und ein Anstieg der Prozesskosten zu befürchten, womit auch das Hauptziel der *nonmutual issue preclusion,* nämlich die Förderung der Prozessökonomie, verfehlt würde.[139]

Die Gegner einer allgemeinen Ausnahme halten diese Kritikpunkte dagegen nicht für durchgreifend.[140] Sie sehen in dem Verdikt der *one-way intervention* lediglich einen Ausdruck der überkommenen *mutuality doctrine,* da es sich im wesentlichen gegen eine einseitige Bindung des *class opponent* gegenüber den verfahrensunbeteiligten *class members* wendet.[141] Diese ursprüngliche in *FRCP* 23 zum Ausdruck gekommene Wertung sei jedoch durch die *Parklane*-Entscheidung überholt, deren Richtlinien nunmehr allein maßgebend seien.[142] Auch die Gefahr des übermäßigen Verfahrensaustritts im Wege des *opting out* sei eher als gering zu bewerten, da die notwendige Eigeninitiative und wirtschaftlichen Aufwendungen, die eine individuelle Rechtsverfolgung zwangsläufig mit sich brächten, die Mehrzahl der *class members* zu einem Verbleiben in der *class* bewegen würden.[143] Vielmehr sei bei der prozessökonomischen Bewertung der *issue preclusive effects* allein auf das jeweilige spätere Individualklageverfahren abzustellen, in dem diese Wirkungen zum tragen kommen. Da durch die Zulassung der *nonmutual issue*

---

[139] *Premier Electrical Construction Co. v. National Electrical Contractors Association, Inc.,* a.a.O., 366; *Polk v. Montgomery County, Maryland,* a.a.O., 1202 (dort Fn. 7):

„Judicial economy may be thwarted when persons who could have been plaintiffs in prior class actions stand on the sidelines to collect favorable judgments for use in later suits because this necessitates multiple actions."

[140] Vgl. *Furman,* a.a.O., 1206 ff.; *In re TransOcean Tender Offer Securities Litigation,* 455 F.Supp. 999, 1007 f. (N.D.Ill. 1978).

[141] *Furman,* a.a.O., 1212 ff.; *In re TransOcean Tender Offer Securities Litigation,* a.a.O., 1007.

[142] *Furman,* a.a.O., 1199; die Entscheidung *In re TransOcean Tender Offer Securities Litigation,* a.a.O., konnte zu *Parklane* noch keine Stellung nehmen, da sie vor dessen Erlass gefällt wurde.

[143] *In re TransOcean Tender Offer Securities Litigation,* a.a.O., 1008; zurückhaltender: *Furman,* a.a.O., 1206 f.

preclusion eine langwierige Beweisaufnahme vermieden und ein nachfolgender Prozess auf diese Weise erheblich verkürzt werden könne, sei dem Telos der Rechtskraftlehre auch in diesen Fällen Genüge getan.[144]

Aufgrund dieser Einwände will eine extreme Gegenansicht *nonmutual issue preclusion* ohne weiteres auch den *opting out class members* zuerkennen,[145] während eine vermittelnde Auffassung nach der jeweiligen Motivation für das jeweilige *opting out* differenziert und eine Ausnahme auf Grundlage des *Parklane*-Standard dann zulassen möchte, wenn der Austretende kein anerkennenswertes Eigeninteresse (*strong individual interest*) an der selbständigen Rechtsverfolgung vorweisen kann.[146]

Die Gegenansichten vermögen jedoch nicht zu überzeugen. Zunächst ist fraglich, ob *Parklane* für das Gebiet der *class litigation* überhaupt Anwendung findet, da sich die Entscheidung mit den Rechtskraftwirkungen einer Individualklage, nicht einer Sammelklage befasste.[147] Die Ausnahme des *easy joinder* will auf die Sammelklage nicht recht passen, da alle *class members* bereits ohne *joinder* in die Bindungswirkung des *judgment* einbezogen sind und sich das Problem der einseitigen Rechtskraftberechtigung erst nach der förmlichen Ausübung des Rechtes zum *opting out* stellt. Lässt sich die verfemte *wait-and-see attitude* noch relativ selten aus einem fehlendem Verfahrensbeitritt lesen, so ist sie weitaus eher Ausdruck eines bewussten Verfahrensaustritts. Des weiteren setzen sich die Gegenmeinungen unter Verweis auf die Überholung der *mutuality doctrine* über eine in *FRCP* 23 recht deutlich zum Ausdruck

---

144 *In re TransOcean Tender Offer Securities Litigation,* a.a.O., 1007.

145 Vgl. *In re TransOcean Tender Offer Securities Litigation,* a.a.O., 1008 (Motivation des *opting out* im jeweiligen Fall gänzlich irrelevant).

146 *Furman,* a.a.O., 1205, 1213.

147 So auch *Premier Electrical Construction Co. v. National Electrical Contractors Association, Inc.*, a.a.O., 363:

> „We doubt, however, that Parklane contains the answer to our problem. The Supreme Court did not address the extent to which class members may use issue preclusion after opting out of the class; indeed it did not mention Rule 23."

kommende gesetzliche Wertung[148] hinweg, obwohl eine allgemeine Entwicklung im *common law* nach überwiegender Meinung die Wirksamkeit eines Gesetzes nicht in Frage stellen kann.[149] Schließlich beschränken sich die verfahrensökonomischen Betrachtungen der Gegner einer allgemeinen Ausnahme ohne nähere Begründung auf die Durchführung der späteren Individualklageverfahren, obwohl diese durch die Versagung der *nonmutual issue preclusion* und des somit fehlenden Anreizes zum *opting out* in zahlreichen Fällen von vornherein vermieden würden.[150]

Die besseren Argumente sprechen daher für die kategorische Ausnahme der *opting out class members* von der Berechtigung durch die *nonmutual issue preclusion*. Wie diese umstrittene Ausnahme und die zuvor erörterte *government litigation exception* zeigen, vermag der *Parklane*-Standard trotz seiner generalklauselartigen Richtlinien bei der Zulassung der *nonmutual issue preclusion* nicht alle Unbilligkeiten, insbesondere im Rahmen des *offensive use*, zu lösen.[151] Anstatt mit wenigen klaren Regeln der einseiti-

[148] Die *Federal Rules of Civil Procedure* haben nach Maßgabe des *Rule Enabling Act* gemäß *28 United States Code* § 2072 Gesetzeskraft.

[149] Vgl. *Premier Electrical Construction Co. v. National Electrical Contractors Association, Inc.*, a.a.O., 364.

[150] So sehr deutlich *Premier Electrical Construction Co. v. National Electrical Contractors Association, Inc.*, a.a.O., 365 f.:

„Here there were not bound to be two suits. There were two suits in fact, but there need not have been. An approach that asks how to hold down the costs of litigation given the existence of multiple suits is an ex post perspective on judicial economy. It is the wrong perspective when inquiring about the consequences of a legal rule. A decision to make preclusion available to those who opt out of a class influences whether there will be multiple suits. The more class members who opt out may benefit from preclusion, the more class members will opt out. Preclusion thus may increase the number of suits, undermining the economy the district court hoped to achieve. The effect of the legal rule may be the opposite of the effect of applying preclusion to a given case. To determine whether a rule is beneficial, a court must examine how that rule influences future behavior. The influence of a rule of preclusion cannot be known for sure, but we are not confident that there would be net benefits."

[151] Ähnlich *Casad/Clermont*, Res judicata, S. 185:

„The prevailing exceptions do not even recognize all the reasons that preclusion might be undesirable."

gen Rechtskraftberechtigung Herr zu werden, wird die Entwicklung stetig neuer Ausnahmen erforderlich, so dass der neuen Rechtsprechung der *federal courts* inzwischen der gleiche Makel der Unübersichtlichkeit und mangelnden Vorhersehbarkeit anhaftet wie der *mutuality doctrine* in ihrer Spätphase.

Die weitere Entwicklung der *nonmutual issue preclusion* durch den *U.S. Supreme Court* erscheint angesichts dieser Umstände nur schwer vorhersehbar. Wachsende Prozessbereitschaft und leere Staatskassen lassen jedoch vermuten, dass sich die *nonmutual issue preclusion* dauerhaft etablieren und zahlreiche materiell-rechtliche Bedenken überwinden wird.

3. Auswirkung auf die *New York state courts*

Unter den zahlreichen *state court jurisdictions,* die sich zwischenzeitlich wie die *federal courts* von der *mutuality doctrine* abgewandt haben, nimmt neben Kalifornien, von dessen oberstem Gerichtshof das *Bernhard*-Dictum stammt,[152] der Bundesstaat New York eine Vorrangstellung ein, die dadurch begründet wird, dass die *New York state courts* die entsprechende Kehrtwende in ihrer Rechtsprechung bereits sehr frühzeitig vollzogen und selbständig Richtlinien für die Anwendung der *nonmutual issue preclusion* entwickelt haben.[153]

Israel v. Wood Dolson[154] aus dem Jahre 1956 ist als erste wegbereitende Entscheidung des *New York Court of Appeals* in einer Reihe von Judikaten hervorzuheben, die letztlich zur vollkommenen Aufgabe des *mutuality*-Erfordernisses in New York führten.[155] Das Urteil setzt sich mit der Zulässigkeit des *defensive use* der *nonmutual issue preclusion* in einem Fall

---

[152] Siehe hierzu ausführlich oben II.1.

[153] Vgl. bereits *Kimmel,* 35 Geo.Wash.L.Rev. 1010, 1040 (1967); *Semmel,* 68 Colum.L.Rev. 1457, 1461 (1968).

[154] 1 N.Y.2d 116 (N.Y. 1956).

[155] Zur historischen Entwicklung ausführlich: *Weinstein/Korn/Miller,* 10 N.Y.C.P. § 5011.41.

auseinander, in dem zwischen der obsiegenden Prozesspartei des abgeschlossenen Verfahrens und dem sich auf die Rechtskraft des fremden Urteils berufenden Dritten kein Rechtsverhältnis der *derivative liability* gegeben war, welches zuvor für jegliche Ausnahme von der *mutuality rule* vorausgesetzt worden war.[156]

Das oberste Gericht des Bundesstaates stand somit vor der Wahl, seine bisherige Rechtsprechung zur *mutuality doctrine* fortzusetzen und dieser gegebenenfalls eine weitere eng definierte Ausnahme hinzuzufügen oder den *defensive use* durch Dritte allgemein zuzulassen. Der *Court of Appeals* sprach sich für letztere Alternative aus.[157] Das Gericht begründete diesen Schritt damit, dass das *due process*-Gebot lediglich einen *day in court* hinsichtlich aller Streitfragen, nicht jedoch gegenüber allen denkbaren Prozessgegnern gewährleiste.[158] Voraussetzung der *nonmutual issue preclusion* sei dementsprechend nicht die Identität des jeweiligen Widersachers, sondern vielmehr die *identity of issues*.[159] Da die *identity of issues* jedoch bereits zuvor allgemeine Voraussetzung der *issue preclusion* war,[160] stellten die Richter an Stelle der *mutuality rule* tatsächlich keinen neuen Prüfungsstandard auf. Die Überwindung des bisherigen Kriteriums war damit als Vorbote einer generellen Abkehr vom Gegenseitigkeitspostulat zu werten.

Erst elf Jahre später brachte der *Court of Appeals* dieses Ergebnis auch explizit zum Ausdruck. In der Entscheidung *DeWitt v. Hall*[161] bezeichnete

---

156 Vgl. zu den ursprünglichen Ausnahmen von der *mutuality rule* oben I.

157 *Israel v. Wood Dolson*, a.a.O., 120:

„Our holding here is not to be treated as adding another class of cases to the list of 'exceptions' to the rule requiring mutuality of estoppel. It is merely an announcement of the underlying principle which is found in the cases classed as 'exceptions' to the mutuality rule."

158 *Israel v. Wood Dolson*, a.a.O., 119.

159 *Israel v. Wood Dolson*, a.a.O., 120.

160 Vgl. hierzu die Ausführungen zur *issue preclusion* im allgemeinen im 2. Kapitel zu III.3.b).

161 19 N.Y.2d 141 (N.Y. 1967).

er die *doctrine of mutuality* als „*dead letter*" und zog als Unterstützung dieser Schlussfolgerung *Bernhard* sowie die allgemeine Entwicklung seiner eigenen neueren Entscheidungen heran.[162] Mit einer äußerst knappen Mehrheit von lediglich vier gegen drei Stimmen leiteten die Richter hieraus als Folge ab, einem Kläger als verfahrensunbeteiligten Dritten eines abgeschlossenen Verfahrens ohne weitere Voraussetzungen den *offensive use* der *issue preclusion* zuzubilligen. Die abweichende Minderheit folgte in ihrer *dissenting opinion* der Mehrheit zwar noch in der Überwindung der *mutuality rule*, wies aber auf die immense Belastung des Beklagten durch den *offensive use* hin und erhob diesbezüglich erhebliche Gerechtigkeitsbedenken.[163]

Dieser Kritik aus den eigenen Reihen trug der *Court of Appeals* kurz darauf in seinem Urteil *Schwartz v. Public Administrator of the County of Bronx*[164] Rechnung, in dem er die Aufgabe der *mutuality doctrine* nochmals bestätigte, gleichzeitig jedoch den *full and fair opportunity test* für jegliche Anwendung der *issue preclusion* allgemeinverbindlich erklärte.[165] Dies bedeutete, dass diese Ausprägung der Rechtskraft nur zu Lasten derjenigen Prozesspartei Wirkungen entfalten kann, die zuvor Gelegenheit hatte, in hinreichender Weise zu den jeweiligen Streitfragen Stellung zu nehmen und sie gerichtlich entscheiden zu lassen.[166] Für die Abwägung, ob dieser Standard im Einzelfall gewährleistet war, wurden zahlreiche Faktoren aufgezählt, welche zur Analyse des vorangegangenen Verfahrens dienen sollten. Danach sollte ein besonderes Augenmerk darauf gerichtet werden, wie hoch der Streitwert des ersten Verfahrens war, vor welchem Forum der Prozess durchgeführt wurde, von wem die

---

[162] *DeWitt v. Hall*, a.a.O., 147.

[163] Siehe hierzu die *dissenting opinion* des für die Minderheit schreibenden *Judge Breitel*: *DeWitt v. Hall*, a.a.O., 148 f.

[164] 24 N.Y.2d 65 (N.Y. 1969).

[165] *Schwartz v. Public Administrator of the County of Bronx*, a.a.O., 70 f. Der *full and fair opportunity test* stellt den bis heute in New York gültigen Standard der *nonmutual issue preclusion* dar; vgl. *Friedenthal/Kane/Miller*, § 14.14; *Weinstein/Korn/Miller*, CPLR Manual, § 25.03 [d]; *Buechel v. Bain*, 97 N.Y.2d 295, 304 (N.Y. 2001).

[166] *Schwartz v. Public Administrator of the County of Bronx*, a.a.O., 71.

Initiative in diesem Prozess ausging,[167] welchen Umfang die streitige Auseinandersetzung hatte, welche Kompetenz und Erfahrung die Prozessvertreter aufwiesen, inwieweit für das zweite Verfahren neue Beweismittel zur Verfügung stehen, ob Anzeichen für eine (an sich unzulässige) Kompromissentscheidung der Geschworenen (*compromise verdict*) im abgeschlossenen Verfahren vorliegen, ob im neuen Prozess ein anderes Recht anzuwenden ist als im abgeschlossenen und ob der weitere Rechtsstreit bereits während des abgeschlossenen Verfahrens vorhergesehen werden konnte.[168] Wie man dem ausführlichen Katalog entnehmen kann, handelt es sich bei den meisten Kriterien um direkte Antworten des *Court of Appeals* auf die Bedenken, welche die Literatur in Reaktion auf das *Bernhard*-Dictum insbesondere in Bezug auf den *offensive use* geltend gemacht hatte.[169] Die Darlegungs- und Beweislast dafür, dass im jeweiligen Einzelfall die *full and fair opportunity* nicht gegeben war, liegt nach *Schwartz* bei der Partei, gegen die sich der Einwand der *issue preclusion* richtete.[170] Die Richter stellten somit trotz der geäußerten Kritik klar, dass die Vermutung zugunsten der *nonmutual issue preclusion* spricht.[171] Dies wurde damit begründet, dass der grundsätzliche Verzicht auf die gegenseitige Rechtskraftbindung den Entscheidungseinklang

[167] Diese muss nicht hinsichtlich aller Ansprüche vom Kläger ausgegangen sein. Im Falle des *counterclaim* oder des *interpleader* kann sie auch vom Beklagten gegenüber dem Kläger oder einem Dritten ausgeübt werden; vgl. *Currie*, 9 Stan.L.Rev. 281, 290 Fn. 23 (1957).

[168] *Schwartz v. Public Administrator of the County of Bronx*, a.a.O., 72:

„A decision whether or not the plaintiff drivers had a full and fair opportunity to establish their nonnegligence in the prior action requires an exploration of various elements which make up the realities of litigation. A comprehensive list of the various factors which should enter into a determination whether a party has had his day in court would include such considerations as the size of the claim, the forum of the prior litigation, the use of initiative, the extent of litigation, the competence and experience of counsel, the availability of new evidence, indications of a compromise verdict, differences in the applicable law and foreseeability of future litigation."

[169] Vgl. zur Kritik oben II.1.

[170] *Schwartz v. Public Administrator of the County of Bronx*, a.a.O., 73; *Buechel v. Bain*, a.a.O., 304.

[171] *Friedenthal/Kane/Miller*, § 14.14.

fördere und in erheblicher Weise zur Schonung der gerichtlichen Ressourcen beitrage.[172] Auch der *New York Court of Appeals* folgte damit einer prozessökonomischen Argumentation, wie zuvor der *California Supreme Court* und später der *U.S. Supreme Court.*

Bemerkenswert ist an der Entscheidung jedoch vor allem, dass das Schlagwort der *full and fair opportunity to litigate* durch die Herausstellung der wesentlichen Aspekte eine fassbare Dimension erlangte und auf bundesstaatlicher Ebene nach dem Ende der *mutuality*-Ära bereits Richtlinien für die Anwendung der *nonmutual issue preclusion* entwickelt wurden, lange bevor sich der *U.S. Supreme Court* in *Blonder-Tongue* und *Parklane*[173] erstmals mit dieser Materie auseinandersetzte.

Die Entscheidung *Gilberg v. Barberi*[174] aus dem Jahre 1981, in der einem Kläger der *offensive use* gegen einen strafrechtlich verurteilten Beklagten versagt wurde, unterstreicht des weiteren, dass es sich bei der *issue preclusion* um eine flexible Doktrin handelt, die sich der mechanischen Anwendung verschließt. Die Frage, ob die unterlegene Partei im abgeschlossenen Verfahren eine *full and fair opportunity to litigate* hatte, kann dementsprechend nicht durch die Anwendung einer eindeutigen Formel beantwortet werden, sondern wird immer durch einzelfallbezogene Billigkeitserwägungen geleitet.[175] Sie kann somit nicht bereits dann bejaht werden, wenn der erste Prozess dem *due process*-Gebot entsprach und die Korrektheit des verfahrensabschließenden Urteils nicht mit Zweifeln behaftet ist. Vielmehr ist die Untersuchung darauf zu richten, ob dem Urteil über den entschiedenen Fall hinaus Bindungswirkung zugunsten Dritter zukommen soll oder nicht.[176]

---

[172] *Schwartz v. Public Administrator of the County of Bronx,* a.a.O., 74.

[173] Siehe hierzu oben II.2.a) sowie b).

[174] 53 N.Y.2d 285 (N.Y. 1981).

[175] *Gilberg v. Barberi,* a.a.O., 292.

[176] *Gilberg v. Barberi,* a.a.O.; so auch *Buechel v. Bain,* a.a.O., 304:

Im Ringen um Einzelfallgerechtigkeit gab das Gericht damit die Klarheit weitgehend wieder preis, welche durch die Aufzählung der maßgeblichen Prüfungskriterien in *Schwartz* mühsam erzielt worden war. Gleichzeitig signalisierte der *Court of Appeals*, dass er auch die Kriterien, die der *U.S. Supreme Court* in *Parklane* für den *offensive use* entwickelt hatte, für die Rechtskraftwirkungen von *New York state court judgments* nicht übernehmen wollte, da das Urteil zwei Jahre nach *Parklane* erlassen wurde und dessen Standard mit keinem Wort Erwähnung fand.[177] Die Grenzen der *nonmutual issue preclusion* verschwammen dadurch zunehmend.

Die damit verbundenen Schwierigkeiten für die Gerichte und Gefahren für die im ersten Verfahren unterlegene Partei werden exemplarisch in der vielzitierten und nunmehr möglicherweise wieder aktuell werdenden[178] Entscheidung *Koch v. Consolidated Edison Company of New York, Inc.* des *New York Court of Appeals*[179] aus dem Jahre 1984 vor Augen geführt. Das Verfahren hatte eine Schadensersatzklage unter anderem des Bürgermeisters von New York zugunsten der *City of New York* gegen einen Großenergieversorger wegen des fünfundzwanzigstündigen Stromausfalls im Großraum *New York City* vom 13. auf den 14. Juli 1977 zum Gegenstand. Dem Prozess voraus ging ein Urteil, welches einer Lebensmittelkette wegen des Stromausfalls gegen denselben Beklagten einen Schadensersatzanspruch in Höhe von 40.500 USD zuerkannte.[180] Die

---

„The doctrine, however, is a flexible one, and the enumeration of these elements is intended merely as a framework, not a substitute, for case-by-case analysis of the facts and realities."

[177] So auch *Weinstein/Korn/Miller*, CPLR Manual, § 25.03 [d].

[178] Nach dem jüngsten Stromausfall an der US-amerikanischen und kanadischen Ostküste am 15. August 2003, der insbesondere auch den Großraum *New York City* in Mitleidenschaft zog, deuten sich erneut zahlreiche Schadensersatzklagen gegen die verantwortlichen Energieversorger an; vgl. hierzu die Beiträge aus der Online-Ausgabe der Süddeutschen Zeitung vom 17. August 2003, <http://www.sueddeutsche.de/panorama/artikel/339/16323/> sowie vom 19. August 2003, <http://www.sueddeutsche.de/wirtschaft/artikel/482/16466/>.

[179] 62 N.Y.2d 548 (N.Y. 1984).

[180] *Food Pageant, Inc. v. Consolidated Edison Company of New York, Inc.*, 54 N.Y.2d 167 (N.Y. 1981).

Kläger in *Koch* beriefen sich auf dieses für sie günstige Urteil im Wege der *issue preclusion* und begehrten ein *summary judgment* über die Haftung des Beklagten dem Grunde nach. Der Beklagte brachte daraufhin im wesentlichen fünf Einwände gegen die Zulassung der *nonmutual issue preclusion* im gegebenen Fall vor.

Zum ersten stünden der Zulassung widersprechende gerichtliche Feststellungen hinsichtlich der Haftung des Beklagten entgegen, welche in einigen Kleinverfahren vor den *small claims courts* getroffen wurden. Zum zweiten lägen exkulpierende Beweismittel vor, welche im ersten Verfahren nicht berücksichtigt worden seien. Zum dritten seien Hinweise ersichtlich, welche darauf hindeuteten, dass das fragliche Urteil das Ergebnis eines Kompromisses der Geschworenen sei. Viertens sei der *claim* des abgeschlossenen Verfahrens verschwindend gering im Verhältnis zu dem Gesamtstreitwert aller noch offenen Klagen gegen den Beklagten wegen des Stromausfalls in Höhe von 200 Millionen USD. Schließlich würde die Zulassung der *issue preclusion* im gegebenen Fall den Beklagten im zweiten Prozess seinen verfassungsrechtlich verbürgten Anspruch auf einen gerechten Prozess vereiteln.

Der Court of Appeals wies diese Argumentation des Beklagten auf nicht einmal drei Seiten der Urteilsbegründung zurück und bejahte die Anwendung der *issue preclusion* im gegebenen Fall ohne Einschränkung.[181] Dem Einwand der widersprechenden Entscheidungen maß das Gericht keine besondere Bedeutung bei, da diese nach vereinfachten Verfahrensregeln zustande gekommen waren und ihnen daher kein *issue preclusive effect* zukomme.[182] Gleiches gelte für die exkulpierenden Gutachten, die bereits während des ersten Prozesses vorgelegt und dort als unzulässig zurückgewiesen wurden, ohne dass der Beklagte diese Entscheidung mit Rechtsmitteln angegriffen hätte.[183] Der angeführte Kom-

---

[181] *Koch v. Consolidated Edison Company of New York, Inc.*, a.a.O., 556-558.

[182] *Koch v. Consolidated Edison Company of New York, Inc.*, a.a.O., 556.

[183] *Koch v. Consolidated Edison Company of New York, Inc.*, a.a.O.

promiss der Geschworenen sei in keiner Weise belegt und daher als reine Spekulation unbeachtlich.[184] Das Verhältnis der Streitwerte der Verfahren sei ebenfalls irrelevant, da es lediglich darauf ankomme, dass der Beklagte im ersten Verfahren Anlass und Möglichkeit hatte, zu allen Streitfragen hinreichend Stellung zu nehmen. Dies sei zu bejahen, da im abgeschlossenen sowie im fraglichen Verfahren Forum sowie anwendbares Verfahrensrecht identisch waren und der Beklagte nach eigenen Angaben bereits während des ersten Verfahrens die Gefahren des *issue preclusive effect* eines stattgebenden Urteils erkannte.[185] Da der Beklagte somit im abgeschlossenen Verfahren eine *full and fair opportunity to litigate* hatte, werde schließlich auch das *due process*-Gebot durch eine Bindung im zweiten Prozess nicht verletzt.[186]

Die Entscheidung zeigt deutlich die erdrückende Darlegungs- und Beweislast, die dem Gegner des Rechtskrafteinwands obliegt, um mit der Rüge der fehlenden *full and fair opportunity to litigate* gehört zu werden. Im gegebenen Fall lag ein *compromise verdict* in der Tat nahe, da die Klägerin im abgeschlossenen Verfahren 75.000 USD eingeklagt hatte und ihre Beweismittel gar einen Schaden in Höhe von 81.000 USD andeuteten, das *jury verdict* dagegen auf 40.500 USD lautete.[187] Angesichts dieser Umstände fällt es schwer, eine Möglichkeit zu erkennen, wie der Beklagte einen Kompromiss der Geschworenen und damit die Einzelfallbezogenheit der fraglichen Entscheidung hätte näher belegen oder gar beweisen können.

Darüber hinaus lässt sich an der Nichtbeachtung der *small claims court judgments* ablesen, dass der *multiple claimant anomaly* keine besondere Bedeutung beigemessen wird. Der *Court of Appeals* beruft sich diesbezüglich auf den fehlenden *issue preclusive effect* der widersprechenden

---

[184] *Koch v. Consolidated Edison Company of New York, Inc.*, a.a.O., 557.

[185] *Koch v. Consolidated Edison Company of New York, Inc.*, a.a.O.

[186] *Koch v. Consolidated Edison Company of New York, Inc.*, a.a.O., 558.

[187] Zu den Hintergründen dieses Verfahrens siehe *Weinstein/Korn/Miller*, 10 N.Y.C.P. § 5011.42.

Entscheidungen. Diese Argumentation verdeckt die tatsächliche Problematik mehr als sie sie erhellt, da die Bindungswirkung dieser Urteile nicht zur Diskussion stand, sondern vielmehr das bloße Vorhandensein widerstreitender Judikate die Richtigkeit der gerichtlichen Feststellungen in Zweifel zog, auf die sich die Kläger beriefen.[188]

Durch die restriktive Anwendung des *full and fair opportunity test* steigerte das oberste Gericht des Bundesstaates New York die Effizienz gerichtlicher Streitentscheidung erheblich. Wie *Koch* jedoch deutlich vor Augen führt, wurden dadurch gleichzeitig in Fällen von Massenklagen für die unterlegene Prozesspartei erhebliche wirtschaftliche Gefahren begründet, die nur noch schwer vorausgesehen oder gar kontrolliert werden können.

Die Zulassung der *nonmutual issue preclusion* durch die *New York state courts* geht damit deutlich über den bereits liberalen Standard der Bundesgerichte hinaus, womit die Grenzen der Rechtskrafterstreckung zugunsten Dritter auf dieser einzelstaatlichen Ebene konturloser erscheinen als auf bundesstaatlicher.

4. Auswirkung auf die *California state courts*

Im Vergleich zu New York nahm die Rechtsentwicklung in Kalifornien einen anderen Verlauf. Nachdem der *California Supreme Court* in seinem *Bernhard*-Dictum die *mutuality doctrine* bereits gänzlich verworfen hatte,[189] war eine schrittweise Erweiterung der subjektiven Rechtskrafterstreckung zugunsten Dritter, wie sie in New York stattfand, nicht mehr möglich. Vielmehr stellte sich recht bald umgekehrt die Frage, ob die durch *Bernhard* umfassend eröffnete *nonmutual issue preclusion* nicht zu weit ging und der Beschränkung bedurfte.

---

[188] So sehr deutlich auch *Weinstein/Korn/Miller*, 10 N.Y.C.P. § 5011.42.

[189] Vgl. *Bernhard v. Bank of America National Trust & Savings Association*, 19 Cal. 2d 807 (Cal. 1942) sowie die ausführliche Besprechung dieses Urteils oben unter II.1.

Der *California Supreme Court* nahm sich dieser Angelegenheit zunächst nicht unmittelbar selbst an. Vielmehr war es ein Berufungsgericht, das anlässlich der Beurteilung der Zulässigkeit des *offensive use* einen Schritt zurück machte und erstmals nach dem Ende der *mutuality rule* neue Grenzen für die grundsätzliche Zulässigkeit der einseitigen Rechtskrafterstreckung zugunsten Dritter in Kalifornien errichtete. In der Entscheidung *Nevarov v. Caldwell*[190] sprach sich der *California Court of Appeal, Second District,* dafür aus, dass in einem Fall, in dem sich aus einem einzigen Ereignis mehrere Ansprüche verschiedener Personen gegen einen einzigen Beklagten ergeben, die Grundsätze der *nonmutual issue preclusion* zu Lasten dieses Beklagten keine Anwendung finden. Unter ausdrücklicher Bezugnahme auf die Problematik der *multiple claimant anomaly* sowie die kritischen Stellungnahmen zu *Bernhard* aus Reihen der Literatur[191] begründete das Gericht seine Ausnahme im wesentlichen damit, dass die allgemeine Zulässigkeit der einseitigen Rechtskrafterstreckung in den genannten Fällen als Anreiz zur Erhebung zahlreicher Individualklagen diene und die Gleichheit der Parteien vor Gericht gefährde, indem sie den Kläger bevorzuge.[192] Da solche Wirkungen der *public policy* in Kalifornien widersprächen, sei die entsprechende Beschränkung der Rechtskraftlehre zwingend erforderlich.[193] Die Richter schlossen sich daher einer Argumentation an, die im Vorfeld der Entscheidung zum einen gegen den *offensive use* der *nonmutual issue*

---

190 161 Cal.App.2d 762 (Cal. Ct. App. 1958).

191 *Nevarov v. Caldwell,* a.a.O., 768 sowie 772 ff.; der Court of Appeal nahm dabei ausdrücklich auf die Kritik von Prof. Currie in seiner Stellungnahme zu Bernhard in 9 Stan.L.Rev. 281 (1957) Bezug.

192 *Nevarov v. Caldwell,* a.a.O., 768 („This [Anm.: the multiple claimant anomaly] looks like the scales of justice are weighted in favor of the plaintiff.").

193 *Nevarov v. Caldwell,* a.a.O., 774 f.:

> „It becomes necessary in this case to declare the public policy of this state upon the application of the rule of res judicata to multiple claims of different persons for small injuries or property damage against a single defendant or set of defendants growing out of a single accident. We hold that res judicata does not apply to those situations; that such extension to the doctrine would be promotive of litigation and in subversion of sound principles of judicial administration looking for equal justice for all."

preclusion sowie gegen die *nonmutual issue preclusion* zu Lasten des Beklagten des ersten Verfahrens vorgebracht worden war.[194] Da beide Aspekte in ihrem Zusammenspiel für die Urteilsfindung ausschlaggebend waren, blieb jedoch offen, ob auch die jeweiligen Argumente für sich allein genommen eine Ausnahme gerechtfertigt hätten, das heißt ob der *public policy*-Beschränkung auch der *offensive use* zu Lasten des Klägers des ersten Verfahrens bzw. der *defensive use* gegen den Beklagten des ersten Verfahrens unterfallen sollte. Trotz dieser Ungewissheit bot die Entscheidung zumindest hinsichtlich des *offensive use* zu Lasten des Beklagten des ersten Verfahrens zunächst klare Schranken. Diese konnten sich in der Folge jedoch nicht durchsetzen.

In der Entscheidung *Teitelbaum Furs, Inc. v. The Dominion Insurance Company, Ltd.*[195] nahm sich der *California Supreme Court* selbst unter ausdrücklicher Zitierung von *Nevarov* der Frage an, ob das Konzept der *nonmutual issue preclusion* dann an seine Grenzen stößt, wenn es zu Lasten der Partei wirken soll, die im ersten Verfahren nicht die Verfahrensinitiative innehatte, also in der Regel der Beklagte war. Der Gerichtshof befasste sich dementsprechend lediglich mit einem Aspekt der *Nevarov*-Entscheidung und ließ die darüber hinausgehende Problematik des *offensive use* offen. *Justice Traynor* verfasste die Begründung der Entscheidung, in der er das von ihm formulierte *Bernhard*-Dictum zwanzig Jahre nach dessen Erlass bestätigte und es ablehnte, seine Geltung von der Verfahrensstellung desjenigen abhängig zu machen, gegen den sich der Rechtskrafteinwand richtet.[196] Vielmehr sei allein ausschlaggebend, ob die Partei, gegen die sich der Rechtskrafteinwand richtete, im abgeschlossenen Verfahren eine „*full opportunity to litigate*" hinsichtlich der gerichtlich entschiedenen Streitfrage hatte, auf die sich der Rechtskrafteinwand im neuen Verfahren bezog.[197] Im gegebenen Fall

---

[194] Vgl. ausführlich zu den in der Literatur geäußerten Bedenken oben II.1.

[195] 58 Cal.2d 601 (Cal. 1962).

[196] *Teitelbaum Furs, Inc. v. The Dominion Insurance Company, Ltd.*, a.a.O., 604 f.

[197] *Teitelbaum Furs, Inc. v. The Dominion Insurance Company, Ltd.*, a.a.O., 606:

handelte es sich bei dem abgeschlossenen Prozess um ein Strafverfahren von erheblichem Gewicht, in dessen Verlauf unter anderem die Strafbarkeit des gesetzlichen Vertreters der Beklagten wegen Versicherungsbetrugs festgestellt wurde. Hinsichtlich dieser Schuldfrage ging der Gerichtshof für die folgende Zivilklage davon aus, dass das Erfordernis der *full opportunity to litigate* im Strafprozess erfüllt worden war, da im allgemeinen zu erwarten sei, dass ein Angeklagter, der eine Haftstrafe zu erwarten habe, seine Verteidigung umfassend und bis zum Ende durchfechten würde.[198] Es sah den Rechtskrafteinwand der Klägerin dementsprechend als zulässig an.[199]

Indem der Gerichtshof die einseitige Rechtskrafterstreckung auf diesem Wege auch zu Lasten desjenigen für wirksam erklärte, von dem im ersten Verfahren nicht die Verfahrensinitiative ausging, entzog er der klaren Grenzziehung durch *Nevarov* teilweise den Boden. Gleichzeitig deutete er eine flexible Begrenzung der *nonmutual issue preclusion* an, die derjenigen des *U.S. Supreme Court* in *Blonder-Tongue*[200] und des *New York Court of Appeals* in *Schwartz*[201] ähnelte. Der kalifornische oberste Gerichtshof entwickelte aus diesem Ansatz heraus jedoch anders als die beiden anderen *jurisdictions* keine eigenen Richtlinien, anhand derer sich ein einheitlicher Prüfungsstandard für die Angemessenheit der *nonmutual issue preclusion* im Einzelfall hätte ableiten lassen.

Auch hinsichtlich des *offensive use* traf der *California Supreme Court* weder in *Teitelbaum* noch später eine eindeutige Aussage. Die Argumentation in *Teitelbaum* deutet jedoch darauf hin, dass er auch in dieser Hinsicht keine kategorische Ausnahme, sondern eine variable Begrenzung der *nonmutual issue preclusion* auf Grundlage einer individuellen Abwägung der

---

„Although plaintiffs' president did not have the initiative in his criminal trial, he was afforded a full opportunity to litigate the issue of his guilt [...]"

[198] *Teitelbaum Furs, Inc. v. The Dominion Insurance Company, Ltd.*, a.a.O., 606 f.

[199] *Teitelbaum Furs, Inc. v. The Dominion Insurance Company, Ltd.*, a.a.O., 607.

[200] Siehe oben II.2.a).

[201] Siehe oben II.3.

betroffenen Rechtspositionen im jeweiligen Einzelfall bevorzugte. Diese Folgerung wird durch die spätere Rechtsprechung der *California Courts of Appeal* bestätigt, die anders als ihr *Supreme Court* den *offensive use* explizit zuließen und *Nevarov* in diesem Zusammenhang keine besondere Beachtung mehr schenkten.[202] Teilweise wurde die Unterscheidung *offensive use – defensive use* sogar als Anachronismus bezeichnet, der keiner richterlichen Beachtung mehr bedürfe.[203] Der allgemeinen Auffassung entsprach es vielmehr, die so genannten *policy considerations* des jeweiligen Einzelfalls bei der Entscheidung heranzuziehen, ob eine Ausnahme von der grundsätzlichen Bindung anzunehmen sei oder nicht.[204] Als bedeutende *consideration* in diesem Sinne, die zugunsten einer erneuten Erörterung eines bereits entschiedenen *issue* spreche, wurde dabei insbesondere das Recht der gebundenen Partei auf ein *fair adversary hearing* genannt.[205]

Erst in neuerer Zeit bestätigte der *California Supreme Court* die Angemessenheit des von den *Courts of Appeal* vorangebrachten *public policy*-Vorbehalts,[206] wobei er es jedoch erneut versäumte, eigene Kriterien zur

---

[202] Vgl. *Vanguard Recording Society, Inc. v. Fantasy Records, Inc.*, 100 Cal.Rptr. 826, 831 (Cal. Ct. App. 1972); *R. E. Spriggs Co., Inc. v. Adolph Coors Company*, 156 Cal.Rptr. 738, 744 (Cal. Ct. App. 1979).

[203] *R. E. Spriggs Co., Inc. v. Adolph Coors Company*, a.a.O., 744:

„Use of collateral estoppel as a sword is not a novel. [...] the offensive-defensive distinction is an anachronism no longer deserving judicial recognition."

[204] *Kelly v. Trans Globe Travel Bureau, Inc.*, 60 Cal.App.3d 195, 202 (Cal. Ct. App. 1976); *R. E. Spriggs Co., Inc. v. Adolph Coors Company*, a.a.O.; *Imen v. Glassford*, 201 Cal.App.3d 898, 908 (Cal. Ct. App. 1988); *Jackson v. City of Sacramento*, 117 Cal.App.3d 596, 603 (Cal. Ct. App. 1981). Die letztgenannte Entscheidung behandelte allerdings einen Fall der *mutual issue preclusion*, was wiederum zeigt, wie radikal die Abkehr von der *mutuality doctrine* in Kalifornien ausfiel, so dass der Ansatz, der an sich nur zur Begrenzung der *nonmutual issue preclusion* dienen sollte, teilweise auch auf die Anwendung der *issue preclusion* im allgemeinen übertragen wurde.

[205] *Imen v. Glassford*, a.a.O., 906; *Jackson v. City of Sacramento*, a.a.O., 601.

[206] *Vandenberg v. Superior Court*, 21 Cal.4th 815, 829 (Cal. 1999). Diese Entscheidung ist jedoch auch insofern interessant, als der *California Supreme Court* darin Urteile eines privaten Schiedsgerichts (*private arbitration awards*) von den Wirkungen der *nonmutual issue preclusion* ausnahm, soweit nicht etwas Abweichendes von den

Konkretisierung der generalklauselartigen Einschränkung zu entwickeln.[207] Vielmehr zitierte er in diesem Zusammenhang, wie zuvor bereits einige *Courts of Appeal*,[208] die Rechtsprechung des *U.S. Supreme Court*,[209] so dass davon auszugehen ist, dass sich die *California state courts* bei Auswahl und Abwägung der relevanten *policy considerations* an den Richtlinien der *federal courts* orientieren.

Die Grundsätze der *nonmutual issue preclusion* haben damit eine sehr weite Ausdehnung erfahren. Das Fehlen einer klaren Grenzziehung macht es einer Partei in Kalifornien äußerst schwierig, die Folgen ihres Unterliegens für eventuelle spätere Prozesse gegen andere Prozessgegner abzuschätzen.[210] Die Eindämmung unerwünschter Ergebnisse vermag durch die dargelegte Generalklausel erzielt werden. Indem für deren Anwendung jedoch keine verbindlichen Richtlinien vorgegeben werden, fällt die Entscheidung, ob ein Ergebnis im Einzelfall unerwünscht ist und daher zum Ausschluss des Rechtskrafteinwands führt oder nicht, im wesentlichen in das freie Ermessen des mit einem Folgeverfahren befassten Richters, so dass die erhebliche Gefahr einer uneinheitlichen Entscheidungspraxis nicht von der Hand zu weisen ist. Ein verbindlicher, einheitlicher Regelungsstandard ist in Kalifornien somit

---

Parteien des Schiedsverfahrens ausdrücklich vereinbart wurde, und damit von der überwiegenden Mehrheit der US-amerikanischen *jurisdictions* abwich.

[207] Der Gerichtshof stellte hierbei allgemein auf die Gerechtigkeit und Angemessenheit der *nonmutual issue preclusion* ab; siehe *Vandenberg v. Superior Court*, a.a.O., 830:

„Such cases [Anm.: of nonmutual issue preclusion] require close examination to determine whether nonmutual use of the doctrine is fair and appropriate."

[208] Vgl. *Mueller v. J. C. Penney Co.*, 173 Cal.App.3d 713, 720 (Cal. Ct. App. 1985) (nimmt Bezug auf *Blonder-Tongue*); *Imen v. Glassford*, a.a.O., 906 (zitiert *Parklane*-Standard).

[209] *Vandenberg v. Superior Court*, a.a.O., 829 (*Parklane*).

[210] Auf diese Gefahr wies der *California Supreme Court* in *Vandenberg* selbst hin, charakterisierte sie aber als gewöhnliche Begleiterscheinung der *nonmutual issue preclusion*; vgl. *Vandenberg v. Superior Court*, a.a.O., 829:

„This means the loss of a particular dispute against a particular opponent in a particular forum may impose adverse and unforeseeable litigation consequences far beyond the parameters of the original case."

derzeit nicht feststellbar. Die teilweise Anlehnung an die Rechtsprechung des *U.S. Supreme Court* deutet zwar die Entwicklung eines solchen an.[211] Wie eng sich die *state courts* in Zukunft aber an den Vorgaben der *federal jurisdiction* orientieren werden, ist gegenwärtig noch offen.

5. Ansatz nach dem *Restatement (Second)*

Wie die Gerichte der geschilderten *jurisdictions* hat sich das *Restatement (Second)*, das im Jahre 1980 veröffentlicht wurde, ebenfalls dem Grundsatz der *nonmutual issue preclusion* angeschlossen.[212] In der damit verbundenen Abkehr von der *mutuality doctrine* besteht einer der wesentlichen Unterschiede zum *Restatement (First)*, welches noch den Rechtszustand unmittelbar vor der *Bernhard*-Entscheidung des *California Supreme Court* widerspiegelte.[213]

Die Kommentatoren, welche bei der Neufassung des *Restatement of Judgments* auf die Erfahrungen und Entwicklungen in der Rechtsprechung aus nahezu 40 Jahren, die seit der *Bernhard*-Entscheidung mittlerweile vergangen waren, zurückgreifen konnten, wählten in der Eröffnung der *nonmutual issue preclusion* einen ähnlichen Ansatz wie die

---

[211] Beispielsweise lehnte der *Court of Appeal, Fifth Discrict*, in *Sandoval v. Superior Court (Deere & Co.)*, 140 Cal.App.3d 932, 941 (Cal. Ct. App. 1983) die Zulassung des *offensive use* in einem Fall ab, in dem sich der Rechtskrafteinwand des Klägers auf ein *judgment* stützte, das in inhaltlichem Widerspruch zu einem vorhergehenden Urteil zugunsten des Beklagten stand. Das Gericht stützte sich in seiner Begründung vor allem auf die Rechtsprechung der *federal courts*, welche nach seinem Dafürhalten allgemeine Rechtsgrundsätze enthalte, die auch für *state court judgments* gelten; vgl. *Sandoval v. Superior Court (Deere & Co.)*, a.a.O., 944:

„Although Parklane Hosiery Co. and Hardy v. Johns-Manville involved federal court trials, we believe the principles articulated therein concerning the effect of inconsistent verdicts on the application of collateral estoppel are equally pertinent to state court actions."

[212] Siehe *Restatement (Second)*, § 29.

[213] Vgl. hierzu *Restatement (First)*, § 93:

„[A] person who is not a party [...] is not bound or entitled to claim the benefits of an adjudication."

federal courts, indem sie die subjektive Rechtskrafterstreckung zugunsten Dritter als Grundsatz formulierten, von dem stets dann eine Ausnahme zu machen sei, wenn die Partei, gegen die sich der Rechtskrafteinwand richtet, im abgeschlossenen Verfahren keine Gelegenheit hatte, das fragliche *issue* hinreichend zu erörtern (*full and fair opportunity to litigate*), oder andere Umstände vorliegen, die es rechtfertigen, der an sich gebundenen Partei eine erneute Diskussion der bereits entschiedenen Streitfrage zu gestatten.[214] Das *Restatement (Second)* folgte mit der *full-and-fair-opportunity*-Formel somit im wesentlichen dem Ansatz, den der *U.S. Supreme Court* in *Blonder-Tongue* entwickelt[215] und der seither eine weite Verbreitung unter den *state courts* erfahren[216] hatte. Darüber hinaus wiesen die Verfasser aber auch darauf hin, dass es noch andere Gesichtspunkte gebe, die für die Zulassung einer Ausnahme vom Grundsatz der *nonmutual issue preclusion* sprechen konnten.

Die neue Sichtweise wurde damit begründet, dass einer Partei, die bereits eine *full and fair opportunity to litigate an issue* hatte, hinsichtlich der dabei erörterten und entschiedenen Streitfrage bereits in hinreichendem Maße rechtliches Gehör im Sinne der verfassungsrechtlichen *due process clause* gewährt worden sei. In Abwesenheit besonderer Umstände sei daher kein Grund ersichtlich, weshalb der Partei gegenüber einem Dritten die Möglichkeit der erneuten Erörterung und Entscheidung des gleichen *issue* eröffnet werden sollte, außer dass dadurch die Waffengleichheit zwischen den Prozessparteien sichergestellt würde. Dieser Symmetriegedanke, welcher die historische Grundlage der *mutuality doctrine* bildete, sei zwar nicht unerheblich, jedoch nur ein Gesichtspunkt von vielen, die bei der Entscheidung, ob eine Rechtskrafterstreckung zu-

[214] *Restatement (Second)*, § 29:

> „A party precluded from relitigating an issue with an opposing party [...] is also precluded from doing so with another person unless the fact that he lacked full and fair opportunity to litigate the issue in the first action or other circumstances justify affording him an opportunity to relitigate the issue."

[215] Vgl. hierzu oben die Ausführungen zu II.2.a).

[216] Zur der Rechtsentwicklung in New York und Kalifornien siehe oben II.3. und 4.

gunsten Dritter ausnahmsweise nicht erfolgen soll, eine Rolle spielten. Er ändere folglich nichts an der grundsätzlichen Bindung des Dritten, außer wenn ihm im Einzelfall besonderes Gewicht zukäme und keine entgegengesetzten Interessen schwerer wögen.[217]

Die Kommentatoren übernahmen zur Umkehrung des Regel-Ausnahme-Verhältnisses somit wesentliche Elemente des *Bernhard*-Dictums,[218] verwarfen dabei aber im Gegenzug die Erwägungen, die der *mutuality doctrine* zugrunde lagen, nicht vollends, sondern reihten diese in die Summe der Gesichtspunkte ein, die bei der Prüfung einer Ausnahme von der *nonmutual issue preclusion* gegeneinander abzuwägen sind.

Damit war zwar der neue Standpunkt begründet, nicht jedoch die Frage nach dem „Warum" des Doktrinwechsels beantwortet. Die maßgebliche Ursache hierfür mag wie beim *Bernhard*-Dictum selbst in einer veränderten Gewichtung von prozessualer Waffengleichheit und Verfahrensökonomie liegen. Zwar weisen die Verfasser des *Restatement (Second)* ausdrücklich darauf hin, dass die Präklusionswirkung bestimmter gerichtlicher Feststellungen nicht allein durch den Zweck der Vermeidung von Prozesskosten, sondern insbesondere auch durch das Vertrauen in die Richtigkeit der richterlichen Beurteilung gerechtfertigt werde.[219] Jedoch ändert die Hinzuziehung des Vertrauensaspekts nichts daran, dass der Symmetrie der Prozessrisiken nicht mehr der Stellenwert beigemessen wurde wie zuvor, da man die bisherige Ratio der *mutuality doctrine* hinter Argumente zurückstellte, die nicht neu entwickelt worden, sondern in ihrem Zusammenspiel bereits während der Geltung der *mutuality doctrine* als Teil der allgemeinen Grundlagen der *issue preclusion* anerkannt waren.

---

[217] *Restatement (Second)*, § 29 Comment c.

[218] Siehe hierzu oben II.1.

[219] So ausdrücklich *Restatement (Second)*, § 29 Comment f.

Gleichzeitig brachten die Autoren jedoch auch zum Ausdruck, dass sie in der Förderung der Prozessökonomie lediglich eines von zahlreichen widerstreitenden Interessen erkannten, die in ihrem Zusammenwirken unter besonderen Umständen auch zur Versagung der *nonmutual issue preclusion* führen können. Um welche Umstände es sich dabei handeln könnte, wurde exemplarisch anhand einer Aufzählung von Aspekten verdeutlicht,[220] die im Einzelfall zugunsten einer Ausnahme in Erwägung zu ziehen sind.

Danach könne sich beispielsweise aus dem Gesetz, auf dessen Grundlage der abgeschlossene Prozess geführt worden war, ergeben, dass die gerichtliche Bestimmung eines *issue* auf dieses Verfahren beschränkt sein soll. Des weiteren könnten bessere prozessuale Möglichkeiten des zweiten Verfahrens, wie unter anderem die Zulässigkeit der *pretrial discovery* oder die Wahlmöglichkeit des Forums, gegen die Bindung einer Prozesspartei sprechen. Trotz der Berücksichtigung dieses Aspekts erkannte das *Restatement (Second)* aber auch die *nonmutual issue preclusion* zu Lasten des Beklagten des ersten Verfahrens im Grundsatz an.[221] Darüber hinaus spräche es gegen die Zulassung der einseitigen Rechtskrafterstreckung zugunsten des Kläger des zweiten Prozesses, wenn sich dieser ohne weiteres bereits im ersten Prozess auf Seiten des Klägers hätte beteiligen können. Die Autoren reagierten damit auf den weithin kritisierten *option effect.*[222] Außerdem seien widersprechende gerichtliche Feststellungen als Indiz für die Ablehnung der erweiterten Bindung der unterlegenen Prozesspartei zu werten. Das *Restatement (Second)* folgte damit zur Bewältigung der *multiple claimant anomaly* den Vorgaben des *U.S. Supreme Court* in *Parklane.*[223] Im übrigen sei das erste Verfahren auf besondere Umstände hin zu untersuchen, die darauf hindeuten, dass die gerichtliche Entscheidung des fraglichen *issue* in Abwesenheit dieser

[220] *Restatement (Second),* § 29 (1)-(7).

[221] *Restatement (Second),* § 29 Reporter's Note.

[222] Siehe zur Kritik im einzelnen oben II.1.

[223] Siehe hierzu II.2.b).

Umstände zu einem anderen Ergebnis geführt hätte. In diesem Punkt spiegeln sich die Bedenken der Literatur hinsichtlich des so genannten *spillover effect* wider.[224] Weiter sei von Bedeutung, ob die Erstreckung der Bindungswirkung nicht dazu führen könne, den zweiten Prozess, an dem unter Umständen zahlreiche Personen beteiligt sind, zu verkomplizieren oder nachteiligen Einfluss auf die Rechtsposition von anderen Prozessparteien auszulösen, die zwar selbst nicht der Bindungswirkung unterworfen sind, aber in einer besonderen Rechtsbeziehung zur gebundenen Prozesspartei stehen, so dass die nachteilige Feststellung zu Lasten des Gebundenen auch einen nachteiligen Effekt auf die Prozessführung des an sich nicht Gebundenen haben könnte. Die Wirkungserstreckung soll beispielsweise nicht zu einer Voreingenommenheit gegenüber Personen führen, deren Haftung von derjenigen der gebundenen Partei abhängt. Schließlich sei bei *issues of law*, die zwar der *issue preclusion* zugänglich sind, aber nur unter gewissem Vorbehalt deren Bindungswirkung unterliegen, stets zu prüfen, ob bei deren Bewertung die flexiblen Regeln der *stare decisis* nicht angemessener erscheinen als die strengen Regeln der Rechtskraft.[225]

Die vorstehende Aufzählung ist nach eigener Maßgabe des *Restatement (Second)* nicht abschließend, sondern dient lediglich der Illustration möglicher widerstreitender Interessen. Die entscheidende Frage sei dementsprechend nicht, ob eines dieser Kriterien im Einzelfall erfüllt werde, sondern ob die Gesamtwürdigung der Umstände für eine Neuerörterung des *issue* spreche oder nicht.[226] Der Ansatz des *Restatement*

---

224 Vgl. hierzu II.1.

225 Diese Abwägung findet bereits im Rahmen der *mutual issue preclusion* statt; vgl. *Restatement (Second)*, § 28, sowie die Ausführungen zur *issue preclusion* im allgemeinen im 2. Kapitel zu III.2. Im Rahmen der *nonmutual issue preclusion* kommt ihr jedoch besondere Bedeutung zu, da hier die Gefahr des Stillstands in der Weiterentwicklung des Rechts bereits aufgrund der Anzahl der Personen, die sich auf die für sie günstigen gerichtlichen Feststellungen berufen können, weitaus größer ist.

226 *Restatement (Second)*, § 29 Reporter's Note a.E.:

„The ultimate question is whether there is good reason, all things considered, to allow the party to relitigate the issue."

(Second), der sehr der Ansicht des *New York Court of Appeals* in *Schwartz* ähnelt,[227] gibt daher keine einfachen Antworten, stellt aber zumindest einen Rahmen zur Verfügung, innerhalb dessen die Abwägung im Einzelfall vorgenommen werden kann.[228] Er hat somit gegenüber der sehr unverbindlichen kalifornischen Auffassung Vorteile, weist jedoch in Bezug auf die Rechtsklarheit wie der Ansatz der *New York state courts* sowie der *federal courts* deutliche Defizite auf, die im Bereich der Rechtskraft, welche an sich auf Endgültigkeit und Vereinfachung ausgerichtet ist, nur schwer hinzunehmen sind.

Der *modern approach* der neueren Rechtsprechung sowie des *Restatement (Second)* wirft somit die Frage auf, wem tatsächlich damit gedient ist, wenn das mit der Entscheidung eines Rechtsstreits befasste Gericht, anstatt bestehende Streitfragen selbst zu untersuchen, sich zunächst umfangreich anhand zahlreicher Aspekte mit dem Problem auseinanderzusetzen hat, ob gerichtliche Feststellungen zu Lasten einer Partei aus eventuellen Vorprozessen auch im neuen Verfahren Bindungswirkung entfalten oder eine Neuerörterung des *issue* angebracht ist. Das Gericht muss sich dabei von umfangreichen technischen Erwägungen leiten lassen, die für den juristischen Laien oftmals nicht nachzuvollziehen sind. Am Ende dieser Untersuchung kann angesichts der Nachgiebigkeit der relevanten Kriterien nur eine Ermessensentscheidung stehen, die häufig von den subjektiven Überzeugungen des jeweiligen Richters geprägt ist und daher das Vertrauen des Rechtsverkehrs in die Kontinuität gerichtlicher Entscheidung nicht notwendigerweise unterstützt. Ob hierdurch die Verlässlichkeit der richterlichen Rechtsfindung gesteigert oder vielmehr in Zweifel gezogen wird, vermag an dieser Stelle nicht abschließend beurteilt zu werden. Die *mutuality doctrine* mit ihren relativ eng gefassten Ausnahmen erscheint diesbezüglich jedoch aus hiesiger Sicht weniger fragwürdig.

---

[227] Siehe oben II.3.

[228] So auch *Casad/Clemont*, Res judicata, S. 183.

Des weiteren stellt der ermessensgeleitete Ansatz eine neue Herausforderung für die Einheitlichkeit des Rechtssystems innerhalb der Vereinigten Staaten dar. Der Umstand, dass es dem Zusammenspiel zahlreicher einzelfallbezogener Erwägungen überlassen bleiben soll, ob gerichtlichen Feststellungen in einem späteren Rechtsstreit unter Beteiligung neuer Personen Bindungswirkung verliehen wird, birgt zum einen die Gefahr in sich, dass Richter sich bei ihrer Ermessensentscheidung in Folgeverfahren von Ressentiments gegenüber Urteilen aus fremden *jurisdictions*[229] leiten lassen, die im Rahmen klarer Regeln hinsichtlich der einseitigen Rechtskrafterstreckung zugunsten Dritter keinen Raum hätten. Unter Hinweis auf abweichende Verfahrensvorschriften der eigenen *jurisdiction* kann oftmals ein Fehlen der *full and fair opportunity to litigate* begründet werden, welche nach allgemeiner Ansicht eine Ausnahme vom Grundsatz der *nonmutual issue preclusion* rechtfertigt. Die Wirkungsbeschränkung eines unliebsamen Urteils könnte auf diese Weise erreicht werden, ohne dass sachfremde Erwägungen festzustellen wären. Zum anderen ist das Risiko gegeben, dass die Gerichte verschiedener *jurisdictions* für ihre Ermessensentscheidung unterschiedliche Richtlinien entwickeln, so dass selbst innerhalb des Kreises der Staaten, die der *mutuality rule* mittlerweile abgeschworen haben, ungleiche Prüfungsstandards nebeneinander existieren.[230] Mögliche Folge beider Gefahren ist, dass ein Urteil eines *state* oder *federal court* in Verfahren vor Gerichten einer anderen *jurisdiction* nicht die gleichen Wirkungen entfaltet wie im Ursprungsstaat. Die Geltung der verfassungsrechtlichen *full faith and credit clause*[231] wäre damit nicht mehr gewährleistet. Auch vor diesem Hintergrund ist die weitgehende Aufgabe der historischen *mutuality rule* als bedenklich zu bewerten.

---

[229] Zu der fehlenden Respektierung der *state courts* durch die *federal courts* in *habeas corpus*-Fragen: *Note*, 109 Harv.L.Rev. 792, 801 (1996).

[230] Auf dieses Risiko weißt *Brownewell*, 37 Val.U.L.Rev. 879, 913 f. (2003) im Zusammenhang mit der unterschiedlichen Entwicklung der Rechtsprechung hinsichtlich der Bindungswirkung von *alternative determinations* im Rahmen der *issue preclusion* ebenfalls hin.

[231] Vgl. zur *full faith and credit clause* gemäß *article IV sec. 1 U.S. Constitution* sowie deren Bedeutung für die amerikanische Rechtskraftlehre ausführlich im 2. Kapitel die Erläuterungen unter I.5.

5. Kapitel: *Ergebnis*

I. Zusammenfassung

Als Ergebnis der vorstehenden Ausführungen ist Folgendes festzuhalten:

Die Rechtskraftwirkungen US-amerikanischer Urteile gliedern sich in zwei Kategorien, welche als *claim preclusion* und *issue preclusion* bezeichnet werden.

Claim preclusion verhindert die erneute Klageerhebung in derselben Sache. Der streitgegenständliche *claim* geht entweder im stattgebenden Urteil auf (*merger*) oder wird durch ein klageabweisendes Urteil gesperrt (*bar*).

Issue preclusion schützt dagegen unabhängig vom jeweiligen Streitgegenstand vor der erneuten Erörterung und Entscheidung identischer Streitfragen. Je nach dem, ob sich eine Streitfrage bei der Geltendmachung desselben *claim* oder eines anderen *claim* erneut stellt, unterscheidet man zwischen zwei Erscheinungsformen der *issue preclusion*, dem seltenen *direct estoppel* und dem weitaus häufigeren *collateral estoppel*.

Innerhalb der föderalen Struktur der Vereinigten Staaten richtet sich die kollisionsrechtliche Behandlung der vorstehenden Wirkungen generell nach dem Recht des Bundesstaates, in dem das jeweilige Urteil gefällt wurde. Dies gilt grundsätzlich auch bei der Beurteilung von *federal court judgments*. Bundesrecht kommt dagegen in der Regel nur dann zum Zuge, wenn das erste Verfahren der *exclusive federal jurisdiction* unterlag.

Die *claim preclusion* entspricht dem deutschen Rechtskraftverständnis am ehesten. Ihr liegt jedoch ein sehr weiter Streitgegenstandsbegriff zugrunde, der sich anders als im deutschen Recht nicht an dem konkreten Klagebegehren, sondern an dem der Klage zugrunde liegenden einheitlichen Lebenssachverhalt orientiert.

Die *issue preclusion* ist dem deutschen Rechtskraftverständnis dagegen fremd; sie ähnelt in ihrer Wirkung allenfalls der Interventionswirkung gemäß § 68 ZPO, indem sie gerichtlichen Feststellungen, die im Rahmen der Urteilsfindung getroffen wurden, Bindungswirkung für Folgeverfahren verleiht. Sie umfasst grundsätzlich sowohl die Beantwortung von Rechts- wie von Sachfragen, über die sich die Parteien des abgeschlossenen Verfahrens streitig auseinandergesetzt haben und die bei der Urteilsfällung entscheidungserheblich waren.

Beide Gruppen von Urteilswirkungen sind in Folgeprozessen nur auf entsprechende Einrede hin zu berücksichtigen und unterliegen einer Reihe von Ausnahmen. Eine solche Ausnahme ist häufig dann anzutreffen, wenn ein neues Verfahren erheblich bessere prozessuale Möglichkeiten für die Parteien bereit hält als das abgeschlossene. Hierin spiegelt sich die besondere Bedeutung des rechtlichen Gehörs als Ausprägung der verfassungsrechtlichen *due process clause* wider.

Als weitere Folge des Verfassungsgebots unterscheidet man bei der Bestimmung der subjektiven Grenzen von *claim* und *issue preclusion* danach, wer durch die Wirkungen gebunden und wer durch sie berechtigt wird.

Gebunden sind in erster Linie die Parteien des abgeschlossenen Prozesses. Das amerikanische Recht legt bei der Bestimmung der Prozessparteien einen formellen Parteibegriff zugrunde, der anders als das deutsche Recht auch den in einen fremden Rechtsstreit intervenierenden Dritten mitumfasst.

Parteien unterliegen den Bindungswirkungen der Rechtskraft ausnahmsweise dann nicht, wenn sie im abgeschlossenen Verfahren nur Partei im nominellen Sinne waren, d.h. den tatsächlich prozessführenden Personen lediglich ihren Namen zur Verfügung gestellt haben und die Gegenseite dies wusste. Darüber hinaus sind sie auch dann nicht gebunden, wenn sie prozessunfähig waren und ihre Rechtswahrnehmung im Prozess nicht sichergestellt wurde, oder wenn sie in abgeschlossenen Verfahren nicht für sich selbst, sondern in einer *representative capacity* für andere aufgetreten sind. Schließlich wird eine Ausnahme von der Bindung der Parteien im Verhältnis zu ihren Streitgenossen diskutiert, falls beide Seiten ihrer Prozessführung einen einheitlichen Vortrag zugrunde legten und keine gegensätzlichen Ausführungen zu den gleichen Streitfragen präsentierten. Allen Ausnahmen liegt die Erwägung zugrunde, dass eine Person nicht gebunden sein sollte, wenn sie im ersten Verfahren entweder keine Möglichkeit oder keinen Anlass hatte, ihre Rechte gegenüber dem Widersacher in hinreichendem Maße wahrzunehmen.

Neben den Parteien sind auch prozessunbeteiligte Dritte an die Rechtskraftwirkungen eines Urteils gebunden, wenn sie in einem Näheverhältnis zu einer Partei standen, kraft dessen ihre Rechte im Prozess hinreichend repräsentiert wurden. Diese Beziehung zwischen Prozesspartei und Nichtpartei wird gemeinhin als *privity* bezeichnet.

Aufgrund seiner Heterogenität lassen sich allgemeine Aussagen über Art und Natur des *privity*-Verhältnisses nicht treffen. Innerhalb der verschiedenen Fallgruppen von *privity* lassen sich aber drei Unterkategorien bilden, die sich in dem wesentlichen Merkmal unterscheiden, auf dessen Grundlage der Einbeziehung des Dritten gegenüber Bedenken des rechtlichen Gehörs der Vorzug eingeräumt wird. Als Merkmale in diesem Sinne sind die enge materiell-rechtliche Verbindung zwischen einer Prozesspartei und dem Dritten (*substantive privity*), die prozessuale Repräsentation der Drittinteressen durch eine Prozesspartei (*procedural privity*) und das besondere außerprozessuale Verhalten des Dritten (*privity by conduct*) zu nennen. Die Unterscheidung beruht damit auf den drei Faktoren, die für die Bewertung der Beziehung zwischen Partei und gebundener Nichtpartei maßgeblich sind, nämlich der Qualität ihrer Verbindung, dem prozessualen Verhalten der Partei sowie dem außerprozessualen Handeln der Nichtpartei.

Bei der *substantive privity* erscheint eine Partei aufgrund ihrer besonderen rechtlichen Verbindung zu einem prozessunbeteiligten Dritten als dessen prozessualer Repräsentant. Der Umfang, in dem die Nichtpartei an die Ergebnisse des fremden Prozesses gebunden wird, orientiert sich dabei an dem Grad ihres Näheverhältnisses zu der jeweiligen Prozesspartei. *Substantive privity* kann beispielsweise auf Rechtsnachfolge, auf familienrechtlichen Beziehungen, auf der Verpflichtung zur Schadloshaltung oder auf der mitgliedschaftlichen Verbindung des Dritten in einer privatrechtlichen Organisationsform beruhen.

Am weitesten geht die Einbeziehung des Dritten in die Rechtskraftwirkungen bei einem Urteil gegen seinen Rechtsvorgänger. Der gute Glauben des Dritten ist für die Frage seiner Bindung außer in einigen Fällen der Rechtsnachfolge *lite pendente* grundsätzlich nicht von Belang.

Familienrechtliche Beziehungen können die Einbeziehung eines Dritten in die Bindungswirkungen eines Urteils insoweit rechtfertigen, als der Dritte Schadensersatzansprüche geltend macht, die sich aus der Verletzung eines Familienmitglieds ergeben, und der Anspruchsgegner bereits zuvor von dem verletzten Familienmitglied wegen desselben Vorfalls gerichtlich in Anspruch genommen wurde. Der Grad der subjektiven Wirkungserstreckung hängt dabei von der Art des geltend gemachten Anspruchs ab und variiert insofern erheblich.

Die Verpflichtung eines Dritten zur Schadloshaltung einer Prozesspartei kann dann zur Bejahung von *substantive privity* führen, wenn die berechtigte Partei den verpflichteten Dritten im Wege des *vouching in* von der anhängigen Klage benachrichtigte und ihn zur Unterstützung bei ihrer Rechtsverteidigung aufforderte. Das *vouching in* entspricht in seiner

Funktion und Wirkung damit weitgehend der Streitverkündung deutschen Rechts gemäß §§ 72 ff. ZPO. Anders als nach herrschender Meinung in Deutschland führt das *vouching in* jedoch bezüglich der gerichtlichen Beantwortung von solchen Streitfragen, hinsichtlich derer die Interessen von Partei und Drittem divergieren, regelmäßig nicht zur Bindung des Dritten.

Die mitgliedschaftliche Verbindung im Rahmen einer *corporation, partnership* oder *unincorporated association* kann ebenfalls *substantive privity* zwischen einem Dritten und einer prozessbeteiligten Organisation begründen, der er angehört. Die subjektive Wirkungserstreckung hängt dabei stark von der Festigkeit und Dauer der materiell-rechtlichen Verbindung der Mitglieder untereinander ab. In dem Maße, in dem dieses Band schwächer wird, reduziert sich grundsätzlich auch die Wirkungserstreckung zu Lasten der Nichtpartei.

Bei der *procedural privity* beruht die Erstreckung der Urteilswirkungen zu Lasten eines Dritten darauf, dass seine Interessen im Rahmen des fremden Prozesses durch eine der Parteien repräsentiert wurden. Dies bedeutet nicht, dass in diesen Fällen das Näheverhältnis zwischen Partei und Drittem entbehrlich wäre. Die Verbindung bedarf aber nicht derselben Intensität wie im Falle der *substantive privity* und muss nicht rechtlicher Natur sein. Beispiele für eine hinreichende prozessuale Repräsentanz bilden die Prozessführung durch einen privaten Treuhänder oder auch durch einen öffentlichen Hoheitsträger im „auch-privaten" Interesse.

Einen besonderen Fall der *procedural privity* stellt die *class action* dar, die es ermöglicht, einen *claim* zugunsten oder zu Lasten einer Vielzahl von Personen geltend zu machen, ohne dass diese Parteien im formellen Sinne werden müssten. Der Schutz der Interessen der abwesenden *class members* erfolgt dabei im wesentlichen durch die Beteiligung von *class representatives* sowie durch eine sehr weitgehende Kontrollbefugnis des Gerichts. Das abschließende *class action judgment* bindet grundsätzlich alle abwesenden *class members*. Die Bindungswirkung entfällt jedoch hinsichtlich derjenigen *class members*, die nicht ordnungsgemäß von der *class action* benachrichtigt wurden, die ein eventuelles Recht zum Verlassen der *class* ausgeübt haben (so genanntes *opting out*) oder deren Interessen trotz gerichtlicher Kontrolle von den *class representatives* nicht adäquat repräsentiert wurden.

Ein über diese Fälle der *procedural privity* hinausgehendes Konzept der *virtual representation* ist abzulehnen. Zwar wurde ein solches im wesentlichen durch einen *Federal Court of Appeal* vorgeschlagen, jedoch selbst von diesem nicht konsequent umgesetzt. Der Begriff basiert auf der Überlegung, Dritte allein deshalb an die Rechtskraftwirkungen eines Urteils zu binden, weil ihre Interessen identisch mit denen einer Prozesspartei waren und daher faktisch mitrepräsentiert wurden. Das Konzept konnte sich aufgrund seiner Schrankenlosigkeit in der Folge nicht durchsetzen. Geblieben ist lediglich das Schlagwort der *virtual representation* mit verschiedenen Bedeutungsinhalten.

In den Fällen der *privity by conduct* beruht die Einbeziehung des Dritten in die Bindungswirkung des Urteils unmittelbar auf dessen außerprozessualem Verhalten. Verhalten in diesem Sinne bedeutet stets mehr als bloße Untätigkeit trotz faktischer Möglichkeit des Verfahrenseintritts. In der Regel ist ein positives Tun erforderlich, aufgrund dessen der Dritte den Ausgang des fremden Verfahrens auch für sich als verbindlich anzusehen hat.

Dies ist zum einen dann der Fall, wenn der Dritte zum Schutz eigener Interessen die Prozessführung einer Partei maßgeblich kontrolliert hat. Dabei gilt ein strenger Maßstab, da die Rechtskraftwirkungen das rechtliche Gehör des Dritten nicht unerheblich einschränken. Nur wenn die Prozessführung der Partei aufgrund der faktischen äußeren Einflussnahme als diejenige des Dritten erscheint, bedarf es keiner gesonderten gerichtlichen Anhörung des Dritten. Ob der Dritte darüber hinaus ein eigenes, unmittelbares wirtschaftliches Interesse am Ausgang des fremden Prozesses aufweisen muss, ist umstritten und nach hier vertretener Ansicht abzulehnen.

Privity by conduct kann sich zum anderen auch daraus ergeben, dass sich der Dritte den Rechtskraftwirkungen eines Urteils ausdrücklich oder mit hinreichender Klarheit stillschweigend unterworfen hat. Entsprechende Erklärungen sind in der Praxis überaus selten.

Einen Sonderfall, in dem Verfahrensunbeteiligte in Abwesenheit von *privity* an die Rechtskraftwirkungen eines Urteils gebunden werden, stellen die *judgments strictly in rem* sowie die *judgments over status* dar. Als *judgment strictly in rem* bezeichnet man ein Feststellungs- oder Gestaltungsurteil, welches ein aufgebotsähnliches Verfahren abschließt und die dinglichen Rechte an einer Sache regelt. Unter einem *judgment over status* versteht man ein Urteil, das die Statutsverhältnisse einer Person, also ihre dauerhaften Rechtsbeziehungen zur Gesellschaft oder zu einer anderen Person begründet, verändert oder beendet. Beide Urteilsarten entfalten in ihrer Gestaltungswirkung grundsätzlich Wirkung inter omnes. Zweck dieser Erweiterung ist das Interesse der Allgemeinheit an einer klaren dinglichen Rechtslage und eindeutigen Statusverhältnissen. Bei den Statusverhältnissen hat die Wirkungserstreckung ihre Grenze in der Zumutbarkeit für unmittelbar von der Statusbestimmung betroffene, aber dennoch verfahrensunbeteiligte Personen. Keine besonderen Modifikationen hinsichtlich ihrer subjektiven Rechtskraftgrenzen weisen die *judgments quasi in rem* auf, die mit den beiden anderen Arten der *nonpersonal judgments* somit nicht gleichgesetzt werden dürfen.

Wer durch die Wirkungen der *claim* und *issue preclusion* gebunden ist, wird durch sie auch berechtigt. Dies bedeutet, dass die Parteien und Nichtparteien, die bei ungünstigem Ausgang eines Verfahrens an dessen Ergebnisse gebunden wären, im Falle eines positiven Prozessergebnisses dieses gegen den gebundenen Kreis von Personen der Gegenseite in zukünftigen Prozessen als Angriffs- oder Verteidigungsmittel einsetzen können.

Ob und in welchem Maße über diesen Personenkreis hinaus auch nicht gebundene Dritte sich die Rechtskraftwirkungen eines Urteils zunutze machen können, wird uneinheitlich beantwortet. Nach der historischen *doctrine of mutuality* wird nur den Personen eine Berechtigung zuerkannt, die gleichzeitig der Bindung des Urteils unterliegen. Grund für diesen restriktiven Ansatz ist der Gedanke der Gleichbehandlung der Prozessparteien in Folgeprozessen.

Die *doctrine of mutuality* gilt in der Mehrzahl der *jurisdictions* heute nur noch für den Bereich der *claim preclusion* und wird in diesem Zusammenhang nicht mehr mit Gleichheitserwägungen, sondern mit der begrenzten subjektiven Reichweite des *claim*-Begriffes erklärt. Überzeugender als diese neue Begründung ist jedoch die Unterscheidung zwischen *mandatory* und *permissive joinder,* die indirekt aufgehoben werden würde, wenn ein Kläger seinen *claim* auch gegen Personen einbüßen könnte, die er im Rahmen des *permissive joinder* zwar mitverklagen konnte, nach den Regeln des *mandatory joinder* aber nicht musste.

Im Bereich der *issue preclusion* hat die *doctrine of mutuality* ihre Bedeutung dagegen weitgehend verloren. Seit der wegweisenden Entscheidung *Bernhard v. Bank of America National Trust & Savings Association* des *California Supreme Court* aus dem Jahr 1942 haben sich nahezu alle *jurisdictions,* darunter insbesondere die *federal courts* sowie die *New York* und *California state courts,* dem Konzept der *nonmutual issue preclusion* angeschlossen. Maßgebliches Motiv für die Zubilligung der *issue preclusive effects* zugunsten der nicht gebundenen Verfahrensunbeteiligten war die Entlastung der Folgeprozesse von der erneuten Erörterung bereits entschiedener Sach- oder Rechtsfragen. Die Änderung beruht daher vornehmlich auf verfahrensökonomischen Erwägungen.

Die schrankenlose Ausdehnung des Kreises der Berechtigten führt jedoch zu zahlreichen Folgeproblemen. Zunächst kann die weite Bindung zur Eskalation des ersten Verfahrens führen, dessen Streitgegenstand an sich keiner extensiven Erörterung bedürfte. Des weiteren kann die schrankenlose Bindung eine falsche Entscheidung oder Besonderheiten der ersten Entscheidung in neue Sachverhalte hinein perpetuieren. Für einen unterlegenen Beklagten kann seine Bindung gegenüber Dritten die Manifestation seiner ungünstigen Verfahrensstellung bedeuten. Wird *nonmutual issue preclusion* von Dritten als Angriffsmittel eingesetzt, sind die möglichen Nebenfolgen noch fragwürdiger. Im Falle von Massenverletzungen kann dies bei einer Reihe von Klagen zur *multiple claimant anomaly* führen, d.h. der Beklagte kann eine Anzahl von Verfahren für sich entscheiden und trotzdem mit dem ersten ungünstigen Urteil alle weiteren Verfahren faktisch verlieren. Mögliche Kläger könnte dieser Umstand dazu veranlassen, zunächst untätig zu bleiben und den ersten günstigen Prozessausgang abzuwarten, anstatt gemeinsam gegen den Beklagten beispielsweise im Rahmen einer *class action* vorzugehen, womit das Ziel der Verfahrenskonzentration und -ökonomie konterkariert werden würde. Für den Gebundenen schließlich wären die Folgen seines Unterliegens in einem an sich unbedeutenden Verfahren für spätere Prozesse durch Einräumung des *offensive use* nicht mehr vorhersehbar.

Insbesondere die *federal courts* haben sich dieser Bedenken unmittelbar angenommen. Sie lehnen *nonmutual issue preclusion* zu Lasten einer Partei ab, die im ersten Verfahren keine *full and fair opportunity to litigate* hatte. Im Falle des *offensive use* wird diese Schranke dadurch konkretisiert, dass eine Wirkungserstreckung zugunsten Dritter dann ausscheidet, wenn das zweite Verfahren nicht abgesehen werden konnte, widersprechende Urteile vorliegen oder dem Unterlegenen im zweiten Verfahren prozessuale Möglichkeiten zur Verfügung stehen, die im ersten Prozess nicht gegeben waren. In dieser Einschränkung kommt erneut die besondere Bedeutung des rechtlichen Gehörs im amerikanischen Prozessrecht zum Tragen. Um der Gefahr der *wait-and-see-attitude* vorzubeugen und den mit der *nonmutual issue preclusion* verfolgten Zweck der Prozessökonomie zu wahren, soll der *offensive use* zudem eingeschränkt werden, wenn der Dritte sich ohne weiteres unmittelbar am ersten Verfahren hätte selbst beteiligen können.

Neben diesen weichen Schranken werden aber auch kategorische Ausnahmen von der Zulässigkeit der *nonmutual issue preclusion* gemacht, wenn sie gegen das *federal government* eingesetzt werden soll oder von einem *class member* geltend gemacht wird, das die abgeschlossene *class action* im Wege des *opting out* verlassen hat und sich gleichwohl auf deren günstigen Ausgang berufen will.

Gegenüber den *federal courts* bevorzugen die *state courts* der Bundesstaaten New York und Kalifornien bei ihren Ausnahmen von der *nonmutual issue preclusion* einen flexibleren Ansatz, der im wesentlichen aber ebenfalls auf dem *full and fair opportunity test* beruht und sich insbesondere im Falle Kaliforniens an der bundesgerichtlichen Rechtsprechung orientiert. Das *Restatement (Second)* schließlich als Spiegel und Mittel der Fortentwicklung des amerikanischen Rechts folgt dem Weg der *federal courts*, bringt aber darüber hinaus weitere Abwägungskriterien in die Diskussion um die Beschränkung der *nonmutual issue preclusion* mit ein.

Die subjektiven Grenzen der *issue preclusion* lassen sich daher heute, mehr als sechs Jahrzehnte nach der *Bernhard*-Entscheidung des *California Supreme Court* kaum mehr absehen. Durch flexible Schranken, die auf einzelfallbezogenen Abwägungsentscheidungen beruhen, wird zwar einigen Bedenken, die gegenüber der Eröffnung der *issue preclusion* zugunsten Dritter vorgebracht wurden, Rechnung getragen. Dafür wird im Gegenzug aber ein wichtiges Ziel der Rechtskraft, nämlich die Förderung der Rechtssicherheit und Rechtsklarheit, geopfert. Viele Abgrenzungen lassen sich nur noch schwer nachvollziehen. Angesichts dessen erscheint die historische *doctrine of mutuality* mit ihren relativ engen Ausnahmen gegenüber der überwiegend an ökonomischen Erwägungen ausgerichteten *nonmutual issue preclusion* mit ihren unklaren Konturen als vorzugswürdig.

II. Stellungnahme

Die vorliegende Untersuchung zeigt, dass die subjektiven Grenzen der Rechtskraft US-amerikanischer Urteile erheblich weiter sind als die entsprechender deutscher Urteile.

Während die Grundsätze der *substantive privity* im deutschen Recht in gesetzlichen Vorschriften wie zum Beispiel § 325 ZPO oder materiellrechtlichen Erwägungen[1] noch gewisse Parallelen finden, ist dies bei der *procedural privity* weitaus weniger[2] und bei der *privity by conduct* nahezu gar nicht mehr der Fall. Im Vergleich zur Einbeziehung Dritter in die Bindungswirkung der Rechtskraft erscheint die einseitige Berechtigung Dritter durch die Rechtskraftwirkungen eines Urteils sogar noch fremder.[3]

Zwar stellt sich die Frage der einseitigen Erstreckung der Rechtskraft zugunsten Dritter im deutschen Recht nicht in gleicher Weise, da dieses eine allgemeine, der *issue preclusion* vergleichbare Urteilswirkung nicht kennt.[4] Jedoch zeigt sich die Zurückhaltung in der Zubilligung von Urteilswirkungen zugunsten Dritter hierzulande bereits darin, dass die Interventionswirkung des § 68 ZPO im Falle der Streitverkündung nach herrschender Meinung allein der streitverkündenden Partei und nicht auch dem streitverkündeten Dritten zugute zukommen soll.[5]

---

[1] Vgl. hierzu *Schack*, NJW 1988, S. 871, mit Verweis unter anderem auf die Grundsätze der Gesellschafter- oder Bürgenhaftung.

[2] Eine Entsprechung findet sich beispielsweise im Bereich der Prozessstandschaft; eine Bindung Dritter kraft prozessualer Repräsentanz im Rahmen einer *class action* ist dem deutschen Recht dagegen gänzlich unbekannt.

[3] Vgl. *Schack*, NJW 1988, S. 872; *ders.*, Internationales Zivilverfahrensrecht, S. 306.

[4] Vgl. *Engelmann-Pilger*, S. 127.

[5] Für die herrschende Meinung: *BGHZ* 100, 257, 160; *Thomas/Putzo*, § 68 Rn. 1. Anderer Ansicht dagegen: *Häsemeyer*, ZZP 84 (1971), S. 198; *ders.*, JR 1988, S. 70; *Wieczorek/Schütze/Mansel*, § 68 Rn. 11; *Stein/Jonas/Bork*, § 68 Rn. 12.

Das deutsche Recht verwehrt somit einem Dritten sogar dann die Berufung auf die Grundlagen eines fremden Urteils, wenn ihm in dem zugrunde liegenden Zivilverfahren zuvor förmlich der Streit verkündet worden war und er sich in der Folge möglicherweise aktiv am Prozess beteiligt hat.

Diese Unterschiede sind auch für die Frage der Anerkennung der US-amerikanischen Rechtskraftwirkungen in Deutschland, die an sich nicht Gegenstand dieser Arbeit ist, auf die dennoch abschließend ein Blick geworfen werden soll, von Bedeutung.

Dabei ist zunächst die Anerkennungsfähigkeit der amerikanischen Urteilswirkungen im allgemeinen ohne Blick auf ihre konkrete subjektive Reichweite zu überprüfen. Diese Anerkennungsfähigkeit wird derzeit für die *claim preclusion* aufgrund weitreichender Entsprechung mit dem deutschen Rechtskraftverständnis überwiegend bejaht,[6] für die *issue preclusion* dagegen mehrheitlich verneint.[7]

Soweit man die *claim preclusion* mit der Mehrheit im Grundsatz als anerkennungsfähig erachtet, ist ihr auch in ihrem weiten subjektiven Umfang im Inland grundsätzlich Wirkung zu verleihen, da die Wertungen der *lex fori* in subjektiver Hinsicht nicht in gleicher Weise den Vorrang genießen wie bei der Prüfung des objektiven Wesensgehalts des fremden Rechtskraftkonzepts.[8] Die Grenze findet die Anerkennung aber in jedem Fall in den Grundrechten der im Vorprozess unterlegenen Partei und dabei insbesondere in der Gewährleistung rechtlichen Gehörs durch Art. 103 Abs. 2 GG.

---

6 Siehe *Mansel*, in: *Heldrich/Kono*, Herausforderungen des internationalen Zivilverfahrensrechts (1994), S. 72 m.w.N.

7 Vgl. statt aller *Stein/Jonas/Roth*, § 328 Rn. 8 m.w.N.

8 Vgl. *Stein/Jonas/Roth*, § 328 Rn. 9.

Geht man mit einer Minderheitsansicht[9] ebenfalls von der generellen Anerkennungsfähigkeit der *issue preclusion* im Inland aus, so gilt für ihren subjektiven Umfang das für die *claim preclusion* Gesagte im Grundsatz entsprechend. Eine Besonderheit ergibt sich jedoch im Bereich der *nonmutual issue preclusion*, der in subjektiver Hinsicht über die Grenzen der *claim preclusion* und des deutschen Rechtskraftverständnisses weit hinausführt. In diesen Fällen wurde der gebundenen Partei zwar bereits rechtliches Gehör gewährt, jedoch nicht gegenüber dem Gegner des neuen Prozesses. Die Anerkennung einer Bindung gegenüber neuen Widersachern würde im Vergleich zum deutschen Recht zu einer erheblichen Erweiterung des Prozessrisikos für den Unterlegenen führen.[10] Dem Umstand, dass eine Partei durch das Unterliegen in einem Prozess faktisch zahlreiche Folgeverfahren gegen eine unbestimmte Vielzahl von Personen mitverlieren könnte, würden aber zahlreiche Ressentiments des deutschen Rechts widersprechen, die in der Vergangenheit gegenüber der *class action* geäußert wurden. Zudem würde der Konturlosigkeit der amerikanischen Rechtslage in subjektiver Hinsicht ein Einfallstor in den deutschen Rechtsverkehr eröffnet, das aus Gründen der Rechtsklarheit nur schwerlich hinnehmbar wäre.

Selbst bei unterstellter genereller Anerkennungsfähigkeit der *issue preclusion* im allgemeinen stößt die Anerkennung der einseitigen Wirkungserstreckung dieser Urteilswirkung zugunsten Dritter somit auf erhebliche Bedenken.

Die amerikanische *Res judicata*-Lehre ist die richterliche Reaktion auf die überbordende Prozessbereitschaft und die damit verbundene Überlastung der Gerichte in den Vereinigten Staaten. Sie verfolgt in ihrer weiten subjektiven Dimension die Sicherung des Rechtsfriedens und der Verfahrensökonomie. Dabei verwandelt sie ein Urteil jedoch in etwas, was es eigentlich nicht ist:

---

9 *Mansel*, a.a.O., S. 73.

10 So auch *Schack*, NJW 1988, S. 872; *ders.*, Internationales Zivilverfahrensrecht, S. 306.

Die richterliche Entscheidung eines konkreten Rechtsstreits auf Grundlage des prozessualen Parteivortrags wird im Verhältnis zahlreicher Personen untereinander zur nicht weiter hinterfragbaren Feststellung der Wahrheit.

Zwar fördert das amerikanische Recht auf diese Weise die öffentliche Achtung vor der richterlichen Tatsachen- und Rechtsfindung, da sie deren Ergebnis für zahlreiche Personen als verbindlich erklärt und somit die für juristische Laien teilweise schwerlich nachvollziehbare Folge des deutschen Rechts vermeidet, dass ein Gericht in einem späteren Verfahren über Fragen diskutiert oder gar Beweis erhebt, die in einem bereits rechtskräftig abgeschlossenen Verfahren richterlich entschieden wurden.

Gleichzeitig opfert es aber ein großes Maß an materieller Gerechtigkeit und erreicht dabei nicht immer den erstrebten Rechtsfrieden, da die Konturlosigkeit der Doktrinen wesentliche Ziele der Rechtskraft, nämlich die Förderung von Rechtsklarheit und -sicherheit, in Frage stellt.

Die zunächst begünstigte Gleichmäßigkeit der richterlichen Entscheidung sowie das damit erzeugte Vertrauen des Rechtssuchenden in das rechtskräftige Urteil wird somit durch undeutliche und oftmals schwerlich nachvollziehbare Einschränkungen wieder in Frage gestellt.

Dabei darf nicht verhehlt werden, dass der amerikanische Zivilprozess aufgrund der dortigen Prozessflut vor anderen Herausforderungen steht als der deutsche. Vergegenwärtigt man sich die Dimension der Klagen im Zusammenhang mit den Asbestschädigungen oder dem Baycol-/Lipobay-Rückruf, so erkennt man in der stetig erneuten Erörterung sich wiederholender Streitfragen die damit verbundenen Gefahren für eine funktionsfähige Justiz. Angesichts dieser Risiken erscheint die Erweiterung der subjektiven Grenzen der *Res judicata*-Lehre mit ihren problematischen Ausnahmen nachvollziehbar und hinnehmbar.

Dies bedeutet jedoch nicht, dass diese Wirkungen auch hierzulande in vollem Umfang Anerkennung finden müssten. Die Achtung vor dem fremden Urteil fordert nicht, die prozessualen Möglichkeiten, die das deutsche Recht den Parteien eröffnet, in gleicher Weise zu beschneiden wie in den Vereinigten Staaten. Da sich die deutschen Gerichte nicht in einer vergleichbaren Lage befinden wie die amerikanischen, muss die Abwägung zwischen rechtlichem Gehör und Verfahrensökonomie hierzulande anders ausfallen als dort.

Durch den ordre public-Vorbehalt des § 328 Abs. 1 Nr. 4 ZPO findet diese veränderte Gewichtung aufgrund ihrer verfassungsrechtlichen Dimension unmittelbaren Eingang in die Anerkennungsentscheidung. Art. 103 Abs. 2 GG erscheint somit als äußerste Grenze der subjektiven Wirkungserstreckung in Deutschland.

Literatur

The American Law Institute Restatement of the Law of Judgments, St. Paul (Minn.) 1942, zit.: *Restatement (First)*

The American Law Institute Restatement of the Law Second, Judgments 2d, Vol. 1 (§§ 1 to 42), Vol. 2 (§§ 42 to End), St. Paul (Minn.) 1982, zit.: *Restatement (Second)*

Baio, Jo-Anne M. Loss of consortium: A derivative injury giving rise to a separate cause of action, in: 50 Ford.L.Rev. 1344-1370 (1982)

*Behrends, Okko u.*a. Corpus Iuris Civilis, Text und Übersetzung, Band I Institutionen, 2. Auflage, Heidelberg 1997, zit.: *Corpus Iuris Civilis*

Bone, Robert G. Rethinking the „Day in Court" Ideal and Nonparty Preclusion, in: 67 N.Y.U. L.Rev. 193-293 (2000)

Bromberg, Alan R. Enforcement of partnership obligations – Who is sued for the partnership?, in: 71 Neb.L.Rev. 143-191 (1992)

Brownewell, Monica Renee Rethinking the Restatement view (again!): Multiple independent holdings and the doctrine of issue preclusion, in: 37 Val.U.L.Rev. 879-928 (2003)

Buckley, F.H./ Gillen, Mark/ Yalden, Robert Corporations – Principles and Policies, 3. Auflage, Toronto 1995, zit.: *Buckley/Gillen/Yalden,* Corporations

Carlisle, Jay Second Circuit 1999-2000 Res Judicata Developments, in: 20 Qu.L.Rev. 75-88 (2000)

Carrington, Paul D. The modern utility of quasi in rem jurisdiction, in: 76 Harv.L.Rev. 303-321 (1962)

Casad, Robert C./ Clermont, Kevin M. Res Judicata: A Handbook on its theory, doctrine, and practice, Durham (N.C.) 2001, zit.: *Casad/ Clermont,* Res Judicata

Catania, Andrea/ Sullivan, Charles A. — Judging judgments: The 1991 Civil Rights Act and the lingering ghost of Martin v. Wilks, in: 57 Brook. L.Rev. 995-1046 (1992)

Currie, Brainerd — Mutuality of Collateral Estoppel: Limits of the Bernhard Doctrine, in: 9 Stan.L.Rev. 281-322 (1957)

Ders. — Civil Procedure: The Tempest brews, in: 53 Calif. L.Rev. 25-46 (1965)

Engelmann-Pilger, Albrecht — Die Grenzen der Rechtskraft des Zivilurteils im Recht der Vereinigten Staaten, Eine Darstellung mit rechtsvergleichenden Anmerkungen, Berlin 1974, zit.: *Engelmann-Pilger*

Figlio, Erik — Stacking the deck against „purely economic interest": Inequity and intervention in environmental litigation, in: 35 Ga.L.Rev. 1219-1250 (2001)

Friedenthal, Jack H./ Kane, Mary Kay/ Miller, Arthur R. — Civil Procedure, 2. Auflage, St. Paul (Minn.) 1993, zit.: *Friedenthal/Kane/Miller*

Furman, Roger — Offensive assertion of collateral estoppel by persons opting out of a class action, in: 31 Hast.L.J. 1189-1214 (1980)

Gardner, Amy M. — An attempt to intervene in the confusion: Standing requirements for Rule 24 intervenors, in: 69 U.Chi. L.Rev. 681-703 (2002)

Grossfeld, Bernhard — Macht und Ohnmacht der Rechtsvergleichung, Tübingen 1984, zit.: *Grossfeld,* Macht und Ohnmacht der Rechtsvergleichung

Häsemeyer, Ludwig — Die Interventionswirkung im Zivilprozeß – prozessuale Sicherung materiellrechtlicher Alternativverhältnisse, in: ZZP 84 (1971), S. 179-202

Ders. — Urteilsanmerkung, in: JR 1988, S. 69-71

Hashimoto, Gail M. — The protection of land decrees: The use of lis pendens in interstate litigation affecting California real property, in: 36 Hast.L.J. 255-285 (1984)

Hattenhauer, Hans — Europäische Rechtsgeschichte, 3. Auflage, Heidelberg 1999, zit.: *Hattenhauer,* Europäische Rechtsgeschichte

Hay, Peter — US-Amerikanisches Recht – ein Studienbuch, München 2000, zit.: *Hay*, US-amerikanisches Recht

Hazard, Geoffrey C./ Gedid, John L./ Sowle, Stephen — An historical analysis of the binding effect of class suits, in: 146 U.Pa.L.Rev. 1849-1948 (1998)

Hazard, Geoffrey C. — Preclusion as to issues of law: The legal system's interest, in: 70 Iowa L.Rev. 81-94 (1984)

Ders. — The futures problem, in: 148 U.Pa.L.Rev. 1901-1918 (2000)

Heiser, Walter W. — California's confusing collateral estoppel (issue preclusion) doctrine, in: 35 San Diego L.Rev. 509-558 (1998)

Ders. — California's unpredictable res judicata (claim preclusion) doctrine, in: 35 San Diego L.Rev. 559-617 (1998)

Hess, Burkhard — Transatlantischer Rechtsverkehr heute: Von der Kooperation zum Konflikt, in: JZ 2003, S. 923-926

Huchthausen, Liselot (Hrsg.) — Römisches Recht in einem Band, Berlin, Weimar 1989, zit.: *Gaius*, Institutiones

James, Fleming/ Hazard, Geoffrey C./ Leubsdorf, John — Civil Procedure, 5. Auflage, New York (N.Y.) 2001, zit.: *James/Hazard/Leubsdorf*

Junker, Abbo — Einheit und Vielfalt: Die Zivilprozeßrechte der Vereinigten Staaten von Amerika – Geschichte, Systematik, Rezeption, in: ZZP 101(1988), S. 241-293

Kane, Mary Kay/ Levine, David E. — Civil Procedure in California: State and Federal, Auflage 1996, St. Paul (Minn.) 1996, zit.: *Kane/Levine*

Kimmel, Michael — The impacts of defensive and offensive assertion of collateral estoppel by a nonparty, in: 35 Geo.Wash. L.Rev. 1010-1055 (1967)

Kloepfer, Michael — Umweltrecht, 2. Auflage, München 1998

Koch, Harald — Streitverkündung und Drittklage im amerikanisch-deutschen Prozeß, in: ZVglRWiss 85 (1986), S. 11-62

Koshiyama, Kazuhiro — Rechtskraftwirkungen und Urteilsanerkennung nach amerikanischem, deutschem und japanischem Recht, Tübingen 1996

Krause, Rainer Urteilswirkungen gegenüber Dritten im US-amerikanischen Zivilprozessrecht: eine rechtsvergleichende Untersuchung zu den subjektiven Grenzen der Rechtskraft, Tübingen 1994, zit.: *Krause,* Urteilswirkungen gegenüber Dritten

Leber, Bernice K. Preclusion: Res judicata and collateral estoppel, recent developments in the United States Supreme Court, what practitioners can expect, in: New York State Bar Associaton (Hrsg.), Federal Civil Practice, Albany, New York, 1989, S. 749-777, zit.: *Leber,* in: Federal Civil Practice

Mansel, Heinz-Peter Streitverkündung (vouching in) und Drittklage (third pary complaint) im US-Zivilprozeß und die Urteilsanerkennung in Deutschland, in: *Heldrich, Andreas/Kono, Toshiyuki (Hrsg.),* Herausforderungen des internationalen Zivilverfahrensrechts, Japanisch-Deutsch-Schweizerisches Symposium über aktuelle Fragen des Internationalen Zivilverfahrensrechts im Verhältnis zu den USA, Tübingen, 1994, S. 63-84, zit.: *Mansel,* in: *Heldrich/Kono,* Herausforderungen des internationalen Zivilverfahrensrechts (1994)

von Mehren, Arthur T./ Trautman, Donald T. Jurisdiction to adjudicate: A suggested analysis, in: 79 Harv.L.Rev. 1121-1179 (1966)

Miller, Arthur R./ Crump, David Jurisdiction and choice of law in multistate class actions after Phillips Petroleum Co. v. Shutts, in: 96 Yale L.J. 1-81 (1986)

Miller, Tracy M. A due process analysis of the Alabama lis pendens statutes, in: 26 American Journal of Trial Advocacy 185-218 (2002), zit.: *Miller,* 26 AJTA 185 (2002)

Monaghan, Henry Paul Antisuit injunctions and preclusion against absent nonresident class members, in: 98 Colum.L.Rev. 1148-1202 (1998)

Nagareda, Richard A. The preexistence principle and the structure of the class action, in: 103 Colum.L.Rev. 149-242 (2003)

Nomen nescitur Binding effect of class actions, in: 67 Harv.L.Rev. 1059-1068 (1954), zit.: *Note,* 67 Harv.L.Rev. 1059 (1954)

Nomen nescitur Collateral Attack on the Binding Effect of Class Action Judgments, in: 87 Harv.L.Rev. 589-606 (1974), zit.: *Note,* 87 Harv.L.Rev. 589 (1974)

Nomen nescitur Collateral Estoppel of Nonparties, in: 87 Harv. L.Rev. 1485-1504 (1974), zit.: *Note,* 87 Harv.L.Rev. 1485 (1974)

Nomen nescitur Developments in the Law – Res judicata, in: 65 Harv.L.Rev. 818-887 (1952), zit.: *Note,* 65 Harv. L.Rev. 818 (1952)

Nomen nescitur Insurance policy defenses and collateral estoppel, in: 43 N.Y.U. L.Rev. 140-160 (1968), zit.: *Note,* 43 N.Y.U. L.Rev. 140 (1968)

Nomen nescitur Nonmutual Issue Preclusion against States, in: 109 Harv.L.Rev. 792-809 (1996), zit.: *Note,* 109 Harv. L.Rev. 792 (1996)

Nomen nescitur The effect of collateral erstoppel on the assertion of coverage defenses, in: 69 Colum.L.Rev. 1459-1477 (1969), zit.: *Note,* 69 Colum.L.Rev. 1459 (1969)

Perdue, Wendy Collins Sin, scandal, and substantive due process: Personal jurisdiction and Pennoyer reconsidered, in: 62 Wash.L.Rev. 479-520 (1987)

Ratliff, Jack Offensive collateral estoppel and the option effect, in: 67 Tex.L.Rev. 63-101 (1988)

Schack, Haimo Drittwirkung der Rechtskraft?, in: NJW 1988, S. 865-873

Ders. Einführung in das US-amerikanische Zivilprozeßrecht, 2. Auflage, München 1995, zit.: *Schack,* Einführung

Ders. Internationales Zivilverfahrensrecht, 2. Auflage, München 1996, zit.: *Schack,* Internationales Zivilverfahrensrecht

Schopler, E.H. Annotation – Judgment in action by or against stockholder or corporate officer as res judicata in action by or against corporation, in: 81 A.L.R.2d 1323 (1962)

Seary, W.A. — Res judicata with reference to persons neither parties nor privies – Two California cases, in: 57 Harv.L.Rev. 98-105 (1943)

Semmel, Herbert — Collateral estoppel, mutuality and joinder of parties, in: 68 Colum.L.Rev. 1457-1481 (1968)

Stadler, Astrid — Bündelung von Verbraucherinteressen im Zivilprozeß, im Internet: www.rws-verlag.de/volltext/stadler.htm, zit.: *Stadler,* Die Bündelung von Verbraucherinteressen im Zivilprozeß, <http://www.rws-verlag.de/volltext/stadler.htm>

Stein, Friedrich — Kommentar zur Zivilprozessordnung,
Bd. 1 §§ 1-90, 1993,
Bd. 4 Teilbd. 1 §§ 300-347, 1998,
21. Auflage, Tübingen, zit.: *Stein/Jonas/Bearbeiter*

Thomas, Heinz/ Putzo, Hans/ Reichold, Klaus/ Hüßtege, Rainer — Zivilprozessordnung, 23. Auflage, München 2001, zit.: *Thomas/Putzo*

Vestal, Allan D. — The Constitution and Preclusion/Res Judicata, in: 62 Mich.L.Rev. 33-56 (1963)

Weinstein, Jack B./ Korn, Harold L./ Miller, Arthur R. — CPLR Manual,
Volume 2,
New York, San Francisco 2001, zit.: *Weinstein/Korn/Miller,* CPLR Manual

Dies. — New York Civil Practice: CPLR,
Volume 10 (Articles 50-51),
New York, San Francisco 2001, zit.: *Weinstein/Korn/Miller, 10 N.Y.C.P.*

Wieczoreck, Bernhard/ Schütze, Rolf A. — Zivilprozeßordnung und Nebengesetze,
Erster Band §§ 1-127a,
3. Auflage, Berlin, New York 1994, zit.: *Wieczoreck/Schütze/Bearbeiter*

Woerner, V. — Annotation – Judgment in action against codefendants for injury or death of person, or for damage to property, as res judicata in subsequent action between codefendants as to their liability inter se, in: 24 A.L.R.3d 318 (1969)

Woolley, Patrick The Availability of Collateral Attack for Inadequate Representationin Class Suits, in: 79 Tex.L.Rev. 383-446 (2000)

Wright, Charles Alan/ Miller Arthur R./ Cooper, Edward H. Federal Practice & Procedure, Bd. 18 A §§ 4427-4465.5, 2. Auflage, St. Paul (Minn.) 2003, zit.: *Wright/Miller/ Cooper,* 18A F.P.P.

Yeazell, Stephen C. Civil Procedure, 5. Auflage, Gaithersburg (N.Y.) 2000, zit.: *Yeazell, Civil Procedure*

Entscheidungen

Wiedergegeben sind ausschließlich die Entscheidungen US-amerikanischer Gerichte. Die Angaben in den Klammern bezeichnen das Gericht sowie das Entscheidungsjahr. Bei ausschließlicher Angabe einer Jahreszahl handelt es sich um eine Entscheidung des *U.S. Supreme Court*.
Erscheint bei der Gerichtsbezeichnung lediglich die Abkürzung eines Bundesstaates, so handelt es sich bei der Entscheidung um die des obersten *state courts* dieses Bundesstaates.

175 East 74th Street Corporation v. Hartford Accident & Indemnity Company, 51 N.Y.2d 585, 435 N.Y.S.2d 584, 416 N.E.2d 584 (N.Y. 1980)

Aerojet-General v. Askew, 511 F.2d 710 (5th Cir. 1975)

Aetna Casualty & Surety Co. v. Hase, 390 F.2d 151 (8th Cir. 1968)

Agarwal v. Johnson, 25 Cal.3d 932, 160 Cal.Rptr. 141, 603 P.2d 58 (Cal. 1979)

Agostini v. Felton, 521 U.S. 203, 117 S.Ct. 1997 (1997)

Agrilectric Power Partners, Ltd. v. General Electric Co., 20 F.3d 663 (5th Cir. 1994)

All Terrain Properties, Inc. v. Hoy, 265 A.D.2d 87, 705 N.Y.S.2d 350 (N.Y.A.D. 2000)

Allen v. McCurry, 449 U.S. 90, 101 S.Ct. 411 (1980)

Amalgamated Sugar Company, LLC v. NL Industries, Inc., 825 F.2d 634 (2nd Cir. 1987)

Amchem Products, Inc. v. Windsor, 521 U.S. 591, 117 S.Ct. 2231 (1997)

Arizona v. California, 530 U.S. 392, 120 S.Ct. 2304 (2000)

Atlantis Development Corporation v. United States, 379 F.2d 818 (5th Cir. 1967)

Azalea Drive-In Theatre, Inc. v. Hanft, 540 F.2d 713 (4th Cir. 1976)

Baltimore Steamship Company v. Phillips, 274 U.S. 316, 47 S.Ct. 600 (1927)

Barber-Greene Co. v. Bruning Co., 357 F.2d 31 (8th Cir. 1966)

Barrows v. American Motors Corp., 144 Cal.App.3d 1, 192 Cal.Rptr. 380 (Cal. Ct. App. 1983)

Beard v. O'Neal, 728 F.2d 894 (7th Cir. 1984)

Becherer v. Merrill Lynch, Pierce, Fenner and Smith, Inc., 193 F.3d 415 (6th Cir. 1999)

Behrens v. Skelly, 173 F.2d 715 (3rd Cir. 1949)

Benjamin v. Coughlin, 905 F.2d 571 (2nd Cir. 1990)

Berner v. British Commonwealth Pacific Airlines, Ltd., 346 F.2d 532 (2nd Cir. 1965)

Bernhard v. Bank of America National Trust & Savings Association, 19 Cal.2d 807, 122 P.2d 892 (Cal. 1942)

Bethune Plaza, Inc. v. Lumpkin, 863 F.2d 525 (7th Cir. 1988)

Bigelow v. Old Dominion Copper Mining & Smelting Company , 225 U.S. 111, 32 S.Ct. 641 (1912)

Bittinger v. Tecumseh Products Company, 123 F.3d 877 (6th Cir. 1997)

Blanchard v. Terry & Wright, Inc., 331 F.2d 467 (6th Cir. 1964)

Blonder-Tongue Laboratories, Inc. v. University of Illinois Foundation, 402 U.S. 313, 91 S.Ct. 1434 (1971)

Boccardo v. Safeway Stores, Inc., 134 Cal.App.3d 1037, 184 Cal.Rptr. 903 (Cal. Ct. App. 1982)

Bolin v. Sears, Roebuck & Co., 231 F.3d 970 (5th Cir. 2000)

Bonde v. General Insurance Company of Canada, 285 N.Y.S.2d 675 (N.Y. Sup. Ct. 1967)

Branson v. Sun-Diamond Growers, 24 Cal.App.4th 327, 29 Cal.Rptr.2d 314 (Cal. Ct. App. 1994)

Brown v. Fidelity Union Trust Co., 39 A.2d 120 (N.J. 1944)

Bruszewski v. United States, 181 F.2d 419 (3rd Cir. 1950)

Buechel v. Bain, 97 N.Y.2d 295, 740 N.Y.S.2d 252, 766 N.E.2d 914 (N.Y. 2001)

Carter v. City of Emporia, Kansas, 815 F.2d 617 (10th Cir. 1987)

Caterpillar Tractor Co. v. International Harvester Co., 120 F.2d 82 (3rd Cir. 1941)

Cauefield v. Fidelity and Casualty Company of New York, 378 F.2d 876 (5th Cir. 1967)

Charles H. Duell, Inc. v. Metro-Goldwyn-Mayer Corporation, 128 Cal.App. 376, 17P.2d 781 (Cal. Ct. App. 1932)

Charter Oak Fire Insurance Company v. Sumitomo Marine & Fire Insurance Company, Ltd., 750 F.2d 267 (3rd Cir. 1984)

Chicago, R. I. & P. Ry. Co. v. Schendel, 270 U.S. 611, 46S.Ct. 420, 53 A.L.R. 1265 (1926)

Christian v. Jemison, 303 F.2d 52 (5th Cir. 1962)

City Capital Resources, Inc. v. White, 29 F. Supp. 2d 334 (S.D.W.V. 1998)

City of San Jose v. Superior Court, 12Cal.3d 447, 115 Cal.Rptr. 797, 525 P.2d 701 (Cal. 1974)

Clarcq v. Chamberlain Home Transport, Inc., 294 N.Y.S.2d 550 (N.Y. Sup. Ct. 1968)

Clark v. Amoco Production Co., 794 F.2d 967 (5th Cir. 1986)

Cleveland County Association for Government by the People v. Cleveland County Board of Comissioners, 142 F.3d 468 (C.A.D.C. 1998)

Coca-Cola Co. v. Pepsi-Cola Co., 172 A. 260 (Del. Superior Ct. 1934)

Collins v. Seaboard Coastline R.R. Co., 681 F.2d 1333 (11th Cir. 1982)

Colt Industries Shareholder Litigation, 77 N.Y.2d 185, 565 N.Y.S.2d 755, 566 N.E.2d 1160 (N.Y. 1991)

Commissioner of Internal Revenue v. Sunnen, 333 U.S. 591, 68 S.Ct. 715 (1948)

Crane v. Commissioner of Agriculture, Food and Rural Resources, 602 F.Supp. 280 (D.Me. 1985)

Cromwell v. County of Sac, 94 U.S. 351 (1876)

Crown Crane Rental Co., Inc. v. Eberhart Construction Co., Inc., 458 N.Y.S.2d 165 (N.Y. Sup. Ct. 1983)

Desert Empire Bank v. Insurance Co. of North America, 623 F.2d 1371 (9th Cir. 1980)

Detrio v. United States, 264 F.2d 658 (5th Cir. 1959)

DeWitt v. Hall, 19 N.Y.2d 141, 278 N.Y.S.2d 596, 225 N.E.2d 195 (N.Y. 1967)

Doe v. Urohealth Systems, Inc., 216 F.3d 157 (1st Cir. 2000)

Dudley v. Smith, 504 F.2d 979 (5th Cir. 1974)

Durfee v. Duke, 375 U.S. 106, 84 S.Ct. 242 (1963)

Eichman v. Fotomat Corporation, 759 F.2d 1434 (9th Cir. 1985)

Eisen v. Carlisle & Jacquelin, 417 U.S. 156, 94 S.Ct. 2140 (1974)

Equal Employment Opportunity Commission v. United Staates Steel Corporation, 921 F.2d 489 (3rd Cir. 1990)

Equitable Surety Co. v. United States, to the use of W. McMillan & Son, 234 U.S. 448, 34 S.Ct. 803 (1912)

Erie R.R. v. Tompkins, 304 U.S. 64, 58 S.Ct. 817, 114 A.L.R. 1487 (1938)

Erne v. Goshen Veneer, Inc., 437 P.2d 479 (Or. 1968)

Expert Electric, Inc. v. Levine, 554 F.2d 1227 (2nd Cir. 1977)

Feder v. Turkish Airlines, 441 F.Supp. 1273 (S.D.N.Y. 1977)

Ferrostaal, Inc. v. American Commercial Barge Lines, L.L.C., 2002 WL 338158, 2002 A.M.C. 986 (N.D.Ill. 2002)

Fischbach v. Auto-Boys, Inc., 106 N.Y.S.2d 416 (N.Y. Sup. Ct. 1951)

Fischbach v. Auto-Boys, Inc., 112 N.Y.S.2d 283 (N.Y.A.D. 1952)

Food Pageant, Inc. v. Consolidated Edison Company of New York, Inc., 54 N.Y.2d 167, 445 N.Y.S.2d 60, 429 N.E.2d 738 (N.Y. 1981)

Francis v. Equilon Enterprises, LLC , 46 Fed.Appx. 562 (9th Cir. 2002)

Freeman v. Lester Coggins Trucking, Inc., 771 F.2d 860 (5th Cir. 1985)

Gaines v. Jacobsen, 308 N.Y. 218, 124 N.E.2d 290, 48 A.L.R.2d 312 (N.Y. 1954)

General Telephone Company of Southwest v. Falcon, 457 U.S. 147, 102 S.Ct. 2364 (1982)

Giedrewicz v. Donovan, 179 N.E. 246 (Mass. 1932)

Gilberg v. Barberi, 53 N.Y.2d 285, 441 N.Y.S.2d 49, 423 N.E.2d 807 (N.Y. 1981)

Goddard v. Security Title Ins. & Guarantee Co., 14 Cal.2d 47, 92 P.2d 804 (Cal. 1939)

Golden State Bottling Company, Inc. v. National Labor Relations Board, 414 U.S. 168, 94 S.Ct. 414 (1973)

Good Health Dairy Products Corporation of Rochester v. Emery, 275 N.Y. 14, 9 N.E.2d 758, 112 A.L.R. 401 (N.Y. 1937)

Gramatan Home Investors Corp. v. Lopez, 46 N.Y.2d 481, 414 N.Y.S.2d 308, 386 N.E.2d 1328 (N.Y. 1979)

Gray v. Zurich Insurance Co., 65 Cal.2d 263, 54 Cal.Rptr. 104, 419 P.2d 168 (Cal. 1966)

Green v. Ancora-Citronelle Corporation, 577 F.2d 1380 (9th Cir. 1978)

Hansberry v. Lee, 311 U.S. 32, 61 S.Ct. 115, 132 A.L.R. 741 (1940)

Hardy v. Johns-Manville Sales Corporation, 681 F.2d 334 (5th Cir. 1982)

Headen v. Pope & Talbot, Inc., 252 F.2d 739 (3rd Cir. 1958)

Heckman v. United States, 224 U.S. 413, 32 S.Ct. 424 (1912)

Heiser v. Woodruff, 327 U.S. 726, 66 S.Ct. 853 (1946)

Hercules Carriers, Inc. v. State of Florida, 768 F.2d 1558 (11th Cir. 1985)

Hercules Chemical Company, Inc. v. VCI, Inc., 462 N.Y.S.2d 129 (N.Y. Sup. Ct. 1983)

Holmes v. David H. Brickner, Inc., 70 Cal.2d 786, 76 Cal.Rptr. 431, 452 P.2d 647 (Cal. 1969)

Hopkins v. McBane, 427 N.W.2d 85 (N.D. 1988)

Houghton v. Novak, 292 N.E.2d 905 (Ill. App. Ct. 1973)

Hutchinson v. Ainsworth, 73 Cal. 452 (Cal. 1887)

Hyyti v. Smith, 272 N.W. 747 (N.D. 1937)

Imen v. Glassford, 201 Cal.App.3d 898, 247 Cal.Rptr. 514 (Cal. Ct. App. 1988)

In re Bridgestone/Firestone, Inc., Tires Products Liability Litigation, 333 F.3d 763 (7th Cir. 2003)

In re Fine Paper Litigation State of Washington, 632 F.2d 1081 (3rd Cir. 1980)

In re Potter's Will, 307 N.Y. 504, 121 N.E.2d 522 (N.Y. 1954)

In re Straut's estate, 126 N.Y. 201, 27 N.E. 259 (N.Y. 1891)

In re TransOcean Tender Offer Securities Litigation, 455 F.Supp. 999 (N.D.Ill. 1978)

In re W.T. Grant Company, 20 B.R. 186 (S.D.N.Y. 1982)

In re: Initial Public Offering Securities Litigation, 2002 W.L. 31894620 (S.D.N.Y. 2002)

In re: the Exxon Valdez, 270 F.3d 1215 (9th Cir. 2001)

In the matter of Cook, 49 F.3d 263 (7th Cir. 1995)

Israel v. Wood Dolson, 1 N.Y.2d 116, 151 N.Y.S.2d 1, 134 N.E.2d 97 (N.Y. 1956)

Jackson v. City of Sacramento, 117 Cal.App.3d 596, 172 Cal.Rptr. 826 (Cal. Ct. App. 1981)

Justices of Boston Municipal Court v. Lydon, 466 U.S. 294, 104 S.Ct. 1805 (1984)

Karcher v. May, 484 U.S. 72, 108 S.Ct. 388 (1987)

Kaspar Wire Works, Inc. v. Leco Engeneering and Machine, Inc., 575 F.2d 530 (5th Cir. 1978)

Kasten v. Zoning Board of Appeals of the Town of Brookhaven, 47 A.D.2d 766, 365 N.Y.S.2d 254 (N.Y.A.D. 1975)

Kelly v. Trans Globe Travel Bureau, Inc., 60 Cal.App.3d 195 (Cal. Ct. App. 1976)

King v. King, 22 Cal.App.3d 319, 99 Cal.Rptr. 200 (Cal. Ct. App. 1971)

Koch v. Consolidated Edison Company of New York, Inc., 62 N.Y.2d 548, 479 N.Y.S.2d 163, 468 N.E.2d 1 (N.Y. 1984)

Koch v. Rodlin Enterprises, Inc., 223 Cal.App.3d 1591, 273 Cal.Rptr. 438 (Cal. Ct. App. 1990)

Kreager v. General Electric Co., 497 F.2d 468 (2nd Cir. 1974)

Laws v. Fisher, 513 P.2d 876 (Okla. 1973)

Liebler v. Our Lady of Victory Hospital, 43 A.D.2d 898, 351 N.Y.S.2d 480 (N.Y.A.D. 1974)

Lindley v. General Electric Company, 780 F.2d 797 (9th Cir. 1986)

Lucido v. Superior Court, 51 Cal.3d 335, 272 Cal.Rptr. 767, 795 P.2d 1223 (Cal. 1990)

Lummus Company v. Commonwealth Oil Refining Company, 297 F.2d 80 (2nd Cir. 1961)

Lyons v. Westinghouse Electric Corporation, 222 F.2d 184 (2nd Cir. 1955)

Maharaj v. Bankamerica Corp., 128 F.3d 94 (2nd Cir. 1997)

Malloy v. Trombley, 50 N.Y.2d 46, 427 N.Y.S.2d 969, 405 N.E.2d 213 (N.Y. 1980)

Mansfield v. Pierce, 1998 WL 433304 (4th Cir. 1998)

Marrese v. American Academy of Orthopaedic Surgeons, 470 U.S. 373, 105 S.Ct. 1327 (1985)

Marshall v. The Inn on Madeline Island, 631 N.W.2d 113 (Minn. Ct. App. 2001)

Martin v. Wilks, 490 U.S. 755, 109 S.Ct. 2180 (1989)

Matsushita Electric Industrial Co., Ltd. v. Epstein, 516 U.S. 367, 116 S.Ct. 873 (1996)

Mellon v. Goodyear, 277 U.S. 335, 48 S.Ct. 541 (1928)

Messinger v. Anderson, 225 U.S. 436, 32 S.Ct. 739 (1912)

Migra v. Warren City School District Board of Education, 465 U.S. 75, 104 S.Ct. 892 (1984)

Minton v. Cavaney, 56 Cal.2d 576, 15 Cal.Rptr. 641, 364 P.2d 473 (Cal. 1961)

Molino v. County of Putnam, 29 N.Y.2d 44, 323 N.Y.S.2d 817, 272 N.E.2d 323 (N.Y. 1971)

Montana v. United States, 440 U.S. 147, 99 S.Ct. 970 (1979)

Mueller v. J. C. Penney Co., 173 Cal.App.3d 713, 219 Cal.Rptr. 272 (Cal. Ct. App. 1985)

Mullane v. Central Hanover Bank & Trust Co., 339 U.S. 306, 70 S.Ct. 652 (1950)

Munoz v. County of Imperia, 667 F.2d 811 (9th Cir. 1982)

Murry v. Eighth Ave. R. Co., 199 N.Y.S. 716 (N.Y.A.D. 1923)

Nakash v. Superior Court, 196 Cal.App.3d 59, 241 Cal.Rptr. 578 (Cal. Ct. App. 1987)

Napper v. Anderson, Henley, Shields, Bratford & Pritchard, 500 F.2d 634 (5th Cir. 1974)

Nelson v. Adams USA, Inc., 529 U.S. 460, 120 S.Ct. 1579 (2000)

Nevada v. United States, 463 U.S. 110, 103 S.Ct. 2906 (1983)

Nevarov v. Caldwell, 161 Cal.App.2d 762 (Cal. Ct. App. 1958)

New Hampshire v. Maine, 532 U.S. 742, 121 S.Ct. 1808 (2001)

O'Neil v. Moore, 164 S.E.2d 328 (Ga. Ct. App. 1968)

Oklahoma v. Texas, 256 U.S. 70, 41 S.Ct. 420 (1920)

Ortiz v. Fibreboard Corporation, 527 U.S. 815, 119 S.Ct. 2295 (1999)

Parklane Hosiery Company, Inc. v. Shore, 439 U.S. 322, 99 S.Ct. 645 (1979)

Parkside Lutheran Hospital v. Golden Rule Insurance Company, 1992 WL 3732 (N.D.Ill. 1992)

Parsons Steel, Inc. v. First Alabama Bank, 474 U.S. 518, 106 S.Ct. 768 (1986)

Pavlovscak v. Lewis, 274 F.2d 523 (3rd Cir. 1959)

Pennoyer v. Neff, 95 U.S. 714 (1877)

Perry v. Globe Auto Recycling, Inc., 227 F.3d 950 (7th Cir. 2000)

Phillips Petroleum Company v. Shutts, 472 U.S. 797, 105 S.Ct. 2965 (1985)

Polk v. Montgomery County, Maryland, 782 F.2d 1196 (4th Cir. 1986)

Pollard v. Cockrell, 578 F.2d 1002 (5th Cir. 1978)

Postal Telegraph Cable Co. v. City of Newport, Ky., 247 U.S. 464, 38 S.Ct. 566 (1918)

Premier Electrical Construction Co. v. National Electrical Contractors Association, Inc., 814 F.2d 358 (7th Cir. 1987)

Prudential Real Estate Affiliates, Inc. v. PPR Realty, Inc., 204 F.3d 867 (9th Cir. 2000)

R. E. Spriggs Co., Inc. v. Adolph Coors Company, 94 Cal.App.3d 419, 156 Cal.Rptr. 738 (Cal. Ct. App. 1979)

Rediker v. Rediker, 35 Cal.2d 796, 221 P.2d 1, 20 A.L.R.2d 1152 (Cal. 1950)

Reed v. Allen, 286 U.S. 191, 52 S.Ct. 532, 81 A.L.R. 703 (1932)

Reilly v. Reid, 45 N.Y.2d 24, 407 N.Y.S.2d 645, 379 N.E.2d 172 (N.Y. 1978)

Reilly v. Sicilian Paving Co. 170 N.Y. 40, 62 N.E. 772 (N.Y. 1902)

Richards v. Jefferson County, Alabama, 517 U.S. 793, 116 S.Ct. 1761 (1996)

Roe v. Wade, 410 U.S. 113, 93 S.Ct. 705 (1973)

Ross v. Bernhard, 396 U.S. 531, 90 S.Ct. 733 (1970)

Rudberg v. State of Nevada, 896 F.Supp. 1017 (D.Nev. 1995)

Russell v. Place, 94 U.S 606 (1876)

Rynsburger v. Dairymen's Fertilizer Cooperative, Inc., 266 Cal.App.2d 269, 72 Cal.Rptr. 102 (Cal. Ct. App. 1968)

Sam Fox Publishing Company v. United States, 366 U.S. 683, 81 S.Ct. 1309 (1961)

Sampson v. Sony Corporation of America, 434 F.2d 312 (2nd Cir. 1970)

Sandoval v. Superior Court (Deere & Co.), 140 Cal.App.3d 932, 190 Cal.Rptr. 29 (Cal. Ct. App. 1983)

Sayre v. Crews, 184 F.2d 723 (5th Cir. 1950)

SCAC Transport (USA) Inc. v. S.S. „Danaos", 845 F.2d 1157 (2nd Cir. 1988)

Schuykill Fuel Corporation v. B. & C. Realty Corporation, 250 N.Y. 304, 165 N.E. 456 (N.Y. 1929)

Schwarder v. United States, 974 F.2d 1118 (9th Cir. 1992)

Schwartz v. Public Administrator of the County of Bronx, 24 N.Y.2d 65, 298 N.Y.S.2d 955, 246 N.E.2d 725 (N.Y. 1969)

Sea-Land Services, Inc. v. Gaudet, 414 U.S. 573, 94 S.Ct. 406 (1974)

Sefton v. Sefton, 45 Cal.2d 872, 291 P.2d 439 (Cal. 1955)

Semtek International v. Lockheed Martin, 531 U.S. 497, 121 S.Ct. 1021 (2001)

Shaffer v. Heitner, 433 U.S. 186, 97 S.Ct. 2569 (1977)

Shaw v. Hahn, 56 F.3d 1128 (9th Cir. 1995)

Shell Petroleum, Inc., v. United States, 50 Fed.Cl. 524 (Fed.Cl.Ct. 2001)

Slocum on behalf of Nathan A v. Joseph B, 183 A.D.2d 102, 588 N.Y.S.2d 930 (N.Y.A.D. 1992)

Small Business Administration v. Taubman, 459 F.2d 991 (9th Cir. 1972)

Souffront v. La Compagnie des Sucreries des Porto Rico, 217 U.S. 475, 30 S.Ct. 608 (1910)

South Central Bell Telephone Company v. Alabama, 526 U.S. 160, 119 S.Ct. 1180 (1999)

Southmark Properties v. Charles House Corporation, 742 F.2d 862 (5th Cir. 1984)

Southwest Airlines Company v. Texas International Airlines, Inc., 546 F.2d 84 (5th Cir. 1977)

Sparks Nugget, Inc. v. Commissioner of Internal Revenue, 458 F.2d 631 (9th Cir. 1972)

Spilman v. Harley, 656 F. 2d 224 (6th Cir. 1981)

Spokane & Inland Empire Railroad Company v. Whitley, 237 U.S. 487, 35 S.Ct. 655 (1915)

Stanley v. Illinois, 405 U.S. 645, 92 S.Ct. 1208 (1972)

Stark v. Starr, 94 U.S. 477 (1876)

Stark v. U.S., 351 F.2d 160 (6th Cir. 1965)

Starker v. United States, 602 F.2d 1341 (9th Cir. 1979)

State Farm & Fire Casualty Co. v. Garrity, 785 F.2d 1225 (4th Cir. 1986)

State of Alaska v. United Cook Inlet Drift Association, 895 P.2d 947 (Alaska 1995)

Stissing National Bank v. Kaplan, 28 A.D.2d 1159, 284 N.Y.S.2d 320 (N.Y.A.D. 1967)

Stout v. Grain Dealers Mutual Insurance Co., 307 F.2d 521 (4th Cir. 1962)

Supreme Tribe of Ben Hur v. Cauble, 311 U.S. 356, 41 S.Ct. 338 (1921)

Sutphin v. Speik, 15 Cal.2d 195, 99 P.2d 652 (Cal. 1940)

Tamimi v. Tamimi, 38 A.D.2d 197, 328 N.Y.S.2d 477 (N.Y.A.D. 1972)

Tarpley v. Salerno, 803 F.2d 57 (2nd Cir. 1986)

Teitelbaum Furs, Inc. v. The Dominion Insurance Company, Ltd., 58 Cal.2d 601, 25 Cal.Rptr. 559, 375 P.2d 439 (Cal. 1962)

Terrell v. DeConna, 877 F.2d 1267 (5th Cir. 1989)

The Evergreens v. Nunan, 141 F.2d 927, 152 A.L.R. 1187 (2nd Cir. 1944)

The Mary, 13 U.S. 126 (1815)

Thompson v. Whitman, 85 U.S. 457 (1873)

Thorsteinsson v. M/V Drangur, 891 F.2d 1547 (11th Cir. 1990)

Tice v. American Airlines, Inc., 162 F.3d 966 (7th Cir. 1998)

Todd v. Central Petroleum Co., Inc., 124 P.2d 704 (Kan. 1942)

Tyus v. Schoemehl, 93 F.3d 449 (8th Cir. 1996)

United Mine Workers v. Coronado Coal, 259 U.S. 344, 42 S.Ct. 570, 27 A.L.R. 762 (1922)

United Mutual Fire Ins. Co. v. Saeli, 272 A.D. 951, 71 N.Y.S.2d 696 (N.Y.A.D. 1947)

United States Environmental Protection Agency v. City of Green Forest, Arkansas, 921 F.2d 1394 (8th Cir. 1991)

United States v. AMC Entertainment, Inc., 232 F.Supp.2d 1092 (C.D.Cal. 2002)

United States v. Casale Car Leasing, Inc., 385 F.2d 707 (2nd Cir. 1967)

United States v. LaFatch, 565 F.2d 81 (6th Cir. 1977)

United States v. Mendoza, 464 U.S. 154, 104 S.Ct. 568 (1984)

United States v. Moser, 266 U.S. 236, 45 S.Ct. 66 (1924)

United States v. One Assortement of 89 Firearms, 465 U.S. 354, 104 S.Ct. 1099 (1984)

United States v. Oppenheimer, 242 U.S. 85, 37 S.Ct. 68, 3 A.L.R. 516 (1916)

United States v. Stauffer Chemical Co., 464 U.S. 165, 104 S.Ct. 575 (1984)

United States v. Utah Construction & Mining Co., 384 U.S. 394, 86 S.Ct. 1545 (1966)

Valdimer v. Mount Vernon Hebrew Camps, Inc., 9 N.Y.2d 21, 210 N.Y.S.2d 520, 172 N.E.2d 283 (N.Y. 1961)

Valley National Bank of Arizona v. A. E. Rouse & Company, 121 F.3d 1332 (9th Cir. 1997)

Vandenberg v. Superior Court, 21 Cal.4th 815, 88 Cal.Rptr.2d 366, 982 P.2d 229 (Cal. 1999)

Vanguard Recording Society, Inc. v. Fantasy Records, Inc., 24 Cal.App.3d 410, 100 Cal.Rptr. 826 (Cal. 1972)

Velazquez v. Water Taxi, Inc., 49 N.Y.2d 762, 426 N.Y.S.2d 467, 403 N.E.2d 172 (N.Y. 1980)

Walkovsky v. Carlton, 18 N.Y.2d 414, 276 N.Y.S.2d 585, 223 N.E.2d 6 (N.Y. 1966)

Wall v. Donovan, 113 Cal.App.3d 122, 169 Cal.Rptr. 644 (Cal. Ct. App. 1980)

Walrod v. Southern Pacific Company, 447 F.2d 930 (9th Cir. 1971)

Warner v. Buffalo Drydock Co., 67 F.2d 540 (2nd Cir. 1933)

Watts v. Swiss Bank Corporation, 27 N.Y.2d 270, 317 N.Y.S.2d 315, 265 N.E.2d 739 (N.Y. 1970)

Westwood Chemical, Inc. v. Johns-Manville Fiber Glass, Inc., 477 F.2d 1160 (6th Cir. 1973)

White v. Cox, 17 Cal.App.3d 824, 95 Cal.Rptr. 259, 45 A.L.R.3d 1161 (Cal. Ct. App. 1971)

White v. Croker, 13 F.2d 321 (5th Cir. 1926)

White v. Ultramar, Inc., 21 Cal.4th 563, 88 Cal.Rptr.2d 19, 981 P.2d 944 (Cal. 1999)

Williams v. State of North Carolina (I), 317 U.S. 287, 63 S.Ct. 207, 143 A.L.R. 1273 (1942)

Williams v. State of North Carolina (II), 325 U.S. 226, 65 S.Ct. 1092, 157 A.L.R. 1366 (1945)

Winters v. Lavine, 574 F.2d 46 (2nd Cir. 1978)

Withers v. Tucker, 145 N.W.2d 665 (Wis. 1966)

Wright v. Collins, 766 F.2d 841 (4th Cir. 1985)

Zdanok v. Glidden Company, 327 F.2d 944 (2nd Cir. 1964)

STUDIEN ZUM VERGLEICHENDEN UND INTERNATIONALEN RECHT

Herausgeber: Bernd von Hoffmann, Erik Jayme und Heinz-Peter Mansel

Band 1 Ferdinand Henke: Die Datenschutzkonvention des Europarates. 1986.

Band 2 Peter Czermak: Der express trust im internationalen Privatrecht. 1986.

Band 3 Peter Kindler: Der Ausgleichsanspruch des Handelsvertreters im deutsch-italienischen Warenverkehr. Eine rechtsvergleichende und kollisionsrechtliche Untersuchung. 1987.

Band 4 Wilhelm Denzer: Stellung und Bedeutung des Engineers in den FIDIC-Bauvertragsbedingungen. 1988.

Band 5 Marijan-Maximilian Lederer: Die internationale Enteignung von Mitgliedschaftsrechten unter besonderer Berücksichtigung der französischen Enteignungen 1982. 1989.

Band 6 Rainer Esser: Klagen gegen ausländische Staaten. 1990.

Band 7 Chang Jae-Ok: Auf dem Weg zu einer Materialisierung des Immateriellen? Personen-, Persönlichkeitsschutz und Geldersatz des immateriellen Schadens in rechtsvergleichender Hinsicht am Beispiel des koreanischen und japanischen Zivilrechts unter besonderer Berücksichtigung des deutschen Rechts. 1990.

Band 8 Paul-Frank Weise: Lex mercatoria. Materielles Recht vor der internationalen Handelsschiedsgerichtbarkeit.1990.

Band 9 Werner Born: Der Auftrittsvertrag für Musikgruppen im Bereich der Rock- und Popmusik. 1990.

Band 10 Ralf Erich Jürgens: IPR und Verfassung in Italien und in der Bundesrepublik Deutschland. 1990.

Band 11 Rainer Gildeggen: Internationale Schieds- und Schiedsverfahrensvereinbarungen in Allgemeinen Geschäftsbedingungen vor deutschen Gerichten. 1991.

Band 12 Klaus Grabinski: Die kollisionsrechtliche Behandlung des Durchgriffs bei rechtlich verselbständigten Unternehmen in privater oder öffentlicher Hand. 1991.

Band 13 Dieter Stummel: Konkurs und Integration. Konventionsrechtliche Wege zur Bewältigung grenzüberschreitender Insolvenzverfahren. 1991.

Band 14 Joachim Güntzer: Die Rechtsstellung des Geschäftsführers im spanischen Aktienrecht. Die Neuregelung des spanischen Aktienrechts nach dem Beitritt Spaniens zur EG. 1991.

Band 15 Sabine Isenburg-Epple: Die Berücksichtigung ausländischer Rechtshängigkeit nach dem Europäischen Gerichtsstands- und Vollstreckungsübereinkommen vom 27.9.1968. Untersuchungen zum Anwendungsbereich von Art. 21 EuGVÜ unter schwerpunktmäßiger Behandlung der Frage nach der Bestimmung eines europäischen Streitgegenstandsbegriffs. 1992.

Band 16 Ulrich Nickl: Die Qualifikation der culpa in contrahendo im Internationalen Privatrecht. 1992.

Band 17 Theo Rauh: Leistungserschwerungen im Schuldvertrag. Eine rechtsvergleichende Untersuchung des englischen, US-amerikanischen, französischen und deutschen Rechts unter besonderer Berücksichtigung der gerichtlichen Praxis. 1992.

Band 18 Bernadette Chaussade-Klein: Vorvertragliche "obligation de renseignements" im französischen Recht. 1992.

Band 19 Josef Sievers: Verbraucherschutz gegen unlautere Vertragsbedingungen im französischen Recht. Vom Code civil zum "Code de la consommation" – die Entstehung eines Sonderprivatrechts für Verbraucher. 1993.

Band 20 Achim Schäfer: Grenzüberschreitende Kreditsicherung an Grundstücken, unter besonderer Berücksichtigung des deutschen und italienischen Rechts. 1993.

Band 21 Eugenio Hernández-Breton: Internationale Gerichtsstandsklauseln in Allgemeinen Geschäftsbedingungen. Unter besonderer Berücksichtigung des deutsch-südamerikanischen Rechtsverkehrs (dargestellt am Beispiel Argentinien, Brasilien und Venezuela). 1993.

Band 22 Ingo Reng: Unterhaltsansprüche aufgrund nichtehelicher Lebensgemeinschaft – Internationales Privatrecht und ausländisches materielles Recht. 1994.

Band 23 Stefanie Roloff: Die Geltendmachung ausländischer öffentlicher Ansprüche im Inland. 1994.

Band 24 Katharina Ludwig: Der Vertragsschluß nach UN-Kaufrecht im Spannungsverhältnis von Common Law und Civil Law. Dargestellt auf der Grundlage der Rechtsordnungen Englands und Deutschlands. 1994.

Band 25 Malte Diesselhorst: Mehrparteienschiedsverfahren. Internationale Schiedsverfahren unter Beteiligung von mehr als zwei Parteien. 1994.

Band 26 Manfred Kost: Konsensprobleme im internationalen Schuldvertragsrecht. 1995.

Band 27 Wolff-Heinrich Fleischer: Das italienische Wettbewerbsrecht und die Probleme des selektiven Parfümvertriebs unter Berücksichtigung der Rechtslage in Frankreich und Deutschland. 1995.

Band 28 Angelika Fuchs: Lateinamerikanische Devisenkontrollen in der internationalen Schuldenkrise und Art. VIII Abschn. 2 b) IWF-Abkommen. 1995.

Band 29 Jacques Matthias Aull: Der Geltungsanspruch des EuGVÜ: "Binnensachverhalte" und Internationales Zivilverfahrensrecht in der Europäischen Union. Zur Auslegung von Art. 17 Abs. 1 S. 1 EuGVÜ. 1996.

Band 30 Hartmut Ost: EVÜ und fact doctrine. Konflikte zwischen europäischer IPR-Vereinheitlichung und der Stellung ausländischen Rechts im angelsächsischen Zivilprozeß. 1996.

Band 31 Stefan Wagner: Die Testierfähigkeit im Internationalen Privatrecht. 1996.

Band 32 Wolfgang Jakob Hau: Positive Kompetenzkonflikte im Internationalen Zivilprozeßrecht. Überlegungen zur Bewältigung von *multi-fora disputes*. 1996.

Band 33 Markus Schütz: UN-Kaufrecht und *Culpa in contrahendo*. 1996.

Band 34 Volker Geyrhalter: Das Lösungsrecht des gutgläubigen Erwerbers. Ein "vergessener" Kompromiß und die Auswirkungen auf das heutige deutsche Recht unter besonderer Berücksichtigung des internationalen Sachenrechts. 1996.

Band 35 Andreas Kramer: Abwicklungsstörungen bei Kaufverträgen. Die Lieferung vertragswidriger Sachen im deutschen und italienischen Recht. 1996.

Band 36 Petra Krings: Erfüllungsmodalitäten im internationalen Schuldvertragsrecht. 1997.

Band 37 Tonja Gaibler: Der rechtsgeschäftliche Irrtum im französischen Recht. 1997.

Band 38 Dirk Otto: Rechtsspaltung im indischen Erbrecht. Bedeutung und Auswirkungen auf deutsch-indische Nachlaßfälle. 1997.

Band 39 Gregor W. Decku: Zwischen Vertrag und Delikt. Grenzfälle vertraglicher und deliktischer Haftung dargestellt am Beispiel der Berufs- und Expertenhaftung zum Schutze des Vermögens Dritter im deutschen und englischen Recht. 1997.

Band 40 Ulrike Höpping: Auswirkungen der Warenverkehrsfreiheit auf das IPR unter besonderer Berücksichtigung des Internationalen Produkthaftungsrechts und des Internationalen Vertragsrechts. 1997.

Band 41 Andreas Bartosch: Die vermögensrechtlichen Beziehungen der Ehegatten bei bestehender Ehe im englischen Recht – Eigentum, Besitz, Schuldvertrag. 1997.

Band 42 Helene Boriths Müller: Die Umsetzung der europäischen Übereinkommen von Rom und Brüssel in das Recht der Mitgliedstaaten. Dargestellt am Beispiel Deutschlands und Dänemarks. 1997.

Band 43 Bernd von Hoffmann / Myong-Chang Hwang (eds.): The Public Concept of Land Ownership. Reports and Discussions of a German-Korean Symposium held in Seoul on October 7-9, 1996. 1997.

Band 44 Oliver Heeder: Fraus legis. Eine rechtsvergleichende Untersuchung über den Vorbehalt der Gesetzesumgehung in Deutschland, Österreich, der Schweiz, Frankreich und Belgien unter besonderer Berücksichtigung des Internationalen Privatrechts. 1998.

Band 45 Heinrich Schütt: Deliktstyp und Internationales Privatrecht. Dargestellt an grenzüberschreitenden Problemen der Arzthaftung. 1998.

Band 46 Axel Steiner: Die stillschweigende Rechtswahl im Prozeß im System der subjektiven Anknüpfungen im deutschen Internationalen Privatrecht. 1998.

Band 47 Martina Schulz: Der Eigentumsvorbehalt in europäischen Rechtsordnungen. Rechtsvergleichende Untersuchung des deutschen, englischen und französischen Rechts unter besonderer Berücksichtigung von Erweiterungen und Verlängerungen. 1998.

Band 48 Karin Dreher: Die Rechtswahl im internationalen Erbrecht. Unter besonderer Berücksichtigung des italienischen IPR-Reformgesetzes N. 218 vom 31. Mai 1995. 1999.

Band 49 Giuliano Gabrielli: Das Verhältnis zwischen der Anfechtung wegen Eigenschaftsirrtums und den Gewährleistungsansprüchen im deutschen, österreichischen und italienischen Recht. 1999.

Band 50 Bernd von Hoffmann / Myong-Chan Hwang (eds.): Developments in Land Law. Reports and Discussions of a German-Korean Symposium held in Berlin and Trier on July 21-24, 1997. 1999.

Band 51 Volker Heidbüchel: Das UNCITRAL-Übereinkommen über unabhängige Garantien und Standby Letters of Credit. Vergleiche mit den Richtlinien der Internationalen Handelskammer, dem deutschen, englischen und US-amerikanischen Recht. 1999.

Band 52 Jan Christoph Nordmeyer: Pflichtteilsansprüche und Wiedervereinigung. Eine systematische Analyse der Ausgleichsansprüche nach BGB-Pflichtteilsrecht unter besonderer Berücksichtigung der durch den Wiedervereinigungsprozeß eingetretenen Wertveränderungen. 1999.

Band 53 Bettina Linder: Vertragsabschluß beim grenzüberschreitenden Verbraucherleasing. 1999.

Band 54 Almontasser Fetih: Die zivilrechtliche Haftung bei Vertragsverhandlungen. Eine rechtsvergleichende Studie zum deutschen, französischen, ägyptischen und islamischen Recht. 2000.

Band 55 Sona Rajani: Die Geltung und Anwendung des Gemeinschaftsrechts im Vereinigten Königreich von Großbritannien und Nordirland. Der Grundsatz der Parlamentssouveränität im Wandel. 2000.

Band 56 Joachim Kayser: Gegenmaßnahmen im Außenwirtschaftsrecht und das System des europäischen Kollisionsrechts. Eine Analyse der EU-Abwehrverordnung gegen die Auswirkungen extraterritorialer Rechtserstreckung eines Drittlandes. 2001.

Band 57 Albrecht Conrad: Qualifikationsfragen des Trust im Europäischen Zivilprozeßrecht. 2001.

Band 58 Bernd Borgmann: Die Entsendung von Arbeitnehmern in der Europäischen Gemeinschaft. Wechselwirkungen zwischen Kollisionsrecht, Grundfreiheiten und Spezialgesetzen. 2001.

Band 59 Aleksandar Jaksic: Arbitration and Human Rights. 2002.

Band 60 Islamisches und arabisches Recht als Problem der Rechtsanwendung. Symposium zu Ehren von Professor Emeritus Dr. iur. Omaia Elwan. Veranstaltet vom Institut für ausländisches und internationales Privat- und Wirtschaftsrecht der Universität Heidelberg und der Gesellschaft für Arabisches und Islamisches Recht e.V. Herausgegeben von Herbert Kronke, Gert Reinhart und Nika Witteborg. 2001.

Band 61 Patrick Fiedler: Stabilisierungsklauseln und materielle Verweisung im internationalen Vertragsrecht. 2001.

Band 62 Werner Mangold: Die Abtretung im Europäischen Kollisionsrecht. Unter besonderer Berücksichtigung des spanischen Rechts. 2001.

Band 63 Eike Dirk Eschenfelder: Beweiserhebung im Ausland und ihre Verwertung im inländischen Zivilprozess. Zur Bedeutung des US-amerikanischen discovery-Verfahrens für das deutsche Erkenntnisverfahren. 2002.

Band 64 Bernd Ehle: Wege zu einer Kohärenz der Rechtsquellen im Europäischen Kollisionsrecht der Verbraucherverträge. 2002.

Band 65 Heiko Lehmkuhl: Das Nacherfüllungsrecht des Verkäufers im UN-Kaufrecht. 2002.

Band 66 Jochen Nikolaus Schlotter: Erbrechtliche Probleme in der Société Privée Européenne. IPR-Harmonisierung im einheitlichen Europäischen Rechtsraum. 2002.

Band 67 Konrad Ost: Doppelrelevante Tatsachen im Internationalen Zivilverfahrensrecht. Zur Prüfung der internationalen Zuständigkeit bei den Gerichtsständen des Erfüllungsortes und der unerlaubten Handlung. 2002.

Band 68 Tobias Bosch: Die Durchbrechungen des Gesamtstatuts im internationalen Ehegüterrecht. Unter besonderer Berücksichtigung deutsch-französischer Rechtsfälle. 2002.

Band 69 Ursula Philipp: Form im amerikanischen Erbrecht. Zwischen Formalismus und harmless error. 2002.

Band 70 Christian Stefan Wolf: Der Begriff der wesentlich engeren Verbindung im Internationalen Sachenrecht. 2002.

Band 71 André Fomferek: Der Schutz des Vermögens Minderjähriger. Ein Vergleich des deutschen und des englischen Rechts unter Berücksichtigung des schottischen und irischen Rechts. 2002.

Band 72 nicht erschienen

Band 73 Markus Dreißigacker: Sprachenfreiheit im Verbrauchervertragsrecht. Der Verbraucher im Spannungsfeld zwischen kultureller Identität und Privatautonomie. 2002.

Band 74 Vassiliki Myller-Igknay: Auskunftsansprüche im griechischen Zivilrecht. Auswirkungen im deutsch-griechischen Rechtsverkehr sowie im deutschen internationalen Privat- und Verfahrensrecht. 2003

Band 75 Stefan Bruinier: Der Einfluss der Grundfreiheiten auf das Internationale Privatrecht. 2003.

Band 76 Nika Witteborg: Das gemeinsame Sorgerecht nichtverheirateter Eltern. Eine Untersuchung im soziologischen, rechtsgeschichtlichen, verfassungsrechtlichen, rechtsvergleichenden und internationalen Kontext. 2003.

Band 77 Peter Stankewitsch: Entscheidungsnormen im IPR als Wirksamkeitsvoraussetzungen der Rechtswahl. 2003.

Band 78 Jan Wilhelm Ritter: Euro-Einführung und IPR unter besonderer Berücksichtigung nachehelicher Unterhaltsverträge. Eine Untersuchung mit Blick auf das deutsche, französische und schweizerische Recht. 2003.

Band 79 Wolf Richard Herkner: Die Grenzen der Rechtswahl im internationalen Deliktsrecht. 2003.

Band 80 Ira Ditandy: Internationale Zuständigkeit. Neuregelung durch die LOPJ 1985. Vergleich mit dem europäischen Vorbild und Auswirkungen auf das spanische internationale Zivilverfahrensrecht. 2003.

Band 81 Andrea Verena Schefold: Werbung im Internet und das deutsche Internationale Privatrecht. 2004.

Band 82 Klaus Herkenrath: Die Umsetzung der Richtlinie 93/13/EWG über missbräuliche Klauseln in Verbraucherverträgen in Deutschland, dem Vereinigten Königreich, Frankreich und Italien. Auswirkungen nationaler Umsetzungstechniken auf dem Harmonisierungserfolg. 2003.

Band 83 Alexander Thünken: Das kollisionsrechtliche Herkunftslandprinzip. 2003.

Band 84 Barbara v. Daumiller: Die Rechtswahl im italienischen internationalen Erbrecht: und ihre Auswirkungen im deutsch-italienischen Rechtsverkehr. 2003.

Band 85 Robert Mödl: Macht, Verantwortlichkeit und Zurechnung im Konzern. Eine rechtsvergleichende Untersuchung auf der Grundlage des deutschen, spanischen und US-amerikanischen Rechts. 2003.

Band 86 Ursula Kerpen: Das Internationale Privatrecht der Persönlichkeitsrechtsverletzungen. Eine Untersuchung auf rechtsvergleichender Grundlage. 2003.

Band 87 Barbara Ploeckl: Umgangsrechtsstreitigkeiten im deutsch-französischen Rechtsverkehr. Bestehende internationale und nationale Regelungen und der geplante *europäische Besuchstitel*. 2003.

Band 88 Katrin Wannemacher: Die Außenkompetenzen der EG im Bereich des Internationalen Zivilverfahrensrechts. Der räumliche Anwendungsbereich des Art. 65 EGV am Beispiel der EuGVO und der EheVO. 2003.

Band 89 Maren B. Eilinghoff: Das Kollisionsrecht der ungerechtfertigten Bereicherung nach dem IPR-Reformgesetz von 1999. 2004.

Band 90 Patrick Niehr: Die zivilprozessuale Dokumentenvorlegung im deutsch-englischen Rechtshilfeverkehr nach der deutschen und der englischen Prozessrechtsreform. 2004.

Band 91 Anna Christina Gördes: Internationale Zuständigkeit, Anerkennung und Vollstreckung von Entscheidungen über die elterliche Verantwortung. Die VO(EG) Nr. 1347/2000, ihre geplanten Änderungen und das Verhältnis beider zum Minderjährigen- und Kinderschutzabkommen. 2004.

Band 92 Martin Rädler: Rechtsbehelfe des Käufers eines Unternehmens oder einer unternehmerischen Beteiligung gegen den Verkäufer im deutschen und französischen Recht. 2004.

Band 93 Marc-Yngve Dietrich: Rechtsstellung und Beteiligung der Gläubiger im französischen Insolvenzverfahren. 2004.

Band 94 Katia Niemann: Die rechtsgeschäftliche und organschaftliche Stellvertretung und deren kollisionsrechtliche Einordnung. Deutschland und England im Vergleich. 2004.

Band 95 Daniel Ludwig: Neuregelungen des deutschen Internationalen Insolvenzverfahrensrechts. Eine Untersuchung unter vergleichender Heranziehung der Europäischen Insolvenzverordnung. 2004.

Band 96 Cordelia Faulenbach: Der gemeinschaftsrechtliche Vorbehalt im europäischen Wettbewerbsrecht. Die Herkunftslandanknüpfung der E-Commerce-Richtlinie unter dem Einfluss der Grundfreiheiten. 2004.

Band 97 Ulf Dörner: Der Vertragsgerichtsstand nach dem Protokoll von Buenos Aires. 2004.

Band 98 Martin Schmidhuber: Verhaltenskodizes im nationalen und grenzüberschreitenden elektronischen Geschäftsverkehr. Zur Frage der Integration der Selbstregulierung durch Private in die staatliche Rechtsordnung. 2004.

Band 99 Florian Kienle: Die fehlerhafte Banküberweisung im internationalen Rechtsverkehr. Unter besonderer Berücksichtigung des Artikels 4A US Uniform Commercial Code. 2004.

Band 100 Thomas Alexander Brandt: Die Adoption durch eingetragene Lebenspartner im internationalen Privat- und Verfahrensrecht. 2004.

Band 101 Florian Pulkowski: Subunternehmer und Internationales Privatrecht. Der Subunternehmer als Quasi-Verbraucher im Europäischen Kollisionsrecht. 2004.

Band 102 Ulrich Becker: Grundrechtsschutz bei der Anerkennung und Vollstreckbarerklärung im europäischen Zivilverfahrensrecht. Bestimmung der Grenzen für die Einführung eines europäischen Vollstreckungstitels. 2004.

Band 103 Thomas Badelt: Aufrechnung und internationale Zuständigkeit unter besonderer Berücksichtigung des deutsch-spanischen Rechtsverkehrs. 2005.

Band 104 Florian D. Wagner: Vorvertragliche Aufklärungspflichten im internationalen Franchising. Zur Harmonisierung von Delikts- und Vertragsstatut im internationalen Privatrecht unter besonderer Berücksichtigung der Franchise-Gesetzgebung des US-Bundesstaates Kalifornien. 2005.

Band 105 Vera Heine: Die Umsetzung der *EG-Richtlinie über missbräuchliche Klauseln in Verbraucherverträgen* im englischen und deutschen Recht. 2005.

Band 106 Alexander Franz: Überregionale Effektentransaktionen und anwendbares Recht. Eine kollisionsrechtliche Untersuchung unter besonderer Berücksichtigung der Vorschrift des § 17 a DepotG. 2005.

Band 107 Hanna-Maria Uhlenbrock: Gesetzliche Regelungen für nichteheliche Lebensgemeinschaften in Deutschland und Frankreich. Ein Vergleich des Unterhaltsrechts bei der eingetragenen Lebenspartnerschaft und beim Pacte civil de Solidarité. 2005.

Band 108 Katrin Stieß: Anknüpfungen im internationalen Urheberrecht unter Berücksichtigung der neuen Informationstechnologien. 2005.

Band 109 Hendrik Otto: Der gesetzliche Abschlussprüfer im italienischen Recht. Eine rechtsvergleichende Untersuchung unter besonderer Berücksichtigung der zivilrechtlichen Haftung. 2005.

Band 110 Frauke Stuphorn: Bankhaftung für Kreditauskünfte im deutschen und französischen Recht. 2005.

Band 111 Nina Fürer: Die zivilrechtliche Haftung für Raucherschäden. 2005.

Band 112 Giovanni B. Barillà: *Contratto autonomo di garanzia* e *Garantievertrag*. Categorie civilistiche e prassi del commercio. 2005.

Band 113 Timo Torz: Gerichtsstände im Internationalen Insolvenzrecht zur Eröffnung von Partikularinsolvenzverfahren. 2005.

Band 114 Martina Schmid: Die Grenzen der Auslegungskompetenz des EuGH im Vorabentscheidungsverfahren nach Art. 234 EG. Dargestellt am Beispiel der überschießenden Richtlinienumsetzung. 2005.

Band 115 Stephan Lesage-Mathieu: Dispositives Kollisionsrecht im prozessualen Kontext. 2005.

Band 116 Jürgen Görtz: Die subjektiven Grenzen der Rechtskraft US-amerikanischer Urteile. 2005.

Kolibri 360 GmbH
Ferdinand-Jühlke-Straße 7
99095 Erfurt, Deutschland
produktsicherheit@kolibri360.de

Druck:
CPI Druckdienstleistungen GmbH
im Auftrag der
Kolibri 360 GmbH
Ferdinand-Jühlke-Str. 7
99095 Erfurt